Finance

经济管理类课程教材

金融系列

国际结算

GUOJI JIESUAN

（第六版）

庞　红　尹继红　沈瑞年　编著

中国人民大学出版社

·北京·

图书在版编目（CIP）数据

国际结算/庞红，尹继红，沈瑞年编著．--6版．--北京：中国人民大学出版社，2019.10
经济管理类课程教材．金融系列
ISBN 978-7-300-27487-4

Ⅰ.①国… Ⅱ.①庞… ②尹… ③沈… Ⅲ.①国际结算－高等学校－教材 Ⅳ.①F830.73

中国版本图书馆CIP数据核字（2019）第217152号

经济管理类课程教材·金融系列
国际结算（第六版）
庞　红　尹继红　沈瑞年　编著
Guoji Jiesuan

出版发行	中国人民大学出版社		
社　　址	北京中关村大街31号	**邮政编码**	100080
电　　话	010－62511242（总编室）		010－62511770（质管部）
	010－82501766（邮购部）		010－62514148（门市部）
	010－62515195（发行公司）		010－62515275（盗版举报）
网　　址	http：//www.crup.com.cn		
经　　销	新华书店		
印　　刷	北京昌联印刷有限公司	**版　　次**	1999年8月第1版
规　　格	185 mm×260 mm　16开本		2019年10月第6版
印　　张	20.5	**印　　次**	2021年8月第5次印刷
字　　数	477 000	**定　　价**	43.00元

出版说明

改革开放以来，中国的金融走上了高速发展的快车道，获得了前所未有的发展，有关院校都开设了金融课程，以便培养我国急需的人才。

一套高质量的教材是提高教学质量的前提之一。教材规定了教学内容，是教师授课取材之源，是学生求知和复习之本，没有优秀的教材，就无法提高教学质量。中国人民大学出版社推出“经济管理类课程教材·金融系列”，旨在推动国内金融人才培养工作的开展。

组织编写这套教材时，我们遵照以下原则：

1. 教材实行本土化。为了更快地与国际接轨，许多人主张采用“拿来主义”原则，直接引进国外的教材。实践证明，我国与发达国家相比，国情不同，文化背景不同，思维方式不同，语言表述方式不同，广大的专家教授一致认为：我们培养的是中国金融人才，是为中国的金融服务的，教材还是本土化为宜。在了解我国现况之后，再学习国外的知识。把中国的背景知识与国际接轨才是我们最需要的。该套教材均为本土原创作品。

2. 精选作者，保证教材质量。金融与国家的政策联系紧密，应用性强，培养的学生既要懂理论，又要会应用，既要与国际接轨，又要考虑中国的国情。该套教材涵纳全国“政产学研”方面的作者，从源头上保证了这套书的质量。

3. 要始终保持教材的“精”与“新”。现代金融日新月异，课程设置不断变化。该套教材根据形势的发展，不断推出新课程教材，并不断修订、完善。

4. 形式多种多样，方便教材使用者。书中每章都设有“本章要点”、“本章小结”、“本章关键术语”、“本章思考题”和“本章练习题”等栏目。此外，各书还有配套的“学习指导书”，方便读者学习和使用。

总之，这套系列教材紧密结合当前国内外金融研究的最新成果与金融政策发展的实际情况，全面讲述金融基本理论和基本知识。我们相信“经济管理类课程教材·金融系列”的推出，能够为读者掌握现代金融知识、培养人才起到应有的作用。

中国人民大学出版社

第六版前言

庞红，中国人民大学财政金融学院货币金融系教授，长期工作在教学科研第一线，十分注重理论联系实际。她所开展的互动教学和案例教学受到广泛好评。2001年、2002年两次被评为中国人民大学十大教学标兵；2003年获全国宝钢优秀教师奖；2004年获北京市教育创新标兵奖。主持过多个国务院、省部级科研项目，在核心刊物上发表过十多篇科研论文，曾担任国家重点项目的金融咨询工作。

国际结算实际上是国际银行间结算，数字经济的浪潮使全球商业银行进入金融科技转型期，移动互联网、大数据、云计算、区块链、5G技术、物联网使中国金融业从来没有像今天这样进入快速的变革时代。传统商业银行的存、贷、汇、结算业务在新科技的带动下不断升级。商业银行的1.0版是以网点为核心为客户服务，2.0版是以网银为代表的电子银行，3.0版是掌上银行、手机银行，4.0版是以大数据为依托的人工智能银行。科技的升级让商业银行的服务更方便、更快捷、更随时随地，商业银行不再是一个必须去的地方，而是无处不在、随时可以获得的服务。受金融科技发展的影响，国内和国际结算方式变得更加网络化、开放化、数据化、个性化、实时化、敏捷化、智能化、综合化。无论C端（消费者）、B端（企业）还是G端（政府），无论线上还是线下，无论国企还是民企，无论大型企业还是中小微企业，在科技的推动下都可以获得优质的、无歧视的金融服务。在开放银行平台的趋势下，金融服务生态圈的建设把供应链、平台、机构、系统连接起来，使整个支付结算系统更高效、更安全、更节约成本。

《国际结算》教材在第五版修订中增加了互联网金融的内容和互联网金融在支付结算中的实践。在第六版的修订中我们专门增加了关于区块链技术开启智能结算新时代的一节。在这一节中，我们讲解了区块链技术的核心精髓和主要功能，以及区块链+在经济发展中的重要作用，为将来用区块链技术进行国内国际结算做好知识储备。

在传统支付体系中，每一笔跨境支付都要借助以银行为主的金融机构，整个流程途经的机构有时多达5家，且各家金融机构往往使用的是不同架构的账务系统，需要付出较高的时间和人力成本来核对并清算跨境支付账目。因此传统支付体系存在成本居高难下、到账周期长、单点故障风险大的痛点，使支付效率相对较低，成本较高，风险难以控制，区块链技术的出现为全球支付体系的变革带来了曙光。

随着我国改革开放的不断深化以及"一带一路"政策的落地实施，人民币跨境支付规模的增速明显加快，加速提升跨境支付基础设施效能以适应新形势的变化成为中国乃至全球金融业界的普遍共识。各国央行、国际传统支付中介因形势的需要相继踏入了跨境支付系统的升级优化甚至再造进程中，目的是改变传统跨境流程中以中心化架构、集中式账本为核心的支付模式。以去中心化、分布式账本为特征的区块链技术出现后，成为跨境安全支付最具成效的解决方案。区块链技术最大的价值在于不可篡改性，因此使交易各方对价值转移的可信度提高，又由于区块链技术是用密码学、数学、数据存储学预先构建的自动运行系统，不需要人工维护，因此成本较低、效率较高、安全可靠。区块链适用于低频且涉及多方互信的信息共享场景，为全球跨境支付清算业务应用区块链技术创造了必要性、可行性和实施路径。我们还以金融科技公司Ripple（瑞波）为例，对其跨境支付系统进行了详细说明，以实例佐证理论，并用数据说明了跨境支付与区块链技术及数字货币相结合可以产生实质的经济效应，达到提高国际支付系统效率、降低成本的目标。当然，区块链技术还有不成熟的地方，在应用中还需要不断改进，教材的本次修订增加区块链内容使教材具有了一定的时代性和前瞻性。

《国际结算》教材已经发行至第六版，学生和读者问得最多的问题是如何理解几个基本概念：支付、清算、结算、支付系统。

(1) 支付（payment）：资金真实的转移，票据法认为支付是终局行为，债权债务关系彻底结束，完成了货币真实的交割。

(2) 清算（clearing）：俗称算账、对账，冲销一部分债权债务，用余额去结算。清算发生于结算之前，是结算的协助行为，主要用于提升结算效率和正确率，也被银行称为"轧差"。

(3) 结算（settlement）：包括了清算和支付的全过程，结算包含了支付行为，即完成了资金的支付。

(4) 支付系统（payment system）：包含了收款方、收款方的开户银行、付款方、付款方的开户银行，以及作为中介机构提供服务的清算所和该清算所制定的规则及拥有的基础设施。所有当事人在支付结算过程中的行为都体现在支付系统内。重申这些基本概念，有利于更好地学习国际结算教程。

另外，学生在商业银行实习时发现，商业银行的国内国际结算的科技水平已经非常高，全部过程均已电子化、数据化、计算机化，几乎不再有纸质的票据和单据，而且国际商会也早就认可了电子单据的合法性。为什么《国际结算》教材没有出现计算机化的业务处理版面？我们考虑再三，认为高等教育的目的，不是要教会学生操作国际结算业务，而是要帮助学生理解国际结算业务的理论基础、国际惯例、全球规范。因此，《国际结算》教材从贸易结算的国际惯例出发，帮助学生理解业务为什么要这样操作，金融工具在业务流程中发挥了什么样的作用，为什么不同结算方式的业务流程是这样设计的。我们认为高等教育的目的是培养金融专家和结算专家，而不是一般的操作人员。

感谢第六版修订过程中中国人民大学出版社经济分社社长崔惠玲女士和责任编辑周华娟女士，她们的敬业精神和一丝不苟的工作态度帮助我顺利完成了《国际结算》教材第六版的修订工作。

金融科技和结算实践永远走在结算理论和结算教材的前面，不当之处，敬请广大读者和尊敬的同行批评指正！谢谢！

庞　红

2019年5月1日

第五版前言

当前，中国经济进入了“新常态”并启动了新一轮深化改革与开放，从“一带一路”倡议到主导成立亚洲基础设施投资银行，从金砖国家开发银行到上海合作组织开发银行，从丝路基金到南南合作援助基金，中国经济发生了翻天覆地的变化。30 多年前中国从海外招商引资、卖资产买资本，发展到今天在海外买资产卖资本，中国的实体经济和金融经济发展壮大了。国家外汇管理局认为从 2017 年开始，中国将成为全球最大的资本输出国。这一系列变化都带动了国际结算的发展和繁荣，使国际结算有了更大的发展舞台。中国第一次在国际多边金融机构亚洲基础设施投资银行中担当重要的领导角色，不仅提高了中国的国际地位，也让中国进一步融入世界。中国将以遵守国际惯例和践行国际通行准则的负责任的大国形象屹立在世界舞台上。随着人民币国际化进程的逐步推进，人民币将作为全球贸易结算货币、国际投融资货币和国际储备货币冉冉升起，人民币在国际结算中越来越被广泛使用和广泛交易，达到了国际货币基金组织规定的进入 SDR 即特别提款权篮子货币的要求，成为 SDR 定值货币，提高了人民币的国际地位。人民币与美元、欧元、英镑、日元比肩同台，是世界上最重要的货币之一。在修订《国际结算》之际，人民币在全球贸易结算中第一次超过日元成为全球贸易结算的第四大货币。人民币跨境支付结算系统在上海成立，得到全球商业银行的积极响应，这是人民币国际化的重大进展。对于从事国际结算教学多年的我们，没有比这更让我们振奋和欣喜的事情了。

近年来，国际结算的发展还得益于科技革命的推动，特别是第三次工业革命是以信息、移动互联网、通信、纳米、生物电子、数码技术的兴起为标志，而移动互联网与金融功能的结合诞生了新的金融业态即新的金融服务模式——互联网金融。近年来，互联网金融以它的高效率、低成本、广受众、便捷性得到了迅猛的发展。特别是电子商务已经占到零售商业的 50%以上，第三方支付、网上理财、网上投资、P2P、O2O、股权众筹、供应链金融、手机银行、微信银行、生物支付、大数据金融都带来了网上结算的繁荣发展。2015 年 7 月，中国人民银行等十个部门联合发布了《关于促进互联网金融健康发展的指导意见》，一方面对互联网金融的创新性持鼓励和支持态度，另一方面强调了监管的重要性，明确了监管责任，同时通过健全法律制度以规范市场秩序，使互联网金融告别野蛮成长，进入规范化发展阶段。

对《国际结算》的本次修订正是在以上两个大背景下进行的。这次修订我们为互联网金融的结算专门增加了一章内容，对互联网金融的基本问题进行了梳理归纳，对互联网金融中的支付与结算实践进行了案例式说明，更直观地展现了互联网金融的支付和结算流程。同时，我们对网络银行和直销银行做了解释，让学生全面了解互联网金融、互联网十、大数据金融、十互联网的发展。

国际结算是金融学科中的实务课程，是金融学、国际金融学、国际贸易、商业银行业务与经营等课程的延伸。由于货币结算是所有经济活动的最后一个环节，因此它在经济学、金融学里意义重大。它不仅可以打通金融学各个分支学科，也是进入金融领域的重要通道，是传统金融与新兴金融必争之地。随着经济全球化不断推进，国际结算越来越凸显出它集客户管理、信贷融资、产品创新、信用提供、大数据预测等于一身的一体化的综合金融服务的特点。

教材的修订本着与时俱进和吸引学生课外喜欢阅读的原则。如果教材难以让学生接受，没有吸引力，那么我们整体的教学就是失败的，因为教与学是对立统一的。特别是高等院校课堂不同于大专和中专院校的课堂，高等院校受课时的限制，对学科的基本原则和原理讲述较多，因此更需要学生通过课外阅读和在实际部门实习来弥补实践性和可操作性内容的学习，教材在学科的深度、广度以及指导实践上都有重要的意义。

在本教材修订完成之际，真诚地感谢中国人民大学出版社经济分社策划编辑崔惠玲女士的理解和帮助，感谢责任编辑周华娟老师的细心、耐心和敬业精神，感谢我的前辈、我的同事、我的学生在教材修订上提供的帮助。

国内国际货币资金结算的实践永远走在结算理论的前面。由于我们自身水平有限，教材中会有疏漏和不妥之处，敬请广大读者和尊敬的同行批评斧正。

庞 红

2016 年 2 月

目　录

第一章

国际结算导论

2015 年年底，中国主导成立的亚洲基础设施投资银行（以下简称“亚投行”，AIIB）投入运营。中国以 297.804 亿美元的认缴股本和 26.06%的投票权成为亚投行第一大股东和投票权占比最高的成员。印度认缴股本 83.67 亿美元和 7.5%的投票权，俄罗斯认缴股本 65.36 亿美元和 5.92%的投票权。亚投行的 57 个创始成员以及日后加入的一般成员的股本都将汇入亚投行位于北京的总部，亚投行的注册资本金为 1 000 亿美元。亚洲基础设施贷款需要 8 万亿美元。由于亚投行主要为“一带一路”建设服务，难以想象，规模如此巨大的资金往来，将在亚洲、欧洲、非洲之间进行，这些资金是如何完成国际结算的？

李克强总理现在是中国高铁、桥梁、核电、高速路的超级推销员，李克强总理每次出访都带回上千亿元的大订单。中国现在已经成为全球基础设施建设的主力军。无论是肯尼亚的高铁还是贝尔格莱德跨多瑙河大桥的竣工都体现了中国在基础设施建设方面的技术优势，同时，中国帮助当地发展了经济，解决了当地的就业问题。而这些大项目是如何在国际银行间完成结算的？

让我们带着这些问题开始学习《国际结算》吧！

本章要点

◇ 掌握国际结算的含义、分类及研究对象，理解其范围和特点。

◇ 了解国际惯例和规则的含义，了解国际结算涉及的主要国际惯例和规则；掌握主要贸易术语和标准货币符号。

◇ 理解国际支付清算系统的含义、构成及分类；掌握主要国家的支付清算系统。

◇ 理解银行在处理国际结算业务中的作用；掌握银行处理国际结算业务的主要机构设置及往来银行关系。

第一节 国际结算概述

一、国际结算的含义

国际结算（international settlement）是指国家间由于政治、经济、文化、外交、军事等方面的交往或联系而发生的以货币表示的债权债务的清偿行为或资金转移行为。（International payments and settlements are financial activities conducted among different countries in which either payments are effected or funds are transferred from one country to another for the purpose of settling accounts，debts，claims，etc.）

国际结算是一项综合的经济活动，其主要内容包括：支付工具及结算方式的选择与运用；各种商业单据的处理与交接；商品货款及劳务价款的索取与偿付；国家间资金单方面的转移与调拨；短期或中长期贸易的融资与运营；信用担保的提供与应用；国际支付清算系统的建设与运行；国际银行间资金的转账与划拨；等等。国际结算实质上是货币的跨国收付活动，它是一项极其重要的跨国经济行为，是保障与促进国家间各项活动与交往正常进行的必要手段。

参考资料

结算与清算

广义的结算（settlement）是指交易双方因商品买卖、劳务供应、资金调拨、信贷存放所产生的货币收付行为或债权债务的清偿，即货币的真实收付。它以真实的货币（现金或银行存款）收付为标志，也称交割（delivery），即货币的最终转让。广义的结算可以发生在任何时间、任何地点和任何交易中。

狭义的结算专指商业银行代客户所进行的货币收付行为。由于收付款人的账户开在商业银行，所以商业银行从事结算服务。其结算的时间、地点、交易都有明确的规定。

按照国际惯例，广义的清算（clearing）是指交易双方进行债权债务的交换，计算出应收应付差额的过程，属于结算前的准备工作，俗称算账和轧差。按照十国集团中央银行支付与结算委员会的定义：清算是结算之前对支付指令进行发送、对账和确认处理的过程，它包括轧差和计算出最后的收付款项。

狭义的清算专指银行同业之间在为彼此的客户服务的过程中，致使银行同业之间产生债权债务关系，在清讫双边或多边债权债务关系时要轧出商业银行的应收应付差额。狭义的清算被限定在银行同业之间。

二、国际结算的分类

引起货币跨国收付的原因有很多，所以国际结算的范围很广。为了便于业务操作，在实务中通常把国际结算分为国际贸易结算和国际非贸易结算两大类。

(一) 国际贸易结算

国际贸易结算是国际结算的基础，在国际结算中具有主导地位，其结算范围如下。

1. 有形贸易结算

现代国际贸易结算是以票据为基础，以单据为条件，以银行为中枢，结算与融资相结合的非现金结算体系。

有形贸易结算指有形贸易（visible trade）引起的货币收付活动。有形贸易即商品的进出口贸易，它是全球经济活动中最为重要的组成部分，也是引发国际债权债务关系与资金流动的主要经济行为。随着国际贸易的发展，国际商品交易的数量、品种、金额迅速扩大，传统的买卖双方一手交钱一手交货、钱货当面两讫的结算方式开始无法适应现代国际结算的需求。目前，绝大多数进出口交易都是由经办国际结算业务的银行通过票据、单据等结算工具转移与传递，并借助某种结算方式结清该项国际债权债务，从而实现贸易的最终完结。

2. 记账贸易结算

记账贸易结算也称协定贸易结算。它是在两国政府所签订的贸易协定项下的商品进出口贸易结算。记账贸易结算货币由双方指定，并用于双方结算，不能多边支付。它虽不涉及现汇的收付，但要通过银行办理**记账结算**。记账外汇在货币符号前加上 CL 字样。

3. 因国际资本流动所引起的商品贸易或资本性货物贸易的结算

例如，国际直接投资与企业跨国经营都属于长期资本流动的范畴，伴随资金的投入，也会发生商品的进出口交易。像买方信贷就是一种广泛用于国际资本货物交易的中长期资本借贷行为，进口商往往需要通过信用证方式最终实现对买方信贷款项的使用。

4. 综合类经济交易中的商品贸易结算

在国际经济交易中，一些经济交易既包含了商品贸易，又包含了非商品贸易。如国际工程承包、“三来一补”贸易、技术服务贸易等既涉及无形资产的进出口，也伴随着有形资产的进出口。如我国在国外承包的一些“交钥匙工程”，从设计、施工、设备出口、技术转让到试车成功，提供一条龙服务。这种综合类经济交易除了可以用货币清偿债权债务外，还可以用融资款项以及采用抵补、返销、互购、回购产品等方式结算。

(二) 国际非贸易结算

国际非贸易结算的主体是服务贸易，它是一国外汇收入的重要来源之一。近几年它在各国国际收支中的比重有上升的趋势，有些国家的非贸易收支数额甚至超过了贸易收支数额。它的结算范围如下。

1. 无形贸易结算

无形贸易结算指由无形贸易（invisible trade）引起的货币收付活动。它包括：(1) 保险、运输、通信、港口、旅游等劳务活动的收入与支出。(2) 资本借贷或国际直接投资与国际间接投资产生的利息、股息、利润等的收入与支出。(3) 广告费、专利费、银行手续费等其他劳务收支。

2. 金融交易类结算

金融交易类结算主要指国家间各种金融资产买卖的结算。它纯粹是金钱与金钱的交易，如外汇的买卖，债券、股票等金融工具的买卖，期权、期货等衍生金融工具的买卖等。它们需要更安全、更迅速地进行结算。

3. 国际资金单方面转移结算

国际资金单方面转移结算指发生在政府及民间的各种援助、捐助、赠款以及各种资金调拨行为。

4. 银行提供的以信用担保为代表的一系列服务与结算

在国际商务活动中，风险保障是确保交易安全与债权人权益的重要手段。交易双方除了受到履行合同义务的约束外，还需要第三方为交易提供信用担保服务、资信调查服务、处理应收账款服务、催收追账服务、融资服务、信息咨询服务、规避各种金融风险服务等。银行除了为当事人办理资金结算外，还应当事人的要求开展了以信用担保为代表的一系列表外业务的服务与结算。

5. 其他非贸易结算业务

国家间非商品经济活动引起的资金跨国流动产生了各类非贸易结算业务，例如，外币兑换业务、侨汇业务、信用卡及旅行支票业务、买入或托收外币票据业务、托收境外财产业务等。银行开办以上业务的结算服务，为国家间政治、外交与事务性的联系，以及文化、艺术、体育交流及民间往来提供了诸多便利。

知识应用

我国珠海格力电器股份有限公司向港、澳、台地区出口家用空调、中央空调产品，所引起的结算属于什么类型的贸易结算？

分析：香港、澳门尽管已回归中国，但根据“一国两制”的方针，港、澳、台与中国内地（大陆）目前在经济往来中仍享有境外金融机构的待遇，这是贸易结算中的特殊情况。中国内地（大陆）与港、澳、台地区的贸易结算尽管不是跨国货币收付，但因处于不同的货币区域和不同的监管辖区，故在实务中仍作为国际贸易结算来处理。

三、国际结算的研究对象

（一）国际结算工具

现代国际结算主要是银行的**非现金结算**，而非现金结算的主要工具是票据。票据在结算中起着流通手段和支付手段的作用，远期票据还能发挥信用工具的作用。这种结算工具主要包括汇票、本票和支票，它们被认为是国际结算的基石。正是依赖这些票据的使用和传递，资金才会在全球范围内最大限度地完成转账结算。票据的使用极大地提高了国际结算的效率和安全，因此票据的要式及种类、票据行为、流通规律等是国际结算研究的第一个对象。

（二）国际结算方式

以一定的条件实现国际货币收付的方式被称为国际结算方式。在国际贸易中，进出口商要将商定采用的结算方式列入合同的支付条款中并予以执行。经办银行应客户的要求，在某种结算方式下，以票据和各种单据作为结算的重要凭证，最终实现客户委办的国际债权债务的清偿。

国际结算方式主要包括汇款、托收、信用证、保理、担保、福费廷等类型。国际结算方式的发展与创新主要取决于国际经贸活动的内容、融资需求、风险保障程度及银行的服务范围等因素。例如，汇款业务简单便捷，可用于寄售、售定、贸易从属费用及非贸易项目的结算。跟单托收则主要用于国际贸易结算，由于其程序简单，费用较低，受到贸易商尤其是进口商的青睐。但由于银行在跟单托收运作中未承担任何付款责任，托收效果主要取决于商业信用，因此出口商承担了进口商拒付托收货款的风险。为了有效地保障出口商的权益，由银行担负第一性付款责任的信用证结算方式于 20 世纪初问世并受到国际贸易交易者的普遍欢迎，现在已成为影响最大、应用最为广泛的国际结算方式。此外，为了满足客户除结算货款以外的诸如融资、风险保障、账务管理、信息咨询等需要，又相继出现了担保、保理、福费廷等综合性业务。

在国际商务、贸易活动中，为实现最终交易目的，当事人可采用单一结算方式，如以信用证方式结算货款；也可数种结算方式并用，如以跟单托收方式结算货款时，出口商为规避风险，可同时通过备用信用证而获得开证行的信用担保；也可以部分款项以托收方式结算，部分款项以信用证方式结算。

总之，在国际贸易实践中产生了各具特色、适用于不同交易需要的国际结算方式。国际结算方式的产生、演变、应用、发展趋势及创新是这一学科的第二个研究对象。

（三）国际结算中的单据

单据的传递和使用是实现国际结算的必备条件之一，在国际贸易结算中，单据具有举足轻重的作用。

在国际贸易及结算过程中，既有货物的转移，也有单据的传递。但除了出口商外，其他当事人在进口商最后见到货物之前一般只能从各类单据上了解货物的情况。例如，发票反映了货物的基本状况，保险单据反映了货物的保障程度，运输单据反映了货物所有权的转移等。因此，为了使交易得以实现，各当事人之间必然要发生单据的交付转让，从而体现了当代国际贸易交易中的货物单据化和凭单而非凭货付款的基本特征。

货物单据化是银行作为国际贸易结算中介的前提，否则，银行势必耗费相当的人力、物力及财力参与监管交易的各个环节。只有在凭单付款的条件下，银行才有可能通过控制单据，进而控制货物，在结算货款、贸易融资、咨询服务等方面发挥巨大的作用。

单据对于国际贸易债务的清偿具有至关重要的作用，特别是以跟单信用证方式结算货款时，出口商提交的单据合格与否，成为其能否收回销售货款的决定性因素。因此，出口商应严格按照信用证的规定提交正确的单据。

进口国有关当局基于管制进口、征收关税、抵制商品倾销、保障公共环境与卫生等需要，要求进口商提交各种证明文件。为满足进口国当局的要求以使货物顺利入关，进口商通常要求出口商提供有关证明，并列入合同条件及信用证条款。

由此可见，对单据的处理是国际贸易结算的重要内容之一。随着现代化通信技术的发展，货物单据化的事实将有所改变，一些国家已经简化了单据的使用程序。特别是电子数据交换（electronic data interchange，EDI）系统的问世与推广应用，将引发国际贸易及其结算的传统单据运作系统的重大变革。

（四）以银行为中心的支付系统

以银行为中心的现代电子转账划拨支付系统是国家间资金得以安全有效结算的基础设施。只有通过各国货币清算中心支付系统的良好运行，才能保证国际结算的及时与可靠。此外，跨国支付系统的作用也越来越突出，比如1973年开通的环球银行金融电信协会（SWIFT）系统、欧洲的跨国零售支付系统、英国的清算所自动支付系统（CHAPS）、美国的清算所银行同业支付系统（CHIPS）等，都为全球资金结算的准确、快捷与可靠做出了贡献。进入20世纪90年代后，各国清算系统的主动脉向大额实时支付结算方向发展，而小额支付系统仍采用差额结算。这一改革的主要目的是减少资金在调拨转移中的结算风险和时间风险。因为一个运行良好的支付系统是完成国际结算的重要条件。

（五）贸易结算融资

为了方便国际贸易结算，促进国际贸易的发展，与结算相伴而生的是商业银行的资金融通和信用融通，这些融资方式还在不断创新，并且在结算中发挥着越来越重要的作用。

四、国际结算的特点

（一）按照国际惯例进行国际结算

国际结算涉及多边关系，而各国对国际贸易与结算的规定又都不尽相同，做法也不统一，所以在该领域会不可避免地发生纠纷、矛盾乃至各种信用工具项下的欺诈、滥用权利等现象。为规范国际结算业务，促进国际贸易的发展，一些商业团体、国际组织在国际结算的实践中制定和修订了各种有关的公约与规则，且在长期的实践中不断加以完善，最终得到了国际商贸界的广泛承认和采纳，并成为各国银行处理国际结算业务时必须共同遵守的准则，统称为“国际惯例”。国际惯例一般具有通用性、稳定性、效益性、重复性、准强制性等特点。国际结算涉及的国际惯例颇多，主要有下述内容。

1. 与票据有关的法律和国际惯例

（1）《英国票据法》，它是英美法系票据法的典型代表。

（2）《日内瓦统一票据法》，它是大陆法系票据法的典型代表。

2. 与结算方式相关的国际惯例

（1）《跟单信用证统一惯例》（Uniform Customs and Practice for Documentary Credits），即国际商会第600号出版物（ICC Publication No. 600），简称“UCP600”，自2007年7月1日起在全世界实行，属国际结算中的最新国际惯例之一，适用于所有在其文本中明确表示受该惯例约束的跟单信用证（在可适用的范围内，包括备用信用证）。此外，与信用证结算有关的国际惯例还包括：2002年的《跟单信用证统一惯例（UCP500）关于电子交单的附则（eUCP）》；2002年的《关于UCP500等的意见汇编》（国际商会第632号出版物）；2003年的《跟单信用证项下审核单据的国际标准银行实务》（国际商会第645号出版物）；等等。

（2）《托收统一规则》（Uniform Rules for Collections），即国际商会第522号出版物，

简称“URC522”，自 1996 年 1 月 1 日起在全世界实行。

(3)《见索即付保函统一规则》(The Uniform Rules for Demand Guarantees)，即国际商会第 458 号出版物（ICC Publication No. 458，1992 Edition)，简称 URDG458。

(4)《跟单信用证项下银行间偿付统一规则》(The Uniform Rules for Bank-to-bank Reimbursement under Documentary Credits)，即国际商会第 525 号出版物，自 1996 年 7 月 1 日起在全世界实行。

(5)《合约保函统一规则》(Uniform Rules for Contract Guarantees)，即国际商会第 325 号出版物。

(6) 1998 年的《国际备用信用证惯例》，简称 ISP98，即国际商会第 590 号出版物。

(7) 国际保理商联合会制定的 2000 年版《国际保理业务惯例规则》。

参考资料

国际商会

国际商会（International Chamber of Commerce，ICC）是国际性的民间组织。它由世界上 100 多个国家和地区的经济联合会（商业、工业、金融、交通等行业协会）组成，共有 7 000 多个会员。它是 1919 年 10 月在美国新泽西州大西洋城举行的国际贸易会议上发起的，1920 年 6 月于法国巴黎正式成立，总部设在巴黎。它的宗旨是：推动国际经济的发展，促进自由贸易和市场经济的繁荣，发展会员之间的经济往来，协助解决国际贸易中出现的争议与纠纷，制定有关贸易、金融、货运方面的规章制度。国际商会自成立以来，制定了一系列重要的国际统一规则和惯例。这些统一规则和惯例并非强制性公约，但仍被世界各国普遍接受和采用并承诺受其约束。

从 20 世纪 70 年代起，我国经过与国际商会多次谈判，终于在 1994 年 11 月成为该组织的会员，1995 年 1 月 1 日国际商会中国国家委员会成立，又名中国国际商会。1997 年 4 月，国际商会第 32 届年会就是在中国上海市举行的。

资料来源：林孝成．国际结算实务．北京：高等教育出版社，2004：11.

3. 与单据相关的国际公约与国际惯例

涉及单据的国际惯例有：《海牙规则》(Hague Rules)、《汉堡规则》(Hamburg Rules)、《联合运输单证统一规则》(Uniform Rules for a Combined Transport Documents)、伦敦保险协会的《协会货物条款》(Institute Cargo Clauses，ICC）等。

贸易术语（trade terms）是规定价格的构成及买卖双方各自应承担的责任、费用、风险以及确定货物所有权转移时限的专门用语。

> 贸易术语又称价格术语(price terms)、报价术语(quotation terms)、交货术语(delivery terms)。

贸易术语用三个英文缩写字母来表示以下概念：(1) 出口商品的交货地点；(2) 出口商品的价格构成；(3) 进出口双方各自应办的进出口手续；(4) 进出口双方各自应负担的费用及应承担的风险。

贸易术语必须在理论上订立两个临界点。第一个是交货临界点（critical point for delivery），又称风险临界点（critical point for risk），货物运到这个临界点，从法律观念上可以认为卖方已经尽到交货责任，将货物交予买方，故在这个临界点以前货物遇到风险发生损失由卖方承担责任，在这个临界点以后货物遇到风险发生损失由买方承担责任。第二个是费用临界点（critical point for cost），在这个临界点以前发生的运费由卖方负责，在这个临界点以后发生的运费由买方负担。

《2000年国际贸易术语解释通则》（Incoterms 2000）将所有的术语分为四个不同的类型。第一组为E组（Ex Works），指卖方仅在自己的地点为买方备妥货物；第二组为F组（FCA、FAS和FOB），指卖方需将货物交至买方指定的承运人处；第三组为C组（CFR、CIF、CPT和CIP），指卖方须订立运输合同，但对货物灭失或损坏的风险以及装船和起运后发生意外所发生的额外费用，卖方不承担责任；第四组为D组（DAF、DES、DEQ、DDU和DDP），指卖方须承担把货物交至目的地所需的全部费用和风险（见表1-1）。

表1-1 Incoterms 2000的贸易术语简表

E组（发货）	EXW——Ex Works 工厂交货（……指定地点）
F组（主要运费未付）	FCA——Free Carrier 货交承运人（……指定地点） FAS——Free Alongside Ship 船边交货（……指定装运港） FOB——Free on Board 船上交货（……指定装运港）
C组（主要运费已付）	CFR——Cost and Freight 成本加运费（……指定目的港） CIF——Cost，Insurance and Freight 成本、保险费加运费（……指定目的港） CPT——Carriage Paid to 运费付至（……指定目的港） CIP——Carriage and Insurance Paid to 运费、保险费付至（……指定目的地）
D组（到达）	DAF——Delivered at Frontier 边境交货（……指定地点） DES——Delivered Ex Ship 目的港船上交货（……指定目的港） DEQ——Delivered Ex Quay 目的港码头交货（……指定目的港） DDU——Delivered Duty Unpaid 未完税交货（……指定目的地） DDP——Delivered Duty Paid 完税后交货（……指定目的地）

（二）使用可兑换货币进行结算

一种货币只要不受一国货币当局的限制，可以自由兑换成其他货币，即为**可兑换货币**。任一可兑换货币必须具备以下三个条件：（1）它能自由兑换成其他货币。（2）它对国际经常项目（即贸易项目与非贸易项目）的支付不受限制。（3）该货币国的管理当局不采用或不实行多种汇率制度或差别汇率制度，如进口时采用一种汇率，出口时采用另一种汇率；贸易采用一种汇率，非贸易采用另一种汇率；等等。

可兑换货币又称自由外汇，可以通过银行账户划转，便于资金调拨和运用，也有助于及时转移汇价变动的风险（即外汇风险）。

不是所有的可兑换货币均可用于国际支付和国际结算。现在世界各个国家和地区的货币大体可分为四类：国际贸易及经济活动集中使用的货币被称为**通用货币**，它主要指美元、欧元和日元；完全可以自由兑换的货币大约有60种；有限自由兑换的货币有30种左右；完全不能自由兑换的货币有近百种。一种货币属于哪种情况绝非固定不变，它随着各国（地区）经济实力、外汇储备和对外贸易额的消长而有所变动。

参考资料

洗钱（money laundering）：通过有组织的活动来掩盖大量以贩毒、走私军火、贪污、偷税漏税等非法手段获得的资金，通过放置、伪装、整合使其以合法资金的身份进入流通系统的犯罪行为。

支付协定（payment agreement）：也称清算协定，是两国政府之间由于进出口贸易和其他往来所发生的债权债务，通过在两国中央银行或其指定银行开立的清算账户收付记账，不必逐笔支付外汇而签订的协议。

参考资料

国际标准化货币符号

为了能够准确而简易地表示各国货币的名称，便于开展国家间的贸易金融业务和计算机数据通信，1970 年联合国欧洲经济委员会首先提出要制定一套国际贸易单证和信息交换使用的货币代码。1973 年，国际标准化组织（International Organization for Standardization，ISO）技术委员会在其他国际组织的通力合作下制定了一套适于贸易、商业和银行使用的货币代码，即国际标准 ISO-4217 三字符货币代码（见表 1－2）。1978 年 2 月，联合国贸发会议和欧洲经济委员会将三字符货币代码作为国际通用的货币代码或货币名称缩写向全世界推荐。国际贸易界、金融界反应积极，很快接受了这套三字符的货币代码。

通用货币：在国际经济活动中，能起到国际贸易结算、国际储备、国际干预作用的货币。

表 1－2　部分经济体的货币代码（部分）

经济体	ISO 国际标准经济体名称		货币名称	ISO 国际标准三字符货币代码
	字符代码	数字代码		
中国	CN	156	人民币元	CNY
美国	US	840	美元	USD
中国香港	HK	344	港元	HKD
英国	GB	826	英镑	GBP
瑞士	CH	756	瑞士法郎	CHF
瑞典	SE	752	瑞典克朗	SEK
丹麦	DK	208	丹麦克朗	DKK
挪威	ND	578	挪威克朗	NDK

续表

<table>
<tr><th colspan="2" rowspan="2">经济体</th><th colspan="2">ISO 国际标准经济体名称</th><th rowspan="2">货币名称</th><th rowspan="2">ISO 国际标准三字符货币代码</th></tr>
<tr><th>字符代码</th><th>数字代码</th></tr>
<tr><td rowspan="12">欧元区经济体</td><td>德国</td><td>DE</td><td>280</td><td rowspan="12">欧元</td><td rowspan="12">EUR</td></tr>
<tr><td>法国</td><td>FR</td><td>250</td></tr>
<tr><td>荷兰</td><td>NL</td><td>528</td></tr>
<tr><td>意大利</td><td>IT</td><td>380</td></tr>
<tr><td>芬兰</td><td>FI</td><td>246</td></tr>
<tr><td>希腊</td><td>DR</td><td>300</td></tr>
<tr><td>西班牙</td><td>ES</td><td>724</td></tr>
<tr><td>葡萄牙</td><td>PT</td><td>620</td></tr>
<tr><td>奥地利</td><td>AT</td><td>040</td></tr>
<tr><td>比利时</td><td>BE</td><td>056</td></tr>
<tr><td>爱尔兰</td><td>IE</td><td>372</td></tr>
<tr><td>卢森堡</td><td>LU</td><td>442</td></tr>
<tr><td colspan="2">澳大利亚</td><td>AU</td><td>036</td><td>澳大利亚元</td><td>AUD</td></tr>
<tr><td colspan="2">新西兰</td><td>NZ</td><td>554</td><td>新西兰元</td><td>NZD</td></tr>
<tr><td colspan="2">加拿大</td><td>CA</td><td>124</td><td>加拿大元</td><td>CAD</td></tr>
<tr><td colspan="2">新加坡</td><td>SG</td><td>702</td><td>新加坡元</td><td>SGD</td></tr>
<tr><td colspan="2">巴基斯坦</td><td>PK</td><td>586</td><td>卢比</td><td>PKR</td></tr>
<tr><td colspan="2">日本</td><td>JP</td><td>392</td><td>日元</td><td>JPY</td></tr>
<tr><td colspan="2">泰国</td><td>TH</td><td>764</td><td>泰铢</td><td>THB</td></tr>
<tr><td colspan="2">马来西亚</td><td>MY</td><td>458</td><td>林吉特</td><td>MYP</td></tr>
<tr><td colspan="2">蒙古</td><td>MN</td><td>496</td><td>图格里克</td><td>MNT</td></tr>
<tr><td colspan="2">印度</td><td>IN</td><td>356</td><td>卢比</td><td>INR</td></tr>
<tr><td colspan="2">朝鲜</td><td>KP</td><td>408</td><td>圆</td><td>KPW</td></tr>
<tr><td colspan="2">越南</td><td>VN</td><td>704</td><td>越南盾</td><td>VND</td></tr>
<tr><td colspan="2">伊拉克</td><td>IQ</td><td>368</td><td>第纳尔</td><td>IQD</td></tr>
<tr><td colspan="2">伊朗</td><td>IR</td><td>364</td><td>里亚尔</td><td>IRR</td></tr>
<tr><td colspan="2">科威特</td><td>KW</td><td>414</td><td>第纳尔</td><td>KWD</td></tr>
</table>

（三）实行推定交货原则

推定交货原则的实质就是货物单据化，以货物单据代表货物所有权，常称为“以单代物”。

在国际贸易结算中，普遍实行推定交货原则。所谓**推定交货**，又称象征性交货，是相对于实物交货而言的。从表面上看，一笔贸易是商品的买卖，而在实际操作上却是货运单据的买卖。因此在一定的条件下，货运单据就是货物，可以买卖、抵押、抵债、转让、流通，从而在一定程度上成为流通证券。商业银行在国际结算业务中只处理货运单据而不管货物。

货运单据经过配套优化组合成为货物的全权代表，国际贸易结算的实体和依据就是这套货运单据。资金融通往往也要以货运单据为质押，贸易商与银行之间凭货运单据商议并安排各种融资实务和融资便利。

随着国际贸易竞争愈演愈烈，奖出限入之风盛行，各种各样的贸易保护主义措施及反贸易保护主义措施纷纷出台，货运单据自然受到影响，表现为货运单据的复杂化。有些进口国对货运单据提出种种苛刻要求，有些进口商甚至对之倍加挑剔，这就给推定交货原则的实现带来了一定的困难。

（四）商业银行成为国际结算与国际融资的中心

国际性的商业银行在国际结算中发挥了“两个中心”的职能：它们既是国际结算的中心，又是国际融资的中心。两者密切结合，相辅相成，彼此促进。结算业务促进了国际融资的拓展；反过来，国际融资的发展也促进了国际贸易的扩大和国际结算的顺利实现。国际贸易、国际结算和国际融资三者有机结合在一起。这一过程使商业银行的业务进一步国际化，使银行在结算和融资中的作用更加重要。

第二节　国际结算的产生与发展

一、国际结算的历史演变过程

国际结算是商品经济的产物。它的产生和发展与国际贸易、国际航运、保险、金融以及国际通信技术的发展有着十分密切的关系。

原始的国际结算业务都是现金交易。这种结算方法不仅风险大、成本高，而且在操作上也十分不便。公元 11 世纪，地中海沿岸的商品贸易初具规模，商人们已经不满足于用现金进行结算，开始使用字据代替现金。16—17 世纪，字据首先在欧洲大陆逐渐发展为票据；18 世纪，采用票据进行非现金结算已成为各国的普遍做法。到了 19 世纪末 20 世纪初，由于商业、航运业、运输业、保险业和金融业的迅速发展，国际结算业务发生了根本性的变化。随着银行信用介入国际结算业务以及贸易结算与贸易融资的有机结合，以银行为中枢的国际结算系统逐渐形成了。为了方便、快速地划拨资金，不同国家的银行互设账户，从而在世界范围内形成了一个高效的资金转移网络。

第二次世界大战之后，由于生产与资本的国际化，各国工商企业的对外金融业务活动日益频繁和加强。20 世纪 60 年代以后，跨国公司蓬勃兴起，全球范围内的资源配置、生产组织形式、业务活动方式以及市场规模都发生了巨大变化。国际经济领域中的这一系列变化，带动和促进了国际金融微观业务的发展。目前，国际上许多银行或金融机构为适应当代国际经济发展的需要，在国际贸易结算和贸易融资方面已开发和改造出许多新的服务项目，增加了许多新的业务内容。

纵观国际结算的演变过程，明显地表现出从低级到高级、从简单到复杂、从单一到多元化发展的特点。具体表现如下：

（一）从现金结算发展到票据结算

在商品经济发展的初期，国与国之间的贸易大部分以贩运的方式进行。不仅商品交易的种类少，而且交易的规模也很有限。在这种贸易条件下，商人与商人之间买卖货物之后，货款的收付行为主要通过**现金结算**方式来实现。债务人采用在国家间运送黄金、白银或者铸币的方法来结清债权债务关系。公元 12 世纪后，随着贸易的发展，地中海沿岸国家出现了"兑换证书"。15 世纪之后，又开始采用商业票据进行结算。到 16—17 世纪，欧洲大陆国家已基本上以票据结算方式取代了现金结算方式，国际贸易结算大大前进了一步。

（二）从凭实物结算发展到凭单据结算

18 世纪末 19 世纪初，国际贸易开始迅速发展。商人从事海上贸易时大部分采用 FOB 条件成交。商人本人或其代理人自始至终监督这一冒险行动。商人当场看货，如果认为合适，当即买下，并指示卖主将货物交到他的船上，而且即时偿付现金或其他等价物。这是一种典型的买卖双方直接结算的方式，根本无须通过银行。

随着科学技术的进步和通信工具的发展，对外业务联系变得方便并趋于稳定。此外，有些国家的法律已经给予运输合同的受让人以他自己的名义起诉的权利，这一切为商人从事海上贸易和以 CIF 条件成交奠定了基础。在这种情况下，海运提单已经演变为可转让的物权凭证；保险单也可通过背书进行转让；银行又乐于以外汇购买者的身份买进单据，为卖方进行融资，这样，国际商品买卖逐渐发展成为单据买卖。在 CIF 条件下，卖方凭单交货，买方凭单付款，从而使国际贸易结算从以货物为依据发展到以单据为依据。

（三）从买卖双方直接结算发展到通过银行进行结算，真正实现了非现金结算

在国际贸易发展初期，买卖双方采用直接结算的方式。当资本主义进入垄断阶段后，资本主义国家间的经济贸易关系进一步密切，国际贸易规模和资本移动的流量急剧扩大，金融业空前壮大，银行网点普遍设立，这就为通过银行进行**非现金结算**创造了条件。买主不仅可以委托银行代汇、代付货款，而且可以要求银行为其开出银行保证付款的凭证，以促进交易的达成。卖方不仅可以委托银行代收货款，而且可以要求银行提供信用或为其进行融资，从而使原始的国际结算方式逐步过渡到现代的国际结算方式。

二、国际结算制度的历史演变过程

国际结算制度（system of international settlement），又称国际结算系统，是各国之间结算债权债务关系的基本方法和总的原则。实行何种国际结算制度，取决于世界各国的经济发展水平及国际政治现状。从资本主义发展过程来看，国际结算制度曾经历了三种不同类型。

（一）自由的多边国际结算制度

19 世纪正处于资本主义自由贸易的鼎盛时期，国际贸易发展十分迅速，国家间的经济、贸易交往日益增强。许多国家确立了金本位的货币制度，国际收支基本平衡，黄金可以自由输出输入，国家间正常的支付与结算均以黄金作为最后的手段。由于各国货币之间的比价都以各自的含金量为基础，所以汇率能保持稳定。在这种条件下，推行自由的多边

国际结算制度，有利于国际贸易的发展。但实行自由的多边国际结算制度必须以外汇自由为前提，而外汇自由又必须以资本主义国家的货币稳定为条件。自由的多边国际结算制度必须包括下列内容：(1) 外汇自由买卖；(2) 资本自由输出输入；(3) 黄金自由输出输入；(4) 黄金外汇自由市场的存在；(5) 多边结算制度的存在。

但是，自由的多边国际结算制度受到了第一次世界大战的冲击。在第一次世界大战爆发后，资本主义各国为了筹措战争所需的大量外汇，防止本国资本外逃，不得不对黄金外汇采取限制性措施。尽管在战争结束后，由于生产逐渐得到恢复，国际经济关系也归于正常，各国先后部分或全部恢复了金本位货币制度，但在此期间，大多数国家仍然采取某些措施来间接干预外汇交易以维持汇率的稳定。1929—1933 年资本主义世界爆发的空前严重的经济危机，使各主要资本主义国家爆发了货币信用危机，它冲击着整个资本主义市场，使资本主义赖以运转的市场机制的作用大为削弱，国际关系陷入混乱。各国为了维护各自的经济利益，纷纷恢复了不同形式的外汇管制。第二次世界大战期间，除了远离战争而未受战争破坏的美国之外，欧洲各主要资本主义国家都实行了严格的外汇管制，整个资本主义世界的金融、外汇市场陷入停滞状态，于是管制的双边国际结算制度应运而生。

（二）管制的双边国际结算制度

管制的双边国际结算制度是指两国政府签订支付协定，开立清算账户，集中抵消和清算两国之间由于贸易和非贸易往来所发生的债权债务收支。在这种制度下，甲国对乙国的债权只能用来偿还甲国对乙国的债务，而不能用此债权来抵偿甲国对任何第三国的债务。双边清算由两国的中央银行负责具体组织实施。具体做法是：由两国的商业银行或外汇银行各自向本国的中央银行收付本国货币，再由本国的中央银行记入对方国家的结算账户。在记账方式上，采用先借后贷法，即出口地银行主动借记进口地银行开立在本行的账户，然后由进口地银行贷记出口地银行开立在本行的账户。为此，各方需要设立维持账户以核对对方寄来的账单。

管制的双边国际结算制度的产生，直接反映了资本主义世界经济危机和货币信用危机的加剧。然而，这种国际结算制度的实行，具有正反两方面的作用。

其积极作用是：

(1) 缓和了资本主义国家因黄金外汇短缺而无法进行正常贸易的矛盾，在一定程度上促进了国际贸易的发展。

(2) 防止了不利的资本流出或流入，改善了各国的国际收支状况。

(3) 节约了黄金外汇的使用，加速了资本的周转。

(4) 节约了缔约国之间外汇资金的支出，促进了缔约国之间的贸易发展。

其消极作用是：

(1) 由于这种结算制度具有排他性，因此直接影响到与缔约国以外的第三国开展贸易，从而在一定程度上阻碍了国际贸易的发展。

(2) 这种结算制度容易造成发达国家向不发达国家倾销过剩产品等。

（三）多元化混合型国际结算制度

第二次世界大战之后，世界政治经济格局发生了重大变化。到 20 世纪 50 年代后期，西方一些国家的经济实力已经增强，足以与美国抗衡，于是对外汇的管制有放松的趋势。

从1960年开始，联邦德国与日本率先宣布货币自由兑换，英国也在1979年撤销了残存的一些外汇管制条例。而许多发展中国家为了发展民族经济，减少黄金外汇储备的流失，则一直实行比较严格的外汇管制。然而，单纯管制的双边国际结算制度已经不能满足经济发展的需要，多元化混合型国际结算制度逐渐取代了单一的国际结算制度。在多元化混合型国际结算制度下，既有西方国家间全球性的多边结算，也有区域性的和集团性的多边结算，此外还存在发展中国家之间的双边结算。由于管制的国际结算制度不利于全球性贸易的开展，因此当前推行的主要是全球性、区域性的多边结算制度。这种多元化混合型国际结算的主要特点是：

(1) 有限的外汇自由兑换与程度不同的外汇管制并存，而以外汇自由兑换为主。

(2) 全球自由的多边结算制度、区域性的多边结算制度和管制的双边结算制度并存，而以全球性的和区域性的多边结算制度为主。

随着生产、市场和资本的国际化以及跨国公司的蓬勃兴起，国际贸易结算制度将进一步向着多元化和自由的多边结算制度发展。

第三节 国际支付清算系统

一、支付系统概述

支付清算系统又称支付系统（payment system），是由提供支付清算服务的中介机构和实现支付指令传送及资金清算的专业技术手段共同组成，用以实现债权债务清偿及资金转移的一种金融安排（Payment system refers to the process that banks draw a sum of money from the payer's account and deposit it to the payee's），有时也称清算系统（clearing system）。

由于经济活动所产生的债权债务必须通过货币所有权的转移加以清偿，支付系统的任务即是快速、有序、安全地实现货币所有权在经济活动参与者间的转移。支付系统对于一国而言具有特殊的重要意义。

支付系统功能重要、种类多样，按不同的划分依据可分为不同的种类，具体如下所述。

（一）按经营者身份的不同划分

1. 中央银行拥有并经营的支付系统

鉴于支付系统对国家经济、金融及社会生活的重要影响，各国政府对支付系统特别是主干支付系统的建设与运行高度重视，很多国家的中央银行直接拥有并经营支付系统，尤其多见于根据国家赋予的职能权限，积极参与支付清算活动并负有监管职责的中央银行。如美国联邦储备系统（简称“美联储”）、日本银行、德意志联邦银行、瑞士国民银行及中国人民银行等通过支付系统运营、干预和影响社会整体支付清算活动。

2. 私营清算机构拥有并经营的支付系统

这类系统包括纽约清算所协会的CHIPS、英国的CHAPS、日本东京银行家协会的全银数据通信系统等。尽管中央银行通常不直接参与私营清算系统的运行，但各系统的资金最终清算往往通过中央银行账户进行，而且中央银行采取各种手段对私营清算系统的运行实行监督、管理。

3. 各家商业银行拥有并运行的行内支付系统

银行为处理各分支机构之间的汇兑往来和资金清算，通常建有行内支付系统。如我国工、农、中、建、交、邮储这些大商业银行及十家股份制商业银行均开通了各自的电子资金汇兑系统，大大便利了行内支付清算。

（二）按单笔业务支付金额划分

1. 大额支付系统（资金转账系统）

大额支付系统是一国支付清算系统中的主干线，其运行将对金融市场及金融系统的效率产生重大影响。它主要处理行间往来、证券和金融衍生工具交易、黄金和外汇交易、货币市场交易及跨国交易等引发的债权债务清偿和资金转移。尽管每笔资金转账数额没有下限规定，但多在数百万美元以上，如美联储的联邦资金转账系统（FEDWIRE）转账支付的每笔款项平均金额为 300 万美元。各国支付系统的业务处理情况显示，大额支付系统处理的业务笔数大大少于小额支付系统，但支付金额占各国支付业务总量的绝大部分，如日本中央银行的日本银行金融网络系统（BOJ-NET）占 75%，瑞士中央银行的 SIC 系统占 95%以上，美联储的 FEDWIRE 和私营的 CHIPS 共占 86%以上。鉴于大额支付系统对交易性质及交易金额有所要求，因此通常对系统用户的准入资格有严格规定，并且系统必须具有准确、快速、安全的运行功能，所以大额支付系统一般都是电子资金转账系统。

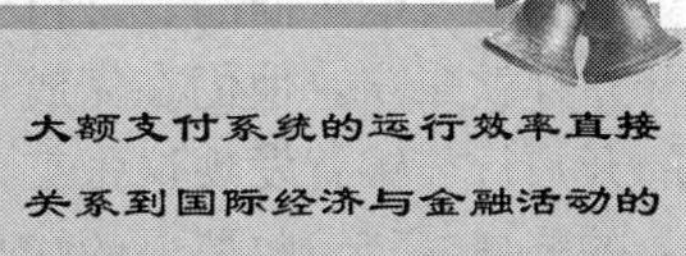
大额支付系统的运行效率直接关系到国际经济与金融活动的顺利进行。

大额支付系统不仅处理境内各种大额交易的资金清算，一国对外经贸、金融往来也多通过其处理债权债务的清偿和资金头寸的转移。此外，国家间的跨国支付系统也多属于大额支付系统范畴。如 1999 年 1 月 1 日，随着欧元的启动而开始运行的覆盖欧元区国家的欧洲间实时全额自动清算系统（TARGET），即是一个跨国大额支付系统。

为控制国家支付系统的主动脉，中央银行对大额支付系统的建设、运行与管理予以高度重视，并将其与中央银行的另外两大职能——制定和执行货币政策、实施金融监管密切相连，很多国家中央银行经营的支付系统即属大额支付系统。对私营大额支付系统，中央则实行有效的监督、管理。

2. 小额支付系统（零售支付系统）

小额支付系统是与社会经济和消费活动紧密交融、分布广而种类多的支付系统，其服务对象主要是工商企业、个人消费者、其他小型经济交易的参与者。其特点是：服务对象数目众多，支付处理业务量大，但每笔交易金额较小，支付比较分散，拥有广阔的服务市场，所以小额支付系统必须具有极强的支付处理能力，从而满足社会经济及消费活动对支付结算服务的需求。为了适应零售支付领域的结算特点，小额支付系统采用的支付媒介较多，如现金、银行卡及其他各种卡类、票据等。小额支付系统一般由各国的银行系统、私营清算机构经营，如日本的全银系统、美国的自动清算所系统（ACH），以及很多国家都拥有的信用卡网络、ATM 网络、POS 网络、小额终端、家庭银行等。小额支付系统的运行效率反映了一个国家的金融基础设施状况，其服务质量影响着公众对金融业的评价与信心。另外，小额支付服务与银行结算业务及营业收入密切相关，是同业竞争的重点业务之一，所以各国政府、中央银行及商业性金融机构对小额支付系统的建设也十分重视，其现代化程度日益提高。

（三）按支付系统服务的地区范围划分

1. 境内支付系统

境内支付系统主要处理一国境内各种经济和消费活动产生的债权债务所引发的本币资金支付与清算，既有中央银行经营的，也有私营清算机构或商业银行运行的；既有大额支付系统，也有小额支付系统。境内支付系统对一国经济和金融活动的效率具有重大影响。

2. 国际性支付系统

国际性支付系统主要处理国家间各种交易往来所产生的债权债务清偿和资金转移。大致有两种类型：一类是由某国清算机构建立并运行，鉴于该国货币在世界经济中占有重要地位，遂逐步被沿用至国际支付清算领域，如美国的 CHIPS、英国的 CHAPS 以及日本的外汇日元清算系统等，尽管其分属美、英、日三国，但处理着目前国际上绝大部分美元、英镑、日元交易的支付清算；另一类是由不同国家共同组建的跨国支付系统，如由欧洲中央银行建立的 TARGET，即负责欧元国家间大额欧元交易的支付清算系统。

二、支付系统中银行转账的原则

在市场经济中，经济主体每天都要进行各种交易，他们通常以货币（现金或银行存款）的形式购买商品、支付劳务（包括金融工具）。若市场经济的两个参与者在同一银行开立存款账户，他们在完成一笔交易后，债务人就会签发支票给债权人，债权人送交自己的开户行，银行发现这张支票的签发者和接受者都是本行的客户，便会凭此支票借记出票人的账户，贷记收票人的账户。一纸支票以最便捷的方式在一家银行内部转账结算，清偿了交易双方的债权债务关系。

如果交易双方不在同一家银行开立存款账户，而分别在 A、B 两家银行开立存款账户，一桩交易完成后，A 银行的客户作为债务人签发支票给 B 银行的客户，B 银行的客户将支票转交给 B 银行，由 B 银行将这张支票交换给 A 银行，即向 A 银行提示。A 银行接受交换，首先借记出票人（债务人）的存款账户，然后拨头寸给 B 银行，使 B 银行贷记收款人的账户。由此可以看出，银行转账所遵循的基本原则是：

（1）银行票据成为转移资金的重要工具，即成为存款账户的支付凭证。无论多么复杂的债权债务关系，对银行而言，无非是从一个客户的存款账户中转出，转入另一个客户的存款账户。银行结算提供的是一种收付服务。

（2）任何一笔收付，银行总是先借后贷。

（3）同一银行的支票，内部转账；不同银行的支票，交换转账。

三、国际支付系统的基本要素

货币跨国支付的形式有很多，每一种形式都会涉及一些基本的要素。国际银行间的清算与支付对有些要素要求不严，对有些要素却有极严格的要求，总的原则是：

（1）任何外币票据都不能进入本币票据交换所。这就意味着一张外币票据一定要进入票据面值所表明的货币发行国，才能进行清算，而且最好是到这种货币的发行和清算中心去交换。如一张美元汇票，应去纽约清算，一张日元汇票，应去东京清算，依此类推。

（2）跨国流动的票据，其出票人和收款人可以是全球任何地方的个人或企业，但是票据的付款人或担当付款人的人必须是所付货币清算中心的银行。例如，中国向美国购买粮食，购买方是中国粮油进出口总公司，该笔业务以美元支付，其最终付款人肯定是中粮总公司，但是美元的付款人或担当美元付款人的人必须是在美元清算中心的一家银行，比如由中国银行在纽约的分行或代理行来充当付款人。

（3）为了遵守国际支付系统对付款人的严格要求，各国银行纷纷将外币存款账户开设在该种外币的发行和清算中心，以便顺利地完成跨国的货币收付。

（4）在国际经济交往中，付款货币不同，所涉及的要素就有所不同。有的货币收付不用通过票据交换所，有的则必须通过票据交换所。

第一种情况：付出口国货币。进口国的某银行在出口国某银行总行开有出口国货币的存款账户。出口国账户行在其来账上划转（借记），或通过交换进行转账。前者不涉及出口国的票据交换所，而后者要涉及出口国的票据交换所。

第二种情况：付进口国货币。出口国的某银行在进口国某银行总行开有进口国货币的存款账户，出口国银行要求进口国的账户行把款项收进出口国银行的往账上。进口国银行可直接收进（贷记），也可通过交换收进。同样，前者不涉及进口国的票据交换所，后者涉及进口国的票据交换所。

第三种情况：付第三国货币。如果进出口国的银行都在第三国的同一家银行开有当地货币的存款账户，就形成了碰头行转账结算。由第三国银行直接借记进口国的第三国货币存款账户，转而贷记出口国的第三国货币存款账户，即不用通过票据交换所转账。如果进出口国的银行没有在第三国形成碰头行，即在不同的代理行开立了存款账户，那么就要通过第三国的货币清算中心的票据交换所交换转账，完成收付。

四、主要国家的支付清算系统

（一）美元支付清算系统

1. 联邦资金转账系统

联邦资金转账系统（Federal Reserves Wire Transfer System，**FEDWIRE**）是美国境内美元收付系统，它由美联储所有。美联储于1913年建立，为美国的中央银行。它将全国划分为12个联邦储备区，各区有一个联邦储备银行，另在25个重点城市设立了联邦储备银行的分行，各家商业银行在联邦储备银行的分行开立存款准备金账户。美联储建立的重要任务之一是为美国银行系统创建一个统一的境内美元的支付清算设施。

FEDWIRE是一个实时的、全额的、贷记的资金转账系统。它还包括一个独立的电子簿记式的政府证券转账系统。FEDWIRE资金转账主要用于银行间隔夜拆借、银行间结算业务、公司之间付款以及证券交易结算等。FEDWIRE从8时30分运行至18时30分（美国东部时间)，作为一个完全自动化的全额结算系统，它可以实时进行每笔资金电子转账的发起、处理和完成。当一个在联储设有账户的发送机构发送了一笔资金转账时，通常在转账业务发出后的几秒钟内联邦储备银行就处理了这笔转账，借记发送机构在联邦储备银行的账户并贷记接收机构的账户。账户余额监测系统（ABMS）是联邦储备银行的实时日间账户系统，它实时地追踪由 FEDWIRE 资金和证券转账引起的各个机构账户余额的变化。例如，对于支票结算带来的各账户余额的变化，该系统会打印出一个综合的该日过账时间表。

FEDWIRE 支付信息通过连接 12 家联邦储备银行跨区的通信网络和联邦储备银行辖区内连接联邦储备银行与其他金融机构的当地通信网络来传递。来自金融机构的支付信息被传送到当地联邦储备银行的主机系统上进行处理。如果一个支付信息的接收机构位于另外一家联邦储备银行的辖区内，那么这条信息将通过通信节点传送到另一家联邦储备银行，在它的主机上做进一步的处理，并且最终通过联机或脱机通知单的方式送到接收机构。

FEDWIRE 70%以上的用户（占业务量的 99%）以电子方式与联邦储备银行相连接。其中，转账业务量大的金融机构通常是租借与联邦储备银行相连的专用路线，中等业务量和小业务量的金融机构一般采取共享租借线路方式。大约有 30%的 FEDWIRE 用户通过脱机的电话指令方式向联邦储备银行发送资金转账命令。极小一部分 FEDWIRE 用户通过代理行发送资金转账指令。随着银行业务对收付系统需求的不断扩大，以及计算机通信技术的应用，FEDWIRE 的规模将不断扩大。

2. 清算所银行同业支付系统

清算所银行同业支付系统（Clearing House Interbank Payment System，**CHIPS**）是一个由纽约清算所协会拥有并运行的私营支付系统。它是用于替代纸质票据清算的一个电子系统。与 FEDWIRE 类似，CHIPS 是一个贷记转账系统。

然而，与FEDWIRE不同的是，CHIPS要累计多笔支付业务的发生额，并且在日终进行净额结算。

CHIPS 通常从 7 时开始运行直到 16 时 30 分（美国东部时间)，结算一般在 18 时以前完成。每个参与者在营业日开始时的起始余额都为零，CHIPS 根据发送和接收的支付信息在运行日内连续地计算每一个参与者相对于其他参与者的净头寸，支付信息可以在当日或未来某日生效。当日生效的信息在发送者发出之后立即得到处理，除非这笔支付使发送者超过了其信贷限额或净借记极限。支付信息一旦被传递到接收者处，发送机构就不能取消这笔支付。

结算通过确定的结算参与者进行。非结算参与者必须以结算参与者作为其代理机构。每日 16 时 30 分之后，清算所通知每个参与者其净头寸，并通知每个结算参与者其总净头寸（包括代理的所有参与者的净头寸)。如果一个结算参与者的净头寸是负值，那么该结算参与者需要通过 FEDWIRE 在 17 时 45 分之前将资金转账到纽约联邦储备银行的 CHIPS 净结算账户上。一旦所有的净借记债务得到偿付，清算所将通过 FEDWIRE 向所有处于净贷记状态的结算参与者传送资金，并在 18 时之前通知所有参与者结算已经完成。

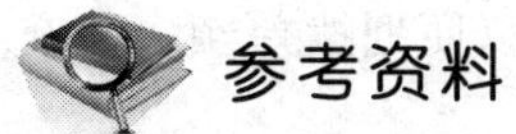

CHIPS 的 ABA 号码和 UID 号码

现在参加 CHIPS 的一百多家美国银行和外国银行在纽约的分支机构中，有 12 家清算银行都在联邦储备银行开立账户，是美联储的成员银行。非成员银行必须在一家成员银行开立账户并委托它作为自己的清算银行，通过它进行每天 CHIPS 头寸清算。成员银行要把它们的电子支付头寸通过设在联邦储备银行的账户进行最后的清算。

参加 CHIPS 的银行必须向纽约清算所协会申请，经批准后成为 CHIPS 的会员银行，每家银行均有一个美国银行公会代码（American bankers association number），即 ABA 号码，作为参加 CHIPS 清算时的代码。每家 CHIPS 会员银行所属客户在该行开立账户时由纽约清算所协会发给通用认证号码（universal identification number），即 UID 号码，作为收款人（或收款行）的代号。

凡通过 CHIPS 支付和收款的双方都必须是 CHIPS 的会员银行，才能经过 CHIPS 直接清算。通过 CHIPS 的每笔收付都是由付款一方开始进行，即由付款一方的 CHIPS 会员银行主动通过其 CHIPS 终端发出付款指示，注明账户行的 ABA 号码和收款人的 UID 号码，经 CHIPS 计算机处理中心传递给另一家 CHIPS 会员银行，存入客户账户，而收款行则不能通过它的 CHIPS 终端直接向付款行索款，但它可以拍发索款电报或电传，注明 ABA 号码、UID 号码和最终受益人名称，要求付款行通过 CHIPS 付款。

美元电子支付总的来说有三个渠道：第一是通过 CHIPS，第二是通过 FEDWIRE，第三是纽约的银行在其本行内部转账（见图 1-1）。

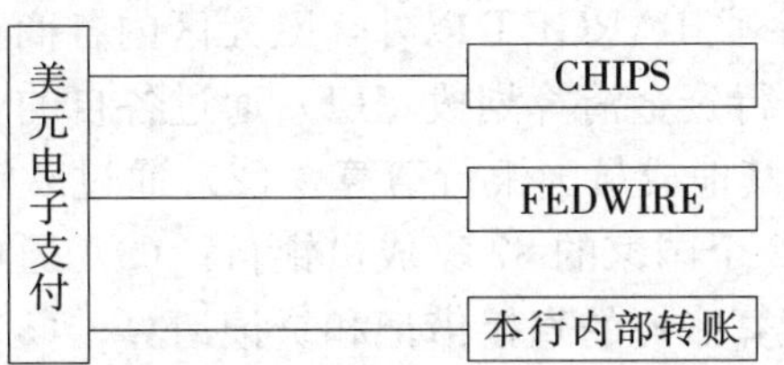

图 1-1　美元的电子支付渠道

（二）英镑清算系统

英镑的清算原来有两个系统：一个是“伦敦城内交换系统”（town clearing system）；另一个是“普通交换系统”（general clearing system）。伦敦城内交换系统是一个大额的当天交换系统，只清算以伦敦城内的银行为付款行和面额在 1 万英镑以上的票据。普通交换系统不是当天交换的系统，办理以伦敦城内的交换行为付款行、面额在 1 万英镑以下和伦敦城以外的票据交换。

英国的交换银行在美国的 CHIPS 成立之后，即从 1984 年年初起，设立并开始使用计算机来办理票据交换工作。于是，在原有的“双重交换系统”的基础上建立了一个新系统：清算所自动支付系统（Clearing House Automated Payment System，**CHAPS**）。英国的 11 家清算银行加上英格兰银行共 12 家交换银行集中进行票据交换，其他商业银行则通过其往来的交换银行交换票据。非交换银行须在交换银行开立账户，以便划拨差额，而交换银行之间交换的最后差额则通过它们在英格兰银行的账户划拨。

CHAPS 有四条基本规定：(1) 该系统不设中央管理机构，各交换银行之间只在必要时才进行合作（指最低限度的合作）。(2) 付款电传一旦发出并经通道认收后，即使立即被证实这一付款指令是错误的，发报行也要在当天向对方交换银行付款。(3) 各交换银行在规定的营业时间内必须保证通道畅通，以便随时接收其他通道发来的电传。(4) 各交换银行必须按一致通过的协议办事。CHAPS 使用的计算机设备对所有软件都有备份，一旦机器局部发生故障，备份就能自动接替工作。此外，即使整条通道失灵，每家交换银行也都有另一条完整的通道可供使用。

CHAPS 以高度自动化的信息传递部分地取代了依靠票据交换的方式，使伦敦以外的交换银行付款 1 万英镑以上的交换，部分地实现了当天结算。近几十年来，由于英镑在国际结算中的使用逐渐减少，因此，CHAPS 的影响力不如 CHIPS 大。

（三）欧元实施后的欧洲支付系统

在欧洲统一货币欧元实施之前，欧元区 12 个国家有 12 个独立的支付系统，有 12 种不同的支付习惯，这些差别给欧洲跨境支付带来了很大的麻烦。在欧元启用前，欧盟内部跨境支付划拨平均需要一周的时间。单一货币的实施迫切需要建立一个统一的欧洲支付系统，将欧元区各国支付系统连接起来，保证资金划拨畅通，特别是大额跨境划拨，应在最大的安全性下以最短的时间实现。为此欧洲间实时全额自动清算系统（**TARGET**）应运而生，于 1999 年 1 月 1 日正式启用。该系统连接各成员国中央银行的大批量实时清算系统，按法兰克福时间每日运行 11 个小时（早 7 时至晚 6 时）。

1999 年欧元实施后，除了 TARGET 以外，欧元区内各商业银行有至少五个清算渠道与区内及全球各往来银行进行资金清算划拨：(1) 通过各自的中央银行清算中心与国内银行清算或在 TARGET 上与其他成员国银行清算。(2) 通过欧洲银行协会的结算网络系统清算。这个系统目前共有 22 个国家的 87 家成员银行。(3) 通过环球银行金融电信协会系统进行清算。(4) 通过对清算账户的直接借记和贷记清算。(5) 通过国际银行组织电子银行协会（Electronic Banking Association）清算。

（四）日本银行金融网络系统

日本银行金融网络系统（BOJ-NET）是一个包括日本银行在内的、金融机构间的电子资金转账系统。系统的参与者包括银行、证券公司和代办短期贷款的经纪人，以及在日本的外国银行和外国证券公司。根据参与者的选择，资金转账可以按实时、全额方式结算或按指定时间结算。指定结算的时间有四个，即 9 时、13 时、15 时和 17 时。

（五）环球银行金融电信协会

环球银行金融电信协会（Society for Worldwide International Financial Telecommunications，**SWIFT**）是一个国际银行间的非营利合作组织。SWIFT 的筹建是伴随着欧洲经济与政治一体化而进行的。1950 年欧洲支付同盟成立。1957 年 3 月，《罗马条约》的签订推动了欧洲经济一体化的进程，欧洲经济共同体（EEC）的成立使得欧洲各国经济、贸易相互渗透，银行业迅猛发展，进而使各国银行深感传统的通信手段速度慢、不方便，难以适应银行业务国际化的需要。于是，经过 20 世纪 60 年代的酝酿和规划，于 1973 年年初开始筹建，1977 年正式在比利时的布鲁塞尔成立了 SWIFT，SWIFT 系统是国际银行业专用的高速电传通信系统。

SWIFT 是一个合作性质的组织，它不以营利为主要目的，而是为了向会员银行提供专门的通信服务。正如 SWIFT 系统的名称所示，这是一个传递银行间金融交易（financial transaction）信息的电信系统。很多银行都将本行计算机与 SWIFT 系统联机，这样很多业务都可由 SWIFT 系统和计算机自动处理了。目前，除世界上少数落后国家外，银行之间的信息往来普遍采用 SWIFT 方式，SWIFT 系统的优点如下所述。

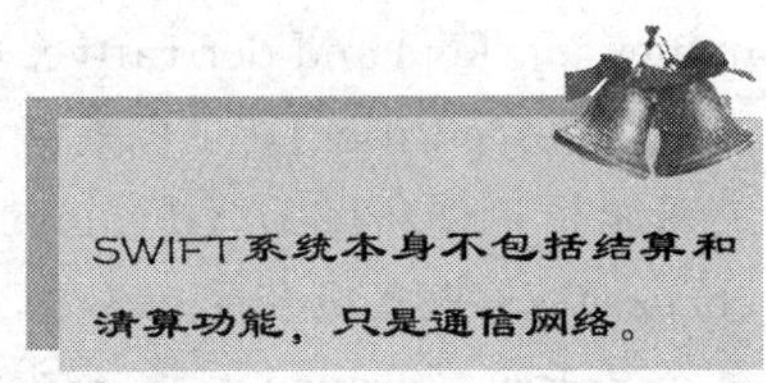

1. 安全快速，费用低廉

SWIFT 系统对结算模式做了简化，对用户而言结算变得非常简便。只要会员银行的 SWIFT 系统专用计算机及其终端设备都在正常运行，任何会员银行都可以随时收发电讯。一般发出后 1～2 分钟内就会收到电讯接收行的反馈。过去，结算以信函或电报等方式来传递信息，按字数收费，为了用字经济，电文节省导致意思模糊，而 SWIFT 系统是以电传（telex）来传递信息，收费以分钟计，用词节省不再重要。此外，电文一入网就由 SWIFT 系统自动编制和核对密押，安全可靠。

2. 标准统一，制度严格

各国使用电传都有自己的格式，而且相互间在文字或翻译上时常产生误解甚至发生差错。SWIFT 系统对收发电讯规定了一整套标准化统一格式。它为电讯发送行提供了方便，对发出电文通信建立了一套电文输入、复核、证实等严格的工作制度。使用者可以随时获取所发电讯情况的报告，而且有关的会员银行也可以随时向该机构索取它们所需要的电讯往来记录。此外，在往来电讯中，规定使用联合国国际标准化组织所制定的一套标准化货币符号。

3. 严密合理的机构设置，采用现代化计算机设备与网络

SWIFT 除了在布鲁塞尔设立总部外，在荷兰、美国和比利时分别设有操作中心，在会员银行所在国家与地区设有几十个处理站。三个操作中心与地区处理站之间由高速通信线路相连，会员银行通过当地的电信部门连接地区处理站。每个操作中心和地区处理站都有现代化的高性能计算机、数传通信处理器及中央处理器等设备。会员银行也都有微机和若干终端设备。

4. 多样化、大众化的服务

通过 SWIFT 系统，各会员银行之间可以非常便利地实现多种资金的调拨，提供汇款、外汇买卖、托收、信用证、对账等业务。

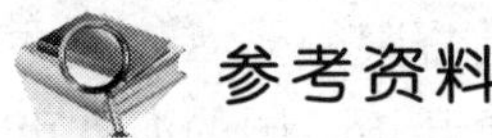

参考资料

种类多样的 SWIFT 电文

SWIFT 电文是格式化的，用 0～9 的数字区分电文业务性质。0 代表 SWIFT 系统电

报，1代表客户汇款与支票（customer payment and checks），2代表银行头寸调拨（financial institution transfers），3代表外汇买卖、货币市场及衍生工具（foreign exchange, money markets and derivatives），4代表托收业务（collections and cash letters），5代表证券业务（securities），6代表贵金属和银团贷款（precious metals and syndications），7代表跟单信用证和保函（documentary credits and guarantees），8代表旅行支票（travellers checks），9代表现金管理和客户账务（cash management and customers status）。每一类包含若干组（group），每一组又包含若干格式（type），每个电报格式代号由三个数字组成，如MT700代表信用证业务。

第四节 国际结算业务中的银行机构

一、银行处理国际业务机构设置的主要类型

（一）代表处

代表处（representative office）是商业银行在海外设立的非营业性机构。它不能办理银行业务，其主要职能是开展公共关系活动，向驻地的政府机构、贸易商和官方人员提供本国企业和国家的相关信息；为驻地国家的客户提供其总行的经营活动方针；为本国客户探寻新的业务前景，寻找新的贸易机会，开辟当地信息通道；等等。

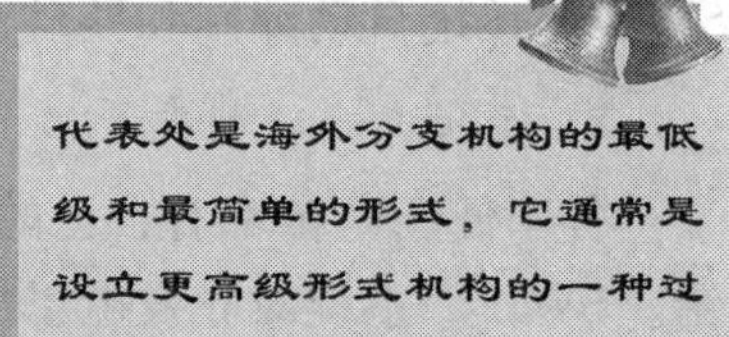

代表处是海外分支机构的最低级和最简单的形式，它通常是设立更高级形式机构的一种过渡形式。

（二）代理处

代理处（办事处、经理处）（agency office）是商业银行设立的能够转移资金和发放贷款，但不能从东道国吸收当地存款的金融机构。代理处是母银行的一个组成部分，不具备法人资格，是介于代表处和分行之间的机构。代理处可以从事一系列非存款银行业务，如发放工商贷款，提供贸易融资，签发信用证，办理承兑、票据买卖和票据交换等业务。代理处由于不能吸收当地居民存款，所以其资金主要来源于总行和其他有关机构，或从东道国银行同业市场拆入。

（三）海外分支行（境外联行）

海外分支行（overseas sister bank/branch, subbranch）是商业银行在海外设立的营业性机构。它本身不具备独立的法人地位，不仅受其总行所在地的金融管理法令和条例的约束，也受其营业地的管理法令和条例的约束。海外分支行的业务范围及经营政策要与总行保持一致，总行对分支行的活动负有完全的责任。海外分支行的优点是能面向当地客户，可以经营当地政府允许的各种银行业务，还能根据总行资本决定信贷限额。海外分支行吸收的存款属于其总行的法定负债义务。海外分支行的设立，有利于开拓一国的海外市场，方便贸易双方进行国际结算，从而迅速扩大银行的业务范围，增加银行的盈利。分行下设的营业机构是支行，它直接属分行管辖，规模比分行小，层次比分行低。

（四）代理行

代理行（correspondent banks）是指本国银行在开展国际业务的过程中主动寻找外国银行，并与之建立起一种在业务上彼此合作与支持的相互委托关系，即代理行关系，以便利国际业务的开展，弥补海外分支行的不足。在海外建立代理行的优点是成本低，而业务范围较广泛。

（五）子银行（附属银行）

商业银行在需要扩大其在海外的业务网络，但又不能直接在某些国家设置分支机构时，常采用收购外国银行的全部股份或大部分股份的方法，设置各种国外附属机构。该机构在东道国登记注册，在法律上是一个完全独立的经营实体，其股权全部或大部分为总行所控制。**子银行**（附属银行）（subsidiary banks）的经营范围很广，可从事东道国国内银行所能经营的全部业务活动。在某些情况下，还能经营东道国银行不能经营的某些业务。该机构的大部分股权虽被收购，但仍可以使用自己原有的名称、营业许可证和工作人员。另外，子银行（附属银行）还可以经营非银行业务，如证券、投资、信托、保险业务等。

（六）联营银行

联营银行（affiliated banks）简称“联行”，在法律地位、性质和经营特点上同子银行类似，其特点是：在联营银行中，任何一个外国投资者拥有的股权都在50%以下，即拥有少数股权，其余股权可以为东道国所有，或由几个外国投资者共有。联营银行可以是两国或多国投资者合资兴建的，也可以是外国投资者通过购买当地银行的部分股权而形成的。其业务依注册而定或由参股银行的性质而定。联营银行的最大优势是可以集中两个或多个参股者的优势。联营银行在联营后，仍可使用原有的名称、营业许可证和工作人员。

（七）银团银行

银团银行（consortium bank）通常是由两个以上不同国籍的跨国银行共同投资注册而组成的公司性质的合营银行。任何一个投资者所持有的股份都不超过50%。作为一个法律实体，银团银行有自己的名称和特殊功能。它既接受母银行委托的业务，也开展自己的活动。其业务范围一般包括：对超过母银行能力的或母银行不愿意发放的大额、长期贷款做出全球性辛迪加安排，承销公司证券，经营欧洲货币市场业务，安排国家间的企业合并和兼并，提供项目融资和公司财务咨询等。与其他形式的银行相比，银团银行的特点是：第一，组成银团银行的母银行大多是世界著名的跨国银行；第二，银团银行的注册地多为一些国际金融中心或离岸金融中心；第三，它所经营的大多是单个银行不能或不愿经营的成本高、风险大、专业技术性强、规模和难度较大的业务；第四，它的业务对象主要是各国政府和跨国公司，它很少面向消费者，也不经营小额零售业务。

在以上七种形式中，代表处、代理处和海外分支行不是独立的法人，母银行可以对其进行完全控制；子银行、联营银行、银团银行是独立的法人，母银行只能根据控股的多少对其产生不同程度的影响。从业务范围来看，代表处、代理处的业务有限，而银团银行一般不经营小额零售业务，只有海外分支行、子银行、联营银行的经营范围较广。代理行是外籍银行，与本国银行有着广泛的业务代理关系，但它毕竟不是自己的银行，故在使用上不如本国境外联营银行方便。

二、代理行关系的建立

随着全球经济一体化程度的进一步加强和国际结算的日趋频繁，一国在海外主要城市或地区设立的分支机构远远不能满足本国及外国对贸易、结算和其他经济活动的需求。一国银行必须与其他国家的银行合作，不断扩大自己的代理行网络，才能实现资金在全球范围内的结算，同时借助外国银行在当地的有利条件，绕过壁垒和驻地国各种法律法规的限制，促进商业银行开展国际金融业务，提高本国银行在国际金融界的影响和声誉。此外，代理行的建立可以节约商业银行在国外开设分支行所需的各种外汇开支。总之，代理行关系的建立，便利了国际结算业务，为进出口企业提供了资金融通的机会，扩大了国家间的经济合作与交流，推动了国际贸易事业的发展。

代理行关系是指两家国籍不同的银行相互委托，互为对方办理国际银行业务所发生的往来关系。

（一）建立代理行关系的三个步骤

1. 考察并了解对方银行的资信

由于建立代理行关系是国际金融领域内的外交活动，因此必须服从国家的外交政策和国别政策。通常对没有正式外交关系的国家，不建立代理行关系。对有正式外交关系的国家，可以建立代理行关系，但要调查对方银行的资信等级、经营作风以及财务状况等多项指标，在有把握的基础上建立代理行关系。

2. 签订代理协议并互换控制文件

代理协议一般由双方银行的总行签订，它包括双方银行的名称、地址、代理机构、业务范围、代理期限、控制文件、使用的货币、委办的事项、授信额度、合作项目、信息的提供与咨询、培训计划、头寸偿付的方法、协议生效的日期、适用的分支行，等等。

3. 双方银行确认控制文件

为了使代理业务真实、准确、快捷、保密，代理行之间要相互发送**控制文件**（control documents），并在确定无误后遵照执行。此类控制文件有：(1) 密押（test key）。它是银行之间事先约定的，在发送电报时，由发电行在电文中加注密码，以证实电报的真实性。(2) 印鉴样本（specimen signature）。印鉴是银行有权签字人的签字式样。银行之间的信函、凭证、票据等，经有权签字人签字后，寄至收件银行，由收件银行将单证上的签名与所留印鉴核对，核对相符即证明此函件的真实性。代理行的印鉴一般由总行互换，由分行使用。(3) 费率表（terms and conditions）。它是银行在办理代理业务时收费的依据，一般由总行制定并对外发布，各分支行据此执行。通常，对方银行委托我方银行办理业务，按照我方银行费率表收费；我方银行委托国外银行办理业务，则按对方银行费率表收费。费率表应定得适当、合理，过高会削弱我方竞争力，过低则影响经济效益。

（二）办理国际结算业务时选择海外银行的次序

1. 联行是最优选择

联行被称为本行的兄弟行，与本行是不可分割的整体。且联行与本行在同一字号内，相互熟悉了解，委托办理业务最可靠，服务质量高，风险少。

2. 代理行中的账户行是次优选择

在没有联行的地区开展业务时，代理行中的账户行就显得格外重要。这是因为账户行之间的业务委托十分方便，通过账务往来可以用最快的速度完成委托，且能安全、迅速地收汇和付汇。

3. 代理行中的非账户行是次次优选择

在没有联行和账户行的少数地区开展业务时，只能委托有代理关系而无账户关系的银行。但采用这种方式时资金收付不太方便，要通过第三家银行办理。

三、账户行关系的建立

国际商业银行为了开展国际业务，彼此间必须建立往来关系，以便相互委办各项业务；为了实现委办业务中发生的货币收付，又必须通过外汇账户予以清算和结算。因此，银行间除了要建立代理行关系外，还要建立账户行关系。

（一）账户行关系的定义

代理行关系和账户行关系是两个既相互联系又彼此区别的概念，这就是：代理行关系并不一定是账户行关系，或者说得更明确一些，代理行并不就是账户行；但是，反过来说，账户行却一定是代理行。两家银行只要其中一方在另一方开设账户，不管另一方是否也对等地在第一方开设账户，它们之间的关系就既是代理行的关系，又是账户行的关系；当然，双方互设账户时的关系无疑更是这样。一家国际性商业银行在海外的代理行数目远远超过它在海外的账户行数目。比如，2012 年我国的中国银行在海外的代理行有7 000多家（这一数字正在逐年递增），而它在海外的账户行仅有 200 家（这一数字也随业务的扩大和需要在逐年递增）。

综上所述，代理行分两类：一类是有账户关系的代理行，另一类是不设账户关系的代理行。

（二）账户行关系的原理

两家分处不同国家的商业银行，因发生货币收付业务的需要，或者一方在对方设立账户，或者相互设立账户，就建立了账户行关系。账户的设置有下述三种情况。

1. 甲行在乙行设立乙行所在国货币的账户（如图 1－2 所示）

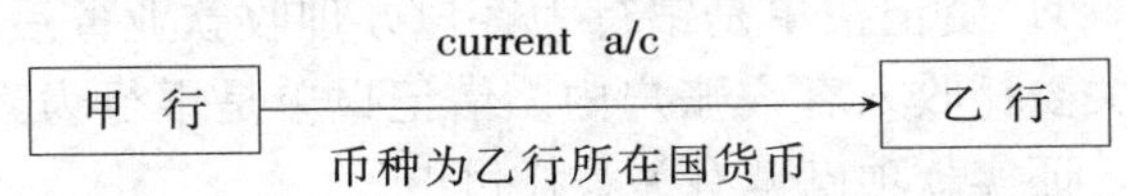

图 1－2　甲行在乙行设立乙行所在国货币的账户

2. 乙行在甲行设立甲行所在国货币的账户（如图 1－3 所示）

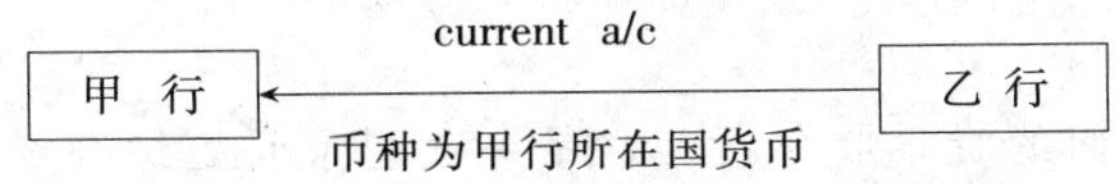

图 1－3　乙行在甲行设立甲行所在国货币的账户

3. 双方互设对方所在国货币的账户（如图 1-4 所示）

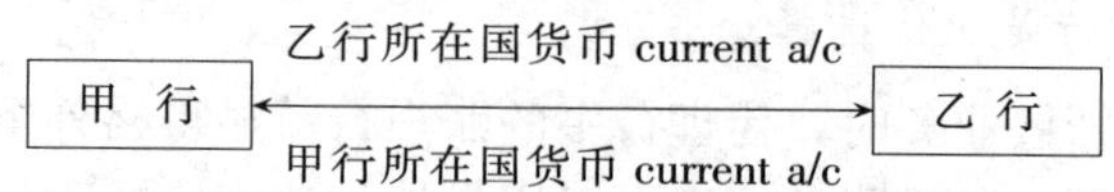

图 1-4 双方互设对方所在国货币的账户

在第一种情况中，从甲行的角度看，是往账（nostro a/c），即我行设在你行的账（our a/c with you）；反之，从乙行的角度看，是来账（vostro a/c），即你行设在我行的账（your a/c with us）。第二种情况则正好相反：从甲行的角度看，属来账，即你行设在我行的账；而从乙行的角度看，是往账，即我行设在你行的账。在第三种情况中，甲行与乙行互为账户行（depository bank）和存款行（depositor bank），各有来账与往账。

一家国际业务遍布全球的商业银行在海外的代理行总数大大多于账户行总数。原因如下：一是该行的海外业务尽管遍及全球，但肯定有重点地区，所以没有必要普遍设立账户网点；二是由于该行的代理行网络遍及全球，所以，只要在重点地区设立了账户网点，特别是只要在国际货币中心的几家主要银行设有来账，就能通过银行间的划转发挥网络的辐射功能，实现货币的收付。一句话，是否在国外的代理行设立账户，应视业务发展的需要而定，而无须全面铺开，浪费不必要的铺底资金。

（三）代理行业务实务

代理行之间委办各项国际业务所涉及的货币收付行为，不是也不可能是“钞票大搬家”，而只能表现在有关银行之间账户余额的相应增加和减少上。甲行余额的增加表明甲行在乙行的存款增多了，说明甲行从乙行收到了相应款项；甲行余额的减少则表明甲行在乙行的存款减少了，说明甲行付给了乙行一定数额的货币。

在银行簿记的行话（术语）中，增不叫“增”，减也不叫“减”，而分别使用“贷记”（to credit）和“借记”（to debit）这两个术语。所谓的“已贷记你行账”，就是在来账上增加了一笔款项；而所谓的“请借记我行账”，就是在往账上减掉一笔款项。归纳起来为：(1)“to credit 或 to debit 一定的金额 to sb's a/c”，意思是“贷记（或借记）某某人或某某单位的账户一定的金额”。这是一种用法。(2)“to credit 或 to debit sb's a/c with 一定的金额”，意思是“贷记（或借记）一定的金额入或出某某人或某某单位的账”。这是另一种用法。两种用法是同一个含义。

弄清了“贷记”和“借记”的概念和用法，就能弄懂什么是贷记报单（credit advice）和借记报单（debit advice）。贷记报单是银行为客户办理收款业务后，向客户签发的书面通知，证实款项已遵有关委托收入客户账户内。借记报单是银行为客户办理付款业务后，向客户签发的书面通知，证实款项已遵有关委托付出。

本章小结

1. 国际结算是国家间的货币收付行为，是一项国家间的综合经济活动，分为国际贸易结算和国际非贸易结算。

2. 国际结算研究的对象有：国际结算工具、国际结算方式、国际结算中的单据、以银行为中心的支付系统等。

3. 支付系统是由提供支付清算服务的中介机构和实现支付指令传送及资金清算的专业技术手段共同组成，用以实现债权债务清偿及资金转移的一种金融安排。支付系统按不同方式可分为不同种类。

4. 在当今国际金融市场中，一些著名的跨国支付系统在国际资金转移支付活动中发挥着关键作用。如联邦资金转账系统（FEDWIRE）、清算所银行同业支付系统（CHIPS）、清算所自动支付系统（CHAPS）、欧洲间实时全额自动清算系统（TARGET）和日本银行金融网络系统（BOJ-NET）等。

5. 环球银行金融电信协会（SWIFT）是一个重要的国际性清算组织，在国际支付清算系统中具有非常重要的地位和作用。

6. 办理国际结算业务的银行必须有较广泛的海外机构网络，包括联行和代理行。联行是基础，代理行是主体。代理行又分为账户行和非账户行，只有账户行才能直接转账收付款。

7. 代理行关系是指两家国籍不同的银行，相互委托，互为对方办理国际银行业务所发生的往来关系。为了使代理业务真实、准确、快捷、保密，代理行之间要相互发送控制文件，此类控制文件包括密押、印鉴样本和费率表。

本章关键术语

国际贸易结算	记账结算	国际商会	贸易术语
可兑换货币	通用货币	洗钱	支付协定
推定交货	现金结算	非现金结算	大额支付系统
小额支付系统	FEDWIRE	CHIPS	CHAPS
TARGET	SWIFT	代表处	代理行
子银行	控制文件	密押	印鉴样本

本章思考题

1. 如何理解国际贸易结算的概念？
2. 现金结算与非现金结算、现汇结算与记账结算有什么区别？
3. 国际贸易结算有什么特点？
4. 列举国际贸易结算常用的国际惯例或规则。
5. 如何从理论上理解贸易术语的两个临界点？

本章练习题

一、填空题

1. 非现金结算是指使用各种______，通过银行间的______来结清国家间债权债务关系。

2. 现代国际结算是以______为基础，以______为条件，以______为中枢，结算与融资相结合的非现金结算。

3. 记账贸易结算，也称______。它是在两国政府所签订的贸易协定项下的商品进出口贸易结算。

4. 推定交货原理的实质就是______，以货物单据代表货物______，常称为以单代物。

二、判断题

1. 华为技术有限公司与台北某厂商之间的货币收付，属于国内结算。（ ）

2. 目前的国际贸易结算绝大多数采用记账结算方式。（ ）

3. Without bank's participation, modern international trade payment system would not exist any more.（ ）

4. International trade settlement is a theory rather than a practice.（ ）

5. International settlement can only be used in visible trade.（ ）

6. Bill of exchange, promissory note and check are commonly used payment instruments.（ ）

三、选择题

1. What Incoterms rule means the minimum cost coverage for the seller?（ ）

A. EXW　　B. FCA　　C. FAS

2. What Incoterms rule means the maximum cost coverage for the seller?（ ）

A. DEQ　　B. DDU　　C. DDP

3. What Incoterms rule is treated as domestic sales in the seller's country?（ ）

A. EXW　　B. FCA　　C. FAS

4. What Incoterms rule is treated as domestic sales in the buyer's country?（ ）

A. DEQ　　B. DDU　　C. DDP

第二章

国际结算中的票据

中国华为技术有限公司接到一个来自印度的订单，货款价值2亿美元，采用六个月远期信用证结算。信用证要求中国华为技术有限公司签发一张远期汇票，出票人是中国华为技术有限公司，付款人是纽约花旗银行，出票条款要注明信用证的号码及开证日期，汇票要求空白背书。中国华为技术有限公司该如何签发这张汇票以满足信用证规定的要求？这张远期汇票的作用又是什么？

本章将讲述国际结算中的票据，包括汇票、本票和支票的定义、要式及其特点，以及这些票据在国际结算中的应用。

本章要点

◇ 掌握票据的概念和基本特征；了解票据的功能。
◇ 了解票据法的发展演变。
◇ 掌握汇票的定义。
◇ 掌握汇票抬头的行文类型。
◇ 掌握汇票的付款期限。
◇ 了解汇票的持票人和汇票的种类。
◇ 掌握本票、支票的定义与特点。
◇ 明确汇票、本票、支票的异同。
◇ 掌握主要的票据行为；掌握票据背书的种类及其实务操作。

第一节 票据概述

一、票据的基本概念

所谓票据（instrument），是指由出票人签发的，具有一定格式，约定债务人按期无条件支付一定金额，并经过背书可转让的书面支付凭证。

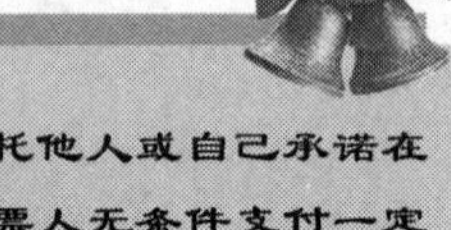

狭义的票据是出票人委托他人或自己承诺在特定时期向指定人或持票人无条件支付一定款项的书面凭证，它是汇票、本票和支票的总称。

票据是国际结算中用以抵消国家间债权债务关系的、具有流通及支付手段功能的信用工具，它的产生和普及开启了非现金结算的历史。现代国际结算的基本方法是非现金结算，票据在非现金结算中担任着支付工具和信用工具的角色。它在货币和商品的让渡中，为反映债权债务关系的发生、转移、偿付而诞生，首先是以支付一定金钱为目的的特定证券。在商务实践中，它又被赋予了可流通转让的功能和反映当事人债权债务关系的功能。它被誉为“有价证券之父”。在它之后，又衍生出一系列代表商业上的各种权利的凭证，如商业发票、货运单据、股息凭证等，这类凭证被称为广义的票据。我们在本章中要讲述的票据则是狭义的票据。

二、票据的基本特征

票据作为非现金结算工具，之所以能够代替货币使用，是因为它具有下述一些特征。

（一）设权性（right to be paid）

票据一经设立并交付出去，票据的权利和义务便随之确立。票据做成后经过交付，就创设了对于给付一定金额的请求权，并由此派生出一系列相关权利。基本上，这些权利分两种：付款请求权和追索权。票据的权利人依法享有这两种权利，直至票据所代表的债权债务关系完全了结，票据退出流通。

票据发行的目的，不在于证明已经存在的权利，而是设定票据上的权利，票据上的权利、义务在票据做成之前可能存在也可能并不存在，但是在票据做成的同时它则产生并被确立。作为一种金融、信用或结算工具，票据的发行目的是支付，或者说是代替现金充当支付手段。

例如，甲国 Q 公司从乙国 R 公司进口了价值 10 万美元的机器设备，Q 应向 R 支付货款 10 万美元。付款方式有两种：一是可以直接支付现金，二是通过签发票据付款。由于直接支付现金很不方便，Q 公司和 R 公司商定以票据支付。于是 Q 公司命令 S 在见票时立即向 R 公司付款 10 万美元。本来，R 公司和 S 之间是没有任何债权债务关系的，这时，S 却成了票据债务的承担者（债务人），虽然 Q 公司和 R 公司之间因购货而存在债权债务关系，但票据的产生并非为了证明这种关系，而是 Q 公司通过票据这种工具来向 R 公司付款，S 是因为与 Q 公司存在某种特定关系（存款行或债务人等）而被 Q 公司指定为票款的支付者。

（二）无因性（non-causative nature）

票据权利的发生，当然是有原因的。付款人代出票人付款不是没有缘故的，他们之间一般存在资金关系；出票人让收款人去收款，他们之间通常存在对价关系，即出票人对收款人肯定负有债务，可能是购买了货物，也可能是以前的欠款。这些原因是票据当事人的权利义务的基础，也叫票据原因。

票据的无因性并非否认这种关系，而是指票据一旦做成，票据权利即与其原因关系相分离，构成独立的票据债权债务关系，不再受先前的原因关系存在与否影响。如果收款人将票据转让给他人，对于票据受让人来说，他无须调查票据原因，只要是合格的票据，他就能享受票据权利。票据权利的内容，完全依票据上所记载的内容确定，不能进行任意解释或者根据票据以外的其他文件来确定。因此，正当（善意）持票人可以要求票据债务人承担完全的票据责任。这一特性进一步保证了票据得以广泛流通。

（三）要式性（requisite in form）

票据的存在不重视其原因，但非常强调其形式和内容。所谓要式性是指票据的形式必须符合法律规定：票据上的必要记载项目必须齐全且符合规定。只有这样，才能发挥票据效力。否则，票据将有缺陷，且票据的流通及当事人之间的关系也无法受到法律的保障。

各国法律对票据必须具备的形式条件和内容都做了详细规定，各当事人必须严格遵守这些规定，不能随意更改。只有形式和内容都符合法律规定的票据，才是合格的票据，才会受到法律保护，持票人的票据权利才会得到保障。如果票据的形式不统一，重要事项记载不全或不清，没有按照法律的严格规定来记载，那么票据就是不合格的和无效的，也就不会受到法律的保护。

（四）流通性（negotiability）

票据的流通性，是指在法定的合理时限内，票据经过背书、交付而可以将票据权利转让给后手，手续简便但效力明确。这一特性，对确立以票据关系为基础的收款和付款权利，促进票据的广泛应用有着重要意义。

但是，票据的权利转让与股票的过户转让和提单的交付转让有所不同，它具有流通转让的特点。这些特点是：

（1）持票人可经交付或背书后交付将票据转让给他人，而不必通知原债务人。

（2）票据的受让人接受票据即获得了票据上的全部权利，若票据被拒付或出现其他问题，受让人有权以自己的名义提起诉讼。

（3）善意而又付过对价的票据受让人不因其前手票据权利的缺陷而影响其票据权利。

（五）可追索性（recoursement）

票据的可追索性是指票据的付款人或承兑人如果对合格票据拒绝承兑或拒绝付款，正当持票人为维护其票据权利，有权通过法定程序向所有票据债务人起诉、追索，要求实现票据权利。

三、票据的功能

（一）汇兑功能

汇兑功能是票据的传统功能。随着商品交换活动的发展，商品交换的规模和范围不断扩大，经常会产生在异地或不同国家之间的兑换和转移金钱的需要。直接携带或运送现金往往很不方便。在这种情况下，通过在甲地将现金转换为票据再在乙地将票据转换成现金或票款，通过票据的传递、汇兑，实现资金的转移，不仅简单、方便、迅速，而且安全。在票据产生的最初几个世纪里，票据几乎成为转移资金的专门工具。在现代经济中，票据的汇兑功能仍具有很重要的作用，它克服了金钱支付上距离的间隔。

（二）支付功能

支付功能是票据的基本功能。在现实经济生活中，随时都会发生支付的需要，如果都以现金支付，不仅费时费力，而且成本高、效率低、风险大。如果以银行为中介、以票据为手段进行支付，只需在银行转账即可。一纸票据，可以把款项从付款人的账户上调出，存入收款人的账户。这种支付方式方便、准确、迅速、安全。

以票据作为支付手段，不仅可以实现单边支付，也可以实现多边支付；不仅可以进行一次性支付，也可以通过背书转让进行多次支付。由于票据的出票人是付款人的债权人，收款人又是出票人的债权人，因此，出票人可以通过票据来抵消三方在两个基础合同下的债权债务关系，收款人也可以通过转让票据来实施支付。所以，票据可以用于实施多边支付，而且这种作用随着票据的流通转让而更加明显。在票据到期时，只需最后持票人与付款人进行清算，付款人的付款将使此前发生的所有各次交易同时结清，该票据下所有债务人的债务一并得到清偿。

（三）信用功能

信用功能是票据的核心功能，被称为“票据的生命”。票据经过签发和交付即成为获得一定金额款项的权利凭证。事实上，票据本身不是商品，也无所谓价值，它能被接受并流通，是基于票据关系形成的信用基础。换言之，票据之所以被接受，是因为接受者对其包含的信用有信心，确信只要持有票据，相关权利就能得以实现，票据的债务人必定会履行其承诺和责任。

在现代商品交易活动中，信用交易大量存在。卖方常常因竞争需要等原因向买方提供商业信用。最早的商业信用表现在口头上或账面上，这种债权的表现形式是不明确的，清偿时间是不确定的，保障程度是较低的，并且难以转让和提前收回，从而阻碍了商业信用的发展。但如果使用票据，由买方向卖方开出远期支付票据，则可使债权的表现形式明确，保障性强，清偿时间确定，转让手续简便，而且可通过贴现提前转化为现金。票据的这种信用功能克服了金钱支付上时间的间隔。

（四）融资功能

随着现代金融的发展，人们不仅利用票据结算支付的传统功能，还通过贴现票据来实现资金的融通与加速运转。直接融资方式的兴起，又使很多大型跨国公司选择票据作为筹措资金的信用载体，通过发行无交易背景的票据来获取资金。这类票据被称为融通票据，主要作用在于融资，而不是结算支付。

四、票据法

票据法是规定票据种类、票据行为以及票据当事人权利义务等内容的法律规范的总称，它包括广义票据法和狭义票据法。广义票据法是指调整票据关系的全部法律规范的总称。广义票据法被认为是实质意义上的票据法，包括专门的票据法，也包括民法、刑法、诉讼法和破产法等法规中有关票据的规定。我们常讲的票据法，是狭义票据法，是指关于票据的专门立法，即各国政府为了促进商品贸易的发展所制定的关于汇票、本票以及支票的流通规则的法律规范。狭义票据法被认为是形式意义上的票据法。

（一）西方票据法

西方各国的票据法起源于欧洲。在票据法统一之前，世界上有三大票据法体系：法国票据法体系、德国票据法体系和英美票据法体系。

法国票据法体系最大的特点在于仅将票据作为替代现金运输的工具，并作为证明原因关系的契约。可以说法国票据法体系只注重票据的原始职能即支付手段，限制了其作为流通手段和信用工具职能的发挥。

德国票据法体系的特点在于注重票据的流通功能和信用功能，它将票据本身与票据产生的原因关系完全分离，抛开当事人之间的资金关系，强调票据的无因性、要式性、文义性，较法国票据法体系有较大的进步，最终德国票据法体系成为大陆票据法体系的代表。

英国票据法体系是由历史的习惯法、特别法以及各种判例构成的，它比较强调保护票据流通功能和信用功能，将票据本身与票据产生的基础关系严格区分开。它强调保护持票人尤其是正当持票人的权利，适当地保护了银行的权益，提高了银行的效率。

美国于1897年仿效英国票据法制定了统一的美国票据法——《统一流通证券法》，这一法律经多次修改后被纳入美国《统一商法典》。

在以上三大票据法体系中，法国票据法体系后来经过修改转向了德国票据法体系，不再作为独立的票据法体系存在。一般认为，目前国际上尚存的票据法体系只有两个，即欧洲大陆票据法体系和英美票据法体系，这两大票据法体系在实质上并无大的不同。

（二）统一票据法

三大票据法体系的并存以及同一法系中不同国家的规定又不尽相同，给票据在国际经济贸易中的流通和使用带来了很多不便。进入20世纪之后，票据法的国际统一问题被正式提上日程。

票据法的国际统一经过了三个阶段，并产生了三个国际票据法，分别是《海牙统一票据法》《日内瓦统一票据法》《联合国统一票据法》。

（三）中国的票据法

1928年国民党政府草拟了《票据法草案》，该法于1929年通过并颁布实施，成为我国历史上第一部正式票据法。1988年中国人民银行颁布了《银行结算办法》，不仅重申了票据的支付手段功能，而且恢复了票据的信用功能和流通功能。

1995年5月10日颁布了《中华人民共和国票据法》（以下简称《票据法》），采取三票合一的形式，将汇票、本票和支票集中于一部法律中统一加以规范。2004年8月28日，第十届全国人民代表大会常务委员会第十一次会议对该法进行了修正，使其更适应新形势下经济发展的需要。

(四) 票据法调整的对象

票据当事人是指票据在开立、交付流通直至最后票据款项得以给付，完成其债权债务清偿的整个过程中，各自承担票据责任或取得票据权利的各种关系人。

票据法调整的对象是票据关系中的主要当事人。票据的基本当事人（immediate parties）有三个：出票人、付款人和收款人。票据在流通过程中又会引出一系列附属当事人（remote parties）：背书人、被背书人、持票人、承兑人、保证人等。在一定情况下，同一主体可能具备多重当事人身份。

1. 出票人

出票人（drawer）是做成票据、在票据上签名并发出票据的人。票据关系因出票人的出票而产生。出票人对收款人及正当持票人承担责任，即保证票据在有效期内提示付款人一定付款或承兑，否则，出票人应自行履行付款责任。在票据获得承兑以前，出票人为票据的主债务人；而票据一旦获得承兑，承兑人则成为主债务人，出票人将退为次债务人。汇票的出票人是进行委托支付或发出支付命令的人；本票的出票人是承担或承诺付款的人；支票的出票人是向银行发出支付命令的人。

2. 付款人

付款人（payer，drawee）即受票人，是指票据上载明的承担付款责任的人。如果付款人不接受出票人的命令，收款人和出票人不能强迫付款人付款或承担到期付款的责任。但是，如果付款人对远期票据做了承兑，就成为票据的主债务人，必须承担到期付款责任。远期汇票的付款人在对汇票进行承兑后，即为承兑人；本票的付款人为出票人本人；支票的付款人为出票人指定的银行。汇票中还可记载预备付款人（referee in case of need）和担当付款人（person designated as payer）。

3. 收款人

收款人（payee）是票据记载的获取票据款项的人，是票据的主债权人。收款人有权提示付款人，要求获得承兑或付款，但若遭到拒绝，可向出票人追索票款。票款到期前，收款人也可以背书将票据转让，转让后收款人就成为背书人。背书人向票据的受让人承担与出票人相同的保证责任，即受让人可向背书人追索票款。

4. 背书人、被背书人和持票人

收款人或持票人在票据背面签字，称作“背书”，表示将票据权利转让给他人。转让票据之人称为**“背书人”**（endorser），受让者则称为**“被背书人”**（endorsee）。票据可经过多次连续背书转让而流通，对于某个背书人而言，他之前的背书人都是其“前手”（prior parties），他之后的背书人和持票人（holder）则是他的“后手”（subsequent parties）。背书人有责任向其后手证明在他之前（包括他本人）的所有背书真实、有效且连续，同时向后手承担票据的付款人一定付款或承兑的保证责任。任何人以任何方式获得票据，即成为持票人。持票人有权要求票据的责任人履行票据规定的义务。收款人、被背书人都是自然的持票人。票据可以经过多次背书转让，因此，同一票据先后可能有多个持票人。

5. 承兑人

经持票人提示票据，远期汇票的付款人在汇票正面签字，明确自己到期付款的责任，即成为**承兑人**（acceptor）。承兑人是票据的主债务人。如果远期票据的付款人拒绝承兑，其他第三方出于某种原因对汇票做出承兑，则其被称为参加承兑人。一旦成为承兑人，就不得再向正当持票人否认出票人的存在及出票人签字的有效性，不能再拒绝到期付款。

6. 保证人

保证人（guarantor）是为了出票人、背书人等特定债务人，向付款人以外的第三人担保支付全部或部分票据金额的人。保证人的责任与被保证人相同。如果票据到期未能获得给付，保证人将会受到出票人追索；保证人履行保证付款义务后，则取得向被保证人及其前手追偿的权利。

以上当事人可以组成不同的关系，其中出票人、持票人（收款人）、付款人三者间的关系是票据的基本关系，也是票据法调整的主要对象。调整票据基本关系的规定，构成了票据法的核心内容。

第二节 汇 票

一、汇票的定义

在各种类型的票据中，**汇票**（bill of exchange）最具典型意义。其所包含的内容最为全面，各国票据法对汇票的规定也最为详细、具体。在国际结算业务中，汇票的使用也最为广泛。

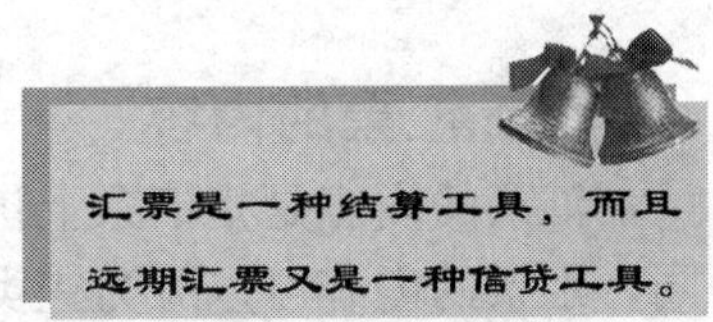

我国《票据法》对汇票的定义是："汇票是出票人签发的，委托付款人在见票时或者在指定日期无条件支付确定的金额给收款人或者持票人的票据。"英国《票据法》对汇票的定义是："汇票是由出票人向另一人签发的要求即期、定期或在可以确定的将来时间向指定人或根据其指令向来人无条件支付一定金额的书面命令。"（A bill of exchange is an unconditional order in writing，addressed by one person to another，signed by the person giving it，requiring the person to whom it is addressed to pay on demand or at a fixed or determinable future time a sum certain in money to or to the order of a specified person，or to bearer.）

关于汇票的定义，需要注意下述几点：

（一）汇票是出票人发出的书面命令

汇票的基本关系人有三个，即出票人、付款人（受票人）和收款人。汇票就是出票人签发的、命令付款人向收款人付款的书面指示。汇票必须是书面的，而不是口头的；汇票是一种命令，而不是请求、商量或者征求意见等。

（二）汇票的支付命令是无条件的

无条件意味着付款不能有限制或者附带条件，即不能有先决条件。如果支付命令附加了先决条件，则这张汇票就是无效汇票，不具备法律效力。

（三）汇票的三个基本当事人之间的关系

汇票既然为无条件支付命令，必有发出命令的一方和接受命令的另一方，必有收款人一方，又有付款人一方，这是理所当然的。一张汇票必有三个当事人：首先是出票人（drawer），一般是出口方，因为出口方在输出商品或劳务的同时或稍后向进口商发出此支付命令责令后者付款。其次是受票人（drawee），通常是进口方（或进口方的往来银行），他是在取得进口商品或劳务的同时或稍后接受此项支付命令的人。最后是收款人（payee），收款人可能是出票人本人，即出口方本人，也可能是出口方的开户往来银行（如图 2-1 所示）。

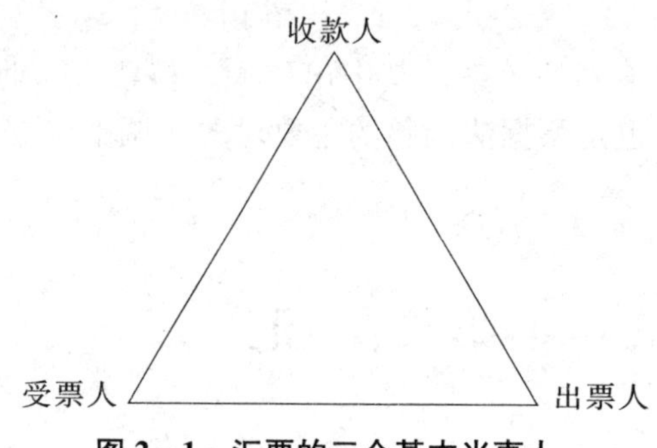

图 2-1　汇票的三个基本当事人

二、汇票的内容

汇票的内容是指汇票上记载的项目，也就是汇票的要式。根据其性质和重要性的不同，汇票的内容可以分为三类，具体如下所述。

（一）绝对必要记载项目

绝对必要记载项目是汇票必须记载的内容，这些内容是否齐全，直接关系到汇票是否有效。我国《票据法》规定，汇票必须记载的内容包括下述几项：

1.“汇票”字样

根据《日内瓦统一票据法》的规定，汇票上必须标明“汇票”字样，例如，“Exchange for”“Bill”“Draft”等，用以明确票据的种类，使汇票区别于本票和支票。我国也遵循此规定，但英国《票据法》并无此项要求。

2. 无条件支付命令

汇票是无条件的书面支付命令，这是汇票的本质和核心。这里所说的“无条件”，当然不是指毫无缘由就开出一张支付命令责令对方付款的意思，而是指汇票上行文遣词不能附加任何条件。比如，绝不能在汇票上写上“在货物运达后付款”或者“在商品品质达标的情况下付款”等含有条件的限制性文句，道理很简单，因为“有条件”意味着如果达不到条件就无法付款，就不是“无条件的支付命令”，这样的汇票是无效的。

反之，“付购设备款 50 万元”“付 10 万元再借记××号账户”则属于无条件的支付命令。“付购设备款”只说明付款的性质和原因，“再借记××号账户”说明的是付款后的账务处理，它们都不构成付款条件。当然，最简明的方式是“付××元”。

3. 确定的金额

票据上的权利必须以金钱表示，不能用货物数量等表示。并且金额必须确定或是可以计算出来的，不能模棱两可。

在实际中，为了防止涂改，票据的金额还必须同时用大、小写记载。如果大小写不一致，英国《票据法》和《日内瓦统一票据法》都规定以大写为准，我国《票据法》则认为无效，在实务中通常都做退票处理。

4. 付款人名称

付款人是指汇票命令的接受者，即受票人。但受票人不一定付款，因为付款人可以拒付。汇票上对于付款人的记载要有一定的确定性，以便持票人能顺利找到。在实务中一般都注明详细地址，特别是以在同一城市有许多机构的银行为付款人时，一定要仔细注明。

5. 收款人名称

汇票上关于收款人的记载又叫作“抬头”，它应该像付款人一样有一定的确定性。但在实务中，一般只写一个完整的名称，不强求写明地址。

根据汇票能否转让流通和转让方式的不同，汇票上“收款人”一栏（即“抬头”）的行文有所不同，具体分为以下三种：

（1）限制性抬头（restrictive order）。是指收款人只限于某一具体人、某一单位或某一金融机构。此类汇票抬头的具体写法如：“仅付给E公司”（pay to E Company only）；“付给E公司，不得转让”（pay to E Company not transferable）；或者“付给E公司”（pay to E Company），同时在票据其他地方标有“不可转让”（not transferable）字样。

这类汇票不能转让流通，这在一定程度上限制了它的支付功能的发挥，因此，这种汇票在实务中的应用不是很普遍。

（2）指示性抬头（demonstrative order）。是指可以由收款人或其委托人、指定人提示收款的汇票。这类汇票的特征是不一定要求收款人本人亲自收款，在付款到期日前，收款人可以在汇票的背面“背书”转让，提前从第三方取得款项，再由受让人以持票人身份到期取款。这类汇票在收款人一栏里一般都标有“指定人”（order）字样，其意思是“可由收款人指定的人收款”。例如：“付给B公司的指定人”（pay to the order of B Company）；“付给B公司或其指定人”（pay to B Company or order）；“付给B公司”（pay to B Company）。第三种写法习惯上叫作记名抬头，虽然没有“指定人”字样，但收款人仍有权将票据背书转让。

这种汇票既实现了汇票流通转让的基本性质，又赋予收款人转让票据的权利，并要求背书而具有一定的转让条件，使转让更可靠、更安全，因此在实务中使用最为广泛。

（3）持票来人抬头（payable to bearer）。这种汇票不管谁持有，都有权要求付款人付款，而且在转让时无须背书，只要通过简单交付就可以实现。其特点是在收款人一栏里一定标有“来人”（bearer）字样。例如：“付给来人”（pay to bearer）；“付给A公司或来人”（pay to A Company or bearer）。

不过，由于这种汇票容易丢失而被他人冒领，收款人的权利缺乏保障，因此，有些票据法，例如《日内瓦统一票据法》，不允许把汇票做成持票来人抬头的形式。

6. 出票日期

出票日期（date of issue）是指汇票签发的具体时间。出票日期有以下三个重要作用：

（1）决定汇票的有效期。持票人如果不在规定时间内要求票据权利，票据权利自动消失。《日内瓦统一票据法》规定，即期汇票的有效期是从出票日起的一年时间；我国《票据法》规定，见票即付汇票的有效期为两年。

（2）决定付款的到期日。远期汇票到期日的计算是以出票日为基础的，确定了出票日及相应期限，也就能确定到期日。

（3）决定出票人的行为效力。若出票时法人已宣告破产或被清理，则该汇票不能成立。

7. 出票人签字

签字原则是票据法最重要和最基本的原则之一，票据责任的承担以签字为条件，谁签字，谁负责，不签字就不负责。票据必须经出票人签字（signature of the drawer）才能成立。出票人签字是承认了自己的债务，收款人才因此有了债权。如果汇票上没有出票人签字，或签字是伪造的，票据就不能成立。因此，出票人签字是汇票最重要的和绝对不可缺少的内容。

以上内容是我国《票据法》规定必须记载的事项，缺一不可，否则汇票无效。《日内瓦统一票据法》的规定与我国的规定基本相同。而英国《票据法》规定的必要记载项目只有五个，即无条件支付命令、确定的金额、付款人名称、收款人名称和出票人签字，而没有对“汇票”字样和出票日期的要求。该法认为，没有“汇票”字样并不会影响汇票的效力；没有出票日期，票据仍然成立。如果出具的是远期汇票，善意持票人可以加上出票日期以确定到期日，使之成为完整的汇票。

（二）相对必要记载项目

除了以上必须记载的内容外，还有三个相对必要记载项目。这些项目十分重要，但如果不记载也不会影响汇票的法律效力，因为这些内容可以间接确定。

1. 出票地点

出票地点（place of issue）是指出票人签发汇票的地点，它对国际汇票具有重要意义，因为票据是否成立是以出票地法律来衡量的。但是票据不注明出票地并不会影响其生效。我国《票据法》规定，汇票上未记载出票地的，出票人的营业场所、住所或者经常居住地为出票地。

2. 付款地点

付款地点（place of payment）是指持票人提示票据请求付款的地点。根据国际私法的“行为地原则”，到期日的计算、在付款地发生的“承兑”及“付款”等行为都要适用付款地法律。因此，付款地的记载是非常重要的。但是不注明付款地的票据仍然成立。我国《票据法》规定，汇票上未记载付款地的，付款人的营业场所、住所或者经常居住地为付款地。

3. 付款日期

付款日期（tenor）即付款到期日，是付款人履行付款义务的日期。在进出口贸易中，出口方往往自愿或被动地给予进口方一定的付款期限，也就是给予后者一定时间的信用期限，或者是延期付款，或者是迟期付款，或者是根据具体情况无须提供或不提供这类信用。与此相对应，反映在汇票上，可分为见票即付的即期汇票和待将来某月某日才付的远期汇票两大类。汇票上载明的付款到期日体现了这两类汇票的区别。

(1) 即期汇票。即“见票即付”（at sight 或 on demand），就是说，出票完成后就可以要求票据权利。在持票人向付款人做付款提示时，付款人在正常的营业时间里应马上付款。

(2) 远期汇票。远期汇票比即期汇票更复杂多样，大致有以下四种不同情况：

第一种可称为“板期”（at a fixed date）付款，也就是定日付款。就是说，汇票上的付款到期日一栏内具体载明在将来何年何月何日付款，表明确切的付款日，付款人到期付款。

第二种是见票后定期（at a fixed period after sight）付款，又称见票远期付款。汇票上载明见票后若干天或若干月（如见票后 90 天、见票后三个月）才付款。这种汇票是先由持票人在规定时间内向付款人做承兑提示，然后以承兑日为起点，推算到期日。这类远期汇票在对外贸易中使用得比较广泛。

第三种是出票后定期（at a fixed period after date）付款，又称出票远期付款。载明出票日后若干天或若干月（如出票日后 90 天、出票日后三个月）才付款。像第二种一样，这种远期汇票均需具体推算出确切的付款到期日，但两者的算法有所不同，前者是从受票人见票之日（承兑日）往后推算，后者则是从出票人出票之日往后推算。这一类汇票在国际贸易和结算中也常使用。

第四种的行文是这样的：提单日后若干天或若干月才付款（如提单日后 90 天、提单日后三个月付款），脱离了具体出票日或见票日，付款到期日体现并取决于出口方把出口货物送交承运人并从承运人处取得运输单据的具体日期。

远期汇票，不论哪种情况，有一点应是共同的，那就是：凡远期汇票都需要受票人确认到期付款的责任和具体的付款日期。如何确认呢？就是由受票人在汇票上写上“承兑”二字，再注明承兑日期并签上自己的姓名，承诺本人承担到期一定付款不误的责任。远期汇票一经受票人承兑，他原来作为受票人的身份随之发生质的变化，成为该张汇票的承兑人，居于主债务人的地位和身份，到期是必须付款的。

如果一张汇票未注明付款期限，则为见票即付汇票。

（三）任意记载项目

任意记载项目是指除以上两类项目以外的项目，它是出票人等根据需要而记载的限制或免除责任的内容。这些项目一旦被接受，即产生约束力。

1. 出票条款

汇票上的出票条款是表明起源交易的文句。通常行文是注明买卖双方的合约号或银行开出的信用证号。汇票是无条件的支付命令，汇票上是不允许附加任何先决条件的，而表明起源交易的出票条款应被认定为不属附加条件之列。

2. “付一不付二”条款

汇票可以做成一式两份，但所代表的债权债务只有一笔。原因在于，在国际贸易中，汇票作为一张支付命令，通常与代表物权的货运单据一起配套成跟单汇票，一并由出口方邮寄给进口方。为了防止在邮寄途中失落，往往分两次用连续航班把两套内容完全一样的跟单汇票寄出。若第一套跟单汇票（含第一张汇票）因飞机失事未能寄达，也不会因此延误提货和结算支付，因为第二套跟单汇票（含第二张汇票）会随之寄达。这里必须明确一点，就是两张内容完全相同的汇票并非正本副本之别。第一张汇票和第二张汇票都是有效的支付命令。当第一张汇票经过付款后，第二张汇票即自行失效；反之亦然。

3. 担当付款人和预备付款人

担当付款人（person designated as payer）是出票人根据与付款人的约定，在出票时注明，或由付款人在承兑时指定的代替付款人执行付款的人，其目的是方便票款的收付。担当付款人只是推定的受托付款人，不是票据的义务人，对票据不承担任何责任。

预备付款人（referee in case of need）相当于汇票的第二付款人。在付款人拒绝承兑或付款时，持票人就可以向预备付款人请求承兑或付款。预备付款人参加承兑后成为票据义务人，到期要履行付款责任。

4. 必须提示承兑和不得提示承兑

远期汇票不一定要求承兑，但如果汇票上记载有“必须提示承兑”（presentment for acceptance required）的字样，持票人就一定要做承兑提示。如果汇票上还记载了提示承兑的期限，则持票人的承兑提示必须在此规定期限内做出。

如果汇票上记载有“不得提示承兑”（acceptance prohibited）的字样，持票人就不能做承兑提示。如果付款人对该汇票拒绝承兑，则不会构成拒付。

除了上述项目之外，汇票的任意记载项目还包括“免做拒绝证书”“免做拒付通知”“免于追索”等。

三、对汇票持票人的分析

按如何取得汇票和以何种身份持有汇票的情况，持票人可分为下述三种：

（一）普通持票人

所谓普通持票人，是指只要持有而不问来路。当然，前提是汇票的表面完整，要式齐备，无任何漏洞，并且未过期；还要求背书连续，从表面上判断并非伪造。

（二）付对价持票人

表明汇票并非白来的，是付出了对价而持有的。一般持票人或其前手在取得票据时支付过对价，便成为付对价持票人（holder for value）。凡是能构成契约行为的有价值的商品、劳务或是货币资金等，都属于对价（consideration）。

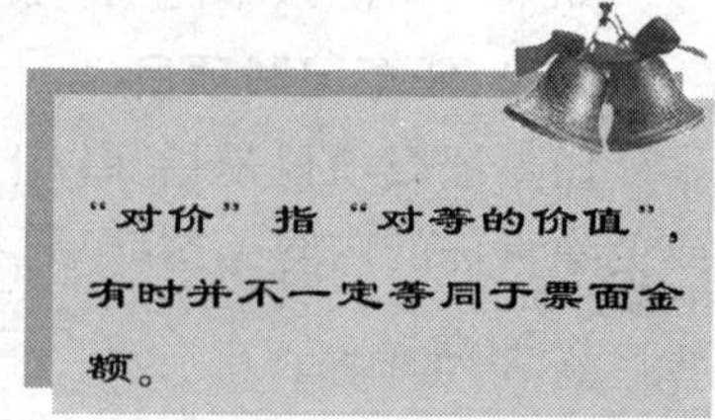

（三）正当（善意）持票人

这一身份是如何确定的呢？构成正当（善意）持票人（holder in due course/bona fide holder）应具备以下五个条件：

（1）所取得的票据表面完整，要式完备，未过期，票据背书真实、有效、连续。

（2）未发现该汇票以前曾被退票或遭到拒付，具体来说就是持票人并不知道该汇票曾被退票或拒付，从表面上看不出这一情况。

（3）未获悉前手权利有缺陷，也就是说，各前手之间的债权债务纠纷，持票人并不知情。

（4）持票人善意取得票据，也未发现其前手在取得票据时使用过非正当手段。以盗窃、欺诈、暴力以及其他各种不法手段取得票据者，属于恶意取得，不能成为正当（善意）持票人。

（5）持票人取得票据时，本人付过十足对价。

正当（善意）持票人的权利优于一般持票人和付对价持票人，具体表现在：正当（善意）持票人的权利优于前手，并且不受票据当事人之间债务纠葛的影响。确定正当（善意）持票人至关重要，这是因为：在国际结算实务中，正当（善意）持票人指的就是议付行。议付行作为票据的正当（善意）持票人，权利应最优。对于正当（善意）持票人的规定，是为了保护银行的利益。

案例分析

善意持票人的法律权利

案情：某年8月，我国某市A公司与新加坡B商签订了一份进口胶合板的合同。合同总金额为700万美元，支付方式为托收项下付款交单。合同写明：允许分批装运胶合板。按照合同规定，第一批价值为60万美元的胶合板准时到货。经检验A公司认为质量良好，对双方的合作很满意。但在第二批交货期前，B商向A公司提出：鉴于A公司资金周转困难，允许A公司对B商开出的汇票远期付款，汇票的支付条款为见票后一年付款700万美元，但要求该汇票请中国某国有商业银行某市分行承兑。承兑后，B商保证将700万美元的胶合板在一年内交货。A公司全部收货后，再支付B商700万美元货款。A公司对此建议欣然接受。A公司认为只要承兑了一张远期汇票，就可以得到货物，并在国内市场销售。这是一笔无本生意，而且货款还可以投资。但令A公司始料未及的是，B商将这张由中国某国有商业银行某市分行承兑的远期汇票在新加坡的美国一家银行贴现了600万美元后，从此一张胶合板都不交给A公司了。事实上，B商将这笔巨款骗到手后就无影无踪了。一年后，美国银行将这张承兑了的远期票据请中国某国有商业银行某市分行付款。尽管B商没有交货，承兑银行却不得以此为由拒绝向善意持票人美国银行支付票据金额。由于该汇票金额巨大，中国某国有商业银行经报请上级批准后由我方承兑银行付给美国银行600万美元而结案。

分析：对于这张由新加坡B商作为出票人和收款人的汇票，中国某国有商业银行某市分行在承兑后成为汇票的付款人。A公司与B商之间的胶合板买卖合同是该票据的原因关系，因此B商向A公司开出远期支付命令。而A公司与某国有商业银行某市分行有账户往来关系，即存款于该银行。它们之间的这种资金关系使得某国有商业银行某市分行愿意向A公司提供信用，承兑了这张远期汇票。美国银行与B商之间有对价关系，美国银行善意地支付了600万美元的对价而成为受让人，从而成为这张汇票的善意持票人。但票据的最大特点就是票据法律关系一经形成，即与基础关系分离。票据基础关系的存在和有效与否并不对善意持票人的票据权利产生影响。所以，B商实际上没有交货，或者A公司没有足够的美元存在银行，都不影响美国银行对承兑人的付款请求权。对美国银行来说，这张票据上并没有写明胶合板，只有一句话："见票后一年付款700万美元。"票据法律关系应依票据法的规定加以解决，票据基础关系则应依民法规定加以解决。B商正是利用了票据的特性才行骗得逞。如果这张票据没有在市场流通，那么情况就不一样了。因为各国票据法都认为，票据在投入流通前，票据的基础关系与由此而产生的法律关系便没有分离，两者是有联系的。也就是说，当票据的原因关系与票据法律关系存在于相同当事人之间时，债务人可以利用原因关系对抗法律关系。在该案中，如果是B商来中国某国有商业银行某市分行要求付款，该分行可提出：既然卖方不交货，买方也拒绝付款。这就是买方可向卖方提出同时履约的抗辩理由。

四、汇票的种类

（一）根据出票人的不同，汇票可分为银行汇票和商业汇票

1. 银行汇票

银行汇票（banker's draft）是一家银行向另一家银行签发的书面支付命令，其出票人和付款人都是银行。银行汇票由银行签发后交汇款人，由汇款人带往或寄往收款人处，收款人持汇票向付款行请求付款，付款行在审核无误后即予以付款。银行汇票的信用基础是银行信用。

2. 商业汇票

商业汇票（trade bill）是由企业或个人签发的汇票，其付款人既可以是企业、个人，也可以是银行。商业汇票的信用基础是商业信用，其收款人或持票人承担的风险较大。不过，对商业汇票进行承兑，可在一定程度上降低收款人的风险。

（二）根据承兑人的不同，汇票可分为银行承兑汇票和商业承兑汇票

承兑汇票（acceptance bill）主要是针对商业汇票而言的。

1. 银行承兑汇票

银行承兑汇票（banker's acceptance bill）是指由企业或个人开立的以银行为付款人并经付款行承兑的远期汇票。银行对商业汇票加以承兑改变了汇票的信用基础，使商业信用转变为银行信用。汇票经过银行承兑后，持票人通常能按期得到票款，从而增强了汇票的可接受性和流通性。

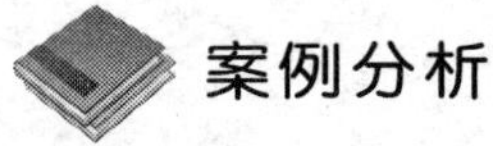

案例分析

利用银行承兑汇票诈骗

案情：某年10月，中国H省服装A公司与埃及B公司签订了一份销售合同，金额为150万美元，采用即期信用证结算。但是，信用证规定A公司必须出具一份经中国第一流银行承兑的汇票，且规定汇票的收款人是B公司，汇票金额为信用证金额的10%，付款期限为3个月，以此作为质量保证金，信用证才开始生效。通知行M在通知信用证时，对该风险条款做了标注。由于该笔业务利润比较丰厚，并考虑到汇票付款时间晚于信用证收汇时间，A公司以从国外采购原材料为由向国内C银行提出了"承兑"要求。C银行为避免风险，特与该公司办理了预贷款手续。

银行承兑汇票办妥后，A公司将汇票直接寄给了B公司。1个月后，A公司生产的第一批货物装运后，及时向银行办理了交单。10天后，议付行收到了开证行的拒付通知，称信用证未生效，开证行可以不付款。

A公司立即联系B公司，但是联系不上，于是向中国驻埃及总领事馆寻求帮助，得到的答复是B公司已宣告破产。2个月后，C银行收到了D银行转来的银行承兑汇票，要求C银行付款。C银行为了保护自己的信用，只得付款，该损失最终由A公司承担。

分析：后经银行查询，该进口商与开证行勾结，其目的是利用银行承兑汇票向其他银行贴现转卖，从中得利。而出口商因疏于业务管理和缺乏业务知识，没有反复核查信用证条款的内容，从而导致巨大损失。

本案是利用骗取的汇票进行欺诈的典型案例，在本案例中诈骗分子以丰厚的利润为诱饵，骗取出口方的信任而获得汇票。遇到具有风险条款的信用证和对外开立汇票时，出口企业必须慎重从事，多与银行进行协商与沟通。

资料来源：蒋琴儿，秦定．国际结算：理论·实务·案例．北京：清华大学出版社，2007.

---

2. 商业承兑汇票

商业承兑汇票（trader's acceptance bill）是以企业或个人为付款人，并由企业或个人进行承兑的远期汇票。商业承兑并不能改变汇票的信用基础。

（三）根据付款时间的不同，汇票可分为即期汇票和远期汇票

1. 即期汇票

即期汇票（sight draft，demand draft）是注明付款人在见票或持票人提示时，立即付款的汇票。未载明具体付款日期的汇票一般被视为即期汇票。

2. 远期汇票

远期汇票（time bill，usance bill）是载明一定期间或特定日期付款的汇票。根据付款期限的表示或确定方法的不同，远期汇票有定日付款、出票后定期付款、见票后定期付款三种付款形式。

（四）根据有无附属单据，汇票可分为光票和跟单汇票

1. 光票

光票（clean bill）是指无须附带任何单据即可收付票款的汇票。这类汇票全凭票面信用在市面上流通而无物资（货权单据）做保证。银行汇票多为光票。

2. 跟单汇票

跟单汇票（documentary bill）是指附带有关单据的汇票，跟单汇票一般为商业汇票。跟单汇票的流通转让及资金融通，除与当事人的信用有关外，更取决于附属单据所代表货物的价值及单据质量。

（五）根据汇票基本关系人的不同，汇票可分为一般汇票和变式汇票

1. 一般汇票

一般汇票是指出票人、付款人、收款人分别为不同人的汇票。

2. 变式汇票

变式汇票是指基本当事人中有一人兼有两种或两种以上身份的汇票。在变式汇票中，以出票人为收款人的汇票，称己受汇票或指己汇票；以出票人为付款人的汇票，称己付汇票或对己汇票；以付款人为收款人的汇票，称收受汇票。

（六）根据其他标准分类

汇票还可以做以下分类：

（1）根据票面货币种类，汇票可分为本币汇票（home money bill）和外币汇票（foreign money bill）。

（2）根据出票地和付款地，汇票可分为国内汇票（inland bill）和国外汇票（foreign bill）。

商业汇票和银行汇票在实际中应用得较普遍，具体式样分别如图 2－2 和图 2－3 所示。

No. SN02798 ①
Exchange for GBP21 787.00 ②　　　Beijing，22 May，20×× ③
At 90 days after ④ sight of this first Bill of Exchange（Second of same tenor and date unpaid）
Pay to the order of　　ourselves ⑤
The sum of POUNDS STERLING TWENTY ONE THOUSAND SEVEN HUNDRED AND EIGHTY SEVEN ONLY. ⑥
Drawn under Bank of Atlantic，London L/C No. 1162/20×× dated 21 Jan.，20×× ⑦
To：Bank of Atlantic,　　　For：China National Animal By-Products
London ⑧　　　Imp. & Exp. Corp.，Beijing Branch，Beijing ⑨
(Signature)

图 2－2　商业汇票式样

注：①商业汇票编号；②汇票金额（小写）；③出票时间和地点；④付款期限；⑤收款人名称；⑥汇票金额（大写）；⑦出票条款；⑧付款人名称、地址；⑨出票人签名。

BANK OF CHINA

This draft is valid for one year from the date of issue

No. ① AMOUNT ②

BEIJING, ③

PAY TO ④

THE SUM OF ⑤

TO: ⑥

BANK OF CHINA, HEAD OFFICE
BANKING DEPARTMENT
(Signature)

图 2-3 银行汇票式样

注：①银行汇票编号；②汇票金额（小写）；③出票日期；④收款人名称；⑤汇票金额（大写）；⑥付款人名称和地址。

五、汇票的贴现

贴现是在远期汇票已被承兑但尚未到付款期时，按照汇票上所载明的金额扣除一定的利息后，提前垫款给持票人的一种融资行为。一张远期汇票经受票人（即付款人）承兑后通常要返回给持票人，持票人等到汇票付款到期日向承兑人提示要求付款。如果持票人想在到期日前提前得到这笔款项，可以持票到贴现银行或贴现公司请求贴现。贴现银行或贴现公司作为融资机构，从汇票票面金额中扣去按当时的贴现率和贴现期计算的贴现息后，把余额悉数付给持票人。

远期汇票的贴现和贷款略有不同。银行贷款是按一定的贷款利率贷放资金，利息在贷款到期时才收取，而贴现是按一定的贴现率预先扣除利息后付给余额，到期再收回垫款。因此，贷款利率与贴现率略有差别，不同之处就在于后付和先扣的差异。

第三节 本票与支票

一、本票

（一）本票的定义

英国《票据法》关于**本票**（promissory note）的定义是：本票是一个人向另一个人签发的，保证于见票时或定期或在可以确定的将来时间，向某人或其指定人或持票来人无条件支付一定金额的书面付款承诺。

A promissory note is an unconditional promise in writing made by one person to another, signed by the maker, engaging to pay on demand or at a fixed or determinable future time a sum certain in money to or to the order of a specified person, or to bearer.

我国《票据法》认为，本票是出票人签发的，承诺自己在见票时无条件支付确定金额给收款人或者持票人的票据。另外，该法所称本票，是指银行本票。我国《票据法》只对即期银行本票做出了规定。

本票的基本式样如图 2-4 所示。

PROMISSORY NOTE

No. ××× New York, March 15, 20××

USD 20, 000

On demand we promise to pay to the order of Henry Co., the sum of USD twenty thousand only.

For S Company

New York

(Signature)

图 2-4 本票式样

(二) 本票的要式

根据我国《票据法》的规定，本票绝对必要记载的内容有六个方面：表明“本票”的字样；无条件支付的承诺；确定的金额；收款人名称；出票日期；出票人签章。以上条款缺一不可，否则本票无效。可见，本票比汇票少了一个必要项目——付款人。

(三) 本票的特点

与汇票相比，本票具有下述特点：

1. 本票是无条件的支付承诺

本票的出票人就是付款人，因而本票是无条件的支付承诺，而汇票是无条件的支付命令。本票的基本关系人只有两个，即出票人（maker）和收款人（payee）。本票的付款人就是其出票人，本票是出票人承诺和保证自己付款的凭证。在任何时候，本票的出票人都是绝对的主债务人，一旦拒付，持票人即可立即要求法院裁定，只要本票合格，法院就要裁定出票人付款。

2. 在名称和性质上不同

为强调本票是出票人或付款人的付款承诺这一特性，在英文名称上，本票称为 note（付款承诺），而不是 bill（债权凭证），后者是票据的统称。

3. 本票不必办理承兑

本票本来就是付款承诺和保证，因此，即使是远期本票也不必办理承兑。除承兑和参加承兑外，其他的票据行为，如出票、背书、保证等均适用于本票。

4. 本票只有一张

汇票可以有一式几张，通常是两张，而债权债务只有一笔，因此要注明“付一不付二”或“付二不付一”的字样；对于远期汇票只承兑一张，以避免重复付款。而本票如同承兑后的汇票，所以只有一张。

(四) 本票的种类和用途

本票通常可以在以下交易和经济活动中使用：远期付款的商品贸易，或是结合买方信贷的资本货物交易；金钱借贷的凭证；对外筹集资金；银行办理汇款业务，或向大额提款客户开出本票以代替现钞。

对本票而言，有下述几个分类，其中最常用也最重要的是商业本票和银行本票，但是我国没有商业本票，也就是说，我国的企业不能签发本票。

1. 商业本票

由工商企业或个人出具的本票是商业本票，其基础是商业信用。相对银行信用而言，商业信用较不可靠，因此商业本票的使用范围渐趋缩小。

参考资料

商业本票的使用

在实务中什么情况下才会出具本票呢？例如，某项进出口贸易，货价为 5 000 美元，进出口双方合约规定三个月后付款。进口方收到货物后向出口方开出一张三个月后付款的票据，约定自己三个月后一定付款不误。这张票据就是本票，因为是约定将来某年某月某日付款，所以又称期票。

又比如，在国际贸易中，买方有时利用买方信贷进口大型机器设备，买方可以开出远期付款的本票，约定凭票在到期日付款。

商业本票有即期和远期之分。身价高、信誉好的即期商业本票可以贴现，但一般中小企业或个人签发的商业本票由于缺乏信用而很难流通。而远期商业本票在结算中主要用于出口买方信贷。当出口地银行把资金贷给进口国商人用以支付货款时，往往要求进口商开立分期付款的本票，并经进口地银行保证后交贷款银行收执，作为贷款凭证。因此，商业本票多为远期本票，即期商业本票的实用价值较小。

2. 银行本票

银行本票是指由银行签发的本票。银行多签发即期本票，在对公或对私的结算业务中有广泛应用。银行开立的即期的来人抬头式本票，就相当于我们天天经手的钞票。钞票的前身是可兑换黄金的银行券，现在是不可兑换黄金的纸币，说到底就是一国的中央银行发行的不记名的、给持票来人的、小额的定额银行本票；纸币往往表明：凭此票即付来人。[①]

为了执行货币政策，加强金融监管，各国一般只允许中央银行发行定额即期来人式本票，即发行钞票。但是，有时为了应付业务的需要，商业银行偶尔也签发即期本票，其特点是：（1）必须是记名的；（2）必须是不定额的。

银行本票常见的种类具有即期性质，即上柜即可取现。各国对远期银行本票严格限制其期限。如我国规定，本票自出票日起，付款期限最长不超过两个月。而融资性质的本票多为远期本票。

① 这方面最能说明问题的是英镑纸币。以 5 英镑的纸币为例，上面明白无误地印有文字“We promise to pay bearer five pounds”。由上述文字一看即知，这是英国的中央银行——英格兰银行签发的银行本票。

3. 国际汇票

国际汇票其实也应归入本票之列，不妨称之为国际小额本票更名副其实。

英国、美国、加拿大等国的大银行发行的国际汇票让持票人带往海外或邮寄到海外，使用时兑付，之后再回流到本国的货币中心。这种国际汇票，银行发行后并不向外拨付头寸，而是等国外的金融机构来银行托收时再由本行付款，因而占用的是购买国际汇票的人的资金。这是银行应用本票技术创立的对本行有利的支付手段，由本行出票，最终由本行付款。其作用相当于汇票或旅行支票。

4. 旅行支票

旅行支票（traveler's check）虽被称为支票，其实也应归入本票之列。虽然其名称叫作“支票”，但就其本质而言，归根到底是发行旅行支票的大银行、大旅行社自行付款，就此点而言，其应属一种定额本票。

旅行支票是美国于1891年首创的，继而在全球推广，迄今已有百余年的历史，流通领域逐年扩大，经久不衰。其原因在于旅行支票对因公因私的出境人员具有方便、安全的好处，既可以用于在境外支付服务项目的开支和购物的花销，又可在一定范围内兑付现金，非常方便。另外，旅行支票即便丢失或被窃，也因为旅行支票上没有持票人的复签，从而避免了被人冒领的危险。

二、支票

（一）支票的定义

支票（check 或 cheque）是银行存款户根据协议向银行签发的即期无条件支付命令。

A check is an unconditional order in writing addressed by the customer (the drawer) to a bank (the drawee) signed by that customer authorizing the bank to pay on demand a specified sum of money to or to the order of a named person, or to bearer (the payee).

英国《票据法》给支票下的定义是：支票是以银行为付款人的即期汇票。这个定义简单、明确。

我国《票据法》的定义是：“支票是出票人签发的，委托办理支票存款业务的银行或者其他金融机构在见票时无条件支付确定的金额给收款人或其持票人的票据。”

图2-5为国际结算中常见的支票式样。

No. ×××

Cheque for USD 25,000　　　　New York，Dec. 20，2019

Pay to the order of RA Co.，the sum of U. S. DOLLARS TWENTY FIVE THOUSAND ONLY.

To：Bank of ×××

New York

For AG Co.，New York

Manager（Signature）

图2-5　支票式样

（二）支票的要式

我国《票据法》规定，支票必须记载以下事项：表明“支票”的字样；无条件支付的委托；确定的金额；付款人名称；出票日期；出票人签章。以上内容缺一不可，否则支票无效。不过，支票上的金额可以由出票人授权补记（支票可以是空白抬头的）。

除必要项目外，收款人、付款地、出票地都是支票的重要内容。支票上未记载收款人名称的，经出票人授权可以补记；未记载付款地的，付款人的营业场所为付款地；未记载出票地的，出票人的营业场所、住所或者经常居住地为出票地。

（三）支票的特点

支票是一种特殊的汇票，因此，它在许多方面都同汇票类似。如都是无条件的支付命令，都有三个基本关系人，主要条款的规定也较类似。但与汇票相比，其特点是：

（1）支票的出票人必须具备一定条件。首先，支票的出票人必须是银行的存款户，即在银行要有足够存款，在银行没有存款或存款不足的人绝不可能成为支票的出票人，即不允许签发“空头支票”；其次，支票的出票人要与存款银行订有使用支票的协定，即存款银行要同意存款人使用支票；最后，支票的出票人必须使用存款银行统一印制的支票，支票不能像汇票和本票一样由出票人自制。

（2）支票为见票即付票据。支票都是即期付款票据，所以付款行必须见票即付。由于没有远期支票，因而也不需办理承兑手续。

（3）支票的付款人仅限于银行，而汇票的付款人可以是银行、企业或个人。

（4）在通常情况下，支票的出票人是主债务人，但保付支票除外，它的主债务人为保付银行。

（5）支票上一般不附带利息条款，即便有关于利息的记载，该记载也无效，付款时无须支付。

（6）对于超过法定或合理的流通期限，晚提示付款的支票，付款人可以不付款，但出票人并不因此解除对持票人的票据责任，除非晚提示对出票人造成损失。

（7）支票只开立一张，不能像汇票那样可以开成一式多份。

（四）从支票与汇票的异同看支票的性质

支票是一种特殊的汇票。汇票和支票两者的本质是一样的，即都是无条件的支付命令；略有不同的是，支票是银行的客户（出票人）对其开户行（受票人，付款人）发出的支付命令，因为客户事先在开户行开有一个活期存款账户，把自己的钱存入了银行，现在他作为存款户对银行发出这一支付命令，授权银行从他的存款账户中支付一定的金额给指定的人。

案例分析

支票在国际贸易结算中的应用

案情： 我国某出口公司在某年的广交会上与一外商签订了一份出口合同，并凭外商在广交会上递交的以国外某银行为付款人、金额为5万美元的支票在两天后将合同货物装运出口。随后，该出口公司将支票通过我国国内某银行向国外付款行托收支票款项。分析该出口公司可能面临的风险。

分析：仅凭外商交来的支票就给一个以前没有任何往来的客商发运货物，该出口公司的做法欠谨慎，有可能导致钱货两空的损失，实际上本案中的出口公司就遭受了上述损失。正确的做法是：应该将支票交银行托收款项，款项到账再发运货物；或者可以让外商签发保付支票，经查验真伪并指定境外的代收行后再行发货。

（五）支票的种类

1. 记名支票与不记名支票

这里所谓记名与不记名，是指支票上收款人一栏内的行文。凡记名支票，必须在这一栏内写明某某人为收款人；凡不记名支票，这一栏里就写成持票来人。

记名支票除非有限制转让的文字，否则即为指示性抬头的支票，可以背书转让。记名支票在取款时，必须由收款人签章并经付款行验明其真实性。

不记名支票，又分空白支票和来人支票。空白支票即抬头空白的支票；来人支票即抬头为持票来人的支票。任何人只要持有这种支票，就可以向银行要求付款，且取款时不需要签章。银行对持票人获得支票的过程是否合法不负责任。

2. 划线支票与非划线支票

所谓划线支票（crossed check）就是在支票的正面划上两条平行线，以此表明该支票不能在付款行的柜台提现，而只能付到收款人的账户入账。划线支票相当于我国的转账支票。与此相反的是非划线支票（uncrossed check 或 open check）。这种支票既可转账，又可提现，相当于我国的现金支票。

3. 保付支票

支票是以银行为付款人的即期汇票，因为是即期的，当然受票银行就无须承兑。但是，付款行可以在支票正面加上“保付”字样，表明付款行将负责保证对这一支票兑付，说明支票的出票人在其存款账户上确有足够余额，该行加以确认：凡收款人或持票人以该支票向该行提示付款，该行一定照付不误。这样的支票即称为保付支票（certified check）。

4. 银行支票

上文谈到支票涉及存款人与其开户行的关系，如果把这种关系延伸和扩展，变成两家银行之间的关系，即存款者并非某个人，而是一家银行，发展成银行与银行间的关系，是一家银行在另一家银行开立支票账户，这时，开户行开立的支票就不是私人支票了，而叫银行支票（banker’s check）。银行支票是由一家银行签发的，命令另一家银行向某某人、某某指定的人或持票来人付款的书面命令。也就是说，银行支票的出票人和付款人都是银行。银行支票一般在银行为客户办理汇款业务时使用。

5. 支票卡

支票卡（check card）的使用和起因很简单。用支票购物很方便，但要店主或超级市场愿意接受你开的私人支票才行。店主有时不愿意接受支票，因为他无法断定顾客的银行账户里是否有足够的存款余额；如果余额不足，银行就会退票，店主就不能收回货款。

为了解决这个问题，银行特发给本行可靠的老客户一种支票卡。银行凭此卡担保：每笔购物所开出的支票，金额不超过一定限额者，该行保证兑付该支票。此时，店主看到有银行出具的支票卡做保证，知道此笔货款将由银行支付，就可以放心让顾客取走货物了。

由此可知，支票卡就是存款银行发给存款人的一张卡片，以证明持卡人签发的支票是可靠的，在银行账户上有足够的存款，不会遭到退票。可见，支票卡是便利消费者购物、繁荣消费市场的金融手段，支票卡的功能在于证明持卡人有贷方余额。

在我国，由于私人支票尚未成为重要的支付手段和支付凭证，因此，支票卡尚没有问世。

参考资料

汇票、本票、支票小结

1. 三种票据的性质和内容

(1) 性质基本相同。三种票据均是书面债务凭证，都是载明一定金额，在一定日期，持票人可向出票人或指定的付款人支取款项的凭证。汇票和支票是无条件的支付命令，是出票人命令他人付款；本票是无条件的支付承诺，是出票人承诺自己付款。

(2) 当事人及相互关系不同。汇票和支票各有三个基本当事人，即出票人、付款人和收款人。本票只有两个当事人，即出票人和收款人，付款人就是出票人。

支票在签发时，出票人与付款人之间必须先有资金关系；而汇票没有这方面的要求，本票是出票人自己付款，无所谓资金关系。

(3) 主债务人不同。本票和支票的主债务人一直是出票人；汇票有两种情况，即期汇票和承兑前的远期汇票的主债务人是出票人，承兑后的主债务人是承兑人。

(4) 出票人的责任不同。汇票的出票人要担保付款人承兑和付款；支票的出票人要担保付款人一定付款；而本票的出票人自负付款责任。

(5) 期限不同。支票是见票即付，无到期日的记载；汇票和本票有即期和远期付款之分，一般应记载到期日。

(6) 出票份数不同。汇票可以出成一式两份，而本票和支票只开立一张。

(7) 付款人的性质不同。支票的付款人必须是银行；而汇票和本票的付款人既可以是银行，也可以是企业或个人。

(8) 票据行为不同。本票无承兑和参加承兑行为；支票无承兑、参加承兑、参加付款等行为；而汇票具有以上全部票据行为。

2. 三种票据的使用

(1) 作用不同。三种票据都起到了支付手段、流通手段的功能。汇票和本票既是结算工具，又是信贷工具；而支票只能起支付工具的作用。作为信贷工具，汇票主要是指厂商以进出口贸易为背景而出具的商业汇票，经银行承兑后很容易贴现，是进出口融资的重要工具。

本票具有信贷工具的职能。信誉较好的大企业可以通过发行商业本票筹借资金，银行也可以通过签发银行本票筹资或吸收存款。

支票基本上是结算工具。作为理想的结算工具，它使资金的收付变得很方便。出票人只需签发支票就可付款，收款人只需将支票交给银行即可收到款项。

（2）使用范围不同。汇票在国际结算中的使用范围最广，原因是使用汇票对收款人来说风险较小，汇票是安全的结算工具；另外，汇票还是一种方便的融资工具，相对于一般融资工具而言容易使用得多。

支票主要用于国内结算。但由于支票是见票即付票据，很难通过它融资，而且私人支票退票的可能性较大，因此，这在很大程度上限制了支票在国际结算中的使用。

本票在国内和国际结算中都很少使用。商业本票由于常会发生拒付，因此接受程度较低；而银行本票在一般国家也受到严格限制。

第四节 票据行为

一、票据行为的含义

一张票据从开立到因正当付款而被注销需要经历一系列步骤，我们一般将这些步骤称为**票据行为**。票据行为有狭义和广义之分。

狭义票据行为是基于当事人的意思表示而发生的具有相应法律效力的行为，又被称为票据的法律行为，包括出票、背书、承兑、参加承兑、保证、保付六种行为。

狭义票据行为是围绕票据发生的，以确立、转移或保障票据权利义务关系为目的的法律行为。

广义票据行为统指一切能够引起票据法律关系发生、变更、消灭的各种行为。它除了包括狭义票据行为外，还包括提示、付款、拒付、追索等行为。广义票据行为被称为准法律行为或其他票据行为。狭义票据行为是票据行为的基础。我们平常所称的票据行为一般指狭义票据行为。

二、票据行为的具体内容

（一）出票

所谓**出票**（issue），是指出票人在空白的票据格式上按具体交易情况填全必要项目后再签名，然后把它交到收款人手上。这样，出票这一票据行为才算完成。出票是把票据投入流通的第一个票据行为，也称作主票据行为，其他行为都是以出票为基础而衍生的附属票据行为。

本票和支票都只开单张，而汇票可以开单张，也可以一式两份。

（二）背书

背书（indorsement 或 endorsement）是指持票人在票据背面签名，并将它交付给受让人的行为。通过背书，票据权利由背书人转让给了受让人（又称被背书人）。通过背书转让，

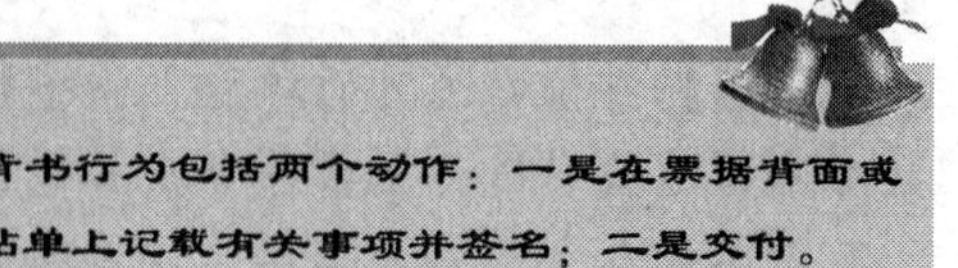

后者就取得了该张票据，而背书人对票据所负责任同出票人是一样的。我国法律规定，背书如果附带条件，则背书行为有效，但条件无效。

汇票、本票、支票都可以背书转让，但并不是所有票据都可以背书，对限制性抬头或记载有“不得转让”字样的票据是不能背书转让的，而对于“来人抬头”的票据，不需背书就可转让。因此，背书转让的只是指示性抬头的票据。一张指示性抬头的票据往往可以经过多次背书，即多次转让，几经转手，这样有可能出现数名背书人与被背书人，如第一背书人及第一被背书人，第二背书人及第二被背书人，形成链状，彼此形成复杂的连带的债权债务关系。背书主要有下述三类。

1. 空白背书

空白背书（blank endorsement）又称无记名背书、略式背书，是指收款人在票据的背面签上自己的姓名，而不注明被背书人及其他信息。其作用就是把该票据转让给第三者持有，后者可持票前往付款行取款。

2. 记名背书

记名背书（special endorsement）又称特殊背书、正式背书、完全背书。记名背书的特点是背书完整全面，由背书人写明被背书人或指定人名称，并由背书人签章。收款人除了要在支票背面签上自己的姓名外，还要写明：此票据现转让给某某人。背书日期可以不记载，未记载的视为到期日前背书。

3. 限制性背书

限制性背书（restrictive endorsement）是指背书人在票据背面签字，指定某人为被背书人或记载有“不得转让”字样的背书。这就是说，只能转让给某某人，到此为止，不能再转让了。

对于限制性背书的受让人能否将票据转让，各国有不同规定。英国《票据法》规定，限制性背书的受让人无权再转让票据；而《日内瓦统一票据法》和我国《票据法》规定，限制性背书的受让人仍可将票据再次转让，但原背书人，即制作限制性背书的背书人只对其直接后手负责，对其他后手不承担责任。

另外，还有其他一些种类的背书，如委托收款背书、设定质押背书、部分背书及分割背书、加注“不得追索”字样的背书等。

（三）承兑

承兑（acceptance）是指远期汇票的付款人在汇票上签名，同意按出票人的指示到期付款的行为。承兑是仅限于远期汇票的一种票据行为。远期汇票在付款到期日前应先提示给受票人，让其确认到期付款的责任。具体做法是：由受票人在汇票正面空白处写上“承兑”两字，签上本人姓名，加具具体的承兑日期，以此确认责任，表明到时一定付款不误。远期汇票经付款人承兑，付款人的身份随之发生质的变化，他的身份从受票人转化成了承兑人，成为汇票的主债务人。

（四）参加承兑

还有一个与承兑相关的票据行为叫参加承兑（acceptance for sb’s honour），也是仅限于汇票的票据行为。“参加”的意思是，某个与汇票毫无关联的人，他虽既非汇票上的三方当事人之一，也非汇票流通过程的参与者，既不属背书人，也不属被背书人，但却由于某种原因参与进来。此人与汇票上所述的债权债务本来毫无关系，既非债务人，也非债权人，但他为了维护汇票上的某一当事人或关系人的信誉，防止追索权的行使涉及该人，在征得持票人的同意后参与进来，由他来承兑那张遭到受票人拒绝承兑的汇票。此时，他的身份即为参加承兑人（acceptor for sb's honour)，而他为之维护信誉的那个人就成为“被参加承兑人”。

参加承兑人既然参加了承兑，那么，在汇票到期付款日，持票人将持之向其提示要求付款，他应照付不误，此时他的身份也由“参加承兑人”转化为“参加付款人”了。

参加承兑人付款后，有权要求被参加承兑人偿还所付款项，即取得向被参加承兑人即前手追索的权利。

（五）保证

保证（guarantee）就是非票据义务人为票据义务承担保证责任。担保人同样也属非债务人之列，其目的是增强票据的可接受性，使之便于流通和融资。保证人（guarantor）为出票人、背书人、承兑人等被保证人（person guaranteed）承担保证责任。此时，保证人与被保证人所负责任完全相同，在付款到期日承担付款责任。《日内瓦统一票据法》和我国《票据法》都允许保证行为，而英国《票据法》无此规定。

保证的具体做法是：由保证人在票据上记载“保证”字样、保证人名称和住所、被保证人名称、保证日期，并由保证人签名。如未记载被保证人，对已承兑的汇票，应以承兑人为被保证人；对其他票据，则以出票人为被保证人。如未记载保证日期，出票日期即为保证日期。保证不得附带条件，附带条件的，不影响对票据的保证责任，但条件无效。这一点与有条件背书类似。

（六）保付

保付（certified to pay）是指作为支票付款人的付款行表明保证支付票款的行为。保付行为的完成包括两项内容：进行保付文句及日期的记载，完成签名；将支票交付持票人。

支票中的保付相当于汇票中的承兑，都是付款人表明支付票款意愿的行为。经保付后的支票，付款行要承担绝对的付款责任，不得以任何理由拒付。

美国《统一商法典》和日本《票据法》对支票保付做出了规定，而英国《票据法》、《日内瓦统一票据法》和我国《票据法》都没有关于保付的规定。由于保付对付款行来说在资金安全上有些不利，故在实务中较少采用。

（七）提示

提示（presentation）是持票人向付款人出示票据，要求其履行票据义务的行为。提示行为有两种：一为提示承兑，二为提示付款。原则上讲，凡远期汇票，在付款日到期前，收款人均应向付款人提示，让其确认到期付款的责任，这是提示承兑；然后在付款到期时再向付款人提示，要求其付款，这是提示付款。而即期汇票、本票和支票因为不存在承兑，也就无须提示承兑这一动作，只需提示付款即可。

（八）付款

付款（payment）是指在即期票据或到期的远期票据的持票人向付款人出示票据时，付款人支付票款的行为。付款是票据流通过程的终结，是票据债权债务的最终清偿。汇票、本票和支票都存在付款行为。

按付款时的情形，付款可分为正当付款与不正当付款、部分付款与全部付款、终结付款与非终结付款等。一般来说，付款人在付款时应审核票据背书的连续性和真实有效性，对持票人履行付款责任，此为正当付款。如果出于重大过失或恶意，对有明显和重大权利缺陷的持票人给付了票款，就是不正当付款，付款人因此必须承担责任。如果付款人只向持票人支付了一部分票款，便称为部分付款。接受部分付款的持票人仍可对未清偿部分进行追索。反之，全部结清的付款则称为全部付款。

在正当付款的情况下，由于付款人支付了十足票款，就可以了结票据责任，完成票据的流通过程，这称作终结付款。如果付款不是主债务人所为，就意味着票据责任和权利仍需通过追索来完结，还不能退出流通，付款就不是终结性的，这称作非终结付款。

（九）拒付

拒付（dishonour）又称退票，是指当持票人提示票据要求获得付款或承兑时遭到拒绝。汇票、本票和支票都可能遭到拒付。拒付分以下情形：一是持票人到期不获承兑或付款。比如付款人明确表示拒付，或虽未明确表示拒付但到期未承兑或未付款，或只做部分承兑或部分付款。二是承兑人或付款人死亡、破产或被终止业务活动。

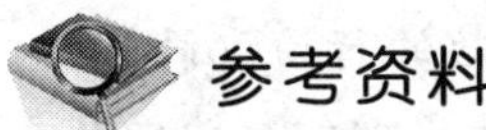

参考资料

拒付通知与拒绝证书

拒付通知（notice of dishonour）也称退票通知，是持票人将遭到拒付的事实以书面形式通知前手。汇票一旦遭到拒付或拒绝承兑，持票人在行使追索权以前，从程序上讲，要先把对方拒付这一事实通知前手，而前手又必须通知自己的前手，直至受票人或承兑人及至出票人。这一通知的程序，也可以是跳跃式的，即越过其直接前手，径自通知有关付款人或出票人。

拒付通知这一行为，仅是一种备案的行为，是让有关债务人尽早获悉发生了退票这件事，好在思想上有所准备，但这一行为还不具备法律效力。为了在法律上生效，还要做拒绝证书。

拒绝证书（protest）是由拒付地的法定公证机构（公证人）或其他有权出具证书的机构出具的证明拒付事实的书面文件。这一行为表明：关于拒付一事，不只是向有关方照会通知而已，而是一项具有法律效力的行为，是为以后对簿公堂而准备的。正因为如此，持票人一方也必须严肃对待，要确定法定的公证人和见证人。公证人受理后还要携带拒绝证书文本向付款人提示，如再遭拒付才正式做成拒绝证书，连同遭拒付的票据交给持票人，后者以之向前手行使追索权。

各国对做成拒绝证书的时效有具体规定。英国《票据法》规定，拒绝证书必须在拒付日的第二天终了前完成。《日内瓦统一票据法》的规定与英国基本相同，但是对于远期汇票，规定其付款拒绝证书可在到期日后两天内做成。

如果持票人没有在规定时间内做成拒绝证书，他将丧失对前手的追索权。但承兑人或出票人仍对持票人承担责任。

(十)追索

所谓**追索**(recourse),是指持票人向出票人或前手追回票款的行为。持票人在追索时要具备一定条件:持有合格票据;持票人在法定时效内提示;发生拒付并在规定时效内做成了拒绝证书。

向谁行使追索权呢?向背书人、出票人、承兑人及其他债务人行使,因为他们都是票据上所载金额的主债务人或从债务人,持票人是汇票所载金额的唯一债权人,理应向他们追索。追索既可以按顺序进行,即按汇票背书的连续顺序向前手追索,也可以越过直接前手跳跃式地向任一前手追索。若被追索者中有人履行了付款义务,付清了票款,此时该人就获得持票人的地位,又可对自己的前手行使追索权。

追索的款项包括三部分:一是汇票上的金额;二是因延期偿还票款而应付的利息;三是做成拒付通知、拒绝证书的费用和其他有关开销。

参考资料

参加付款

参加付款(payment for sb's honour)就是当持票人遭到拒付,已做成拒绝证书但尚未行使追索权时,付款人以外的当事人(参加付款人)对票据进行付款的行为。简言之,参加付款人(payor for sb's honour)和参加承兑人一样,都是为了防止追索的行为涉及某一当事人,为了维护其信誉而做出参加行为。对于远期汇票来说,参加承兑人及参加付款人显而易见为同一人,但就票据行为而言,则为两种票据行为。

参加付款人应指明被参加付款人,否则出票人将被视为被参加付款人。参加付款的金额应当是被参加付款人受到追索时应承担的清偿额。

参加付款人付款后,即免除被参加付款人对其后手的义务,同时取得向被参加付款人及其前手追索的权利。持票人必须接受参加付款,否则将丧失向被参加付款人及其前手的追索权。

票据上的三个基本当事人(本票为两个基本当事人)和票据在流通过程中的关系人,以及他们之间的关系和联系可以用图 2-6 来表示。

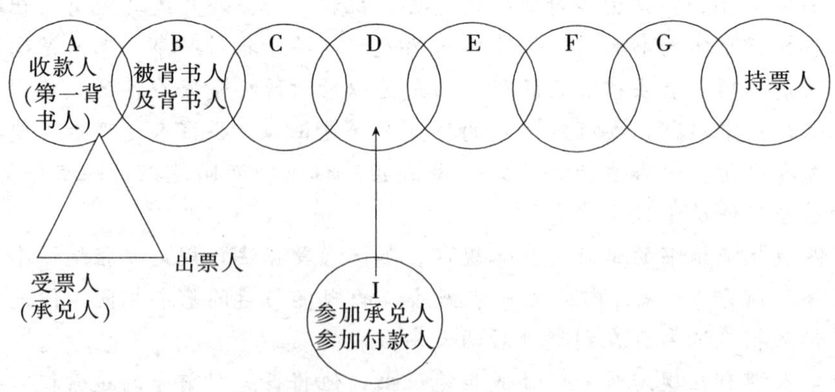

图 2-6 票据的当事人

本章小结

1. 票据作为结算工具，设权性、无因性、要式性、流通性和可追索性是其最重要的特点。只有要项齐备、出票人签字真实有效的票据才具有法定效力，票据凭背书和交付得以流通。票据的功能包括汇兑功能、支付功能、信用功能和融资功能。

2. 在统一票据法之前，世界上有三大票据法体系，即法国票据法体系、德国票据法体系和英美票据法体系。目前演变成欧洲大陆票据法体系和英美票据法体系两大法系，它们在本质上并无根本不同。国际票据法的统一经过了三个阶段，形成了《海牙统一票据法》《日内瓦统一票据法》《联合国统一票据法》。我国《票据法》的制定参照了《日内瓦统一票据法》和英美票据法体系中的合理规定。

3. 汇票、本票、支票均是书面债务凭证，都是载明一定金额，在一定日期，持票人可向出票人或指定的付款人支取款项的凭证。持票人均有要求票据债务人付款的权利，也均可将票据转让。但是这三种票据各自有着不同的特点和种类，在使用不同的票据进行结算时，需要注意它们的差别。

4. 票据关系中的主要当事人有出票人、付款人、收款人、背书人、被背书人、持票人、承兑人和保证人等。票据当事人在票据的流通过程中，根据票据文义和票据行为来确定各自的权利或责任。无论哪种票据，其最终目的都是为了实现票款的支付，因此，票据当事人通过正当的票据行为（出票、背书、提示、承兑、追索等）可以实现这一目的。

本章关键术语

设权性	无因性	要式性	出票人	付款人
收款人	背书人	被背书人	承兑人	保证人
汇票	本票	支票	票据行为	出票
背书	承兑	保证	保付	提示
付款	拒付	追索		

本章思考题

1. 简述票据的特点及功能。
2. 汇票、本票、支票各有什么特点？
3. 列举票据的当事人。
4. 汇票与本票的区别有哪些？
5. 支票、本票、汇票的区别有哪些？

6. 简述各种票据行为的含义及具体内容。

本章练习题

一、填空题

1. ______又称______，它是指付款人在持票人按票据法规定做提示时，拒绝承兑和拒绝付款的行为。

2. 某汇票的付款期限为出票后3个半月，出票日期为2018年12月19日，则此汇票的到期日应为______。

3. 根据出票人的不同，本票可分为______和______。

4. 按照出票人的不同，汇票可分为______和______。

5. 按照有无附属单据，汇票可分为______和______。

6. 票据的保证是指由______对票据的______做出保证的行为，保证人和______同责。

二、判断题

1. 票据的无因性是指票据的基本当事人之间不存在资金关系和对价关系等票据原因关系。（　　）

2. 票据的流通性旨在保护受让人的权利，就是使票据受让人得到十足的票据权利，甚至受让人可以得到让与人没有的权利。（　　）

3. 汇票与支票的区别在于：前者以银行为付款人，而后者的付款人不限于银行。（　　）

4. 普通支票可以经划线而成为划线支票，一般划线支票可以经记载指定银行而成为特殊划线支票。（　　）

5. 付款人对票据付款是终局性付款，因此，付款人只要对票据付了款，就解除了付款义务。（　　）

6. 当持票人提示汇票时，付款人拒绝付款，或拒绝承兑，或破产或逃匿等，这就是拒付。（　　）

三、选择题

1. 票据的形式必须符合法律的规定，票据上必要记载项目齐全且符合规定，被称为票据的（　　）。

A. 文义性　　B. 要式性　　C. 设权性　　D. 法律性

2. 某银行签发一张汇票，以另一家银行为受票人，则这张汇票是（　　）。

A. 商业汇票　　B. 银行汇票　　C. 商业承兑汇票　　D. 银行承兑汇票

3. 在汇票的使用过程中，使汇票的一切债务终止的票据行为是（　　）。

A. 提示　　B. 承兑　　C. 背书　　D. 付款

第三章

汇　款

巴基斯坦某外贸公司向一个中国医药公司紧急购买价值10万美元的货物，两个公司商定采用汇款的方式来进行支付。中方公司会选择哪种汇款方式呢？你了解三种汇款结算方式的特点和流程吗？你知道在国际贸易实务中如何使用汇款这种结算方式吗？

本章将从汇款的基本概念出发，详细介绍汇款业务所包括的当事人及其相互关系、汇款业务的种类及主要流程以及汇款在国际贸易中的应用，其中还将插入一些具有代表性的案例，以便你对汇款业务有一个全面、清晰的了解。

本章要点

◇ 理解顺汇和逆汇的区别。

◇ 掌握汇款的含义、各当事人之间的相互关系、汇款的种类及业务流程。

◇ 理解电汇、信汇和票汇三种汇款方式的特点及流程。

◇ 掌握汇款结算方式在国际贸易中的应用。

第一节　汇款概述

一、结算方式应具备的条件

任何一种结算方式之所以能在国家间被广泛采用，经受时间的考验而经久不衰，绝非偶然。比如，跟单信用证用于国际贸易结算已有近百年历史。近百年来，尽管信用证的内容有所发展和完善，具体做法也有变化，但至今仍未突破信用证这一框架。它广泛应用于全球，成为最主要的结算方式之一，是有其内在原因的。

一种完善的结算方式必须具备以下三个条件：

(1) 必须能保证比较安全、快捷地结清对外贸易中的债权债务。

(2) 必须能保证买卖双方的利益都能获得充分照顾。在支付贸易货款方面，买卖双方的利益是相互矛盾的。概括地说，前者希望收到货物后再付款；后者则希望在发货前先收到货款。凡是双方都愿意采用的结算方式必须是那种不偏袒买卖双方中任何一方，全面照顾双方利益的结算方式。

(3) 必须能便于资金融通。也就是说，应能使买卖双方（也包括中间商）容易从国际及国内金融市场和商业银行筹措其所需资金。

对外贸易结算方式发展的历史说明，一种结算方式之所以被另一种结算方式取代，究其原因，就是因为前者不具备上述全部要素或缺乏其中某些要素。

二、顺汇与逆汇

考察结算方式，首先需要弄清顺汇和逆汇这两个概念。

所谓**顺汇**（remittance），系指结算工具的走向与货款的流向是同一个方向，是作为债务方的买方主动将进口货款通过汇款方式汇付给作为债权人的卖方的一种方法。**逆汇**（reverse remittance）则相反，是结算工具的走向与货款的流向相反。

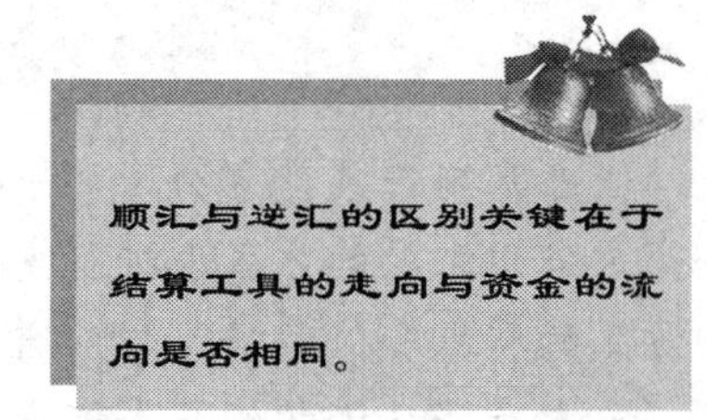

顺汇，也称汇付法（to remit），是由债务人主动将款项交给本国银行，委托该银行通过某种结算工具将货款汇付给国外债权人或收款人。因其结算工具的走向与资金的流向相同，故被称为顺汇（如图 3-1 所示）。国际结算中的汇款方式属于顺汇。

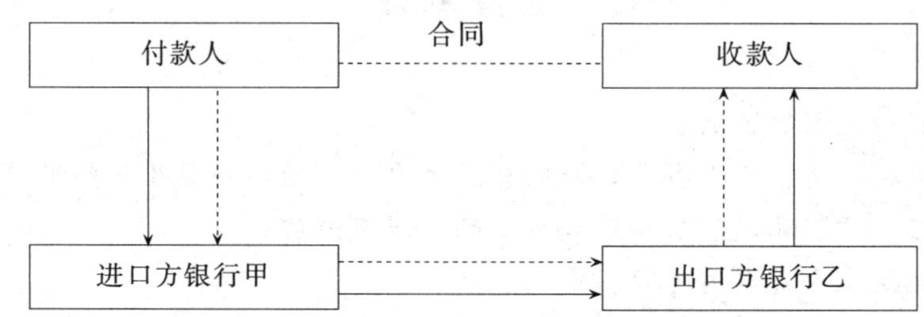

图 3-1 顺汇结算

注：虚线箭头表示结算工具传递的方向，实线箭头表示资金的流向。

从图 3-1 可以看出：

第一，结算工具（如带有密码的加押电报）的走向与货款的流向相同。

第二，这种支付方法是债务方主动将进口货款汇付给债权方收款人的，此法即“顺汇”。其基本特征是：结算工具的走向与资金的流向相同。

逆汇也称出票法（to draw），是债权人通过出具票据委托本国银行向国外债务人收取汇票金额的结算方式。因结算工具的走向和资金的流向相反，故被称为逆汇（如图 3-2 所示）。国际结算中的托收和信用证业务属于逆汇。

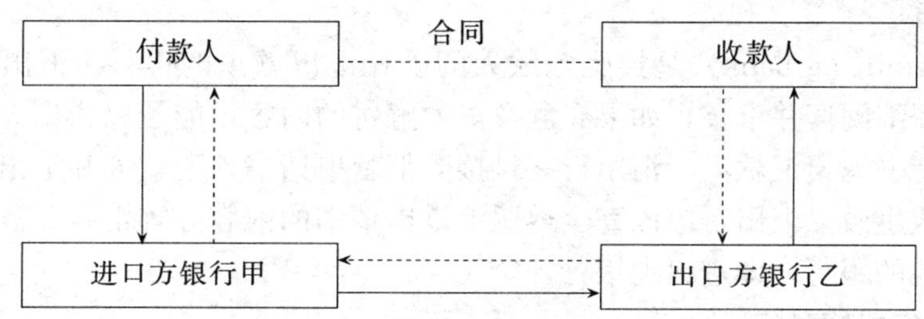

图 3－2 逆汇结算

注：虚线箭头表示结算工具传递的方向，实线箭头表示资金的流向。

从图 3－2 中可以看出：

第一，结算工具（如汇票）的走向与货款的流向相反；

第二，这种支付方法是债权方即收款人主动向债务方索取货款，前者发出支付命令，后者付款。

知识应用

在银行业务中，电汇、信汇、票汇、托收、信用证业务分别属于哪种范畴？

分析：按照资金的流向和结算工具传递的方向，电汇、信汇、票汇均属于顺汇；托收、信用证业务则属于逆汇结算的范畴。

三、汇款的概念与性质

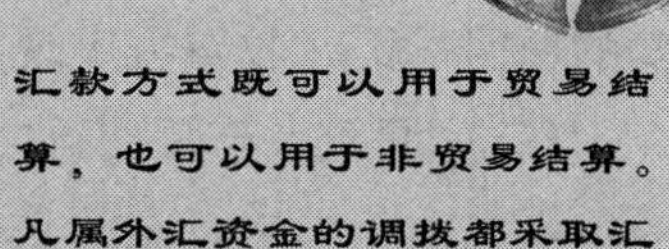

汇款方式既可以用于贸易结算，也可以用于非贸易结算。凡属外汇资金的调拨都采取汇款方式。

汇款又称汇付，是银行（汇出行）应汇出人的要求，以一定的方式将款项通过国外联行或代理行（汇入行）交付收款人的结算方式。由于结算工具的走向与货款的流向相同，所以汇款属于顺汇性质。（Remittance refers to the transfer of funds from one party to another among different countries through banks. At the request of its customer，a bank transfers a certain sum of money to its overseas branches or correspondent banks and instructs them to pay a named person or corporation in that country.）

四、汇款的当事人

汇款结算方式有四个基本当事人：汇款人、汇出行、汇入行或解付行以及收款人或受益人。

（一）汇款人

汇款人（remitter）即付款人，是委托汇出行将款项汇交收款人的当事人，通常是国际贸易合同中的买方，即进口商。汇款人在委托汇出行办理汇款时要出具汇款申请书，该申请书是汇款人与汇出行之间的契约。汇款人应当正确填写汇款申请书，由申请书填制方面的错漏所引起的后果由汇款人自己负责。

（二）汇出行

汇出行（remitting bank）是接受汇款人的委托汇出款项的银行。汇出行对汇款申请书的内容应该仔细阅读并审核，如果有危及汇款解付的内容，应予以指出，或者要求汇款人修改或将申请书退给汇款人。汇出行一旦接受汇款申请书，汇款人和汇出行之间的契约关系就立即正式生效。汇出行应该完全遵照汇款申请书的内容办理汇款业务。汇出行通常是汇款人所在地的银行，即进口地银行。

（三）汇入行或解付行

汇入行或解付行（paying bank）即接受汇出行的委托并解付一定金额给收款人的银行。汇入行解付汇入款必须严格按照汇出行的支付委托书执行，收到支付委托书后不论电汇、信汇还是票汇都应该验收印鉴密押，若有疑惑，必须与汇出行进行联系，并通过加押电报来确认。汇入行通常是收款人所在地的银行，即出口地银行。

（四）收款人或受益人

收款人或受益人（payee 或 beneficiary）是接到汇入行的通知后收取汇款金额的当事人，通常是国际贸易中的卖方，即出口商。收款人是汇款金额的最终接收者，通常是出口方或债权人，也可是汇款人本人，其权利是凭证取款。

五、汇款当事人之间的关系

（一）汇款人与收款人之间的关系

汇款人与收款人之间的关系在实务中表现为两个方面：在非贸易汇款中，由于资金单方面转移的特性，汇、收双方表现为资金提供与接受的关系；在贸易汇款中，由于商品买卖的原因，汇、收双方表现为债权债务关系。

（二）汇款人与汇出行之间的关系

汇款人与汇出行之间是委托关系。汇款人委托汇出行办理汇款时，要出具汇款申请书。这是当事双方委托与接受委托的契约凭证，它明确了双方在该项业务中的权利与义务。

（三）汇出行与汇入行之间的关系

汇出行与汇入行之间既有代理关系又有委托关系。一般代理关系在前，即两家银行事先签有业务代理合约或有账户往来关系，在代理合约规定的业务范围内，两家银行各自承担所尽之责。就一笔汇款业务而言，汇出行通过汇款凭证传递委托的信息，汇入行接受委托并承担解付汇款的义务。

（四）收款人与汇入行之间的关系

收款人与汇入行之间通常表现为账户往来关系，即收款人在汇入行开有存款账户。此外，两者也可以没有关系，汇入行有责任向收款人解付该笔款项。

汇款当事人之间的关系可以用图 3－3 来表示。

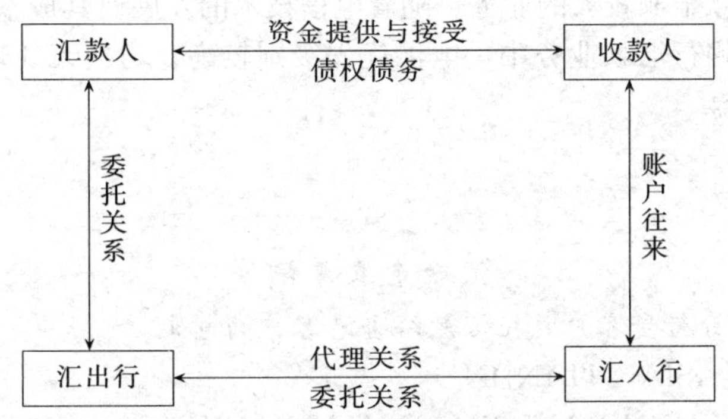

图 3-3 汇款当事人之间的相互关系

第二节 汇款的种类与流程

按照汇款使用的支付工具不同，汇款可分为电汇、信汇、票汇三种。

一、电汇

电汇（telegraphic transfer，T/T）是汇出行应汇款人的申请，拍发加押电报或电传给国外汇入行，指示其解付一定金额给收款人的结算方式。（Telegraphic transfer refers to remittance by cable/telex/SWIFT. The remitting bank，requested by the remitter，instructs the overseas paying bank by cable/telex/SWIFT to pay a certain sum of money to the beneficiary. It is often used when the remittance amount is large and the transfer of funds is subject to a time limit. Thus，90% remittance is done through T/T.）

电汇的基本程序如图 3-4 所示。

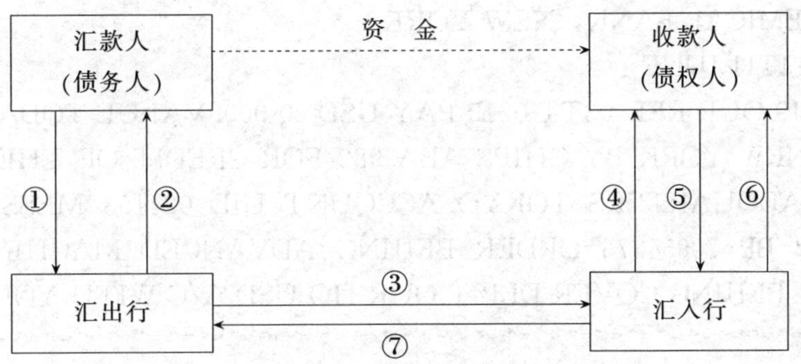

图 3-4 电汇业务流程

注：①汇款人填写电汇申请书，交款付费；②电汇回执；③加押电报/电传/SWIFT 电文；④核对无误后制作电汇通知书通知收款人；⑤收款人收据；⑥汇入行借记汇出行账户，取出头寸解付收款人；⑦付讫借记报单。

电汇经历了从电报到电传再到 SWIFT 通信方式的演变过程。SWIFT 已成为银行电汇业务中所依赖的主要传送方式。电汇方式的主要特点是速度快、占时短、出错频率低、费用高，主要运用于汇款金额较大的业务。随着电信技术的发展及其成本的降低，电汇方式的应用越来越多。在银行汇款业务中，电汇优先级别较高，均当天处理。电汇交款迅速，银行无法占用电汇资金。

参考资料

汇款电文举例

1. 亚洲银行天津分行受客户之托汇款给香港客户的电文

FM：BANK OF ASIA，TIANJIN

TO：THE HONGKONG AND SHANGHAI BANKING CORP.，HONG KONG

DATE：1ST MARCH

TEST 1253 OUR REF. 208TT0517 NO ANY CHARGES FOR US PAY USD 20 000. VALUE 1ST MARCH TO YOUR HAY WAY BUILDING BRANCH 58 STANLEY STREET HONG KONG FOR ACCOUNT NO. 004－110－106028－001 FAVOUR PRECISION PHOTO EQUIPMENT LTD. HONG KONG MESSAGE CONTRACT NO. P101558 ORDER PHOTOGRAPH CO. TIANJIN COVER DEBIT OUR HO ACCOUNT.

2. 亚洲银行北京分行将其4亿日元从东京银行调拨至富士银行的电文

FM：BANK OF ASIA，BEIJING

TO：THE BANK OF TOKYO LTD.，TOKYO

DATE：3RD OCT.

TEST 2475 VALUE 5TH OCT OUR REF. MSG125469 PLEASE DEBIT OUR A/C PAY JPY 400 000 000. TO THE FUJI BANK LTD.，TOKYO FOR CREDIT OUR A/C WITH THEM.

3. 美元通过CHIPS付款的电汇指示

FM：ICBC，BEIJING

TO：CHEMICAL BANK，NEW YORK

DATE：14TH JUNE

TEST 2819 OUR REF. 03TT-0215 PAY USD 20 000. VALUE TODAY TO SANWA BANK LTD. NEW YORK BY CHIPS ABA 982 FOR CREDIT OF THEIR INTERNATIONAL HEADQUARTERS TOKYO ACCOUNT UID 024153 MESSAGE OUR LC 15237 THEIR BP 70054376 ORDER BEIJING ADVANCED MACHINARY EQUIPMENT CORP. BEIJING COVER DEBIT OUR HO USD A/C WITH YOU.

二、信汇

信汇（mail transfer，M/T）是汇出行应汇款人的申请，用航空信函指示汇入行解付一定金额给收款人的汇款方式。信汇业务的程序与电汇程序基本相同，所不同的是汇出行应汇款人的申请，以信汇委托书（M/T advice）或支付委托书（payment order）作为结算工具，通过航空邮寄方式寄至汇入行，委托其解付。（A mail transfer is to transfer funds by means of a payment order or a mail advice，or sometimes a debit advice issued by a remitting bank，at the request of a remitter. Either of a payment order，mail advice or debit advice must be authenticated with tested key or the authorized signatures of the remitting bank. It instructs the paying bank to pay a certain sum of money to the beneficiary.）

信汇委托书或支付委托书上必须加具有权签字人的签字，汇入行收到委托书后，凭汇出行的印鉴样本核对无误后，即按委托书的地址通知收款人前来领取汇款。收款人领取汇款时，必须持证明自己身份的证件，并在汇款收据上签名或盖章。

信汇的主要特点是：（1）费用低廉。（2）速度较慢。因邮递关系，收款时间较长，一般航邮为7～15天，视地区远近而异。如用快递可以加速3～5天。（3）资金可被银行短期占用。信汇的在途时间较长，因此汇出行可占用一个邮程时间内的信汇资金。信汇在大多数发达国家和新兴市场国家已逐渐被淘汰。

三、票汇

（一）票汇的概念与流程

票汇（remittance by banker's demand draft，D/D）是汇出行应汇款人的申请，代其开立以汇入行为付款人的银行即期汇票，并交还汇款人，由汇款人自寄或自带给国外收款人，由收款人到汇入行凭票取款的汇款方式。（A demand draft is often used when the customer wants to transfer the funds to his beneficiary by himself. The remitter will make a written request of issuance to the remitting bank. Then the remitting bank debits the remitter's account，issues a bank draft and forwards it to the remitter who may send or carry it abroad to the payee.）

在办理票汇业务时，汇出行要出具汇票通知书（advice of drawing）或票根并寄至汇入行，以便汇入行在收款人持票向其取款时，凭票根核对汇票的真伪，待证实汇票无误后，解付票款给收款人，并将付讫收据寄至汇出行，从而完成一笔票汇业务。

目前，一些联行和代理行之间为了简化手续，取消了邮寄汇票通知书或票根这一手续，仅凭核对印鉴相符便可付款。但如果遇到没有往来关系的银行开出的汇票，汇入行原则上必须待汇票头寸收妥后才能付给收款人。

（二）票汇的特点

票汇以银行即期汇票作为结算工具，其传送方向与资金的流向相同，所以票汇亦属于顺汇结算。与其他汇款方式相比较，票汇的特点为：

（1）票汇取款灵活。信汇、电汇的收款人只能向汇入行一家取款，而票汇汇款的持票人可以在任何一家汇出行的代理行取款，只要汇入行有汇出行的印鉴册，能核对汇票签字的真伪，汇入行确认签字无误后，就会解付其汇款。

（2）票汇中的汇票可代替现金流通。汇票经收款人背书后可以在市场上流通转让，到银行领取票款的持票人不一定是原收款人，而信汇委托书则不能流通转让。票汇的汇票因是银行汇票，故在流通中较受人们欢迎。

（3）票汇是由汇款人自己将汇票寄给收款人或自己携带出国，而后收款人根据自己的方便，在有效期内随时到银行取款；而信汇、电汇是由汇出行通过电信或邮寄方式将汇款委托书交付给汇入行。

(4) 票汇的汇入行无须通知收款人取款，由收款人持汇票登门自取；而信汇、电汇都是由汇入行通知收款人来领取汇款。

(三) 中心汇票

在银行票汇业务中若汇出行开立的即期汇票的付款人是汇票上所用货币的结算中心的银行，则该汇票称为中心汇票，该票汇业务也称为中心票汇业务。例如，使用英镑、以伦敦一家银行作为付款行的汇票就是英镑中心汇票；使用美元、以纽约一家银行作为付款行的汇票就是美元中心汇票。

中心汇票的出票人是汇出行，付款人是货币清算中心的联行或者代理行，也可以是汇出行在那里开设中心账户的银行；收款人是这笔汇款的收款人，他与付款行可能不在同一地。

汇出行把汇款人交款付费的行为当作购买汇票，将中心汇票交付给购票人。购票人将中心汇票寄给收款人，收款人可委托当地银行代收票款，也可出售光票请求银行买入，还可以收取对价转让给他人。

汇出行不寄票根、不拨头寸，票面没有拨头寸的指示，当中心汇票被提交给付款行时，它借记出票行的中心账户予以付款，并将借记报单寄给出票行完成一笔票汇业务。这样从出票直到付款的一段时间内，可以不占用出票行的资金，使得出票行可以利用汇款资金。

中心汇票的流程如图 3-5 所示。

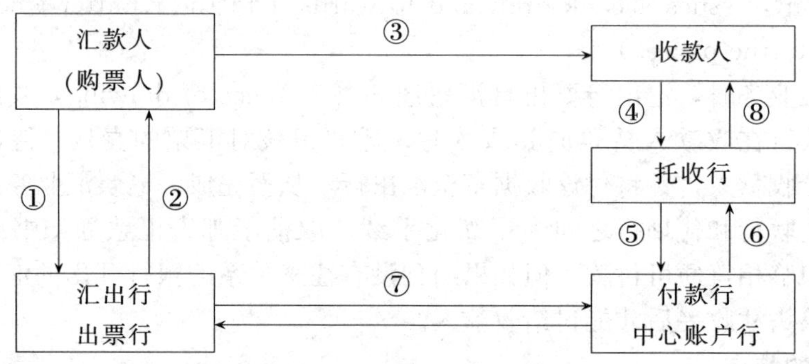

图 3-5 中心汇票业务流程

注：①汇款人（购票人）交款付费；②交付中心汇票；③寄送中心汇票；④送交托收行托收票款；⑤提示汇票；⑥支付票款；⑦借记报单；⑧支付票款。

汇款业务中采用中心汇票的优点在于：

(1) 中心汇票的流通性较强。开出中心汇票的银行可以使汇票上的收款人不论在任何地点，均可通过任何一家银行将中心汇票辗转送到货币清算中心，通过票据交换向付款行提示，转账划收，使收款人最终收到票款。

(2) 采用中心汇票汇款可不占用汇出行的资金。汇出行开出中心汇票后并不向海外联行和代理行寄发票根，也不拨头寸，而是利用自己在海外联行和代理行的存款资金进行支付。这样在从出票时起到中心汇票付款时止的一段时间里，避免了汇出行的资金占压。

(3) 方便了银行客户。收款人接到中心汇票后，既可委托他的往来银行托收票款，也可就地出售，还可要求银行买入该汇票，或背书转让他人。

参考资料

三种汇款方式的比较

三种汇款方式的比较见表 3-1。

表 3-1 三种汇款方式的比较

种类	支付工具	核查方式	特点
电汇	电报、电传、SWIFT	密押证实	汇款迅速，安全可靠，费用较高
信汇	信汇委托书或支付委托书	签字证实	费用最省，汇款所需时间长，呈现逐渐被淘汰的趋势
票汇	银行即期汇票	签字证实	取款灵活，可代替现金流通，程序简便

(1) 共同点。汇款人在委托汇出行办理汇款时均要出具汇款申请书，这就形成了汇款人和汇出行之间的一种契约。三者的传送方向与资金流向相同，均属顺汇。

(2) 不同点。电汇是以电报或电传作为结算工具；信汇是以信汇委托书或支付委托书作为结算工具；票汇是以银行即期汇票作为结算工具。

票汇与电汇、信汇的不同在于票汇的汇入行无须通知收款人取款，而由收款人持票登门取款，汇票除有限制转让和流通者外，经收款人背书，可以转让流通，而电汇、信汇委托书则不能转让流通。

(3) 如何正确运用。电汇是收款较快、费用较高的一种汇款方式，汇款人必须负担电报费用，所以，通常金额较大或有急用的汇款才使用电汇方式。信汇、票汇都不需发电报，以邮递方式传送，所以费用较电汇低廉，但因邮递关系，收款时间较晚。

案例分析

汇款回单的作用

案情： 某年 11 月 10 日和 12 月 26 日，汇款人张某分两次委托某银行电汇油款 8 万元和 6 万元至某石油公司账户。银行审查无误后，在汇款回单上加盖“转讫章”并交给了张某。两年后的 6 月 9 日石油公司因汇款未收到，拿着两张汇款回单要求银行尽快将款项汇入公司账上。银行的答复是要求石油公司与汇款人联系。石油公司认为银行已受理张某的委托，并查实了电汇凭证上的各项内容要素齐全，且加盖了“转讫章”，银行应无条件汇款。因此，石油公司以两张汇款回单为证据，向法院提起诉讼，要求判令银行汇兑电汇款 14 万元及其利息。在诉讼期间，银行阐述了汇款回单的作用，以及电汇业务是汇款人与银行之间的委托业务关系。最后，该案以石油公司申请撤诉而了结。

分析： 依据中国人民银行的《支付结算办法》第 174 条第二款的规定，汇款回单只能作为汇出银行受理汇款的依据，不能作为该笔汇款已转入收款人账户的证明，因此，石油公司仅以两张汇款回单为依据，要求银行无条件汇款，是没有依据的。再说，电汇业务是汇款人与银行之间的委托业务关系，即委托合同关系。银行是受汇款人的委托而汇款，汇款回单是银行接受委托后给予汇款人的凭证。依据我国《合同法》第410条的规定，委托人或者受托人可以随时解除委托合同。因此，汇款回单只能证明汇款人与银行之间曾经有过汇款的委托合同关系，而不能证明银行与收款人之间有任何法律关系。从诉讼主体来分析，银行与收款人石油公司之间没有任何诉讼法律关系；从证据来分析，依据我国“谁主张谁举证”的举证原则，收款人石油公司在没有其他证据的情况下，仅以两张汇款回单为证据，要求银行无条件汇款，明显证据不足。最后，石油公司只有申请撤诉。

案例分析

装运后T/T收汇失败案

案情： 浙江宁波A公司与俄罗斯B进口公司签订了一份五金产品的CIF合同，交易两个40尺整柜（FCL）产品。合同约定分两次等量装运，两次交货的时间间隔为30天，约定付款方式为装运日后30天内T/T付款。A公司备货后将第一个货柜按时装运出口，并将单据用快递邮寄给进口商供其提货。30天后，A公司催B公司支付货款，B公司先是推托说过几天再付，后又利用各种借口，最后索性不再接听A公司的电话，也不回复任何邮件。货物到港后两个月，A公司催收无果，只有联系船公司将货物运回，大量的滞港费、来回运费再加上清关费等，使得A公司损失惨重，而后一个货柜也只能转为库存。

分析：（1）采用汇款方式结算货款，属于商业信用，本身就有一定的风险，更何况是本案中的到付。宁波到俄罗斯口岸的运输时间一般为30天左右，本案中的付款方式对进出口双方来说，货款平衡应该是比较合理的。本案中的出口商采用这种方式造成了巨额损失，主要是由汇款的本质特点（商业信用）决定的。

（2）出口商与资信状况不甚了解的客户进行交易时，最好不要采用装运后付款的方式，而应采用装运前付款的方式，至少采用部分在装运前付款的方式。装运前预付的比例可视具体情况而定。

（3）在与高风险国家或地区开展贸易往来时，最好采用预付或信用证结算方式，也可采用出口信用保险等方式来降低风险。

第三节 汇款头寸调拨与退汇

一、汇款头寸调拨

汇款头寸调拨即汇款头寸偿付。汇款头寸偿付（reimbursement of remittance cover）指汇出行在办理汇出业务时应及时将汇款金额拨交给解付汇款的汇入行的行为，俗称**拨头寸**。一般来说，汇款偿付必须通过代理行之间的资金往来实现，通过账户上的划拨来完成，称为银行划拨。

按照国际惯例，汇出行在发出汇款委托书的同时必须将头寸拨付给付款行，使付款行不致因执行付款指示而垫付头寸。因此，每一笔汇款都必须注明拨付头寸的具体指示，即每一笔汇款都必然引起一笔相同金额的头寸偿付业务。有的银行在相互建立业务代理关系时，在代理合约中订明汇款头寸偿付的方法，有的银行则采取在逐笔汇款委托书或汇票通知书中注明头寸调拨方法的方式。

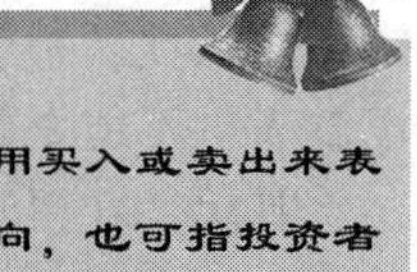

头寸是一种用买入或卖出来表达的交易意向，也可指投资者拥有或借用的资金数量。此处可以理解为资金或款项。

拨头寸必须结合汇出行和汇入行的账户开设情况，具体可以分为下述四种头寸调拨方法。

(一) 主动贷记

作为偿付，汇出行主动将相应头寸贷记汇入行的账户。(In cover，we have credited your a/c with us.)

(二) 授权借记

作为偿付，汇出行授权汇入行借记本行在汇入行中的账户。(In cover，please debit our a/c with you.) 汇入行收到汇款委托书后借记汇出行账户，拨出头寸解付收款人，并寄出借记报单通知汇出行。

(三) 共同账户行 (碰头行) 转账

当汇出行与汇入行相互之间没有往来账户，但在同一代理行开立了账户时，为了偿付解款，汇出行可以在汇款时主动授权这个共同账户行借记汇出行账户并同时贷记汇入行账户。(In cover，we have authorized X Bank to debit our a/c and credit your a/c with them.)

(四) 各自账户行转账

当汇出行和汇入行之间没有共同账户行，但它们各自的账户行之间有账户往来关系时，汇出行指示其账户行 (X Bank) 拨付头寸给汇入行的账户行 (Y Bank) 开立的账户。(In cover，we have instructed X Bank to remit proceeds to you.)

二、退汇

退汇就是汇款在解付前的撤销。收款人、汇款人和汇入行都可以要求退汇。

(一) 收款人退汇

收款人退汇比较方便，在信汇、电汇情形下，只要他拒收信汇、电汇，通知汇入行，汇入行就可以将汇款委托书退回汇出行，必要时说明退汇原因，然后由汇出行通知汇款人前来办理退汇，取回汇款。在票汇情形下，收款人退汇时要将汇票寄给汇款人，然后汇款人自己到汇出行办理退汇手续。

(二) 汇款人退汇

首先，电汇、信汇汇出行应该立即通知汇入行停止解付，撤销汇款。如果收款人有意见，应与汇款人交涉，不能要求汇出行和汇入行付款。然而，汇款人的退汇要在撤销通知到达汇入行后该行付款前才能实现：汇出行接受汇款人电汇、信汇的退汇要求后，应用信函或电文通知国外汇入行办理退汇，汇入行接到汇出行要撤销电汇、信汇的通知后，如尚未解付款项，一般可以同意照办；如果汇入行已经解付款项，汇入行不能向收款人追索，汇款人也不能要求退汇，只能由汇款人直接与收款人交涉要求退款。

其次，在票汇的情况下，汇出行办理退汇时要很谨慎。因为汇出行自己开出汇票，自己即为出票人，对任何合法的善意持票人均要担负保证付款责任，如无理退回汇票，一方面会增加手续，另一方面还可能丧失信誉，或引起许多纠纷与争执。

因此，如果是汇出行开出汇票交汇款人，汇款人还没寄出汇票，他可以持原汇票到汇出行申请注销汇款。如果属于寄递时遗失，属于天灾人祸、火灾水灾以及如飞机、轮船失事所造成的毁灭，一般在了解到汇票收款人确实无法收取款项时，可以接受办理退汇。

如果汇款人已经将汇票寄出，汇票款项已经被收款人领取，或者虽然没领取但估计汇票已经在市场上流通，则不论汇出行还是汇入行都不会办理退汇。

汇票如果遗失、被盗，应该办理挂失止付手续，即由汇款人向汇出行出具担保书，担保若发生重复支付，由汇款人负责。有的银行还要向法院或公证行办理公告等手续进行挂失，汇出行收到担保书和公告后，据以通知汇入行挂失止付，待汇入行回电、回函确认后，才能办理退汇或者补发一张汇票。关于止付，对于汇入行来说，如有汇出行的通知，可以不付款，但如果汇入行认为必须付款，则汇出行或汇款人不能因此提出异议。汇款人退汇的情形最为常见，具体流程如图 3－6 所示。

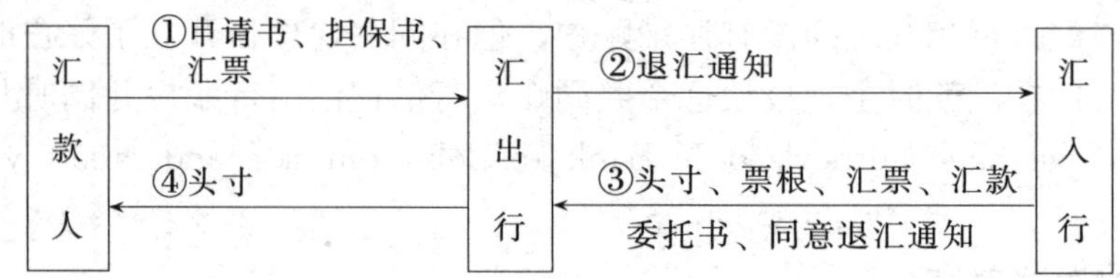

图 3－6　汇款人退汇

（三）汇入行退汇

在电汇、信汇通知被发出后，如果收款人迟迟不来取款，过了一定时期，汇入行有权主动通知汇出行注销，办理退汇。凭汇票取款的期限，各国银行的规定不同，一般是半年或者一年。汇出行汇出款项后，如果汇款人得知收款人未能如期收到汇款或汇款有错漏，可以到汇出行或经汇出行到汇入行进行查询。

汇款的退汇是指汇款人或收款人在汇款解付前要求撤销该笔汇款。银行一般不会止付自己签发的汇票，因此票汇的退汇比较困难。

第四节　汇款方式在国际贸易中的应用

在国际贸易中以汇款方式结算买卖双方债权债务时，根据货款汇付和货物运送时间顺序的不同，结算方式可以分为先付款后交货和先交货后付款两种类型。前者称为预付货款，后者称为货到付款。

一、预付货款

（一）预付货款的含义

预付货款（payment in advance）是指买方（进口商）先将货款的全部或者一部分通过银行汇交卖方（出口商），卖方收到货款后，根据买卖双方事先签订的合约，在一定时间内或立即将货物运交进口商的结算方式。此方式对进口商来说是预付货款；对出口商来说则是预收货款；对银行来说预付货款属于汇出款项，预收货款属于汇入款项。

在国际贸易中，处理汇入款项业务的银行向出口商结汇后，出口商才将货物运出，所以此种结算方式又叫“先结后出”。

（二）预付货款的特点

1. 预付货款对出口商有利

预付货款对出口商有利，表现在：（1）货物未发出，已收到一笔货款，等同于得到无息贷款。（2）收款后再发货，降低了货物出售的风险。如果进口商毁约，出口商可没收预付款。（3）出口商可以充分利用预收货款，甚至可在收到货款后再购货发出。

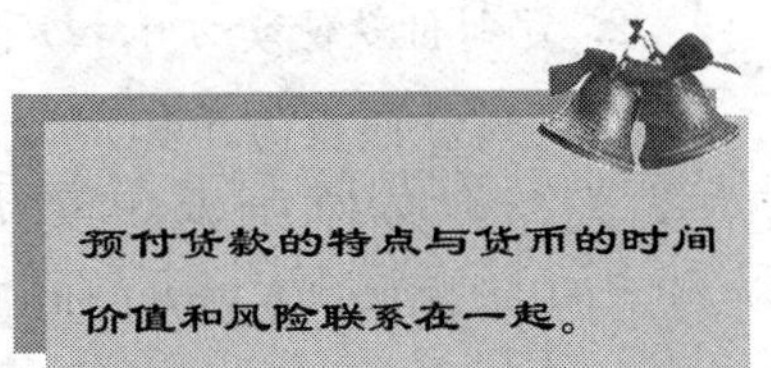

2. 预付货款对进口商不利

预付货款对进口商不利，表现在：（1）未收到货物，已先垫付了款项，将来如果不能收到或不能如期收到货物，或货物与合同不符，将遭受损失或承担风险。（2）在货物到手前付出货款，造成资金周转困难及利息损失。

（三）预付货款的适用范围

预付货款的适用范围是：（1）出口商的商品是进口国市场上的抢手货，进口商为取得高额利润而不惜预付货款。（2）进出口双方关系密切，相互了解对方的资信状况，进口商愿意预付货款购入货物。（3）出口商货物旺销，出口商与进口商初次成交，出口商对进口商资信不甚了解，担心进口商收货后不按合约履行付款义务，为了收汇安全，出口商提出以预付货款作为发货的前提条件。

（四）进口商防范预付货款风险的措施

进口商为了保障自己的权益，减少预付货款的风险，一般要通过银行与出口商达成解付款项的条件协议，常称为“解付条件协议”。它由进口商在汇出汇款时提出，由解付行在解付时执行。

主要的解付条件是：收款人取款时，要出具个人书面担保或银行保函，担保收到货款后如期履约交货，否则退还已收货款并附加利息；或保证提供全套货运单据；等等。除了附加解付条件外，进口商有时还会向出口商提出对进口商品折价支付，作为抵补预付货款造成的资金利息损失。

二、货到付款

（一）货到付款的含义

货到付款（payment after arrival of the goods）是指出口商先发货、进口商后付款的结算方式。此方式实际上属于赊账交易（open account transaction）或延期付款（deferred payment）结算。

（二）货到付款的特点

1. 货到付款对买方有利

货到付款对买方有利，表现在：（1）买方不承担资金风险。因为如果货未到或者货不符合合同要求，则买方可以不付款，因此在整个交易中买方处于主动地位。（2）由于买方常在收到货物一段时间后再付款，无形中占用了卖方的资金。

预付货款使本来处于主动地位的买方资金被无偿占有并承担一定的风险，而货到付款与此正好相反。

2. 货到付款使卖方承担风险

货到付款使卖方承担风险，表现在：（1）卖方先发货，必然要承担买方不付款的风险。（2）由于货款常常不能及时收回，卖方资金被占用，造成一定的损失。

（三）货到付款在国际贸易中的应用

货到付款这种方式尽管对出口商不利，但在贸易实务中仍然被广泛采用，一个原因是大多数出口商品是买方市场，竞争激烈；另一个原因是欧、美等发达国家采用集团采购模式，进口量巨大，动辄上亿美元，对出口商具有很大的吸引力，如沃尔玛等都是采用这种方式。在实务中，货到付款有如下两种常见方式：

1. 售定

售定是指买卖双方成交条件已经谈妥并已签订了成交合同，同时确定了货价和付款时间，一般是货到即付款或货到后若干天付款，由进口商用汇款方式通过银行汇交出口商。这种特定的延期付款方式习惯上称为“先出后结”，又因价格事先已经确定，故亦称售定。售定只适用于我国内地对港澳地区出口鲜活商品的贸易结算。

2. 寄售

寄售（consignment）是由出口商先将货物运至国外，委托国外商人在当地市场代为销售，货物售出后，受托人将货款扣除佣金后通过银行汇交出口商。进出口双方欲做寄售交易，首先要签订寄售协议。货物单据可通过银行传递，也可由出口商直接寄给海外受托人。寄售对于进口商而言是“先进后结”，即先进口后付汇。

目前我国经营的先进后结业务有：（1）国外进口寄售业务。（2）在国外售券、在国内提货业务。后者是为了方便旅游者，避免我国外贸出口商品倒流。旅游者在我国设立在国外的售券机构购得货券后，由本人携带入境，经海关验证盖章，方能提货。经营这种业务的目的是争取外汇收入，减少运输、保险与佣金开支，方便归侨、侨眷及港澳同胞。此项经营所得外汇，经国外银行汇入国内，属于汇入汇款的性质。

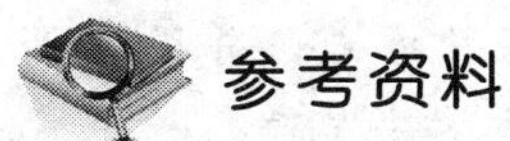

参考资料

采用寄售方式应该注意的问题

为了扩大出口，把生意做活，调动国外商人的积极性，我们在出口业务中可以采用寄售方式。在进口业务中，某些国外商人将他们的货物委托我国商业部门寄售，如香烟、酒类和可口可乐等，也起到利用外资和调剂市场的作用。由于寄售方式有它的缺点，因此在采用这种方式时应注意以下几个问题：

(1) 选好寄售地和代销人。在寄售前必须对寄售地的市场情况、当地政府的有关对外贸易政策、法令、运输仓储条件，以及拟委托的代销人的资信状况、经营作风等做好调查研究。

(2) 对寄售货物的存放地点做好安排。一般有这样几种办法：一是直接运交代销人存栈出售；二是先存入关栈，随售随取；三是将货物运进自由港或自由贸易区存放，确定买方后再行运出；四是直接将货物发往国外资信好的银行，由银行负责售货付款。

(3) 寄售货物存放海关仓库时，要注意存放期限。一般海关仓库的存放期限比较短，逾期有被拍卖的危险。

(4) 签发寄售协议，保证货、款安全。在协议中对货物所有权、代销人的责任和义务、决定售价的办法、货款的结算、各项费用的负担、佣金的支付等都应做出明确的规定。

案例分析

案情：我国内地某外贸公司（卖方）与香港D商社（买方）经中间人介绍签订了一份金额为10万美元的贸易合同。合同规定：由买方开出即期不可撤销的信用证向卖方付款。但过了合同约定的开证日期卖方仍未收到买方开来的信用证，经催问，对方称："证已开出，请速备货"。然而，临近约定的装运期前一周，卖方还未收到来证。卖方再次查询，对方才告知"因开证行与卖方银行并无业务代理关系，故此证已开给有代理关系的某地银行转交"。此时，船期已到，因合同规定货物需直接运抵加拿大，而此航线每月只有一班船，若错过这一次船期，则要推迟至下一个月才能装船，这样将造成利息和费用的损失，因此买方提出改用电汇方式把货款汇来，以促成该笔生意。鉴于以上情况，卖方只好同意并要求买方提供汇款凭证传真件，确认后马上发货。次日，买方便传来了银行的汇款凭证，卖方财务人员持该汇款传真件到银行核对签字无误后，以为款项已汇出，便放心地安排装船。但货物出运后10多天，卖方才发觉货款根本未到账，大呼上当。原来，该买方资信甚差，经营作风恶劣，瞄准卖方急于销货的心理，玩弄花样，先购买一张小额汇票，涂改后，再传真过来，冒充电汇凭证，蒙骗卖方，使其遭受了重大的经济损失。

分析：一般来说，诈骗分子利用信汇或电汇进行诈骗主要有以下特点：

(1) 诈骗分子通常以买方身份出现，并在正常贸易的幌子下煞有介事地与出口企业（卖方）签订买卖合同，且规定采用信用证结算方式。

(2) 诈骗分子看准时机后，别有用心地将信用证结算方式改为汇款方式，并设法伪造、涂改汇款凭证，刻意制造货款已汇出的假象，千方百计地哄骗卖方尽快发货。

(3) 某些出口企业因不明真相，且急于求成，在对方的诱惑下，盲目发货，并误以为货款已收妥。

(4) 所谓的"汇款凭证"其实只是一纸加盖有银行假印章的进账单，或者是经过涂改、变造的汇票复印件和汇款委托书传真件。

(5) 诈骗分子旨在骗取出口企业的出口货物。

资料来源：林孝成．国际结算实务．北京：高等教育出版社，2004：79.

本章小结

1. 顺汇系指结算工具的走向与资金或货款的流向相同，是作为债务方的买方主动将进口货款通过汇款方式汇付给作为债权人的卖方的一种方法。逆汇是指结算工具的走向与资金或货款的流向相反。前者称"汇付法"，后者称"出票法"。

2. 汇款方式属于顺汇，其结算工具的走向与资金的流向相同。

3. 汇款有四个基本当事人：汇款人、汇出行、汇入行或解付行以及收款人或受益人。

4. 汇款人委托汇出行汇出汇款时可以选择三种方式：电汇、信汇和票汇。

5. 汇出行办理汇出业务时应及时将汇款金额拨交给解付汇款的汇入行的行为，俗称拨头寸。拨头寸必须结合汇出行和汇入行的账户开设情况，具体可以分为四种头寸调拨方法。

6. 汇款在解付之前可以撤销，汇款人可以向汇出行办理退汇手续。汇款因为其速度快、费用低、安全性高的特点在国际贸易中得到了广泛应用。

本章关键术语

顺汇	逆汇	汇款人	汇出行	汇入行
解付行	收款人	电汇	信汇	票汇
拨头寸	退汇	预付货款	货到付款	寄售

本章思考题

1. 汇票和票汇有何区别？

2. 汇款的当事人有哪些？各当事人有何职责？

3. 试比较分析电汇、信汇和票汇三种汇款方式的优缺点。

4. 什么叫作顺汇？哪些结算方式属于顺汇？

5. 什么叫作逆汇？哪些结算方式属于逆汇？

6. 如何写一张汇票？

本章练习题

一、填空题

1. There are four parties in a remittance, i. e. (1) ________, (2) ________, (3) ________, (4) ________.

2. The remittances which are handled by the home remitting banks are called (1) ________, while those are handled by foreign paying banks are called (2) ________.

3. Remittance through a bank from one country to another may usually be made by one of the following methods: (1) ________; (2) ________; (3) ________.

4. Telegraphic payments in USD should be made through three channels: (1) ________; (2) ________; (3) ________.

5. The mail transfer is a remittance, at the request of a remitter, effected by a (1) ________or (2) ________ sent by the remitting bank to the paying bank authorizing the latter to notify and pay a certain sum in money to the payee of the remittance.

6. A banker's demand draft is also called a (1) ________. When the drawer bank and the drawee bank are branches, D/D may be called (2) ________.

7. The drawee banks of D/D are located in a clearing center of the draft currency, and it is called draft ________.

8. Payment after arrival of the goods includes two types of goods for sale, namely (1) ________ and (2) ________.

9. Draft No. 20190613

Amount: HKD 32, 150.00

Place and date of draft: Tianjin, 8 May, 2019

Paying bank: Bank of China, Hong Kong

Payee: the order of United Trading Company, Hong Kong

Pay against this draft to the debit of our account.

Remitting bank: Bank of China, Tianjin

Remitter: China National Light Industrial Products Imp. &
Exp. Corp., Tianjin Branch, Tianjin

Please draw a demand draft to make remittance by D/D.

BANK OF CHINA

This draft is valid for one year from date of issue.

NO. ____________

AMOUNT __________

To: ________________________________

Pay to ________________________________

THE SUM OF ________________________________

____

PAY AGAINST THIS DRAFT TO THE DEBIT OF OUR _____ ACCOUNT

BANK OF CHINA，TIANJIN

Signature

二、判断题

1. DD stands for demand draft. (   )

2. MT is a quicker method of payment than a banker's demand draft. (   )

3. Among TT，MT and DD，TT is the cheapest method of payment. (   )

4. A further advantage of TT over MT is that there is no danger of instructions being delayed or lost in the post. (   )

5. In the case of MT，the remitting bank issues a draft to its customer，and directs its foreign branch or correspondent bank by mail to make the payment to the beneficiary. (   )

6. The operations of a telegraphic transfer is just the same as the mail transfer. (   )

三、选择题

1. If a London bank makes a payment to a correspondent bank abroad，(   ).

A. it will remit the sum abroad

B. the foreign bank's vostro account（来账）will be credited

C. the London bank's nostro account（往账）will be credited

D. either A or B

2. If Barclays instructs Citibank to pay a sum of US＄100 000 to Midland，its nostro account should be (   ).

A. credited　　B. debited　　C. increased　　D. decreased

3. When a customer asks his bank to make a telegraphic transfer to a beneficiary abroad，the charges may (   ).

A. be paid by either the remitter or the remittee

B. be debited against the nostro account

C. be credited to the vostro account

D. be paid by the remitting bank

4. If an importer asks his bank to make a telegraphic transfer to an exporter abroad，he should (   ).

A. pay the home currency equivalent of the sum in foreign currency

B. pay the bank commission

C. get a permission from the authorities

D. pay the bank in foreign currency

5. Mail transfers are sent to the correspondent banks, unless otherwise instructed by clients ( ).

A. by courier service

B. by ordinary mail

C. by airmail

D. by seamail

6. Various methods of settlement involve the same book keeping. The only difference is ( ).

A. the method by which the overseas bank is advised about the transfer

B. the method by which the beneficiary is advised about the transfer

C. the speed

D. the beneficiary

第四章

托　收

中国新疆棉花进出口总公司向斯里兰卡纺织公司出口10万吨棉花，委托中国农业银行新疆分行办理托收，交单条件为D/P即期，并指定要求汇丰银行斯里兰卡分行为代收行。你会开具跟单汇票吗？你能画出托收流程图吗？

本章将从托收的基本概念和特点入手，详细介绍托收的当事人及其相互关系、托收的种类及其流程，深入分析跟单托收在实务中可能会遇到的风险，并且提出防范措施。

通过本章的学习，你不仅会清晰地理解托收的概念、性质、当事人以及类别，还能通过阅读背景资料和案例分析，在拓宽知识面的同时掌握初步的实际操作能力。

本章要点

◇ 理解托收的定义，掌握托收的业务流程和各当事人的权利与义务。

◇ 掌握跟单托收的各种交单条件。

◇ 理解跟单托收的风险及其防范。

◇ 了解《托收统一规则》。

第一节　托收概述

一、托收的定义

银行在托收时只是委托人的代理人，并不加入银行信用，也不保证收到款项。

托收（collection）是银行根据委托人的指示处理金融单据或商业单据，目的是取得承兑或付款，并在承兑或付款后交付单据的行为。通俗地讲，托收是指由债权人（一般为出口商）开出汇票，委托当地银行通过其在国外的分行或代理行向债务人（一般为进口商）收取款项的结算方式，是仅次于信用证结算方式的一种较为常见的国际结算方式。（After the exporter has shipped the goods or rendered services to his customers abroad，he draws a Bill of Exchange on the latter with or without shipping documents attached thereto and then gives the draft to his bank together with his appropriate collection instructions. Thus，a collection on the basis of commercial credit is usually processed through banks acting as the intermediary.）

从具体业务实践看，银行处理托收业务要比汇款业务复杂，其中要涉及提交票据和单据的过程，而且各国银行对托收的做法不同，因此熟悉和掌握有关托收的国际惯例对正确采用托收方式和处理托收业务十分有必要。

二、托收的当事人

银行接受委托，运用托收方式进行国际结算时必须通过国外的联行或代理行才能完成托收业务。因此，托收方式涉及的基本当事人有委托人（债权人、出口商或出票人）、托收行（债权人所在地的银行）、代收行（债务人所在地的银行）和付款人（债务人或进口商）等，具体含义如下：

（1）委托人（principal 或 consignor）指在托收业务中，签发汇票并委托银行代为收款的人。由于委托人通常开具汇票委托银行向国外债务人收款，所以通常也称为出票人（drawer）。

（2）**托收行**（remitting bank）指接受委托人的委托，并通过国外联行或代理行完成收款业务的银行。在托收业务中，托收行一般是债权人所在地的银行。

（3）**代收行**（collecting bank）指接受托收行的委托代向债务人收款的国外联行或代理行。在托收业务中，代收行一般是付款人所在地的银行。

（4）付款人（drawee）指汇票中指定的付款人，也就是银行向其提示汇票和单据的债务人。

除上述基本当事人外，国际商会《托收统一规则》增加了提示行和需要时的代理人作为托收结算方式的当事人之一。

提示行（presenting bank）指跟单托收项下向债务人提示汇票和单据的银行。在一般情况下，向债务人提示汇票和单据的银行就是代收行本身。如果代收行与债务人无往来关系，为了便利如期收款，代收行也可主动或应付款人的要求，委托付款人的往来银行充当提示行。

需要时的代理人（customer's representative in case of need）指在托收业务中，如果发生付款人拒付，委托人可指定在付款地的代理人代为料理货物存仓、转售、运回等事宜，这个代理人就叫作“需要时的代理人”。按照国际惯例，委托人如拟指定需要时的代理人，必须在托收委托书上写明代理人的权限。如果在委托书中对代理人的权限未做规定，代收行可以不受理代理人的任何指示。超过规定权限的指示，代收行也可不予受理。

三、当事人之间的关系

（一）委托人与付款人之间的关系

委托人与付款人在国际贸易买卖交易中，分别为出口商与进口商，他们之间的关系是买卖关系。出口商的义务是必须遵照合同规定向进口商按质按量按时交运货物，并必须向进口商提交符合合同要求的单据种类和单据内容。进口商的义务是在出口商提交了足以证明出口商已经履行了合同义务的单据时，按合同规定付款。如有违反合同规定致使对方造成损失的情形，违约方应负责赔偿。

（二）委托人与托收行之间的关系

委托人与托收行之间的关系是委托代理关系，两者关系的依据是托收申请书（collection application）。托收申请书实质上是委托人与托收行之间的委托代理合同。

1. 作为委托人的出口商必须履行的责任

作为委托人的出口商必须履行的责任有：

（1）托收申请书中的指示必须是明确的。

（2）及时指示。当银行将发生的一些意外情况通知委托人时，委托人必须及时指示，否则，因此而发生的损失由委托人自行负责。

（3）负担费用。委托人不但要向托收行支付手续费，而且应负担托收行为执行委托指示而支出的各种费用。即使托收行没有收到货款，委托人也必须支付这些费用；即使托收

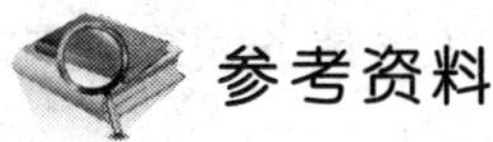

参考资料

托收申请书的主要内容

托收申请书的主要内容包括：

（1）交单方式。是付款交单还是承兑交单；是否可以分批付款，分批赎票；远期汇票提前付款可否给予进口商回扣或利息；逾期付款应否追加利息；等等。

（2）货款收妥后的处理方式。托收行要在代收行已收妥货款并划入托收行的账户后，才将货款付给委托人，代收行可以用电报或航函通知托收行，但用哪一种方式则必须根据托收行的要求。为此，委托人必须在委托代理合同中确定用电报还是航函通知。

（3）银行费用的处理。一般情况下，进口商和出口商各自负担本国银行的费用。根据银行惯例，如果在托收委托书中仅规定需由进口商负担费用，而进口商拒付费用，则代收行可以将自己应收的费用从应汇给托收行的货款中扣除。如果托收委托书明确规定不准豁免该项费用，则托收行、代收行、提示行对因此而产生的付款延迟或额外开支不负责任。

（4）拒付时是否需做拒绝证书。委托人在委托代理合同中应对遭到拒绝承兑或拒绝付款时是否需做成拒绝证书给出明确指示。根据银行惯例，在委托人没有指示必须做成拒绝证书时，银行没有义务在拒付时做拒绝证书。

（5）拒付后货物处理的方式。理想的处理方式是出口商能在进口当地找到买主就地将货物售出；出口商如果在进口地有可靠的代理人，可以在汇票上记载预备付款人以应急；如果没有前述的两种可能性，委托人应在托收申请书中明确指示银行，一旦发生拒付，在货物到达进口地后立即办理货物的提货、存仓和保险。

（6）选定国外的代收行。如果委托人明确指示通过国外的某一代收行办理收款，比如托收行在该代收行开有账户，则可按委托人的指示办理；否则，必须征得委托人同意后，由托收行自行选择一家代收行。

委托书中规定国外代收行的费用需由进口商负担并不得豁免，在进口商拒付货款时，国外代收行的费用也必须由委托人负担。

2. 托收行的责任

托收行的责任如下：

(1) 执行委托人的指示。托收行在托收业务中完全处于代理人的地位，它必须根据委托人的指示办事。因此对于托收行来说，其最主要的责任就是：它打印的“托收委托书”或“托收指示”的内容必须与委托人的申请书中的指示严格相符。如果对委托人的有些要求无法执行，应向委托人解释，由他修改申请书的内容以后再办理托收。

参考资料

托收指示的概念与内容

托收指示 (collection instruction) 就是寄送托收单据的面函 (covering letter)，它是由托收行根据委托人的托收申请书制作的，过去称为托收委托书 (collection advice)。国际商会第 322 号出版物称之为托收命令 (collection order)。目前国际商会第 522 号出版物称之为托收指示。

托收指示应该是该笔托收业务的完整指示。其中主要的内容包括跟单托收的交单条件、利息和费用的处理、需要时的代理人、拒绝证书、收款指示等。

凡是送交代收行要求托收的单据，都必须伴随托收指示，对此笔托收做出完全和准确的指示，并指明这笔托收受《托收统一规则》的约束。[This collection is subject to Uniform Rules for Collection (1995 Revision), ICC Publication No. 522.]

托收指示的重要性体现在三个方面：(1) 托收业务离不开托收指示，所有托收业务都必须附有一个单独的托收指示。(2) 代收行仅依据托收指示中载明的指示办事。(3) 代收行不从别处寻找指示，并且没有义务审核单据以获得指示。随附单据上不载有托收指示，如果有，代收行也将不予理会。

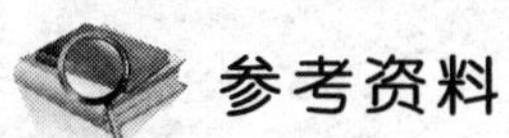

参考资料

托收指示范例

Industrial and Commercial Bank of China

Collection Instruction

ORIGINAL

Date ________

Our Ref. No. ____

TO

Dear Sirs,

We send you herewith the under-mentioned item(s)/documents for collection.

<table>
<tr><td colspan="5">Drawer：</td><td colspan="2">Draft
No.：
Date：</td><td colspan="3">Due Date/Tenor</td></tr>
<tr><td colspan="5">Drawee(s)：</td><td colspan="5">Amount：</td></tr>
<tr><td colspan="4">Goods：</td><td colspan="3">From</td><td colspan="3">To</td></tr>
<tr><td colspan="4">By Par</td><td colspan="6">On</td></tr>
<tr><td>Documents</td><td>Draft</td><td>Invoice</td><td>B/L</td><td>Ins. Policy/Cert.</td><td>W/M</td><td>C/O</td><td></td><td></td><td></td></tr>
<tr><td>1st</td><td></td><td></td><td></td><td></td><td></td><td></td><td></td><td></td><td></td></tr>
<tr><td>2nd</td><td></td><td></td><td></td><td></td><td></td><td></td><td></td><td></td><td></td></tr>
</table>

Please follow instruction marked "×"：

☐ Deliver documents against payment/acceptance.

☐ Remit the proceeds by airmail/cable.

☐ Airmail/cable advice of payment/acceptance.

☐ Collect charges outside ________ from drawer/drawee.

☐ Collect interest for delay in payment ________ days after sight at ________% P. A.

☐ Airmail/cable advice of non-payment/non-acceptance with reasons.

☐ Protest for non-payment/non-acceptance.

☐ Protest waived.

☐ When accepted，please advise us giving due date.

☐ When collected，please credit our account with ________ .

☐ Please collect and remit proceeds to ________ Bank for credit our account with them under their advice to us.

☐ Please collect proceeds and authorize us by airmail/cable to debit your account with us.

Special Instructions

This collection is subject to Uniform Rules for Collections (1995 Revision) ICC Publication No. 522

For Industrial and Commercial Bank of China

____

Authorized Signature(s)

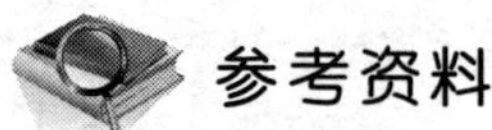

参考资料

收款指示

托收指示中有两个最重要的指示：一个是交单条件，另外一个就是**收款指示**。收款指示的拟定必须结合托收行与代收行的账户开设情况。

（1）凡托收行在代收行开立账户者，出口托收指示中的收款指示这样写明："When collected please credit our account with you under your cable/airmail advice to us."

（2）凡代收行在托收行开立账户者，出口托收指示中的收款指示这样写明："Please collect proceeds and authorize us by airmail/cable to debit your account with us."

（3）当托收行与代收行之间没有设立账户，而是托收行在国外第三方的某银行开立账户时，出口托收指示中的收款指示可以这样写明："Please collect and remit proceeds to ×× Bank for credit our account with them under their advice to us."

(2) 对委托人提供的单据是否与买卖合同相符不负责任。托收行没有审核单据内容的义务，只需将收到的单据的种类和份数与托收申请书中所列情况核对，如果发现单据有遗漏，应立即通知委托人补交。在具体业务中，托收行一般会对委托人交来的主要单据进行重点核对，但这完全是银行对客户提供的服务，而不是应尽的责任。银行（包括托收行、代收行、提示行等）在办理托收业务时，应与办理信用证业务一样，必须善意和谨慎地行事，这是一条基本原则。

(3) 负担过失的责任。银行在受理托收业务时向委托人收取手续费，因此银行必须善意和谨慎地行事，银行应对未按照申请书的指示受理而产生的过失负责。

(三) 托收行与代收行之间的关系

代收行是托收行的代理人，它必须严格按照作为委托人的托收行所发出的托收委托书办事。因此代收行的基本责任与前述托收行的责任大致相同，并负有一些特殊责任。

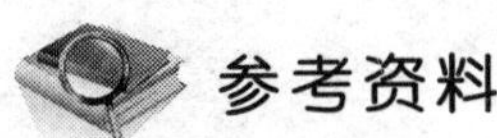

参考资料

代收行的特殊责任

代收行的特殊责任包括如下方面：

1. 保管好单据

托收就是通过银行承兑交单或付款交单。进口商要取得单据，必须对汇票承兑或付款。因此代收行在进口商未承兑或未付款时，绝对不能把单据交给进口商。此外，在进口商拒绝承兑或拒绝付款时，代收行应立即通知托收行，并且在通知中声明保管单据听候托收行的指示。一般在发出这种通知后，如果在合理时间内未能收到托收行的进一步指示，应发电催复。

2. 无义务对托收项下货物采取任何行动

按照银行的习惯做法，银行对跟单托收项下的货物没有任何行动义务。但是，为了保护委托人的货物，不管有没有指示，如果银行采取了提货、存仓、保险等行动，则该银行对于货物的处理、货物的状况、对受托保管或保护该项货物的第三者所采取的行动或疏漏均不负责。不过，代收行必须将这些行动通知托收行，银行因对货物采取保护行动而发生的费用和支出应由委托人负责。

3. 托收情况的通知

按照银行的习惯做法，代收行应根据下列规则，通知托收情况：

(1) 代收行发给托收行的所有通知或报告中必须列有合适的说明，其中必须列明托收行的托收委托书编号。

(2) 如无明确的指示，代收行必须用最快的邮件，将托收情况的通知，包括付款通知、承兑通知、拒绝付款或拒绝承兑通知等，寄给托收行；如果代收行认为事情紧急，也可以使用更快的通知方法，如电报、电传或电子通信系统等，费用由委托人负担。

(3) 代收行在提示托收单据而付款人拒绝付款、拒绝承兑时，应尽力查明理由并通知托收行。

（四）代收行与付款人之间的关系

代收行与付款人之间并不存在契约关系。付款人对代收行应否付款，完全根据他与委托人之间所订立的契约义务决定，即以委托人提供的单据足以证明委托人已履行了买卖合同义务为前提。

托收的当事人及其相互关系如图 4-1 所示。

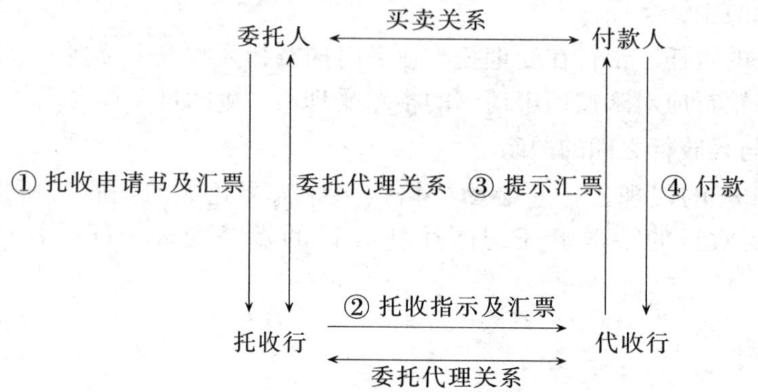

图 4-1 托收的当事人及其相互关系

四、托收的特点

从上面的叙述中可以总结出托收的特点：

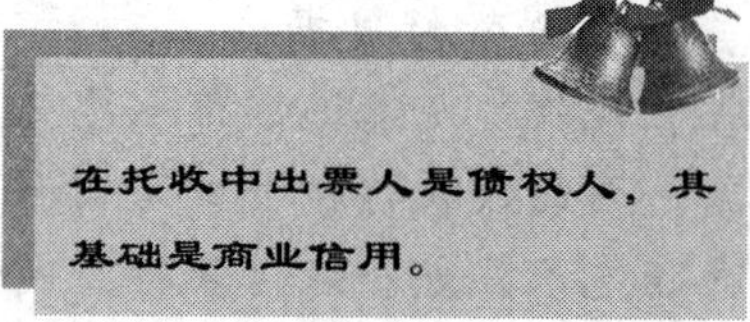

（1）托收是建立在商业信用基础上的一种结算方式，其最大的特点就是“收妥付汇、实收实付”。

（2）出口商与托收行之间、托收行与代收行之间只是一种委托代理关系。无论是托收行还是代收行，在跟单托收方式中，只是对进出口货物的安全性、收汇的及时性负有道义上的责任，至于进口商能否按照规定的交单条件付款赎单，完全取决于其付款能力和付款意愿，银行并不承担付款责任。因此，这种结算方式对进出口商双方来说，利益、风险很不平衡。对出口商而言，其风险要更大一些。

（3）托收方式是逆汇方式，即出票法。出口方开出汇票，连同货运单据（即跟单汇票）委托银行要求进口方付款，进口方在收到货运单据经审单无误后通过银行对出口方付款。结算工具（汇票）的走向与货款的流向相反。

（4）就跟单托收这项业务而言，银行的作用仅是委托代理和接受委托代理。由于跟单托收方式纯属一种买卖双方的商业信用，银行只起结算中介作用，托收缺乏第三者对买卖双方之间的交货和付款所做出的可靠的信用保证。因此，在以后的贸易实践中逐渐产生了比托收更先进的信用证结算方式。

参考资料

使用托收方式应该注意的问题

由于国际商品市场竞争日趋激烈，采用托收方式结算的数量也越来越多。对于出口商来说，在使用托收方式时，一定要注意以下一些问题：

（1）要切实了解进口商的资信状况和经营作风。

（2）要了解进口国家的贸易管制和外汇管制条例。

(3) 要了解进口国家的商业惯例。

(4) 出口合同应争取以CIF条件成交。

(5) 对托收方式的交易，要建立健全的管理制度。

五、《托收统一规则》

国际商会于1995年颁布了《托收统一规则》，即国际商会第522号出版物（Uniform Rules for Collection，ICC Publication No. 522，简称URC522），1996年1月1日开始施行。全文分A、B、C、D、E、F、G七个部分，共有26条。

第二节 托收的种类与流程

一、光票托收

光票是指不附带任何货运单据的票据（其中仅附非货运单据，如发票、垫款清单等也属于光票范畴）。常见的光票有银行汇票、商业汇票、本票、支票等。

贸易上的光票托收的货运单据由卖方直接寄交买方，汇票则委托银行托收。**光票托收**（clean collection）一般用于收取货款尾数，代垫费用、佣金、样品费或者其他贸易从属费用。在实际工作中，光票托收还包括许多委托行不能立即解付或因各种原因不能立即付款的各类票据。

光票具有三个要素：日期、金额、印鉴；有三个基本关系人：出票人、付款人、受益人。出票人签发票据给受益人，指示付款人向其指定的受益人（收款人）支付一定金额的款项。受益人将票据提交给当地银行，当地银行作为托收行接受票据受益人的委托，向异地的付款行收款。如果托收行在付款行没有建立直接的账户，则委托其国外联行或代理行代为向付款行收款，这个过程为光票托收，其业务流程如图4-2所示。

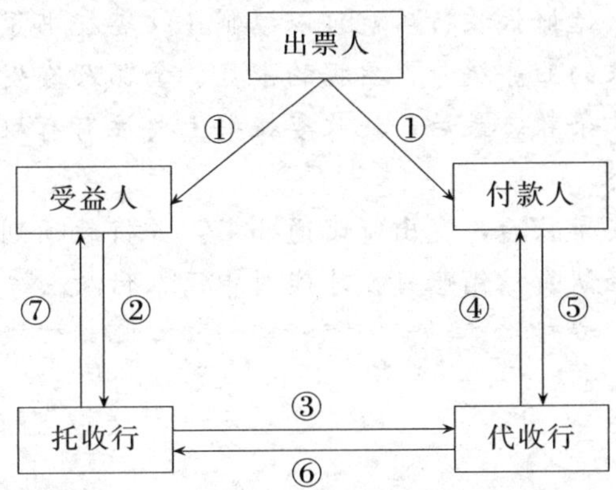

图4-2 光票托收

注：①出票人签发以受益人为收款人的票据，同时向付款人拨交头寸；②受益人填写托收申请书并提交光票委托银行收款；③托收行缮制托收委托书并将光票寄交代收行；④代收行提示光票；⑤付款人付款或拒付；⑥代收行发出贷记通知书或退票；⑦托收行付款或退票。

参考资料

直接托收

直接托收（direct collection）是指卖方或者委托人从他的银行即托收行获得托收指示的空白格式，由他本人填写，然后连同托收单据直接寄给买方银行即代收行，请其代收款项，并将已经填妥的托收格式副本送交托收行，请其将此笔托收视同本行办理一样。《托收统一规则》没有提到直接托收，也未列入规则。

参考资料

光票托收的手续

（1）要求客户填制票据托收申请书并写明受益人的姓名、地址、票据种类、号码、付款金额、日期等。

（2）审核票据。托收行在票据持有人提示票据时，要认真做好如下工作：第一，要查看该票据的付款行，以确定那种只有货币金额而无货币名称的票据上的金额是何种货币；第二，要检查票据的大小写是否相符，金额是否被涂改过；第三，要检查票据是否为即期票据（远期票据另按要求办理寄票及承兑手续）；第四，要检查票据上是否留有印鉴；第五，要检查票据是否经过背书转让，背书人与受益人是否为同一人，持票人是否为受益人本人；第六，要与客户填写的托收申请书核对。

（3）选择代收行。光票托收要选择代收行和最佳的索汇路线，以达到快速收汇的目的。首先，要看代收行与托收行有无与票据上的货币相同的账户关系。若有同种货币的账户关系，则可以直接托收。若无同种货币的账户关系，则要选择与托收行有同种货币账户关系的代理行作为代收行，代为向付款行收款。如果付款行在当地无托收行的账户行，则采用将票据直接发往付款行，同时在托收委托书上加注头寸条款，指示其头寸拨划的方式来进行托收。

（4）填制托收委托书。选好代收行后就可以填制托收委托书了。首先，托收委托书上要注明代收行的名称，托收的业务编号，票据的张数、金额及寄发日期。其次，托收委托书上要注有付款方式或头寸条款。最后，托收委托书上要注有有权签字人的签字，连同票据以最快的方式发往代收行。

（5）结汇。代收行收妥票款后，发出贷记通知书，并将款项划拨到托收行账户上。托收行收到贷记通知书后，经认真核销账目，才能对申请人付款。

二、跟单托收

跟单托收（documentary collection）是随附货运单据的托收，是出口商在装运货物后，将汇票（也可以不要汇票）连同货运单据交给银行，委托银行代为收款的一种结

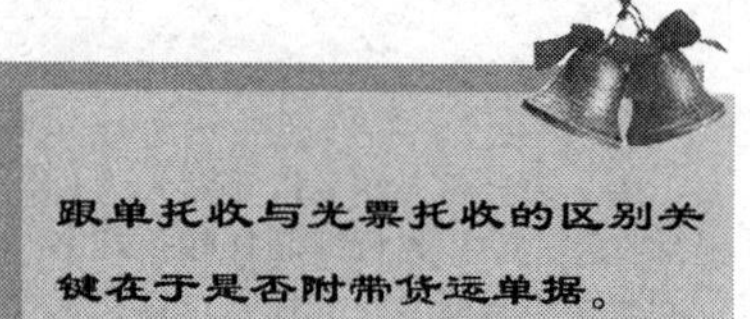

跟单托收与光票托收的区别关键在于是否附带货运单据。

算方式。[A documentary collection is an operation in which a bank collects payment on behalf of the seller (the principal) by delivering documents to the buyer.]

(一)跟单托收的业务流程

跟单托收的业务流程如下:

(1)出口商按双方的合同发货,并取得货运单据以后,开出汇票并填写托收申请书,委托自己的往来银行代为收款。托收申请书是委托人与托收行之间的委托代理合同,是委托人给托收行的指示。因此,托收申请书中应列明必要的详尽内容。

(2)托收行按委托人的要求和指示缮制托收指示,随跟单汇票一起寄交国外的联行或代理行。托收指示中必须加列货款收妥后的处理办法。

(3)代收行接到托收指示及跟单汇票以后,立即向进口商提示跟单汇票。如果托收指示中规定的是付款交单(D/P),代收行应提示进口商付款,然后交出单据;如果是承兑交单(D/A),等到汇票到期后提示对方付款。

(4)进口商付款或承兑后取得单据,并持单据向承运人提货。而代收行则将收妥的款项收入托收行账户并通知托收行。

(5)托收行收到代收行的收款通知后,立即办理对出口商的结汇。至此,跟单托收业务完成,其结算流程如图 4-3 所示。

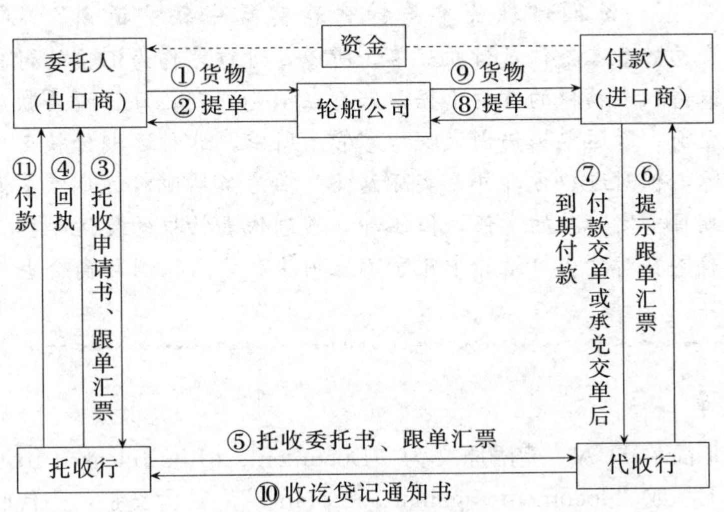

图 4-3 跟单托收结算流程

若付款人拒付[①]货款,代收行要尽快通知托收行,并尽量告诉托收行对方拒付的理由。如果委托人有指示,代收行还可以做成拒绝证书,但费用由委托人负担。如果代收行出于保护货物的目的而办理存仓、保险或采取其他措施,费用也由委托人承担。

(二)交单条件

国际上通行的交单条件有两种,即付款交单和承兑交单。

① 进口商拒付即期汇票或拒绝承兑远期汇票与进口商拒付已承兑远期汇票不是一回事。在第一种情况下,出口商只能依据合同向进口商提起诉讼;而在第二种情况下,进口商除了对合同负法律责任外,还要对承兑汇票负法律责任。

1. 付款交单

付款交单，简称 D/P，英语原文为“Documents to be released to the drawee only on payment”或“documents against payment”。它包含着出口方对托收行和代收行的指示。(The presenting bank is authorized to release the documents to the drawee only against immediate payment. That means the payment should be effected on first presentation of the documents. Sometimes there is no draft in the documentary collection due to the levy of stamp duty.)

在实际工作中，付款交单又分两种：一种是即期付款交单，英语为 D/P at sight，即当跟单汇票寄达进口方所在国的代收行后，由代收行向进口方提示，经后者审单无误后即付款赎单，货款与货运单据随之易手，此项托收业务即告完成。

还有一种是**远期付款交单**（远期 D/P），英语的表述为 D/P…days after sight 或者 D/P…months after sight，意为按这种交单条件，当代收行向进口方提示跟单汇票时，后者无须立即付款，而只需对远期汇票承兑，做出在汇票付款到期日保证付款的承诺。但是这种方法在实际中较少运用。

参考资料

远期付款交单为什么在实际中较少运用？

由于这项交易的基本条件是付款交单，所以，进口方作为汇票的付款人虽已承兑了汇票，但并不能取得代表物权的货运单据，只有在承兑到期之日付清票款后才能获得货运单据。而在付款之前，货运单据仍由代收行掌管。所以，这种远期付款交单方式对出口方仍具有一定的保障，但对进口方却并无实际意义，因为虽然他对远期汇票做了承兑，承担了该汇票付款到期日一定付款的责任，但他却拿不到代表物权的货运单据，他又何必多此一举呢？因而，我国在对外出口结算中几乎不采用这种方式。国际商会也不鼓励使用远期付款交单方式结算。

2. 承兑交单

承兑交单，简称 D/A，英语原文为“Documents to be released to the drawee on acceptance of B/E”或“documents against acceptance”。其含义是：当代收行向进口方提示跟单汇票时，进口方只需对汇票承兑并确认到期付款的责任，即能拿到代表物权的货运单据。非属信誉可靠的客户，出口方是不愿轻易采用承兑交单这种结算方式的。(The presenting bank releases the documents to the importer against his acceptance of a Bill of Exchange, which is usually payable 30－180 days after sight or at a fixed future date. The presenting bank must ensure that the acceptance of the Bill of Exchange is complete and correct. However, the presenting bank bears no responsibility for the authenticity of the signature, the authority of the signatory to sign or the creditworthiness of the acceptor.)

西方国家的有些银行，还有一种变通的做法，叫付款交单凭信托收据借单，简称 D/P 下的 T/R，意思是：在付款交单这个前提下，代收行允许进口方在付款前开立一张信托收据（trust receipt，T/R），凭此收据从代收行处借出货运单据，凭以提货出售后再把货款偿还银行。显然，这是在付款交单前提下的一种变通办法，是代收行（或者出口商）对进口方提供的融资便利。

参考资料

即期付款交单项下的即期汇票范例

Exchange for HKD 21 500.00　　　　Beijing，15 April，2019

D/P　At sight of this First bill of exchange（Second of the same tenor and date unpaid）pay to the order of Industrial and Commercial Bank of China the sum of **Hong Kong dollars twenty one thousand five hundred only.** Drawn against shipment of 22 bales of pongee from Beijing to Hong Kong for collection.

To Sunlight Garments Company，　　　　For Beijing Textiles Import and Export
314 Locky Road，Hong Kong　　　　Corporation，Tianjin
　　　　Signature　Manager

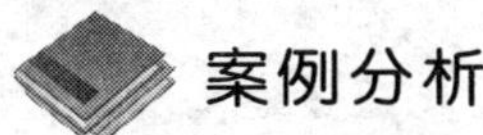

案例分析

承兑交单项下进口商故意拖延付款案

案情：某出口公司向德国D商人出口一批菜籽油。合同规定8月装运，采用不可撤销即期信用证付款方式，但未规定开立信用证的期限。该出口公司于6月末即备妥货物，几次向D商人催证，对方一直拖延至8月10日才开立信用证。8月15日信用证到达该出口公司手中。信用证装运期为8月31日。经联系当月已无船只可装运，该出口公司要求D商人延展信用证装运期。由于当时市场价格下跌，D商人提出因市场疲软、销售有困难，要求给予照顾，改为以D/A 30天付款方式办理托收。

该出口公司考虑到对方目前的困难，同意按D/A 30天办理托收。装运后单据到达国外，D商人承兑赎单后，待汇票30天到期仍未付款。该出口公司通过托收行查询，德国代收行称："付款人坚持按当地习惯，货到港后才能支付。"又拖延了一个多月，货已到达目的港，D商人又提出："菜籽油已收到，但经检验水分、杂质及游离脂肪酸均超过合同标准，要求退货。"该出口公司提出："根据合同规定，其品质规格以装运时离岸品质为准，并以国家市场监督管理总局出具的品质证书作为最后依据。我方货物在装运前已经国家市场监督管理总局检验合格，并有品质检验证书为凭，所以不同意退货。"

该出口公司与D商人历经半年的反复交涉，而且D商人称货物不合格又提不出合法的检验证书作为依据，最后D商人因我国驻外机构进行了调解才付款结案。该出口公司仅利息就损失了123 000多美元。

分析：D/A方式比D/P方式风险大。采用D/A方式要特别注意买方的资信及经营作风，尤其在合同规定为即期信用证支付方式的条件下，却轻易接受改为D/A 30天远期付款方式，这是该出口公司最大的失策。D商人由于价格下跌，蓄意拖延付款，故要求将信用证支付方式改为D/A方式，却未引起该出口公司的警惕。

资料来源：林孝成．国际结算实务．北京：高等教育出版社，2004：99.

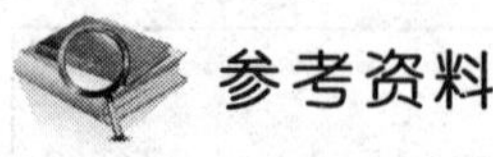

参考资料

其他类型的交单条件

其他类型的交单条件有：

(1) 分批部分付款（partial payment）。一部分即期付款，其余部分凭承兑远期汇票交单。(Delivery of documents against part of collection to be paid at sight and the balance by way of the acceptance of a separate draft payable at a future date.)

(2) 凭本票交单。(Delivery of documents against promissory note.)

(3) 凭付款承诺交单。(Delivery of documents against letters of undertaking to pay.)

(4) 凭签字的信托收据交单。(Delivery of documents against a signed trust receipt.)

(5) 凭买方或其银行开立保函担保在将来固定日期付款而交单。(Delivery of documents against letter of guarantee from the buyers or their banks guaranteeing payment must be made at a fixed future date.)

3. 付款交单与承兑交单的比较

在付款交单方式下，进口方只有在付清货款后才能得到货运单据。对于进出口双方而言，是一方交款，另一方交单。可见，这种交单条件向出口方提供了一定的保障。

在承兑交单方式下，进口方先行拿到了单据并提取了货物，然后待汇票承兑到期付款之日再履行付款责任。这种交单条件无疑对进口方十分有利，也是出口方对进口方提供了一定的商业信用。所以，这种交单条件对出口方来说具有一定的风险。

付款交单与承兑交单的比较见表4-1。

表4-1 付款交单与承兑交单的比较

	付款交单	承兑交单
英文名称	documents against payment，D/P	documents against acceptance，D/A
汇票	即期汇票，也可不要	必须有远期汇票
是否承兑	不需要	必须承兑
交单条件	付款赎单	承兑赎单
风险	商业信用，可以控制物权，进口商面临一定风险	商业信用，出口商无法控制物权，有可能钱货两空

第三节 跟单托收的风险及其防范

一、跟单托收的风险

托收这种方式，不论交单条件是D/P还是D/A，总是出口方发货在先收取货款在后。出口方与托收行之间、托收行与代收行之间的关系，仅是委托和接受委托、代理和接受代理的关系。因此，出口货款能否收妥，何时收妥，收多收寡，两家银行概不负责。出口方唯一依靠的是进口方的信誉，这就是我们通常所说的商业信用。

在跟单托收业务中，银行仅提供服务，而不提供任何信用担保。银行在传递单据、收取款项的过程中不保证付款人（进口商）一定付款，对单据是否齐全、是否符合买卖合同的规定也不负责，即使有的银行按“单同一致”（单据与合同一致）的原则来审核单据，也仅仅是出于对委托人（出口方收款人）的“善意”和额外服务。若单据与合同不一致，托收行仅是提请委托人注意“单同不一致”的情况，是否要修改由委托人自行做出决定，银行对此没有强制性。在货物到达目的地后，若出口方遇到进口方拒不赎单而导致的无人提货和办理进口手续等情况，除非事先征得银行同意，否则银行无照管货物之责。因而，跟单托收作为一种结算方式，对出口方收款人有较大的风险，对进口方付款人也有一定的风险。

（一）出口方收款人的风险

在跟单托收业务中，出口方收款人采用托收作为结算方式，依靠的是进口方付款人的信誉，相信进口商在被提示汇票和单据时，会履行合同规定的付款或承兑及付款义务。若进口商能按时履约，结算能顺利进行；但若进口方付款人违约，拒绝承兑或拒绝付款，或因种种原因无力付款，则出口方收款人将陷入极为被动的局面。常见的出口方收款人的风险有：

（1）进口方付款人破产、倒闭或失去偿付能力。

（2）进口地货物价格下跌或产生不利于货物的其他情形，进口方付款人借口拒付或承兑，甚至承兑到期后仍拒绝付款。

（3）出口方收款人交付货物的质量、数量、包装、时间等不符合买卖合同规定，进口方付款人拒绝履行付款义务，或要求降低价格，甚至要求索赔。

（4）进口方付款人进口所在地国家限制或“有条件进口”的产品，进口方付款人需要凭进口许可证或类似的特别证明才能进口该类产品，但在货到目的地、单据到达或付款到期时，还未取得该类证明文件，使货物到达目的地时被禁止进口或受到处罚；或在外汇管制国家，进口方付款人未能及时申请到外汇，不能按时付款取货。

（5）进口方付款人在承兑交单方式下凭承兑汇票取得单据后，到期拒付，出口方收款人虽然可以凭进口商承兑的汇票要求其承担法律责任，但打一个跨国官司既费钱、费时又费力，有时收汇的款项还抵不上聘请律师的费用，或在此时进口方付款人已经破产、倒闭，最终可能仍然钱货两空，甚至倒贴各种费用。

（二）进口方付款人的风险

在跟单托收业务中，由于银行并不担保出口商会按买卖合同交货，即使银行审核了单据并要求出口商做到“单同一致”，也仅仅是单据的表面与合同一致，而非实质的一致，因此进口方付款人仍可能面临以下风险：

（1）在按合同规定对出口方收款人通过银行提示的单据付款或承兑后，凭单据提取的货物与合同不符。

（2）在远期付款交单项下承兑了汇票后，到期不能从代收行处取得单据，而自己却承担了到期付款的责任。

在使用跟单托收方式时，进口方付款人虽也有一定的风险，但出口方收款人承担的风险要大得多。因而，为防止风险、减少损失，进出口双方事先均要调查对方的资信状况，而出口方收款人对进口方付款人的资信等情况更要了解得十分清楚，并确信安全可靠后才能使用托收方式，特别是对承兑交单这种方式更应慎之又慎。

二、跟单托收的风险防范

由于跟单托收具有有利于进口方付款人、不利于出口方收款人的显著特点，因此，跟单托收的风险主要是指出口方收款人的风险。出口方收款人如何在跟单托收结算方式下趋利避害，安全收汇，一直是广大外贸工作者关注的焦点。出口方收款人必须把握下述几个主要方面。

（一）事先调查进口方付款人的资信状况和经营作风

1. 事先调查

特别是对于新客户，一定要事先调查。一定要先了解进口方付款人的底细，再决定是否与之交易或交易量的大小。对新客户的资信调查，首先要确定该公司是否经过政府有关主管部门批准设立，最好能取得相应的登记证明、公司章程、股东名册等。其次，了解其组织背景、经营能力、往来客户及银行（账户行）对该公司的评价及年销售状况，等等。

2. 定期调查

资信调查是一项长期的工作，只要继续与客户往来交易，就必须持之以恒地做资信调查，随时了解客户的最新动态信息。

3. 临时性调查

当往来客户有异常情况时，如客户突然要求提高交易额度、改变付款方式或拖延付款时间，出口方收款人应及时做资信调查，并根据情况采取相应的措施。

4. 调查的途径

一般要求客户提供自己的基本情况，如名称、地址、账户行名称、年营业额、经营范围等，然后通过其他途径进行查询，核实和补充客户的情况。查询通常有三个途径：

（1）上网查询。要求公司提供网址，直接上网查询，这是最方便、最快捷、最便宜的查询方式，但由于是公司自制的网页，有自卖自夸之嫌，其可信度可能要打折扣。当然，由于有知名度的客户特别是大客户，在其政府的有关网站上也有相关的资料，所以可信度较高。

（2）通过银行查询。要求客户提供业务往来账户银行的名称、地址等，并将其提供给自己的账户行，请自己的账户行与客户的账户行联系（或双方账户行之间无代理关系而转到第三家银行)，查询客户的情况。尽管银行查询答复的内容一般比较简单，如仅仅描述为“××客户资信良好，没有不良记录”等，最后还加上了银行的免责条款，如“本银行及工作人员对以上内容不负责任”等类似字句，但其可信度高，出口方可高度信赖。

(3) 通过专业的咨询公司查询。通过专业的咨询公司对客户进行查询现在已相当普遍。咨询公司通过登录国外政府公共网站（如法院网站等）查询、派专职调查员亲自上门拜访客户等，能获得关于被指定调查客户的较为翔实的资料，如相应的登记证明、公司章程、股东名册、公司规模、背景、经营者的能力、往来客户及银行（账户行）、财务状况、年销售状况，甚至以往客户的分布地区等，最后还有咨询公司对该客户的总体评价。但一般这类专业咨询公司的收费较高，并且给予咨询公司的查询时间越短，收费越高。

（二）了解出口商品在进口国的市场行情

出口方必须了解该出口商品在进口国的市场行情，根据不同的情况做出决策。当出口商品在进口国属于滞销商品、出口商又急于使该商品进入进口国市场时，在进口商资信和经营作风良好的条件下，为鼓励进口商经营该商品，给予进口商一定的优惠，可考虑使用远期承兑交单方式；反之，在出口商品在进口国属于畅销商品、进口商又急于要货的情况下，若进口商资信和经营作风一般，则可考虑使用付款交单方式。

（三）熟悉进口国的贸易管制和外汇管理法规

对于有进口管制的国家，应确定进口方付款人已获得有关法定部门的进口许可证明或类似文件；对于进口方所在国的货币为不可自由兑换货币的，应确定进口方付款人已取得相关的外汇额度或该国外汇管理法规需要的证明文件。否则，一般不宜贸然发货，以免产生货到目的地后发生由于不准进口或没有许可证明不能进口，导致货物长期滞留港口或被处罚没收的情形；或由于缺乏外汇额度，进口方付款人无法付出外汇的情形。

（四）要了解进口国银行的习惯做法

在跟单托收业务中，无论是银行还是企业，各当事人对即期付款交单和远期承兑交单的操作、各自应承担的义务和责任的看法都趋于一致，没有多大的争议，但在远期付款交单项下，各当事人对各自应承担的义务和责任、具体的业务操作均有较大的分歧。银行，特别是代收行往往喜欢按自己的习惯操作业务，而且《托收统一规则》容忍和支持银行的习惯做法：其第 11 条 C 款明确指出，一方委托另一方提供服务时，应受外国法律和惯例规定的义务和责任的约束，并对受托方承担该项义务和责任负有赔偿之责。这一规定使代收行更肆无忌惮地按自己的习惯来操作业务，有时使出口方收款人的收汇徒增风险，这就需要出口方收款人对该国当事人，特别是托收业务中银行的习惯做法有充分的了解。

例如，一些南亚和拉美国家的代收行，基于当地的法律和习惯，对来自别国的远期付款交单方式的托收业务，通常在进口方付款人承兑汇票后就立即将单据交给进口商，即把远期付款交单擅自改为按承兑交单处理。它们认为，汇票付款人一经承兑即成为汇票的主债务人，因此，进口商在获取物权凭证之前就需承担债务，对进口商来说是不公平的。因而，代收行通常把受托按远期付款交单方式处理的跟单托收业务改为按承兑交单方式来处理，这种做法虽然超越了委托人的授权，却符合当地法律的“对价”原则。在这种情况下，如果进口商信守合同和票据法的规定，按时付款，则出口方收款人尚能安全收汇；若进口方付款人信誉不佳、市场疲软，或遇进口方付款人居心不良甚至心存欺诈，出口方收款人就可能“钱货两空”。

（五）使用适当的价格条件，争取由出口方收款人办理保险

在跟单托收业务中，出口方收款人应使用适当的价格条件，争取自己办理出口货物的保险，以便应对日后的不利情况。在出口托收业务中，出口方应争取按 CIF（到岸价）或 CIP（运费、保险费付至……指定目的地）条件达成协议或签订合同，这样出口货物的保险就顺理成章地由出口商负责办理了。如果按 FOB（离岸价）、FCA（货交承运人）、CFR（成本加运费）、CPT（运费付至……目的地）条件成交，则由进口商办理保险。根据惯例，在这六种价格条件的贸易中，出口商承担的风险自货物在装运港越过船舷或交承运人时为止，以后的一切风险，包括货物在运输途中和必要的转运至目的港或目的地后装卸过程中由于自然灾害、意外事故及外来原因所造成的一切损失都应由进口商承担。无论由哪一方办理投保手续，一旦发生损失，需要向保险人索赔时均应由进口商办理。但是，在跟单托收这种不利于出口商的结算方式下，进口商拒付毁约较为容易，而出口商对其缺乏相应的有效制约措施，因此，出口商不能不关心在货物装运后、进口商付款前，货物可能遇到的各种风险。如果以 CIF、CIP 作为价格条件，由出口商自己办理保险，万一货物出险又遇进口商拒付，由于出口商掌握保险单，就可以据此向保险公司索赔；而如果采用 FOB、FCA、CFR、CPT 等价格条件，当货物出险又遇进口商拒付时，其所有的损失有可能由出口商承担。另外，若商品的行情正走下坡路，出口商有权与进口商交涉，但往往收效甚微。尽管进口商已办理投保手续，但由于保险单在进口商手中，虽然运输单据因进口商的拒付仍为出口商所掌握，但要向保险人索赔，除非进口商将保险单转让给出口商，否则出口商无法取得保险公司的赔款，而往往在这时，双方关系已经破裂，进口商能否合作并转让保险单给出口商已很成问题。因此，较为妥当的办法是由出口商自行办理保险。

（六）办理出口信用保险

出口信用保险是政府为了推动、鼓励出口贸易，保障出口企业的收汇安全而制定的一项由国家财政提供保险准备金的政策性保险业务，一般适用于付款期限不超过 180 天的承兑交单（D/A）、赊销（O/A）等结算方式项下的保险。出口信用保险可承担如下风险：

（1）商业风险：①买方无力偿还债务或破产。②买方拒收货物并拒付货款。③买方拖欠货款。

（2）政治风险：①买方国家禁止或限制汇兑。②买方国家实行进口管制。③买方国家撤销进口许可证。④买方所在国或货款必须经过的第三国颁布延期付款令。⑤买方国家发生战争、暴乱或革命。⑥被保险人和买方均无法控制的非常事件。

这种保险是将进口商的信用风险转由保险公司承担，因此，出口商办理出口信用保险不失为目前规避进口商风险的相对有效的手段之一。当然，出口信用保险收费较高，一般为 1%～2%，风险越高的国家或地区，手续费越高。因而，出口商也应权衡利弊后再做打算。

案例分析

托收项下单据抬头制作错误导致损失案

案情：新加坡 A 公司偕同其国外总公司负责人与我方某出口公司签订贸易合约，价格条件为CIF鹿特丹，以托收方式结算。合约由我方出口公司与新加坡A公司出面签字，合约上购货人栏注明其国外总公司的名称。我方出口公司根据合约缮制单据时，认为合约是与新加坡A公司签订的，汇票的付款人、发票的收货人与提单的被通知人均做成了新加坡A公司抬头，全套单据委托中国银行按即期付款交单方式向新加坡A公司收款。

此后，我方出口公司发现该批货款逾期多时尚未收回。经查明货物早已抵达目的港，但因为新加坡A公司的总公司未见到有关单据，货物尚存海关仓库，必须支付存储费用7 000美元。我方出口公司只能通过托收行将单据从新加坡退还，更改各种单据的抬头，通过银行对其总公司进行托收。在此期间，存储费用增至35 000美元。不久，新加坡A公司的总公司来电声称其只承担10 000美元的存储费用，余数概由我方出口公司自理。当我方出口公司表示同意并要求对方迅速付款赎单时，对方再度提出按发票金额的40%付款的要求。由于港口费用激增，我方出口公司被迫将价格降至40%，只收回货款的40%而结案。

分析：托收的信用基础是商业信用，托收中的银行只是一般的代理人，对托收业务中的一切风险、费用等概不负责。本案中出口商单据抬头制作的错误所引致的货款无法及时收回应当由其自身负责。同时，进口商资信也不佳，出口商因自身的错误而给了进口商压价的机会，所以才导致只收回40%货款的结果。

资料来源：李晓洁，等．国际贸易结算．上海：上海财经大学出版社，2003：105.

本章小结

1. 托收是银行根据委托人的指示处理金融单据或商业单据，目的是取得承兑或付款，并在承兑或付款后交付单据的行为。

2. 托收方式涉及的基本当事人有委托人、托收行、代收行和付款人。

3. 托收根据所附单据不同，有光票托收和跟单托收之分。光票是指不附带任何货运单据的票据（其中仅附非货运单据，如发票、垫款清单等也属于光票范畴）。常见的光票有银行汇票、商业汇票、本票、支票等。跟单托收是指金融票据随附货运单据或者仅有货运单据的托收，国际贸易托收一般是跟单托收。

4. 跟单托收有两种不同的交单方式：付款交单和承兑交单。

本章关键术语

托收	托收行	代收行	托收指示
收款指示	光票托收	直接托收	跟单托收
付款交单	承兑交单	远期付款交单	

本章思考题

1. 什么是托收?
2. 托收中有哪些当事人？他们之间都是什么关系?
3. 请简要分析和比较光票托收与跟单托收的区别。
4. 请简要分析 D/P 与 D/A 的特点。
5. 跟单托收中的风险有哪些？托收风险集中在贸易的哪一方？该如何防范?
6. 什么是出口信用保险?

本章练习题

一、填空题

1. Collection means the handling by banks of documents in accordance with instructions received in order to (1) obtain payment and/or ______ or (2) deliver documents against ______ and/or against acceptance.

2. Financial documents mean ______________，promissory notes，checks. Commercial documents mean ______________，transport documents，documents of title or other similar documents.

3. There are three kinds of collections，namely：

(1) ______________ collection；

(2) ______________ collection.

4. How many parties are there in a collection?

(1) ______________ (or seller)；

(2) ______________；

(3) ______________ bank/______________ bank；

(4) ______________ (or buyer).

5. The responsibilities of the banks are that banks are only permitted to act upon the instructions given by the principal in the __________ and in accordance with __________ .

6. The payee of the clean bill must make a __________ endorsement and the remitting bank must make a __________ endorsement to the collecting bank before sending it to the latter.

7. Collection instruction should bear a complete or detailed __________ of the drawee at which __________ is to be made. If the __________ is so simple as to be unable to present，collecting bank is not responsible for it.

8. Terms of delivery of documents are as follows：

(1) Delivery of documents against __________, its abbreviation is __________.

(2) Delivery of documents against __________, its abbreviation is __________.

(3) Delivery of documents against payment of a __________.

(4) Delivery of documents against part of collection to be __________ and the balance by way of the __________ of a separate draft payable at a future date.

(5) Delivery of documents against __________.

(6) Delivery of documents against __________.

(7) Delivery of documents against __________ to pay.

9. How many methods of financing are there in the collection transactions?

(1) ____________________;

(2) ____________________;

(3) ____________________;

(4) ____________________.

10. Suppose the collecting bank has maintained an account with the remitting bank. How do you write collecting proceed instructions in the collection instruction?

二、判断题

1. If the instructions are D/P, the importer's bank will release the documents to the importer only against payment. ( )

2. The principal is usually the importer. ( )

3. Promissory notes are commercial documents. ( )

4. Banks have no liability for any delay or loss caused by postal or telex failure. ( )

5. In the case of documents payable at sight the presenting bank must make presentation for payment without delay. ( )

6. Goods should not be dispatched direct to the address of a bank or consigned to a bank without prior agreement on the part of that bank. ( )

7. The authority of the "case of need" must be specified in the collection order. ( )

8. It is unnecessary to carry out the collection order in the case of non-payment. ( )

9. A formal protest can only be made by a notary public. ( )

10. The instructions of the drawee override the collection order. ( )

第五章

信用证

湖南某烟花企业向美国、加拿大、土耳其、中东等国家和地区出口烟花产品，一般都采用托收项下D/P即期和信用证方式结算。这一次，该企业接到一份来自在加拿大蒙特利尔银行开户的M公司的订单，并要求用信用证结算，开证行是加拿大蒙特利尔银行，通知行是长沙工行（但是该行只负责审单交单而不做议付）。信用证详细描述了所需要的单据，如海运提单、商业发票、质检证、原产地证、装箱单等。你知道该如何处理这笔业务吗？你知道信用证结算方式的主要操作流程吗？你了解信用证项下的主要当事人及其权利与义务吗？该企业在交单之后的多长时间内能获得付款？在信用证结算方式下有没有风险？又该如何控制风险？在学习完本章之后，你将对上述问题有一个明确的答案。

本章要点

◇ 掌握信用证的含义、特点和形式。
◇ 理解信用证的三方契约关系和信用证的作用。
◇ 了解信用证的主要内容，能够熟练阅读信用证。
◇ 了解信用证的种类及其选择。
◇ 掌握信用证业务的操作流程。
◇ 掌握信用证业务的当事人及其权利和义务关系，理解信用证业务主要当事人之间的关系。
◇ 了解信用证的银行审证和出口商审证，了解信用证的修改。

第一节　信用证的概念、特点与内容

一、信用证的含义与特点

（一）信用证的含义

信用证（credit 或 letter of credit）是银行做出的有条件的付款承诺。它是开证行根据开证申请人（进口商）的要求和指示做出的在满足信用证要求与提交信用证规定的单据的条件下，向第三者（受益人、出口商）开立的承诺在一定期限内支付一定金额的书面文件。

Credit or letter of credit means any arrangement, however named or described, that is irrevocable and thereby constitutes a definite undertaking of the issuing bank to honour a complying presentation.

通常，当出口商认为风险较大时，会要求进口商向银行申请开立信用证，由银行做出书面付款承诺，只要出口商能满足有关条件，做出付款承诺的银行就会付款，从而降低了出口商的收款风险。

对于信用证的定义，我们应该把握以下三点：

1. 开证行承担第一性付款责任

信用证是开证行做出的付款承诺，开证行要承担第一性付款责任。也就是说，在信用证结算方式下，银行取代进口商成为第一付款人。

2. 开证行可以自己付款，也可以委托其他银行代付

根据国际商会第 600 号出版物《跟单信用证统一惯例》（简称“UCP600”）的规定，开证行的付款方式有三种：

（1）开证行直接付款。包括向受益人或其指定人付款，或承兑及支付受益人出具的汇票。

（2）指定另一银行付款。包括指定另一银行承兑及支付受益人出具的汇票。

（3）授权其他银行议付。授权其他银行有追索权地买进受益人持有的跟单汇票或信用证规定的单据。不过，从严格意义上讲，这不是一种真正的付款方式，而是跟单汇票或单据的转让，受让人仍需向付款行寄单并要求其付款。

3. 银行的付款是有条件的

银行只是在符合条件的情况下才履行付款责任。UCP600 第 2 条指出：“相符提示[①]意指与信用证中的条款及条件、本惯例中所适用的规定及国际标准银行实务相一致的提示。”而 UCP500 仅规定单据在“与信用证条款相符的条件下提示”。由此可见，UCP600 对单据提示的要求更为严格，提示从符合一方面的规定（信用证）发展到符合三方面的规定。

（二）信用证的特点

1. 信用证是一种银行信用，开证行承担第一性付款责任

在任何情况下，银行一旦开出信用证，就表明银行以自己的信用做了付款保证，并因此处于第一付款人的地位。只要受益人提交的单据与信用证的条款一致，开证行就必须承担首先付款的责任。可见，信用证是一种银行信用，开证行对受益人的责任是一种独立的付款责任。

案例分析

开证行需要承担第一性付款责任

案情： 我国某出口公司通过通知行收到一份国外银行开出的不可撤销信用证，该公司

① 又称“相符交单”。

按信用证要求将货物装船之后、交单议付之前，突然接到开证行的通知，称“开证申请人（进口商）已经倒闭，本开证行不再承担付款责任”。开证行的做法是否正确？

分析：开证行的做法不正确。开证申请人的倒闭不是信用证撤销/修改的理由，开证行必须履行信用证项下的义务。但是在实务中，考虑到信用证项下的款项最终是由开证申请人来承担的，因此，开证申请人的倒闭将使受益人的权益得不到有效保障，贸然发货很可能会受到开证行的百般挑剔而得不到付款。

2. 信用证是一种自足文件，它不依附于贸易合同而存在

信用证的开立当然是以买卖双方签订的贸易合同为基础的，但一经开出并被受益人接受，便成为独立于贸易合同的独立契约，不受贸易合同的约束。

依据 UCP600 第 4 条的规定，信用证就性质而言是独立于可能作为其依据的销售合同或其他合同的另一份契约。即使信用证中涉及该合同，银行也与该合同完全无关，且不受其约束。开证行应劝阻开证申请人试图将基础合同、形式发票或其他类似文件的副本作为信用证整体组成部分的任何做法。

可见，信用证是独立于贸易合同的另一份契约，是一份独立、完整的自足文件。银行只对信用证负责，对贸易合同没有审查和监督执行的义务。贸易合同的修改、变更甚至失效都丝毫不影响信用证的效力。

信用证与贸易合同的关系可归纳为两个方面：信用证的开立以合同为基础；信用证被受益人接受后，其效力便独立于合同。

案例分析

信用证独立于贸易合同

案情：我国某公司向美国出口一批货物，合同规定 8 月装船，后国外开来信用证将装船期定为 8 月 15 日前。但 8 月 15 日前无船去美国，我方立即要求美商将装船期延至 9 月 15 日前装运。美商来电称：同意修改合同，将装船期、有效期顺延 1 个月。该公司于 9 月 10 日装船，15 日持全套单据向指定银行办理议付，但被银行以单证不符为由拒绝议付。试问议付行的做法合理吗？

分析：议付行的做法正确。根据 UCP600 第 4 条的相关规定，信用证是独立于贸易合同的另一份契约，是一份独立、完整的自足文件。银行只对信用证负责，对贸易合同没有审查和监督执行的义务。贸易合同的修改、变更甚至失效都丝毫不影响信用证的效力。

该出口商应该做的是：在货物出运前联系进口商要求改证，使信用证与修改的合同有关内容相符。出口商在收到开证行的修改书后方能发货，这样才能保障自己的利益。

3. 信用证业务是一种纯粹的单据业务，它处理的对象是单据

UCP600 第 5 条规定：银行处理的是单据，而不是单据所涉及的货物、服务或其他行为。因此，信用证结算方式是一种纯粹的单据业务，只要提交的单据与信用证相符，开证

行就应承担付款责任。若货物有质量等与单据无关的问题，并不影响开证行的付款责任。

银行判别单据是否与信用证相符，依据的是单据的“表面”。依据 UCP600 第 14 条的规定，按照指定行事的被指定银行、保兑行（如有）以及开证行，必须仅以单据为基础对提示的单据进行审核，并且以此决定单据是否在表面上与信用证条款构成相符提示。第 34 条进一步规定：银行对任何单据的形式、完整性、准确性、内容真实性、真伪性或法律效力，或对单据中规定或添加的一般或特殊条件，概不负责；银行对任何单据所代表的货物、服务和其他履约行为的描述、数量、重量、质量、状况、包装、交货、价值或存在，对发货人、承运人、货运代理人、收货人、保险承保人或其他任何人的诚信、行为、疏忽、清偿能力、履约能力和信誉状况，也概不负责。

在信用证方式下，即使开证申请人发现单据是伪造的，即受到欺诈，但只要单据表面上与信用证相符，开证申请人就必须向开证行付款。因为其受到欺诈与信用证及开证行没有任何关系，后者对此不承担任何责任。如果出现此类情况，开证申请人只能以进口商的身份凭贸易合同与出口商交涉，或申请仲裁甚至提起诉讼。在开证申请人已经掌握证据表明受益人存在欺诈的情况下，开证申请人应该向法院申请止付令，以保护自己的合法权益。

案例分析

法庭止付令禁止银行对外支付案

案情：B 银行议付了由 A 银行开立的一份信用证项下的汇票。单据寄给了 A 银行，并由 A 银行承兑，到期日为某年 3 月 4 日。货物已按照 CFR 条件装运，但是集装箱在从港口运往开证申请人指定的 M 国 P 城的过程中被窃。开证申请人——A 银行的客户，在 A 银行所在国法庭起诉，并得到了法庭签发的止付令，禁止 A 银行在到期日支付 B 银行。B 银行认为，既然信用证是根据 ICC 规则开立的，银行就应只管单据，只对单据负责，而不管货物。现在单据符合信用证条款，而且 A 银行业已承兑，因此，B 银行应该得到全额偿付，开证行不应以任何借口延误付款。

分析：根据 UCP500 及 UCP600 的有关规定，既然开证行 A 银行接受了单据，并承诺在到期日即某年 3 月 4 日付款，那么它就应该付款。A 银行受止付令约束不能付款的事实，超出了 UCP 的适用范围，属于地方法律的管辖范畴。但是，一般的理解是，集装箱失窃应当通过向保险公司索赔来解决，而不是靠法庭止付令来阻止信用证项下的付款。

资料来源：Gary Collyer，Ron Katz. ICC 银行委员会意见汇编（1995—2001）. 北京：中国民主法制出版社，2003.

二、信用证下的契约安排

（一）信用证下的三方契约

在跟单信用证业务中存在三方的契约安排（见图 5－1）：

（1）买卖双方（即开证申请人和受益人）间的销售合同；

（2）开证申请人与开证行间的开证申请书，还包括开证协议、担保协议等；

（3）开证行与受益人间的信用证，若存在保兑行，则保兑行与受益人间仍存在信用证的契约安排。

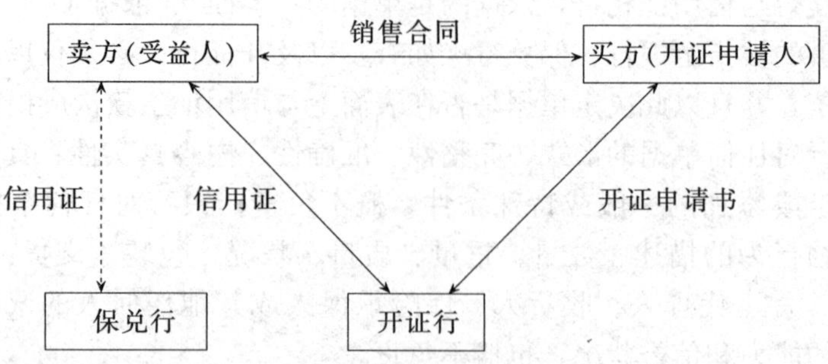

图 5-1 信用证下的契约关系

（二）三方的契约关系

三方契约中的每一项都是独立的。

首先，受益人不得利用银行与银行之间或开证行与开证申请人之间存在的契约关系。

例如，开证行指定出口地的通知行为保兑行，但若该通知行不愿意加具保兑，受益人不能强行要求。又如，因受益人提交的单据有不符点，开证行拒付，虽然此时受益人获悉开证申请人已通知开证行放弃不符点，受益人仍不能以此为由要求开证行付款。

其次，开证申请人因与开证行或与受益人之间的关系而产生的索偿或抗辩不得影响银行的付款承诺。

例如，开证申请书写明货物为“Grade A”，而开证行在信用证中漏掉了此项内容，虽然单证相符，但开证申请人追究开证行的责任，拒绝付款赎单，此时开证行仍应对外付款。又如，虽然单证相符，但开证申请人由于受益人以前一笔出口货物的索赔尚未解决，要求开证行拒付，用这笔货款来抵偿该索赔款。开证行不能答应开证申请人的这一要求，而应及时对外付款。

信用证作为一种合约，必然会与其他合约有联系，如信用证与商贸合同、信用证与银行间的业务代理合约等。信用证项下的各当事人不能引用有联系合约的某项规定、依据，尤其是信用证受益人更不得利用这种有联系合约以求得某种利益。

三、信用证的形式与内容

（一）信用证的形式

根据信用证的开立方式及记载内容的不同，信用证可分为信开本信用证和电开本信用证。

1. 信开本信用证

信开本信用证是指以信函（letter）形式开立的信用证，其记载的内容比较全面。银行一般都有印就的信用证格式，开立时填入具体内容即可。信开本信用证一般是开立一式两份或两份以上，开立后以航空挂号信方式寄出。这是一种传统的开立信用证的方式。信开本信用证在任何时候都是信用证的有效文本，是开证行与出口商之间具有法律效力的合同。

2. 电开本信用证

电开本（cable）信用证是指银行将信用证内容以加注密押的电报或电传的形式开立的

信用证。

(1) 简电本。简电本 (brief cable) 是指仅记载信用证金额、有效期等主要内容的电开本。简电本的内容比较简单，其目的是预先通知出口商，以便其早日备货。

简电本通常不是信用证的有效文本，因此，在开立简电本时，一般要在电文中注明"随寄证实书"(mail confirmation to follow) 字样，并随即将信开本形式的证实书寄出。证实书是信用证的有效文本，可以作为交单议付的依据。

(2) 全电本。全电本 (full cable) 是开证行以电文形式开出的内容完整的信用证。该信用证是否为有效文本要根据其条款来判断。

如果电文中注明"This is an operative instrument，no mail confirmation to follow"，则这样的电开本就是有效文本，可以作为交单议付的依据。

如果电文中注明"随寄证实书"，则以邮寄的证实书作为有效文本及交单议付的依据。为节省时间与费用，这种形式的信用证的使用越来越普遍。[①]

(二) 信用证的内容

1. 信开本的内容

现在各开证行的开证格式已基本接近国际商会拟定的《标准跟单信用证格式》(国际商会第 416 号出版物)。其主要内容基本相同，大体包括：

(1) 对信用证自身的说明，包括信用证的种类、性质、编号、金额、开证日期、有效期及到期地点、当事人的名称和地址、使用本信用证的权利可否转让等；

(2) 汇票的出票人、付款人、期限以及出票条款等；

(3) 货物的名称、品质、规格、数量、包装、运输标志、单价等；

(4) 对运输的要求，装运期限、装运港、目的港、运输方式、运费应否预付、可否分批装运和中途转运等；

(5) 对单据的要求，单据的种类、名称、内容和份数等；

(6) 特殊条款，根据进口国政治、经济、贸易情况的变化或每一笔具体业务的需要，可做出不同的规定；

(7) 开证行对受益人和汇票持有人保证付款的责任文句。

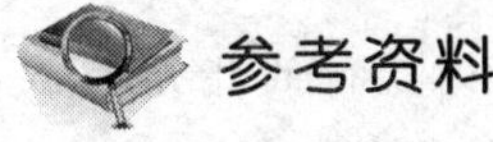 参考资料

信用证的主要内容

信用证主要包括以下项目：

(1) 开证行 (issuing bank) 名称。一般在信用证中首先标出，应为全称加详细地址。

(2) 信用证号码 (L/C number)。一般不可缺少。

(3) 信用证形式 (form of credit)。信用证一般均应明确表示是不可撤销的[②]，是可转让的还是不可转让的[③]。

---

① 参见 UCP600 第 11 条的有关内容。

② 根据 UCP600 第 10 条的规定，信用证默认是不可撤销的。

③ 参见 UCP600 第 38 条的相关规定。

(4) 开证日期 (date of issue)。必须标明开证日期，这是信用证生效的基础。

(5) 受益人 (beneficiary)。受益人即出口商，它是唯一享有利用信用证支取款项权利的人，因此，必须标明完整的名称和详细地址。

(6) 开证申请人 (applicant)。信用证为买卖合同签约双方约定的支付工具，信用证的开证申请人应是买卖合同中的买方 (进口商)，应标明完整的名称和详细地址。

(7) 信用证金额 (L/C amount)。这是开证行付款责任的最高限额，应能满足买卖合同的支付。信用证金额要用大小写分别记载。

(8) 有效期 (terms of validity 或 expiry date)。即受益人向银行交单取款的最后期限，超过这一期限，开证行就不再负付款责任。

(9) 生效地点，即交单地点。UCP600 特别规定信用证除要明确有效期外，还要明确一个交单地点，一般为开证行指定的银行，通常为出口地的某家银行。

(10) 汇票出票人 (drawer)。一般是信用证的受益人，只有可转让信用证经转让后，出票人才可能不是原证受益人。

(11) 汇票付款人 (drawee)。信用证的付款人是开立汇票的重要依据，汇票付款人必须根据信用证的规定来确定，通常是开证行。

(12) 汇票出票条款 (drawn clause)。主要表明汇票是根据某号信用证开出的。

(13) 对单据的要求。信用证中一般列明需要的单据，分别说明单据的名称、份数和具体要求。最为基本和重要的单据主要是商业发票 (commercial invoice)、运输单据 (transport documents)、保险单据 (insurance policy)。此外，进口商还往往要求出口商提供原产地证、质检证等单据。

(14) 关于货物描述部分。一般包括货名、数量、单价以及包装、唛头、价格条件等最主要的内容和合同号码。

(15) 装运地/目的地。一般情况下，信用证中关于运输的项目有装货港 (port of loading/shipment)、卸货港或目的地 (port of discharge or destination)、装运期限 (latest date of shipment) 等。

(16) 分装/转运。信用证还必须说明可否分批装运 (partial shipment permitted/not permitted) 和可否转运 (transshipment allowed/not allowed)。

(17) 开证行对有关银行的指示条款。包括对议付行、通知行、付款行的指示条款 (instructions to negotiating bank/advising bank/paying bank)。这一条款对于通知行，常要求其在通知受益人时加注或不加注保兑；对于议付行或代付行，一般规定议付金额背书条款、索汇方法、寄单方法。

(18) 开证行的保证条款 (engagement/undertaking clause)。开证行通过保证条款来表明其付款责任。一般的保证文句是以"We hereby engage..."或"We hereby undertaking..."之类的句式开头，表示开证行做出的单方面承诺。

(19) 开证行签章 (opening bank's name and signature)。即开证行代表签名。信开本信用证必须有开证行有权签名人签字方能生效，一般情况下是采取"双签"即两人签字的办法。

(20) 其他特别条件 (other special conditions)。其他特别条件主要用于说明一些特别要求，如限制由某银行议付、限制某国籍船只装运、装运船只不允许在某港口停靠或不允许采用某航线、发票应加注信用证号码、受益人必须交纳一定的履约保证金后信用证方可生效等。

(21) 根据 UCP600 开立信用证的文句。一般为："本证以国际商会《跟单信用证统一惯例》(2007 年修订本，国际商会第 600 号出版物) 条款为准。" (This L/C was issued subject to Uniform Customs and Practice for Documentary Credits, 2007 revision, ICC Publication No. 600.)

只有这样，受益人和其他银行才愿意接受该信用证。

参考资料

信开本信用证中文式样

正本 ____________ 银行 ⑦

地址____________ 日期____________

致

敬启者

兹开立不可撤销信用证 第____________号

受益人____________

开证人____________ 汇票金额不得超过____________

金额大写____________ 按____________%装运下列出口货物之发票金额计算：

自你地____________ 运至____________ 价格为____________

受益人签发日期____________ 汇票以我行为付款人并附具下列注有"×"标记之单据

☐ 签署发票一式两份

☐ 保险单或保险凭证按发票金额加____________%保妥下列各险：

☐ 平安险/水渍险/一切险及战争险

☐ 陆上运输险

☐ 全套清洁"已装运"海运提单做成我行抬头

注明运费付讫通知开证人

☐ 其他单据

☐ 原产地证明

☐ 重量单

☐ 装箱单

准许/禁止分批装运 准许/禁止转运

装运日期不得迟于____________

本证有效期内不得撤销，其有效期在你地____________限至____________为止

凡凭本证所发出之汇票必须载明本证编号及开立日期

其他条款：____________

根据本信用证并按其所列条款开具之汇票向我行提示并交出本证规定之单据者，我行同意对其出票人、背书人及正当持票人履行承兑付款责任

议付行注意：凭本证议付汇票及单据请直接寄至我行

开证行名称 通知行通知

____________ 通知行名称____________

签字____________ 签字____________

注：⑦这个记号的意思是经银行关系合理化的国际会议提议，通知行收到信用证后应迅速处理。

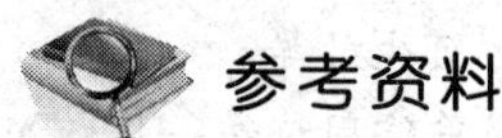

参考资料

信开本信用证英文式样

ORIGINAL ____________ BANK [7]

Address ____________ Date ____________

TO

Dear Sirs,

We hereby open our Irrevocable Letter of Credit No. ______ in favour of ______ for account of ______ up to an aggregate amount of ______

say ______ for ______% of the invoice value relative to the shipment of:

from your port ______ to ______

Draft(s) to be drawn at ______ days ______ on our bank & accompanied by the following documents, marked "×":

☐ Signed Commercial Invoice in duplicate

☐ Insurance Policy or Certificate for full invoice plus ______% covering:

☐ FPA/WA/All Risks and War Risks

☐ Overland Transportation Risks All Risks & Breakage

☐ Full set of clean "On Broad" ocean Bills of Lading made out to our order marked freight prepaid notify accountee

☐ Other Documents

☐ Certificate of Origin

☐ Weight List

☐ Parking List

Partial shipments are permitted/prohibited

Transshipment is permitted/prohibited

Shipment(s) must be effected not later than ______

This L/C is irrevocable and valid in your port ______ until ______ inclusive

Draft(s) so drawn must be inscribed with the number and date of this L/C

Other Conditions: ______

We hereby agree with the drawers, endorsers and bona-fide holders of the draft(s) drawn under and in compliance with the terms of this credit that such draft(s) shall be duly honoured on due presentation and delivery of documents as herein specified.

Instructions to Negotiation Bank: The draft(s) and documents take up under this credit are to be forwarded direct to us by you.

Name and signature of the Issuing Bank	Advising bank's notification Name and signature of the Advising Bank

2. 全电本的内容

随着通信技术的发展，申请全电开证的客户越来越多。现在，银行做全电开证时多半采用 SWIFT 方式。

所谓SWIFT信用证就是依据国际商会所制定的电信信用证格式设计，通过利用SWIFT系统所设计的特殊格式来传递信用证信息的方式开立或予以通知的信用证。它具有标准化的特征，其传递速度较快，开证成本较低，各开证行及客户都乐于使用。

SWIFT系统设计的信用证格式代号为MT700、MT701，修改信用证的格式代号为MT707。与信开本相比，SWIFT信用证将保证条款省略，但必须加注密押，密押经核对正确无误后，SWIFT信用证方能生效。虽然没有说明文句，但SWIFT信用证一律受UCP600约束，除非信用证中有特别注明。

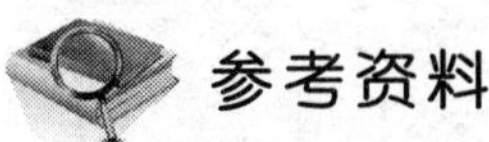

参考资料

SWIFT信用证（英文）

SWIFT MT700：ISSUE OF A DOCUMENTARY CREDIT

From：××BANK
40A FORM OF DC：IRREVOCABLE
20 DC NO.：1234
31C DATE OF ISSUE：20××
31D DATE AND PLACE OF EXPIRY：20××，CHINA
50 APPLICANT：A COMPANY
59 BENEFICIARY：B COMPANY
32B DC AMT：CURRENCY USD××
41A AVAILABLE WITH/BY：ANY BANK BY NEGOTIATION
42C DRAFTS AT：SIGHT
42A DRAWEE：××BANK
43P PARTIAL SHIPMENT：ALWD
43T TRANSSHIPMENT：ALWD
45A GOODS：××GOODS FR A TO B
46A DOCUMENTS REQUIRED：COML LNVO AND B/L IN TRIPLICATE
48 PERIOD FOR PRESENTATION：DOCS TO BE PRESENTED WI 15 DAS
49 CONFIRMATION INSTRUCTIONS：WITHOUT

第二节 信用证的业务流程

一笔以信用证结算的贸易业务从开始到结束大体上有12个环节，其流程见图5-2。

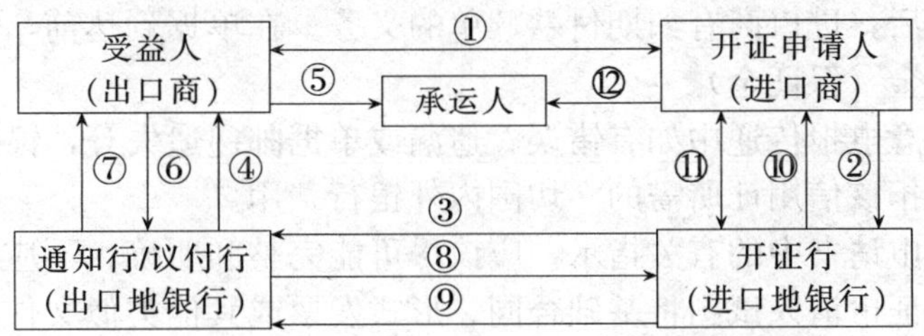

图5-2 信用证结算业务流程

在图 5－2 中，各环节的具体内容是：

①进出口商签订买卖合同，并约定以信用证进行结算。

②进口商向所在地银行申请开立信用证。

③开证行开出信用证。

④通知行将信用证通知给受益人（出口商）。

⑤出口商接受信用证后，将货物交与承运人，取得相关单据。

⑥出口商备齐信用证规定的单据和汇票后向议付行提示，要求议付。

⑦议付行审单无误后，垫付货款给出口商（议付）。

⑧议付行议付后，将单据和汇票寄开证行索汇。

⑨开证行收到与信用证相符的单据后，审单付款。

⑩开证行通知进口商备款赎单。

⑪进口商审核单证相符后，付清所欠款项（申请开证时已交保证金），开证行将信用证项下的单据交进口商，不再受开证申请书的约束。

⑫进口商凭单据向承运人提货。

其中与银行关系密切的环节有五个，即进口商申请开证、开证行开证、出口地银行通知信用证、出口地银行议付单据与索汇、进口商付款赎单。

一、进口商申请开证

进出口双方在货物买卖合同中确定采用信用证结算方式后，进口商就应按合同规定向进口地银行申请开立信用证。申请开证的进口商或开证申请人应填写开证申请书，以作为银行开立信用证的依据。开证申请书有两部分内容：

（一）信用证的实质性内容

它是开证行凭信用证向出口商付款的依据。一般应明确以下内容：应被提示的单据、支付金额及方式、受益人名称及地址、信用证到期日或有效期、货物的描述、装运细节、是否需要保兑等。

（二）进口商的申明与保证

即进口商对开证行的申明与保证，用于明确双方的责任。一般包括：

（1）进口商承认银行在进口商赎单以前，对单据及单据所代表的货物拥有所有权，必要时银行可以处置货物，以抵付进口商的欠款。

（2）进口商承认银行有接受“表面上合格”的单据的权利，对于伪造的单据、货物与单据不符或货物中途遗失，银行概不负责。

（3）单据到达后，进口商有如期付款赎单的义务。在单据到达前，银行可在货款范围内即时要求追加押金（保证金）。

（4）进口商同意电报传递中如有错误、遗漏或单据邮递遗失等，银行不负责任。

（5）进口商承担该信用证所需的一切国内外银行费用。

进口商在开证申请书中的有关指示，应该尽可能完整和明确，不应加注过多细节，同时开证行应劝阻开证申请人试图将基础合同、形式发票或其他类似文件的副本作为信用证整体组成部分的任何做法。

除进口商可以成为开证申请人之外，UCP600 的相关定义表明，开证行不仅可应开证申请人的请求而开立信用证，还可以以其自身名义开证。对信用证开证范围的扩大，实际上是借鉴并适应了日益增长的备用信用证的习惯做法，为资金融通开辟了一条新的途径。

二、开证行对外开证

银行接到开证申请人完整明确的指示后，应立即按指示开出信用证。开立信用证的银行即为开证行。开证行一旦开出信用证，在法律上就与开证申请人构成了开立信用证的权利与义务关系，开证申请书也就成为两者的契约。同时，银行有权要求开证申请人缴纳一定金额的抵押金或以其他形式作为银行执行其批示的担保。

开证行可以应开证申请人的要求信开（open by airmail）或电开（open by cable）。信开本信用证一般一式两份或两份以上，开证行以航空信函将其寄给出口商所在地的联行或代理行，要求该行通知（advise）或转递（transmit）给出口商。信开本信用证有时也可以由开证行直接寄给出口商，甚至交由进口商寄给出口商，但这两种方法一般很少使用。

为争取时间，开证行多采用电开形式开立信用证，即由开证行将信用证内容以加密押的电报或电传通知出口商所在地的联行或代理行，请其通知出口商。

开证行如果委托第三国银行代为付款，必须将信用证副本寄给付款行一份，以便付款行在接到单据后进行核对之用。

三、信用证的通知、转递、保兑与修改

出口地银行收到开证行开来的信用证后，应根据信用证的要求，将信用证通知或转递给受益人。受益人即接受信用证，凭以发货、交单、取款的人，一般为出口商。

（一）信用证的通知与转递

1. 信用证的通知

信用证的通知，是针对电开本信用证而言的。电开本信用证以通知行为收件人，通知行收到信用证并核押无误后，即以自己的通知书格式照录全文，通知受益人，办理这类业务的银行被称为通知行（advising bank）。通知行在通知 SWIFT 信用证时，必须向受益人特别提及在信用证中加列 UCP600。

参考资料

不可撤销跟单信用证通知书标准格式（致受益人）

<table>
<tr><td>通知行名称
通知行查询号
地址和日期</td><td>不可撤销跟单信用证通知书
开出时间和地点</td><td>编号</td></tr>
<tr><td>开证行</td><td colspan="2">受益人</td></tr>
<tr><td>开证行查询</td><td colspan="2">金额</td></tr>
<tr><td colspan="3">兹收到代理行的通知，获悉此跟单信用证以贵方为受益人，特此奉告。请详尽审查信用证所列诸条款，如贵方不同意其条款或贵方不能执行诸条款中的任一条款，请通知信用证的开证申请人，予以修改。
□ 本通知书送上，本银行不承担责任。
□ 根据代理行的要求，本银行确认本信用证。</td></tr>
</table>

2. 信用证的转递

信开本信用证在寄送到出口地银行后，由银行核对印鉴，若相符，银行只需将原证照转给受益人即可。办理这种业务的银行称转递行（transmitting bank）。

（二）信用证的保兑

受益人接到信用证后，如果认为开证行资信不好或对其资信不甚了解，可要求开证行找一家受益人熟悉的银行对信用证加以保兑。受开证行邀请，在信用证上加具“保兑”字样的银行为保兑行（confirming bank），它通常为出口地的通知行或是其他信誉卓著的银行。

有时开证行在委托通知行通知信用证时，同时要求通知行为信用证加具保兑。如果事先两家银行有约定或通知行同意，通知行即为保兑行。

通知行或其他银行对信用证进行保兑后，便承担与开证行相同的责任。

（三）信用证的修改

信用证开立后，有时其条款需要修改。若进口商提出修改，应经开证行同意后，由开证行以修改通知书或电报方式告知通知行并由其转告出口商，出口商接受后才有效。倘若出口商拒绝接受，则修改无效，信用证条款仍以原条款为准。如果修改通知涉及两个以上的条款，出口商只能全部接受或全部拒绝，不能只接受一部分，拒绝另一部分。

如果是出口商提出修改请求，则应先征得进口商和开证行同意，并由进口商正式通过开证行办理修改手续后方能生效。

修改通知仍要经过通知行转送，不得直接通知出口商，也不得委托其他银行通知信用证的修改。信用证的修改指示同样要明确完整，修改手续费由提出修改请求的一方负担。

参考资料

不可撤销跟单信用证修改书格式

开证行名称 修改书日期	跟单信用证修改书 编号 开出时间和地点
申请人	受益人
通知行查询号	本修改书仅对信用证做部分修改并列明如下
修改下列各项 其他条款保留不做修改。 本信用证修改书系依照《跟单信用证统一惯例》开立。	
请通知受益人 开证行名称、地址	通知行通知书 通知行名称、地址、签字

案例分析

受益人的沉默是否表明其接受信用证的修改？

案情：I银行通过A银行开出了一份信用证，A银行既是通知行又是议付行。随后，I

银行开出一份修改书。受益人没有对修改表示拒绝或接受，A银行收到的单据与原信用证相符。现在的问题是：(1)在这种情况下，可以认定受益人拒绝了修改吗？(2)开证行及/或议付行是否可以对修改的接受与否设定一个最后期限，比如15天，如果在15天内没有收到受益人的回复，就可认定受益人接受了修改呢？

分析：根据UCP600第10条C款的规定，受益人应该提供接受或拒绝接受修改的通知。但同时又规定，如果受益人未提供上述通知，当它提交给被指定银行或开证行的单据与信用证以及尚未表示接受的修改要求一致时，则该事实即视为受益人已做出接受修改的通知，并从此时起，该信用证已做修改。同时，ICC银行委员会强烈反对开证行在开出不可撤销信用证或修改不可撤销信用证时加列一个规定，即如果在一个规定的时间内，或在某一具体日期前，受益人没有正式拒绝修改，该修改就自动生效。这等于剥夺了受益人的沉默权。受益人的沉默并不代表其接受或拒绝修改。

四、议付与索汇

出口商收到信用证后，若与买卖合同核对无误，即可交货，并备齐信用证规定的全部单据，签发汇票，连同信用证在其有效期内送交通知行或与出口商有往来的其他银行要求议付。

(一) 议付行与议付程序

接受出口商单据、汇票、信用证，审单后购进汇票及所附单据并付出对价的银行叫作议付行(negotiating bank)，它可能是通知行、转递行、保兑行等，也可能是另外的银行。议付行持有汇票即成为正当持票人，对前手背书人和出票人拥有追索权。

议付的程序是：议付行将出口商交来的全套单据与信用证内容进行核对，若单证、单单表面相符，议付行则将汇票金额扣除自议付日至估计收到票款日的利息和手续费后的余额付给出口商。议付后，议付行留下汇票及单据，在对信用证做批注后将其退还给出口商。

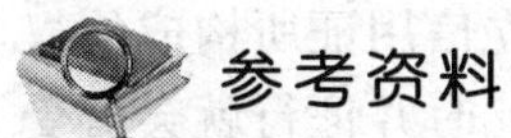

参考资料

议付时对不符单据的处理

1. 正常议付

若单证不符，议付行可以要求出口商修改单据，如果无法修改，议付行可以致电开证行征询意见。开证行接到此类电文后，一般会征求开证申请人的意见，如果开证申请人同意接受不符单据，开证行则电复议付行同意议付，这时议付行就可以将不符单据作为正常议付处理。

2. 担保议付

如果单据中的不符点无法修改，但金额较小，可以采取担保议付方式处理。当不符点为非实质性差错时，可以要求受益人承认不符点并出具保证书(letter of indemnity)，作为议付行与受益人之间在单据遭开证行拒付时处理的依据，议付行则不对开证行说明不符点而正常议讨；也可以由出口商事先与进口商联系通报不符点并获其同意议付后，出口商向议付行出具担保书，议付行凭担保书议付单据。寄单索汇时应说明是"凭保议付"(documents negotiated against beneficiary's indemnity)，并将不符点一一表提或说明。这对开证行并无约束，性质上仍然是征求开证行意见。如果开证行拒付，出口商应接受议付行的追索并承担有关损失和费用。不过，如果进口商同意接受不符单据，开证行通常不会拒付。

3. 做托收寄单

如果不符点较多或是有实质性差错，议付行可考虑做托收寄单，并在寄单面函中说明单证不符点，单证不符使出口商的收款基础由银行信用变成了商业信用，出口商因此失去了由银行信用保证付款的保障。所以，为保障安全收汇，出口商应尽量提供正确的全套单据。

（二）索汇

议付行议付单据后，应在信用证背面进行批注，防止重复议付。若是承兑或付款，同样要批注。批注后将信用证退还给出口商，议付行复印信用证留底，然后按信用证要求将单据一次或分次寄开证行索汇。如果信用证规定汇票以开证行或进口商为付款人，同时又规定议付行向第三国银行索偿，则第三国银行就是偿付行（reimbursing bank），在这种情况下议付行议付后，应一方面把单据寄给开证行，另一方面必须再开立以偿付行为付款人的汇票，并直接寄偿付行索汇。

开证行收到议付行的单据后，与信用证内容进行核对。如果单证相符，则将票款偿还议付行；如果单证不符，开证行可拒绝付款，但应以最迅速的方式立即通知议付行。

开证行可以在信用证中规定议付行的索汇方式，即偿付条款。一般有四类：单到付款、主动贷记、授权借记、向偿付行索汇。

五、付款赎单

开证行将票款拨还议付行后应立即通知进口商备款赎单。如果单证相符，进口商就应将开证行所垫票款付清，取得单据，这样开证行和进口商之间由于开立信用证所构成的权利义务关系即告结束。如果进口商发现单证不符，也可以拒绝赎单，此时开证行就会遭受损失，它不能向议付行要求退款，即无追索权。

进口商付款赎单后即可凭货运单据提货。若发现货物与合同不符，不能向开证行提出赔偿要求，只能向出口商索赔，也可以进行仲裁或诉讼。

第三节 信用证业务的当事人及其相互关系

一、信用证业务的当事人及其权利义务

信用证业务的主要当事人有开证申请人、开证行、受益人和通知行，其他当事人还有议付行、保兑行、付款行、偿付行，统称为指定银行（nominated bank），是开证行在信用证中明确指定的有关银行。

(一) 开证申请人

开证申请人（applicant）一般是买卖合同中的买方（进口商），但在少数情况下也可能是另外一家厂商。这种情况有两种可能：一种是合同的买方为中间商，代人成交，签约后由真正的买主申请开证；另一种是合同的买方已将合同转让给另一进口商，由最终的买主申请开证。另外，UCP600 也允许开证行以自身名义开证，这主要是为了适应日益增长的备用信用证的需要而做的规定。

1. 进口商受两种契约关系约束

在信用证业务中，进口商受到两种契约关系的约束：一是与出口商之间的买卖合同；二是与开证行之间的开证申请书和担保协议。

虽然信用证业务是不管买卖合同的，但买卖合同必定是信用证的基础，是开证申请人申请开证的依据，也是受益人审证的依据。进口方必须根据合同中的条款内容申请开证。

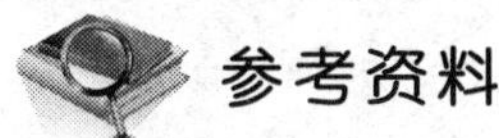
参考资料

采用信用证结算时买卖合同中需要明确的问题

在合同的支付条款中，一般应说明以下几点：

(1) 以信用证为支付方式。只有在合同中规定凭信用证结算时，进口商才有向其所在地银行申请开证的义务。

(2) 信用证的种类。信用证的种类有很多，不同种类信用证的银行责任、有效期及流通方式都有所不同，合同中应做明确规定。

(3) 信用证送达卖方的期限。出口商可以要求在合同中做此具体规定，以防止由于信用证开立时间较晚而造成的不能如期交货引起的风险。

(4) 开证行的选择。出口商为了保障收汇安全，可以在合同中要求对开证行的资信地位做出规定。如果没有明确规定，进口商可以自行确定开证行。

(5) 信用证支付时间、货币和金额。如果合同中对装运数量订有“约”数或溢短装条款，应要求在信用证金额前注明“约”数。①

(6) 信用证的有效期及到期地点。

开证申请书是开证申请人（进口商）对开证行的详尽的开证指示，即规定信用证应该列出的内容。开证行将这些内容抄录到信用证上，从而成为银行对出口商付款的凭据。通常很多银行都将开证申请书和担保协议书结合，所以一纸包括两部分内容：正面是开证申请书，反面是进口商对开证行的声明，用以明确开证申请人和银行双方的责任与义务。

参考资料

开证申请书的主要内容

开证申请书的格式是由开证行提供的，上面一般只记载开证申请人的义务与开证行的

① 参见 UCP600 第 30 条。

权利及免责事项，主要包括以下几点：

（1）开证申请人承认在付款赎单前，进口单据及货物的所有权属于开证行。

（2）开证申请人承诺到期一定付款赎单。如果到期不赎单，则所有开证担保归开证行所有。

（3）开证申请人承认银行可以接受“表面上合格”的单据，对于伪造单据、货物与单据不符或货物中途损失，银行不负责任。

（4）开证申请人承认电报传递中如有错误、遗漏或单据邮递遗失等，银行不负责任。

（5）开证申请人授权开证行在开证申请人不能按时付款时可以处理货物，以补偿信用证项下的支付和费用。

（6）开证申请人承诺支付信用证项下的各项费用。

（7）开证申请人明确遵循UCP600开证。

2. 开证申请人的责任与权利

（1）按合同规定的时间申请开证。如果合同中未规定开证时间，应于合理时间申请开证，使得出口商能在收到信用证之后和在合同规定的装运期限之前有充裕的时间备货、租船与装运，但进口商有拒开信用证的权利。

如果交易合同中规定买方开立信用证以卖方交付一定的履约保证金（performance bond）为前提，但卖方未能交付，买方有权拒开信用证，其后果与损失则由卖方承担，进口商也有没收履约保证金的权利。

如果信用证开出后，卖方未能按期装运货物并交出单据，则开证人有权没收卖方在开立信用证之前交付的履约保证金，以弥补开证费用与利息损失，如仍不足，有权再向卖方索赔。

（2）合理指示开证。开证申请人填写开证申请书时，实际上是把合同内容变成信用证所规定的条件，而每一条件都有单据要求，即所谓的合同条件化，条件单据化。所以要注意措辞准确而又明确，内容简练而又完整。既要保持信用证与合同的内容一致，又要使得信用证简明且无歧义，而且要避免非单据条件。非单据条件是指没有表明要提供与之相符的单据的条件，因为非单据条件不是信用证所规定的条件，对受益人无约束力，银行不予理会。①

案例分析

是否构成非单据条件？

案情：一份跟单信用证规定：“装运自西欧港口到蒙巴萨港不迟于××××”。在“需提交的单据”段落要求一份“全套清洁已装船的海运提单，指示性抬头，空白背书，日期不迟于××××，标明运费已预付”。在“特别指示”段落规定“要以海运船只装运经苏

① 参见UCP600第14条H款，如果信用证中包含某项条件而未规定需提交与之相符的单据，银行将认为信用证中未列明此条件，并对此不予置理。

伊士航行至蒙巴萨港”。现在的问题是，通知行/保兑行能否将这段话解释为与提单相关，因而它有权要求在提单上相应地添加此内容？

分析：UCP600 第 14 条 H 款规定，如果信用证中包含某项条件而未规定需提交与之相符的单据，银行将认为信用证中未列明此条件，并对此不予置理。但是，ICC 同时认为，如果该条件能够清楚地关联到一份信用证规定的单据，则不视为非单据条件。因为信用证规定的是海运提单，事实上有一份所需单据能够清楚地与该条件关联，因此，要求在海运提单上证实海运船只经由苏伊士航运是正当的。

案例分析

根据非单据条件扣减滞期费是否合理？

案情：A 行根据开证申请人的指示开立了金额为 7 000.00 美元的跟单信用证，信用证含有如下条款：“在信用证开立之前发运货物而造成的滞期费由受益人承担。”议付行提交了相符单据，汇票与发票的金额为 7 000.00 美元。A 行接到船公司的通知后，从中扣除了滞期费 951.84 美元。然而，议付行坚持认为 A 行应该全额付款。议付行的理由如下：上述条款只是供受益人参考，而不是授权 A 行扣款。此外，根据 UCP600 的有关规定，对于此类非单据条件，应不予理会。问题：A 行能否扣减滞期费？

分析：“在信用证开立之前发运货物而造成的滞期费由受益人承担”的表述应该被视为一项非单据条件，因为它未载明这一费用是从信用证金额内支付，还是在信用证条款之外由受益人支付。信用证应当明确，滞期费（如有）应从信用证金额中扣除。这样做能使议付行在受益人要求议付单据时，对可能被扣减的金额引起重视。不经与议付行事先协商并同意而扣减信用证金额的行为是不应该发生的。在全额支付或按协议金额支付之前，向开证行提交的单据仍然是交单者的财产。

资料来源：Gary Collyer，Ron Katz. ICC 银行委员会意见汇编（1995—2001）. 北京：中国民主法制出版社，2003. 作者根据 UCP600 重新进行了整理。

(3) 提供开证担保（secured agreement for letter of credit）。担保可以是开证押金、动产或不动产，也可以是第三者提供的担保。开证押金可以高达信用证金额的 100%，也可以比例很低，各个银行对不同的客户和不同的商品有不同的尺度。如果是经常往来客户，银行可根据客户资信、商品特性和市场动向，考虑给进口商一定的授信额度，开证金额在授信额度内不收取押金，超额度则收取押金。押金是冻结不用的，所以不计利息，若以存单担保，则仍按原定利率计息。

(4) 支付开证与修改的有关费用。这些应付费用具体包括：开证手续费、电报费、邮费、信用证修改费及其他开支。

(5) 向开证行付款赎单。信用证项下的付款以提示与信用证条款相一致的单据为前提条件，开证申请人有审单、退单的权利。

如果单据不合格，开证申请人有权拒付并收回开证担保。当然，如果进口商想要这批货，即便单证不符也可能会付款赎单；如果单据合格但被银行错误地对外拒付，进口商有权提出异议并要求银行赔偿相应的损失。而在付款赎单提货后，进口商如果发现货物与单据不符，不能向开证行追究责任，只能与出口商交涉。

（二）开证行

开证行是信用证业务中最重要的一方，开证行的信誉、业务经验是其他当事人参与信用证业务与否的主要考虑依据。

开证申请书属于委托代理合同性质，**开证行**（issuing bank）处于代理人的地位，它的行为受开证申请书的约束，必须遵照开证申请人的指示行事并对自己的过失负责；开证行开出信用证后，它必须对受益人承担第一性付款责任。

1. 遵照开证申请人的指示开立和修改信用证

开证行作为开证申请人的代理人，应切实遵照开证申请书指示的条件开立信用证。为使信用证内容完整明确、简明合理，开证行有义务向开证申请人提供建议和咨询服务。开证行应劝阻开证申请人在信用证申请书或修改书中罗列过多的细节，同时也要避免非单据条件。

开证行有向开证申请人收取部分或全部开证押金的权利。如果市场和开证申请人的资信发生变化，有权随时要求开证申请人补交押金，直到百分之百为止。但收取的押金不能用于抵充开证申请人的其他债务而取消开证。

当开证行接受了开证申请书和开证担保后，应在合理时间内开出信用证。如果因自己的责任延迟开证，应承担由此造成的损失。但银行对任何邮递或电信过程中发生的延误、残缺或其他差错，不承担任何责任或义务。

2. 合理、小心地审核单据

开证行的审单称为“终局性审单”，即开证行审单付款后，便无权向交单方追索。所以开证行在收到单据后必须小心谨慎地加以审核，确定其是否与信用证条款相符。开证行只需审核单据表面有无不符点（discrepancy），而对任何单据的形式、充分性、准确性、内容真实性、虚假性或法律效力等不负责任。[①] 但是，如果受益人出于恶意，例如，银行经审查已经察觉到单据是伪造的，也可以拒付。

UCP600 第 14 条对开证行（以及保兑行）的审单时间有规定，开证行应在收到单据次日起的 5 个银行工作日内审核单据，以决定接受还是拒绝单据，并通知交单方。如果因此延误付款，造成对方银行向其索赔利息，开证行仍然必须负责赔偿。

3. 承担第一性的、独立的付款责任

信用证是开证行的付款承诺，只要单据与信用证要求相符，开证行就必须按规定履行付款，不能无理拒付。虽然开证行只是开证申请人的付款代理人，但信用证开出后，即使开证申请人倒闭或无力付款，开证行仍必须付款，而不能以开证申请人“无付款赎单能力”或“拒绝赎单”以及“未交开证押金”或“有欺诈行为”等为由拒绝付款。开证行开出信用证后即承担了第一性的、独立的、不可推卸的付款责任和风险。

（三）受益人

受益人（beneficiary）是指信用证上指定的享有信用证权益的人，即买卖合同中的卖

① UCP600 第 34 条规定了银行对单据背后的有效性免责。

方（出口商）。如果进口商在申请开证时必须由出口商提供适当证明并在买卖合同中做出规定，出口商应于合理时间内提供证明，以协助买方按时申请开立信用证。

若经当事人同意，也可以以下述第三者为受益人：卖方公司中的一个子公司、一个部门或一个附属机构；或卖方的商业合伙人；或货物的最终供应者。

当受益人收到信用证后，他的责任和权利具体有以下几个方面：

1. 审核信用证条款

受益人收到信用证后，应仔细将信用证内容与合同条款核对，并审核信用证条款能否履行。如果信用证条款与合同有不一致或新增加的地方，受益人有权要求进口商指示开证行修改信用证，或者拒绝接受信用证。如果受益人按合同要求修改而进口商不同意修改或是修改不足，便是进口商违约，受益人可拒绝受证，甚至单方撤销合同，并提出索赔；如果受益人不要求修改，则只能按信用证规定而不能按买卖合同规定交货，否则无法享受信用证所给予的收款保证，但此时存在违背买卖合同的风险；如果受益人不要求修改，也不交货，则可能被进口商指责违约。

2. 及时提交正确、完整的单据

受益人在经审核或在其他情况下接受信用证后，就必须按信用证条款办事，在规定的装运期内装货，并在信用证的有效期内提交规定的单据。受益人要对单据的正确性和完整性负责，做到单证一致，单单一致，即单据与信用证条款相符，单据与单据之间无矛盾。如果提交的单据与信用证不符，受益人有义务在规定的时间内更改单据。受益人不得要求银行接受单证不符的单据。

3. 要求开证行承付①

受益人向被指定银行提交了与信用证相符的全套单据后，即可享受信用证的权益，有权要求相关银行给予承付（honour）或者议付（negotiate）。即使进口商认为货物不合格，有向受益人提出索赔的理由，银行也不能拒付，这是因为根据 UCP600 的规定，银行依信用证所承担的承付或议付，或履行信用证项下的任何义务、责任，不受开证申请人由于他与开证行或受益人之间的关系而提出的索赔或抗辩的约束。当然，受益人应该对货物的全面合格性负责，这是应对进口商履行的买卖合同义务。万一开证行倒闭，议付行向受益人追索时，受益人有权凭单据向开证申请人要求付款，即使开证申请人已交开证押金，遭受了损失，也不影响受益人的权利。

（四）通知行

通知行（advising bank）是由开证行选定的，它与开证行之间是委托代理关系。作为开证行在出口地的代理人，通知行的代理责任仅限于将来证和之后的修改（如有）通知信用证受益人，且证明其真实性并及时澄清疑点。当然，它有权不接受开证行的指定，但必须无延迟地告知开证行。如果通知行同意通知信用证，就需合理小心地审核信用证的表面真实性。在信用证业务中，信用证之所以不是直接寄给受益人，而要通过银行转递，就是要利用银行之间核对真实性的手段，保证受益人能收到真实的信用证，以保护受益人的利

① 参见 UCP600 第 15 条。

益。所以，通知行必须对信用证的表面真实性负责。具体地说，通知行必须确定印鉴是否相符，密押是否一致。

有时通知行无法确定来证的真伪，遇到这种情况，必须无延迟地告知开证行，进行查询，核实情况，并可暂不通知受益人；如果通知行不能确定信用证的表面真实性而又决定仍予转递受益人，必须将有关情况告知受益人。受益人收到通知行转来的信用证时，如果证上注明"印押相符"或类似文句，即可据此备货、发货；如果证上注明"印押不符"、"印押尚待证实"或其他类似文句，受益人就不能轻易发货。

通知行收到外文信用证时可以不予翻译，直接将原文通知受益人，也可以将其翻译后通知受益人，但有关专业术语的翻译如有错误，银行不负责任。如果通知行已经通知受益人的信用证有修改，则有关修改书也必须由这家银行通知。[①]

（五）议付行

议付行（negotiating bank）是根据受益人的要求和提供的单据，在核实单证相符后向受益人垫款，并向付款行或偿付行索回垫款的银行。

议付行可能是通知行或保兑行，也可能是出口地的其他银行。议付行有权不议付，但在市场竞争的情况下，一般来说只要受益人愿意提供担保，且单据不符点只是一般性的而不是实质性的，银行就可通融议付，这是由于有开证行在信用证条件下的付款保证以及受益人提交的符合信用证条款的代表货物所有权的单据，还可以得到不菲的手续费和利息收入，比一般商业贷款的风险要小得多。而议付对出口商来说，则是一种获得融资的好方式。

开证行在信用证中对议付行指示的条款文句如：请向我行索偿。一俟收到与信用证条款相符的单据后，我行立即按你行的指示付款。（In reimbursement, please draw on us, we shall immediately on receipt of documents having complied with the terms of the credit remit the proceeds as per your instructions.）

有些信用证是可以议付的，有些则是不能议付的。后者是指出口商只能直接向开证行收款的信用证。议付一词包括三层意思[②]：第一，由议付行根据信用证的规定审核受益人交来的单据和汇票；第二，议付行将外汇货款扣除手续费、邮电费和押汇利息等开支后，折成本国货币支付给受益人；第三，议付行按照信用证中规定的寄单和索偿办法寄出单据，并向开证行或指定银行索偿。但在实际业务中，有些国家的议付行只负责办理第一和第三项工作，不肯垫付货款给受益人，这就大大削弱了信用证方式对出口商融通资金的作用。我国的银行过去办理议付时采取"收妥结汇"的做法，只审单不垫款，只有在开证行付款后才对出口商支付货款，这种只审单不支付对价的行为并不构成议付。

由于议付必定要支付对价，所以议付行为了安全索偿，必须合理小心地审核单据，保证单证一致，以避免开证行因单据不符点而拒付的风险。因为即便议付行是开证行设于不同国家或地区的分行，根据 UCP600 第 3 条的规定，它在信用证业务中也是独立于总行的

---

① 参见 UCP600 第 9 条中有关通知及通知行的责任的规定以及第 35 条中有关信息传递和条款翻译、解释的免责的规定。

② 参见 UCP600 第 2 条中有关议付的定义。

另一银行。当该议付行议付了信用证后，作为总行的开证行也可以因单证不符而拒付。同时，议付行因信用证业务发生的纠纷也不应涉及作为总行的开证行。[①]

当议付行寄单给开证行后，开证行也可能提出单据不符，因而拒付货款。为了避免风险，议付行可以要求受益人将货权做抵押，即受益人交单时需填具“质押权利设定书”(letter of hypothecation，L/H，简称质押书)，声明在发生意外时，议付行有权处理单据，甚至变卖货物，使货物成为议付行完全可以支配的抵押品，减少议付行索偿的风险等。

参考资料

质押书的主要内容

根据国际商务惯例，并结合我国的具体特点，质押书一般包括以下条文：

(1) 议付行对议付款项保留追索权，如因单据有不符点，开证行所在地出现动荡、爆发战争或发生金融危机，开证行倒闭，邮寄中遗失单据或延误，电信失误以及非议付行本身差错，导致开证行拒付、迟付或扣付，由此而造成的损失及迟付利息，议付行有权从受益人账户或其他出口收汇中主动扣除。

(2) 对于开证行无理挑剔，拒付、迟付或扣付，议付行应协助受益人据理交涉。如果交涉无效造成损失，则仍由受益人承担。

(3) 全套单据及货权均转让给议付行，议付行有权根据情况自行处理单据和货物，并可向受益人补收不足之差额。

(4) 如属议付行的直接过失造成对方拒付、迟付或扣付，则由议付行承担损失。

(5) 议付行可按规定的利率和时间办理议付利息的计收。

议付行在扣除利息、本银行的手续费、邮费、外国银行的有关扣除费用后，即可向出口商办理结汇。在填好结汇水单后即可转入出口商账户。议付行议付单据后，在信用证背面进行批注，防止重复议付情况发生。批注后，议付行需将信用证退还给出口商。议付行一般复印信用证留底，然后按信用证的要求将单据寄给开证行等索偿。

议付行有权要求开证行、保兑行或付款行、偿付行偿付已向受益人垫付的款项。议付行可以一面向开证行寄单，一面向付款行或偿付行索汇。如果没有付款行或偿付行，就在给开证行的寄单面函中加注付款指示。议付行寄单面函的英文名称通常为 cover letter 或 bill of purchase (BP)。

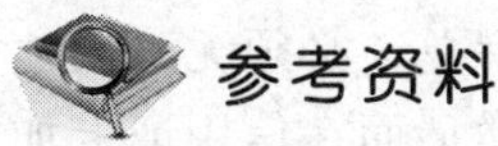

参考资料

寄单面函的主要内容

寄单面函的主要内容有：

(1) 抬头致开证行，并详细注明其名称、地址、信用证号码及开证日期。

(2) 议付金额及议付行的费用，以及其他有关费用，都要在寄单面函中明确。

① 根据 UCP600 第 3 条的规定，一家银行在不同国家设立的分支机构均被视为另一家银行。

(3) 寄单说明。寄单面函通常有固定格式，说明每种单据的名称、份数、寄单方式(航邮或快邮)，一次或分两次寄出等。

(4) 付款指示。包括要求将款项付到议付行或哪个账户行，用什么方式划拨，并通知账户行以什么方式通告议付行起息日及金额等。

(5) 议付行免责文句。UCP600 规定银行对若干情况可以免除责任的，对议付行也同样适用。

例如，某行的寄单面函中规定：

Please note the following remarks：We don't assume any responsibility for correctness，validity or genuineness of the attached documents，nor for the description，quantity，quality，condition or delivery of the merchandise purported to be represented thereby.

如果议付行向开证行的索偿遭拒付，可以向受益人行使追索权，此时议付行相当于汇票的正当持票人，除非议付行是保兑行。但如果议付行接受了受益人交来的无追索权的汇票并进行了议付，则应承担无追索权的义务，如果事后被开证行拒付，议付行应自负其责。

参考资料

议付的法律性质

关于议付的法律性质有不同的看法，有人认为议付是单据权利的买卖行为，因此也被称为“买单”。有人认为议付是凭单据抵押贷款即银行垫款融资的行为，这是基于以下理由：第一，议付行对受益人毫无例外地享有追索权，如果开证行拒付而议付行收不到垫款，不论拒付的理由是什么，议付行均可向受益人追回垫款和利息；第二，受益人办理议付之前，都需向议付行填交质押书，并需附交由第三者提出的对偿还垫款负连带责任的保证书或以有价证券作为抵押品；第三，议付行审单无误，只能将单据寄交开证行索偿，而无权自己做主另做其他处理。这三条均与单据买卖的性质不同。

(六) 保兑行

保兑行（confirming bank）是应开证行的要求在信用证上加具保兑的银行。一般银行在接到开证行的保兑邀请后，往往要对开证行的资信状况以及信用证条款进行研究之后再决定是否加具保兑。如果决定不按开证行的授权或要求对信用证加具保兑，必须无延误地通知开证行。保兑行一般是出口地信誉良好的银行，它接受开证行的邀请而在信用证上加注保证条款或加保兑注记后，该信用证的可接受性大大增强。开证行有时邀请通知行充当保兑行，也可能找另外一家银行充当。

信用证经保兑后，如需修改，必须得到保兑行的同意。保兑行有权对信用证的修改部分不予保兑，若不同意保兑，必须尽快将此情况通知开证行或受益人；如果同意信用证的修改内容，则自收到修改书之时起对信用证负有不可撤销的义务。当然，如果保兑行只同意对同一修改书中的部分内容加具保兑，这种同意无任何效力。

在单证相符的条件下，保兑行的付款责任与开证行完全一样，都是第一付款人，加具保兑后的信用证受益人就有了双重付款的保证。但是，保兑行和开证行的承诺是分别独立的，各自承担的责任范围、承诺的内容可以不完全一致，比如，保兑行可以特别约定只负责发票金额的85%，或者负责的期限不同于信用证的有效期等。至于受益人或议付行究竟应先向开证行还是先向保兑行索付，UCP600没有具体规定，按实务中的一般做法，除非信用证中有明确规定，受益人或议付行有权自行选择，开证行和保兑行均不得互相推诿。但如果单据绕过保兑行提交开证行，开证行倒闭或因其他原因不能付款，再次提交到保兑行时若其保兑已逾期，保兑行将不再承担保兑责任。受益人于规定的时间及有效期内将相符的单据自行或通过指定银行提交到保兑行，保兑行负当然的付款责任。

因为保兑行是应开证行的请求或授权对信用证加具保兑，保兑行付款后只能向开证行索偿。如果开证行倒闭或无理拒付，保兑行无权向受益人或其他前手追索票款。

保兑行有权拒收有不符点的单据，但必须明白无误地向受益人声明这一态度。在此情况下，保兑行将不再承担其保兑项下的任何责任。然而，如果保兑行因为单据存在不符点便想当然地以为自己的保兑责任已自动解除，或默认受益人的请示电询开证行，或自行电询开证行，或将单据寄开证行要求其接受而不声明解除保兑，那就误导了受益人，使其产生了开证行一旦接受单据，保兑行仍然继续其保兑的错觉。

例如，保兑行收到远期信用证不符点单据一套，经受益人同意向开证行电询。开证行遂接受单据，并承兑了汇票。受益人因资金宽松未要求保兑行贴现或议付，汇票到期时，开证行倒闭，款项未付。受益人与保兑行就保兑行是否应履行保兑责任产生争议。为此，ICC银行委员会提醒银行，不符点单据由保兑行在信用证交易的架构内提交开证行求其认可（for approval），此举可视为实质上是要求对信用证加以修改。一旦单据被接受了，不符点便不复存在，保兑行仍要承担其保兑责任，履行其付款义务。

（七）付款行

开证行在信用证中指定一家异地银行为信用证项下汇票上的付款人或是在信用证项下执行付款的银行，这个银行就是**付款行**（paying bank），或称代付行，它是开证行的付款代理人。开证行通常委托通知行作为付款行，也可能委托其他银行为付款行。开证行与付款行的关系是建立在两家银行的代理合同上的。如果不在代理范围内，开证行指定某银行为付款行，该行有权拒绝代为付款。但这种情况只有在开证行资信极差、付款行没有可能获得偿付时才会发生。

付款行一旦接受开证行的代付委托，它的审单付款责任就与开证行一样，也属于终局性的，如果发现不符点应立即拒付。一旦验单付款，就不得向受益人追索。付款行付款后无追索权，它只能向开证行索偿。如果开证行收到付款行寄来的单据发现不符点并拒付，付款行就得自负其责，必要时可自行提货并转卖，所受损失自己承担。有时付款行根据开证行的指示不必验单，只凭议付行声明单证相符，按信用证要求付款，此时付款行对受益人也无追索权。

（八）偿付行

如果开证行与议付行或付款行没有账户关系，特别是当信用证采用第三国货币结算时，开证行会指定另一家与它有账户关系的、在货币所在国的银行充当**偿付行**（reimbursing bank)。所以偿付行往往是代开证行偿付议付行垫款的第三国银行，或由通知行兼任。信用证上规定有偿付行时，开证行开出信用证后应立即向偿付行发出偿付授权书（reimbursement authorization），通知授权付款的金额、有权索偿银行等内容。出口地银行在议付或代付款项之后，一面把单据寄开证行，一面同时向偿付行发出索偿书（reimbursement claim），偿付行收到索偿书后核对开证行偿付授权书，如与有权索偿银行相符，索偿金额不超过授权金额，则立即向有权索偿银行付款，然后再向开证行索付。

偿付行是根据它与开证行签订的偿付协议办理支付的。如果开证行没有存款或存款不足，又无透支协议，则偿付行有权拒付。

偿付协定实际上是开证行与偿付行之间的委托代理合同，所以偿付费用一般应由开证行承担。如果偿付费用规定由另一方负责，偿付行一般直接从偿付款项中扣除。偿付费用如由开证行承担，无须在信用证中说明；如由另一方负担，则开证行必须在信用证中明确说明。

偿付行与信用证无直接联系，信用证项下的单据由议付行直接寄开证行，偿付行不接受单据，不审核单据，不与受益人发生关系，所以偿付行对索偿行的付款，不能视为开证行的付款。由于议付行在向开证行寄单的同时，将索偿指示径直寄偿付行，所以可能会有这种情况：开证行发现单据与信用证不符，但偿付行已经偿付议付行。这时，开证行或保兑行有权要求议付行退回已付款项，但不能向偿付行追索。根据惯例，偿付行只管偿付，退款与它无关。

如果索偿行（议付行、付款行、保兑行）因故不能从偿付行那里获得偿付，开证行要负责偿付索偿行并支付因迟付的利息损失。因为偿付行并非债务人，而只是受开证行委托代为偿付，所以开证行作为信用证的实际债务人，不能因此解除其在信用证中所做的付款承诺。而且只要迟付原因不在索偿行，由此引起的利息损失，开证行就要负责赔偿。

二、信用证业务主要当事人之间的关系

信用证业务各当事人除因参与信用证业务而享有权利并需承担义务以外，还不可避免地要与其他当事人产生错综复杂的单边或多边关系。例如，开证行作为信用证的开立者，在各当事人中起“中枢”作用，围绕着信用证，开证行与所涉及的当事人联结成多边关系。明确这些关系的内容，将十分有助于信用证业务的顺利运作。

（一）开证申请人与受益人

开证申请人与受益人在一笔信用证业务中的关系是建立在销售合同基础上的契约关系，销售合同是约束其在合同项下行为的基础契约，开证申请人与受益人必须履行合同义务并享有合同赋予的权利。销售合同通常在“货款支付”条款中对支付方式、支付货币、支付时间与地点等有关货款支付的具体事项做出明确规定，进出口商均受其约束。当销售合同规定以信用证支付方式清偿因货物买卖所引起的债权债务时，开证申请人和受益人均需遵照执行：开证申请人需在合同规定的期限内向一家银行申请开出符合合同规定的信用证；受益人则需严格履行信用证义务，提交表面合格的单据。若任何一方违约甚至毁约，另一方均有权提出索赔，或提交仲裁机构裁决或法院判决。

（二）开证行与开证申请人

开证行与开证申请人之间的关系是建立在开证申请书基础上的契约关系。两者产生契

约关系的原因在于：开证申请人（进口商）为履行买卖合同义务，以出具开证申请书的形式要求一家银行为合同的另一方（出口商）提供付款承诺。若开证申请人能够提供偿付信用证金额的开证担保，并履行了申请开证的一切手续，填写了开证申请书，向银行交纳了开证押金或保证金，支付了开证费用，该银行即以开出信用证的形式同意提供这种付款承诺。信用证一经开出，开证行与开证申请人之间的契约关系即告成立，开证申请书即是表示这一契约关系的书面文件。开证行按约定将信用证及时通知至受益人（通常通过通知行），并需对表面合格的单据承担付款责任；开证申请人应按期付款赎单，若到期不赎，开证行有权处理单据及单据项下的货物。

（三）开证行与通知行

开证行与通知行之间属委托代理关系，两者间通常订有业务代理协议。开证行是委托信用证通知的委托人，通知行是接受开证行的委托履行信用证通知义务的受托人。通知行接受通知委托后，应立即证明信用证印鉴或密押的真实性，并迅速、准确地将信用证内容通知受益人。通知行对受益人不负有除通知责任以外的信用证责任，开证行无权强迫通知行向受益人偿付款项；但通知行如接受了开证行的议付或付款委托并履行了其职责，则有权凭正确的单据向开证行要求偿还所垫付的款项。

（四）开证行与受益人

开证行与受益人之间虽然不存在直接的契约关系，但开证行一旦开出不可撤销信用证，向受益人承担对表面合格单据不可推卸的付款责任，双方之间即产生了事实上的契约关系，其权利与义务建立的基础即信用证条款。开证行有对表面合格单据必须付款、妥善保管受益人提交的全套单据、不当拒付时对受益人赔偿损失等义务，享有要求受益人严格履行信用证义务并提交与信用证规定相符的全套单据的权利，以及审核单据、拒付表面不合格单据、拒绝接受监管货物等权利；受益人有根据信用证的指示提交正确单据的义务，享有凭正确单据获得开证行付款的权利。

（五）开证行与保兑行

开证行与保兑行之间具有根据业务代理协议产生的委托代理关系。当开证行邀请或委托一家银行以该行的名义保付信用证时，该银行有权接受委托，也有权拒绝接受委托。若为前者，该行即成为信用证的保兑行，应承担保兑行的全部责任和义务，并享有相应权利。

（六）通知行与受益人

若通知行不承担保兑责任，其与受益人无直接或事实上的契约关系。通知行只是按照开证行的委托，将确认为真实有效的信用证迅速、准确地通知受益人，而不负除此以外的其他责任。受益人不得向通知行主张超越其责任范围的任何权利。

（七）开证行与议付行

开证行与议付行之间不存在直接的契约关系，两者关系的确立需依据信用证条款的规定，议付行以汇票及/或单据持有人的身份对开证行主张权利。由于议付行根据开证行的邀请与付款承诺向受益人垫付款项，开证行有义务对议付行提交的表面合格的单据付款，有权拒付不合格单据。在开证行拒付的情况下，议付行作为正当持票人并根据其与受益人之间的协议，对受益人享有追索权。

（八）议付行与受益人

议付行与受益人之间属票据关系和融资关系。受益人作为汇票的出票人和出让人向议付行转让跟单汇票，议付行以单据为抵押议付垫款后即成为跟单汇票的受让人及正当持票人。因此，开证行不论以何种理由拒绝偿还议付行的垫款，议付行作为正当持票人均享有向受益人追索票款的权利。此外，议付行的议付垫款使受益人获得了资金融通，根据融资协议，当议付行遭开证行拒付时，有权向受益人索回议付垫款。

（九）保兑行与受益人

保兑行对受益人具有与开证行相同的权利义务，两者之间存在着事实上的契约关系，这一关系确立的基础即是保兑行在开证行开立的信用证上加注了“保兑”字样。作为保兑行，一方面它是作为开证行的代理人，另一方面它又以当事人的身份对受益人独立负责。保兑行有对合格单据必须付款的义务；付款后无论因何原因得不到开证行的偿付，均不得向受益人追索票款。受益人应向保兑行提交合格单据，并凭以获得保兑行的支付。

（十）开证行与付款行

开证行与付款行之间为业务代理关系。付款行是开证行的付款代理人，它根据两家银行间的业务代理协议承担代理付款责任。付款行代表开证行对受益人提交的单据进行核验，若表面合格，应予付款；若表面不合格，有权拒付。付款行验单付款后有权向开证行索要款项；若开证行偿还垫款后发现单证不符，有权向付款行追索，付款行应予退款。

在信用证业务中，所有当事人均应根据信用证条款的规定严格履行责任和义务，并享有相应权利。若当事人之间发生分歧与纠纷，应以信用证条款、相关的国际惯例及法律为基准，予以处理、裁定和判决。

第四节　信用证的主要种类

由于信用证使用者所从事的活动千差万别，因此对信用证的功能要求不一。为了满足客户的不同需求，在遵循信用证基本业务原则的基础之上，逐步演化出功能、用途各异的多种信用证类型。通常根据信用证的性质、期限、是否保兑、能否转让以及证与证之间的关系等，对信用证做出不同的分类，主要有以下几种：

一、光票信用证与跟单信用证

（一）光票信用证

> 光票信用证是指凭不附带货运单据的汇票（即光票）付款的信用证。有的信用证要求出具汇票并附有非货运单据，通常也被视为光票信用证。

光票信用证（clean credit）可以用于贸易结算和非贸易结算两个领域。在贸易结算中，主要用于贸易从属费用的结算；关系较为密切的进、出口商在进行交易时，可由出口商按信用证规定直接将单据交进口商，出口商再凭光票向开证行收款，但这种做法并不多见。在非贸易结算中，主要有旅行信用证。旅行者在信用证总金额范围内，可在国外一次或数次向指定银行凭汇票或收据支取现金。

(二)跟单信用证

跟单信用证(documentary credit)是指凭附带货运单据的汇票(即跟单汇票)或仅凭货运单据付款的信用证。货运单据主要指代表货物所有权或表示货物已经装运的各种证明文件,如提单、保险单、商检证明、原产地证明等。跟单信用证的核心即单据,它是银行处理信用证业务的基础和依据。银行通过对物权单据的控制来控制货物所有权,通过转移物权单据来转移货物所有权;根据单据提供信贷,担保付款。在国际贸易结算中所使用的信用证绝大部分为跟单信用证。

二、不可撤销信用证与可撤销信用证

(一)不可撤销信用证

信用证一经开出并经受益人接受后,开证行便承担了按照信用证上所规定的条件履行付款义务的责任。在信用证的有效期内,除非得到信用证所有当事人的同意,否则开证行不得单方面撤销或修改信用证的内容。**不可撤销信用证**(irrevocable credit)开证行的付款责任是第一位的,只要受益人提供的单据符合信用证条款的规定,开证行就必须履行付款责任。

如果该信用证已经由另一家银行保兑,则开证行未征得保兑行同意所做的修改,对保兑行无效。

(二)可撤销信用证

可撤销信用证(revocable credit)是在开证行开出信用证后,有权随时撤销或者修改而不必征求有关当事人同意的信用证。由于可撤销信用证开证行付款责任的随意性和不确定性,这种信用证对受益人的权益缺少保障,受益人通常不愿意接受可撤销信用证,在实务中也极少采用。有鉴于此,UCP600 取消了可撤销信用证的概念。

参考资料

UCP600 规定信用证都是不可撤销的

按照 UCP600 第 3 条的规定,信用证都是不可撤销的,即使信用证上未明确说明也如此,从而结束了半个多世纪以来对信用证形式的规定:可撤销的或者不可撤销的。取消了可撤销信用证的概念,一方面加大了开证行的责任感,另一方面增加了受益人对信用证的信任。这也符合实务中信用证不可撤销性的普遍做法。

UCP600 还规定,除某些特定情况外,未经开证行、保兑行及受益人同意,信用证既不能修改,也不能撤销。开证行自发出修改之时起,即不可撤销地受其约束。

信用证的不可撤销性及付款责任的确定性有效地保障了受益人的权益,突出地体现了银行资信担保的优势特征,促进了国际贸易的安全、有效开展。

尽管目前各行开出的信用证都是不可撤销信用证,但是在实务中,有些进口商或开证行利用信用证是开证行的有条件付款承诺这一特点设置“陷阱条款”,或称为信用证**软条**

款（soft clause），即故意以隐蔽的形式在信用证中设置某些条款，使出口方很难甚至根本不可能做到单证一致，动辄出现单证不符，成为进口方拒付货款的理由，或为进口方争取对其有利的交易条件提供了可乘之机。简而言之，软条款有一个最基本的特征，即它单方面被开证申请人或开证行所控制，使得不可撤销信用证变为可撤销信用证。因此，出口方在审核信用证条款时，要特别注意信用证中是否包含软条款，提高风险防范意识，以利于安全收汇，减少损失。

案例分析

信用证中的软条款导致其成为可撤销信用证

案情： 中国北方某市的一出口商收到国外某行开来的信用证，购买石碱，在装运条款中虽有装运效期，但又规定具体的装运日期和船名将由买方在装运前另行通知。为此，出口商在信用证告知的装运效期前，将全部货物运到大连港，等待进口商的具体装船日期。孰料此时石碱的国际市场行情不好，价格下跌，进口商毁约，不再发来具体的装运日期和船名，致使出口商无法使用该信用证装运货物，从而造成不小的损失。

分析： UCP600 规定信用证都是不可撤销的，从而保障出口商只要按信用证的要求办理出口和制作单据，就能收到货款。但是，信用证上的条款和要求必须是出口商能够办得到的，更不能有受制于进口商的条款。本案例中规定“具体的装运日期和船名将由买方在装运前另行通知”，使得交易完全由进口商控制。如果进口商不再发来装运日期和船名，出口方就无法装船，无法取得有关的单据，那么出口商面临的风险极大。因此，出口商在签约时一定要注意信用证中的软条款陷阱，对凡是出口商不能做到的或由进口商控制的各种条款都应提高警惕，拒绝接受，免得上当受骗。

参考资料

常见的信用证软条款

典型的信用证软条款有以下几种：

1. 规定信用证在开证行到期

在正常情况下，信用证的到期日和到期地点应当在出口地，这样出口方可以保证自己在信用证规定的交单日和到期日之前提交单据。但是有些信用证中规定到期地点为进口地，或者虽然规定到期地点在出口地，但是注明单据需于指定日之前寄达开证行。在这种情况下，从出口方交单到指定银行收到单据之间还有一段邮程的时间，而这一段时间是出口方无法控制的，出口方无法保证邮递部门能够不出任何差错地将全套单据交付指定银行。这样，对出口方而言，就有了自身无法控制的风险，于安全收汇十分不利。

2. 规定某些单据应由特定人会签

这种软条款的典型代表就是“客检单”（客方质量检验证明），即货物检验证明要由进口方或开证行指定或授权的特定人出具和签署，其印鉴应由开证行证实方可议付。此外，在有关货运收据的条款中也易设置此类软条款。

信用证结算的基本原理是凭单付款，出口方只要能提交符合信用证规定的单据，开证行即应当保证付款。然而上述条款却明显地对这种凭单付款原理予以否定，如果接受这样的条款，出口方将面临极大的风险。

首先，对进口方所指定的人的行动无法掌控。有可能进口方所指定的人没有（或无法）来会签单据，或者进口方根本没有指示特定人前来会签，或者虽然来会签单据，但是错过了信用证规定的装运期。在这种情况下，要么根本无法取得信用证规定的单据，要么信用证已经失效，无法凭以索款，出口方都不能安全收汇。

其次，对进口方所指定的人签章的真实性、有效性无法掌握。即使进口方所指定的人如约会签，出口方按期将信用证要求的单据交付指定银行，也无法保证单证完全相符，因为上述软条款已经将能否付款的决定因素转换为开证行必须核实有权签字人的签字。换言之，只要开证行认为这个签字不符，它就有权拒付，而签字是否相符完全取决于开证行的单方面确认。如果开证行资信状况不佳，与开证申请人勾结起来进行欺诈，出口方完全无法控制风险。

最后，对不符点没有补救机会。一般情况下，当开证行认为单证不符而拒付时，只要在信用证规定的交单期和有效期之内，出口方就还有机会补寄正确单据，以期安全收汇。但是在上述条款的限制之下，买方代表会签之后即离去，出口方很难有机会对不符点进行补救。

3. 规定议付时提交买方收到货物的证明

此条款表面看似一普通单证条款，实则大大增加了出口方提交单据时的困难。如果信用证中包含有上述条款，出口方可能会面临三种风险：

首先，如果货物在运输过程中灭失，进口方得不到货物，自然不会出具到货证明。根据信用证凭单付款的原则，出口方若不能提交符合信用证要求的单据，则无法得到货款。

其次，如果运程过长，或者运输途中出现故障，货物抵达目的地时超过信用证规定的交单期，信用证已经失效，进口方即使能出具到货证明，仍将无法凭以议付。

最后，如果买方蓄意欺诈，已经收到货物但是拒绝出具到货证明，或者延迟出具到货证明，出口方无法按时提交单据，同样会遭受损失。

4. 规定货物抵达目的地后经买方检验合格方予付款

这一条款改变了信用证开证行的责任。如果信用证中包含有上述软条款，开证行的第一性付款责任将被解除，出口方发货之后能否收回货款，不再取决于开证行的银行信用，而完全取决于进口方的商业信用，这将大大增加出口方安全收汇的难度。另外，根据《跟单信用证统一惯例》的规定，在信用证业务中，各有关当事人所处理的只是单据，而不是单据所涉及的货物、服务或其他行为。上述软条款也根本违反了该惯例的规定。

5. 故意使信用证条款与合同条款不一致

很容易看出，与前面的软条款相比，这种软条款的设置手段更为低劣，一眼就可以识破。稍有经验的人都知道，当信用证条款与合同不相符时，要求对方修改信用证即可，或者如果某些货物属于非法定检验商品，可以按照合同发货，按照信用证制单结汇。但是在实务工作中，因此类软条款而遭受损失的并不少见。究其原因，大多为当市场行情下降时，进口方意欲毁约，但是又不愿承担先违约的责任，于是在信用证条款中做手脚，使信用证条款与合同条款有非常细微的差别。如果出口方没有审核出来，而按照合同发货制单，将会出现单证不符，进口方可以堂而皇之地拒付。如果出口方审核出来，要求修改信用证，进口方的惯用伎俩就是辩称此不符纯属银行笔误，不用修改，一切均按照合同执行，保证不会拒付。一旦出口方相信进口方而按照合同履约制单，就掉进了陷阱，交单之后进口方便指示开证行因单证不符而拒付，从而避免市场价格下降的损失，或者为自己创造有利的付款条件，使得出口方哑巴吃黄连——有苦说不出。这样的案例不胜枚举，尤其是进出口双方有过贸易往来、进口方曾经有良好的履约记录时，更易发生此类欺诈。

上面是几种比较典型的信用证软条款设置方式。除此之外，软条款的设置还有其他方式，比如：信用证各条款之间互相矛盾，指定FOB价格的同时又要求运费预付；利用信用证和修改书构筑矛盾，如信用证要求提交海运提单，后又改为空运方式，但是对运输单据闭口不谈，使得海运提单和空运方式之间互相矛盾；将内陆城市指定为发运港；信用证必须在收到对方的确认书后方才有效；精心设置办证机构或认证机构，增加获得单据和修改单据的难度；信用证中要求记名式提单；等等。

三、保兑信用证与不保兑信用证

（一）保兑信用证

如果一张信用证除了开证行的付款保证外，还有另一家银行对这张信用证做了付款保证，该信用证即为**保兑信用证**（confirmed credit）。

保兑行一旦对信用证加具保兑，即相当于自己开证，保兑行同样不能自行修改或撤销其保兑，保兑行将与开证行共同承担信用证责任，即对受益人提交的符合信用证条款规定的单据必须付款。

一般来说，银行开出信用证是不愿意其他银行加以保兑的。开证行之所以主动或被要求开出保兑信用证，主要有以下几方面原因：一是由于开证行自感其资信状况与开证金额不相称，才主动要求其他银行加以保兑，以免受益人拒收或出口地银行拒绝议付。二是当受益人对开证行的偿付能力不够信任或对进口国政治上有顾虑时，要求通知行或第三家银行加以保兑。三是由出口地法律、法规的约束造成。某些国家规定，受益人只可接受由本地银行加具保兑的信用证。由于开证行和开证申请人不愿接受，就产生了实务中所谓的缄默保兑或局外保兑（silent confirmation），即无须开证行知道的保兑。这仅仅是受益人与本地保兑行之间的一种契约。如被要求保兑的银行不准备加具保兑，则应毫不迟延地告知开证行。

信用证加具保兑后，由开证行和保兑行两家银行做了付款承诺，对受益人来说就有了双重的收款保证，受益人可以要求其中任何一家银行履行付款责任。保兑行的保兑不同于从属性保函中的银行保证。后者中的担保银行只承担第二性付款责任，而保兑行对受益人负有第一性付款责任，受益人可凭表面合格的单据直接向保兑行提出付款要求。在具体兑付时，受益人一般首先要服从信用证条款的规定：如果信用证规定以保兑行作为付款人，受益人应该先要求保兑行付款，保兑行不付再由开证行付；如果规定以开证行作为付款人，受益人应该先要求开证行付款，开证行不付再由保兑行付。此外，如果保兑行是出口地银行，而信用证上规定的付款行在第三国，根据美国的相关解释，保兑行应首先承担付款责任。当然，保兑行承担付款责任的前提条件，也是在信用证的有效期内收到相符单据。

(二) 不保兑信用证

不保兑信用证 (unconfirmed credit) 是指只有开证行的付款保证，没有另一家银行承担保证兑付责任的信用证。

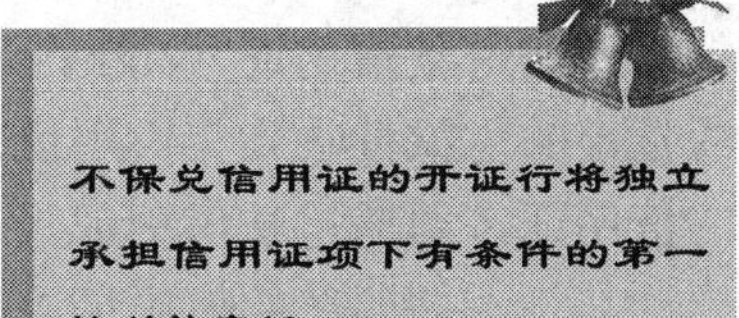

不保兑信用证的开证行将独立承担信用证项下有条件的第一性付款责任。

事实上，实务中不保兑信用证的使用居多，大银行或资信状况良好的银行开出的信用证均是不保兑信用证。因为保兑行对信用证加具保兑要收取保兑费，另外还可能提出其他保兑条件，这些都可能增加进口商和出口商的经营成本，所以，如果开证行的资信确属第一流的，则信用证无须加具保兑。在一般情况下，我国银行不对外开立保兑信用证。因为我国经营国际结算业务的银行，均有足够的偿付能力，故而不需要其他银行保兑。

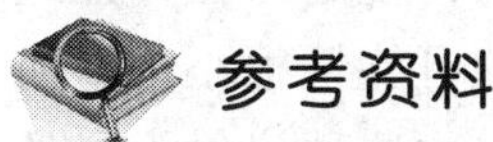

参考资料

保兑信用证是否一定比不保兑信用证好？

尽管保兑信用证有两个银行的付款保证，对出口商最为有利，但在实务中不能滥用。其一，其昂贵的保兑费用，使受益人望而却步。通常保兑行收取的保兑费用在1%和5%之间，与银行的其他费用在0.1%和0.125%之间相比，高出10倍以上，因此，高昂的保兑费用往往使得受益人难以承受而放弃保兑。其二，大多数受益人认为，只要开证行资信好，能够承担付款责任，就没有必要加具保兑。其三，开证行考虑到主动要求加具保兑有可能影响自己的信誉，因此一般也不愿意对自己开出的信用证请另一银行加具保兑。其四，有些保兑行为了收取高额的保兑费用，又不愿意承担开证行拒付的风险，往往无理挑剔单据，使得受益人既付出了高额的保兑费用，又得不到保兑行的额外付款保证，要求加具保兑的积极性大为减弱。近年来，有些加具保兑要求是受益人所在国法律、会计制度等原因不得已而为之。如一些上市公司为了出口后就得到无追索权的资金，要求本国、本城市的银行加具保兑，又由于开证行和开证申请人不愿接受，就演变出“沉默保兑”，即无须开证行知道的局外保兑，仅仅是受益人与本地保兑行之间的契约关系。(Silent confirmation represents an agreement between a bank and the beneficiary for that bank to add its confirmation to the Documentary Credit despite not being so authorized by the Issuing Bank.) 在我国出口业务中，除非开证行资信不佳或者该国政治经济明显不稳定，一般不要求对信用证加具保兑；在进口业务中，国内银行自身信誉较好，一般不愿意主动要求国外银行对自己开出的信用证加具保兑，如果国外强烈要求加具保兑，仅仅在信用证里加具“可以加保”(may be confirmed) 条款。

四、即期付款信用证、延期付款信用证和承兑信用证

根据UCP500的规定，按使用信用证金额的不同方式，一切信用证均需表明它适用于即期付款、延期付款、承兑或议付。

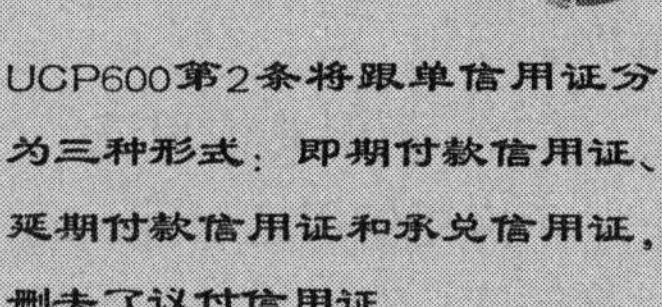

UCP600第2条将跟单信用证分为三种形式：即期付款信用证、延期付款信用证和承兑信用证，删去了议付信用证。

（一）即期付款信用证

即期付款信用证（sight payment credit）是指开证行或指定的付款行收到与信用证条款相符的单据即予以付款的信用证。即期付款信用证具有以下两个特点。

其一，即期付款信用证可以由开证行自己付款，也可以由其他银行付款。如属前者，开证行应履行即期付款的承诺；如属后者，开证行应保证该款的照付。

其二，一般不需要汇票，只凭商业单据付款；也可以开立以指定付款行为付款人的汇票。

按照付款行和到期地点的不同，即期付款信用证还可做如下细分。

1. 进口地付款，进口地到期

即期付款信用证的开证行以其本身为付款行，而且把信用证的到期日规定为在开证地收到全套单据后才能付款。这样的信用证，在出口地被其他银行议付的可能性很小，即使被议付了，开证行也不赋予该议付行一般议付行所能享受的权利，我们称这种议付为局外议付。这种信用证对受益人是很不利的，因为受益人凭这样的信用证要在出口地融通资金的可能性很小，如果受益人直接交单或委托银行交单，要保证信用证项下所有单据在信用证到期日前到达开证行。单据在邮寄过程中遗失或延误的风险，将由受益人承担。

2. 进口地付款，出口地到期

即期付款信用证的开证行以其本身为付款行，但把信用证的到期地点规定在出口地，并规定由其所指定的出口地银行或任何其他银行议付。这种信用证比前一种对受益人有利。出口地银行议付后，即可向开证行或按照信用证上规定的方式取得偿付，至于单据能否如期到达开证行，议付行不负责任。

3. 第三国付款，出口地到期

即期付款信用证以进口地以外的其他第三国银行为付款行，以该第三国的货币为支付货币，但规定在出口地到期，可由出口地银行议付。例如，新加坡银行开出的美元信用证，一般都以其纽约分行或代理行作为付款行，同时规定单据寄递的方式为：一套寄纽约的付款行，另一套寄新加坡的开证行。纽约的付款行凭一套单据付款，议付行也不负单据及时到达的责任。

4. 出口地付款，出口地到期

即期付款信用证以出口地银行为付款行，在出口地到期。开证行开立这样的信用证，一般都以出口地的货币为支付货币，并在付款行开有账户。这种方式在出口地无议付程序，受益人只要向当地的付款行交单，即可获得无追索权的付款，受益人不承担任何利息。这种信用证对受益人很有利。

由上可知，在即期付款信用证情况下，出口地银行既可以是付款行，也可以是议付行。付款行的地位和议付行的地位不同，主要表现在以下几个方面：

第一，开证行和付款行的关系必然是委托代理关系；而开证行和议付行的关系既可以是委托代理关系，也可以是毫无契约关系的两个独立的当事人。

第二，信用证上规定以开证行以外的银行为付款行的，开证行一般在付款行开有账户，或根据代理合约事先把抵补头寸划拨给付款行，付款行在付款以后能立即得到偿付，无须以自己的资金垫付，万一付款行在付款时以自己的资金垫付，因此而发生的利息和费用可向开证行算收；而议付行的议付行为完全是自己垫付资金，因此而发生的费用应向受益人算收。

第三，付款行的验单付款是终结性的，在一般情况下，付款行不能向受益人行使追索权，而且承担证实单证相符的责任，若开证行提出不符点，则付款行应当退款给开证行，自己承担风险；而议付行的审单议付是信用证流转过程中的一个环节，若开证行倒闭或拒付，议付行可向受益人行使追索权。

第四，付款行付款一般是用出口地所在国货币；而议付行议付可使用出口地所在国货币，也可使用出口地所在国以外的货币。

（二）延期付款信用证

延期付款信用证（deferred payment credit）一般不要求受益人开立汇票，而仅规定受益人交单后若干天付款，或货物装船后若干天付款（通常以提单签发日期作为装船日期），或在某一固定的将来日期付款。

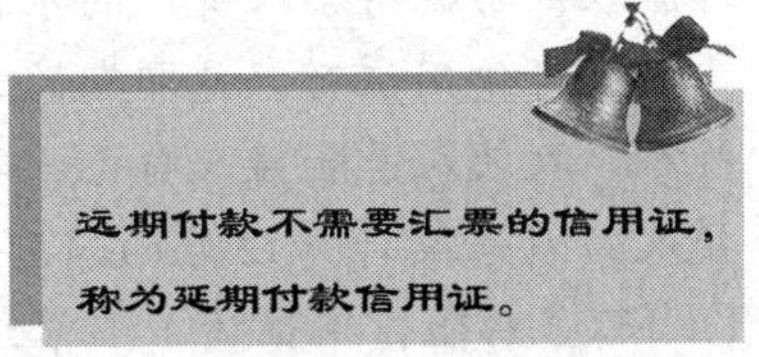

延期付款信用证的业务处理与承兑交单相仿，银行在收到单据后，就将单据交给开证申请人，银行在信用证规定的付款到期日才付款。因此，出口商交单后不能立即得到货款，加上没有汇票，出口商也不能通过贴现已承兑的远期汇票而得到资金融通。延期付款信用证多用于资本货物交易，旨在便于进口商在付款前先凭单提货，并在安装、调试甚至投入使用后再支付设备价款。因此，这种信用证对出口商来说并无多大好处，除了银行的保证到期付款作用外，无资金融通作用。

（三）承兑信用证

承兑信用证（acceptance credit）要求受益人开立以指定银行为付款人的远期汇票，连同规定单据向指定银行交单，该行确认汇票和单据表面合格后，即收下单据并将已承兑的汇票交还给受益人（或受益人的委托银行），负责到期付款。承兑行可以是开证行，也可以是开证行指定的其他银行，如付款行、保兑行和通知行等。

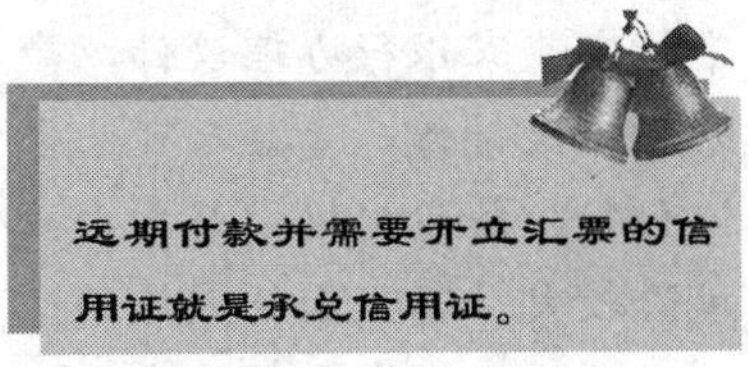

利用承兑信用证可使开证申请人和受益人各得其所：开证申请人获得了远期付款的融资；受益人因利用承兑信用证而满足了开证申请人延期付款的愿望，有助于成交，且受益人获得了银行承兑汇票即意味着获得了银行不可撤销的到期付款承诺，受益人还可将已承兑汇票贴现，提前收回款项。

承兑信用证是进口商根据成交合约中出口商接受远期支付的条件而向进口地银行申请开立的，它也是开证行对进口商授信的一种方式。承兑信用证项下开证行的资信对受益人来说尤为重要，因为银行承兑汇票后，单据与汇票分离，单据由承兑的银行处理，因此不论贴现与否，出口商赖以回收货款的依据就是这张银行承兑的光票。如果开证行作为承兑行，应负责到期付款；如果开证行指定其他银行作为承兑行，应保证承兑行照付并偿付给承兑行，万一承兑行到期不予兑付，开证行需直接承担付款责任。

参考资料

UCP600为什么取消了议付信用证这种划分方式？

按照UCP500的规定，依据使用信用证金额的不同方式，一切信用证均需表明它适用于即期付款、延期付款、承兑或议付。而根据UCP600第2条的规定，跟单信用证分为即期付款信用证、延期付款信用证和承兑信用证三种形式，删去了议付信用证。为什么要做这样的修改呢？

按照UCP500的规定，**议付信用证**（negotiation credit）是指开证行在信用证中明确邀请其他银行为受益人提交的符合信用证要求的单据叙做出口押汇（议付），并保证对议付后取得善意持票人身份的银行及时偿付。

议付信用证可以是即期的，也可以是远期的，一般要求开立汇票，汇票的出票人是受益人，收款人是受益人自己，再由他背书转让给议付行，或者收款人就是议付行，汇票付款人必须是议付行以外的当事银行，如开证行、保兑行等，不能以申请人作为付款人。UCP500劝阻信用证项下汇票以申请人作为汇票付款人，继而又规定如果信用证项下汇票仍以申请人作为付款人，银行将视该汇票为附加单据。

受益人将汇票及单据提交议付行，议付行经审核确认其表面合格后，即从票面金额中扣除议付利息及手续费，将净额垫付受益人，随即向开证行（或其他指定偿付行）寄单索汇；若开证行因单证不符而拒付，议付行可向受益人行使追索权。从这一意义上讲，受益人获得议付行的垫付并非意味着其已真正获得支付，只有当开证行向议付行支付了议付垫款后，受益人才最终获得开证行的付款。

议付信用证又可分为限制议付信用证和自由议付信用证两种。前者指开证行在信用证中指定某家银行办理议付，受益人只能向该指定银行交单并要求议付；后者是指信用证并未指定议付行，受益人可选择任何银行议付。对开证行而言，由于限制议付信用证指定了议付行，易于把握；而自由议付信用证项下的议付行可以是任何银行，开证行难以控制，风险较大，甚至面临欺诈的危险。

从以上内容可以看出，任何一种跟单信用证（即期付款信用证、延期付款信用证和承兑信用证），根据开证人的意愿，既可以允许议付，也可以不允许议付。反之，如果开出的信用证允许议付（无论是自由议付还是限制议付），那么，无论这份信用证是即期付款信用证、延期付款信用证还是承兑信用证，只要受益人能够满足证内规定的相关条件，提交证内所要求的单据，银行都应予以办理议付手续。因此，如果把议付信用证列为一种信用证形式，显然是不恰当的。

五、可转让信用证、不可转让信用证与背对背信用证

（一）可转让信用证与不可转让信用证

根据 UCP600 第 38 条的规定，**可转让信用证**（transferable credit）是指特别注明“可转让”字样的信用证。它是开证行授权指定的转让行（即被授权付款、承兑或议付的银行）在原证受益人（即第一受益人）的要求下，将信用证的可执行权利（即装运货物、交单取款的权利）全部或部分转让给一个或数个第三者（即第二受益人）的信用证。若是自由议付信用证，则开证行应在信用证中明确指定一家转让行。信用证经转让后，即由第二受益人办理交货，但原证的受益人仍需负责买卖合同上卖方的责任。

参考资料

可转让信用证产生的背景

可转让信用证适用于买方与中间商的交易。中间商必须在向买方供货之前购买货物，但是中间商往往只有很少的流动资金，经营范围狭窄，没有库存货物，因此需要寻求一种不增加自身资金负担的购货融资方式。可转让信用证适用于这种贸易形式而被广泛采用，开立以中间商为第一受益人的可转让信用证，再由中间商将信用证项下的权利向一个或多个真正的供货人（第二受益人）转让，从而完成一笔合同交易。

不可转让信用证（non-transferable credit）是指受益人不能将信用证项下的权利转让给他人的信用证。根据 UCP600 的规定，除非信用证中特别注明“可转让”字样，信用证才属可转让信用证。凡未明确表明为可转让者，均为不可转让信用证。

可转让信用证在禁止分批装运时，只能全额转让给一个第二受益人（但可保留差额利润）；在准许分批装运时，可以被分割并同时转给数个第二受益人，且每个第二受益人仍然可以办理分批装运。当然，第一受益人也可只转让信用证金额的一部分，余下部分由自己使用。但可转让信用证只限于一次性转让，即作为第二受益人，也称受让人，不能继续将信用证转让给其后的第三受益人。然而，第二受益人将信用证转回给第一受益人不在禁止之列，并且可由第一受益人将信用证进行再转让。

信用证的再转让（retransfer of credit）是指原来的第二受益人在信用证到期之前，保留未用金额，将其转回给第一受益人，第一受益人利用该部分金额再转让给新的第二受益人。这是允许的，只要原始信用证未过期，被转让的金额确实未用，即可请求转让行办理再转让。但是，转让行应从原先第二受益人那里确认他没有使用，或者将不使用转让信用证项下的可用金额，还应要求他退回转让信用证的正本通知书。

如果信用证被转让给一个以上的第二受益人，一项修改被一个或多个第二受益人拒绝，则并不意味着被其他第二受益人的接受为无效，对接受者来说该证已做修改，对拒绝者来说该证保持原样。这样，对于不同第二受益人交来的单据银行审单标准不一致，会给银行带来麻烦。如果开证行不愿采用第二受益人独立处理修改权的方式，它应在信用证内清楚说明修改用什么方式处理。

可转让信用证通常用于有中间商参加的交易。中间商是第一受益人，实际供货商是第二受益人。中间商为了保持商业秘密，不愿意让进口商直接开证给供货人，因为这样做不仅泄露了它的贸易关系，而且暴露了它的实际利润。但如果进口商把信用证开给它，由它再向银行申请转开，则既增加费用，又需垫付押金，因此它要求进口商在开给它的信用证上加注“可转让”条款，中间商在收到信用证后，只要付出少量转让费，即可将信用证转让给实际供货商。有时，可转让信用证也用于大宗商品交易，比如大公司接受了国外大宗订货，打算由其分散在各口岸的分号或联号来分头交货。在成交时，大公司即可要求进口商开立可转让信用证，以便分配在各口岸出运，具体流程参见图 5－3。

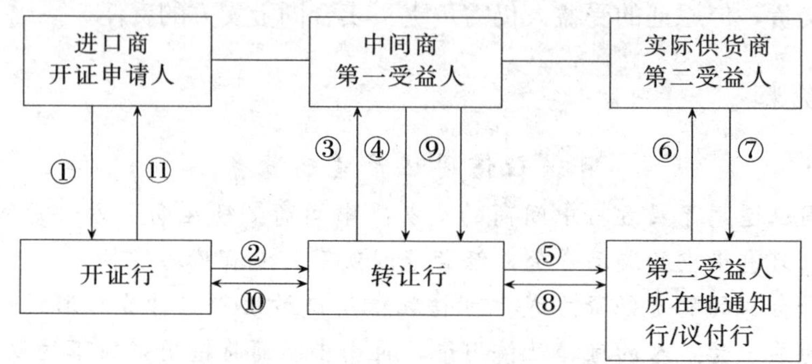

图 5－3　可转让信用证业务流程

注：①进口商申请开立可转让信用证。②开证行将可转让信用证开给中间商所在地银行（转让行）。③转让行将可转让信用证通知给中间商。④第一受益人（中间商）向转让行申请将信用证转让给第二受益人。⑤转让行按第一受益人的指示开立可转让信用证，通过第二受益人所在地银行通知。⑥通知行将可转让信用证通知给第二受益人。⑦第二受益人审证无误后，出运货物，按规定交单议付。⑧第二受益人所在地议付行审单议付后，向转让行寄单索偿，转让行履行付款或议付义务。⑨转让行通知第一受益人提供自己的发票、汇票（按原证开立的、金额大的），以替换第二受益人的发票、汇票（按可转让信用证开立的、金额小的），第一受益人取得两者间应得的差额。如果第一受益人未能在首次要求时予以调换，则转让行有权将第二受益人的单据直接寄给开证行，并不再对第一受益人负责。⑩转让行将第一受益人开立的发票、汇票及第二受益人提供的其他单据一并寄开证行索偿，开证行凭符合信用证规定的单据付款。⑪开证行通知进口商付款赎单。

在我国，以总公司为受益人的信用证，下达给各口岸分公司装船交单，这是在同一受益人内部委办任务。如果信用证未列明为可转让信用证，则仍用总公司的名义制单开立汇票；如为可转让信用证，则可用口岸分公司的名义交单议付，此类外贸总公司内部的可转让信用证，在业务流转中无须替换发票。

可转让信用证必须由第一受益人填具转让书（letter of transfer），支付转让费。在第一受益人的要求下，转让行在开立可转让信用证时，总金额、单价可减小，装运期、有效期、交单期可缩短，保险投保比例可以增大，也可用第一受益人的名称代替原证的开证申请人名称。除此以外，可转让信用证的内容必须与原证条款相同。

（二）背对背信用证

背对背信用证（back-to-back credit）又称对背信用证，是指一张信用证的受益人以这张信用证为保证，要求该证的通知行或其他银行在该证的基础上开立一张以本地或第三国的实际供货人为受益人的新证，这张新证就是背对背信用证，它是一种从属性质的信用证。

背对背信用证的使用目的与可转让信用证大体相同，一笔交易经由中间商成交，当进口商在信用证上不愿加列可转让条款时，往往使用背对背信用证，它是中间商用信用证方式实现融资的一种手段。中间商以原证为抵押，申请开立一张内容近似的背对背信用证（新证）给实际供货商（新受益人）。新证开立时，原证仍有效，原证由开立新证的银行代原受益人（中间商）保管，以原证项下收到的款项来支付背对背信用证开证行垫付的资金，这样中间商就不必因向实际供货商购货而需要支付货款。一般而言，背对背信用证的开证行同时又是原证的议付行。中间商通过利用背对背信用证，同样既能做成交易，又可从中获得利润。

信用证并非流通工具，因此它不能像汇票或支票那样通过背书转让流通。就开证行来说，信用证能否转让对它的影响不大，它只凭符合信用证条款的单据付款，而无须过问由谁提示单据。但对进口商来说，成交的货物是由原签约的出口商装运还是由其他人装运却有很大的差别。进口商对与其直接签约的出口商比较了解，坚持成交的货物应由出口商发货、装运和交单似乎有充足的理由，所以进口商不愿意使用可转让信用证，但这并不能杜绝中间商的存在。事实上，对进口商来说，选择一个信誉良好的中间商才是至关重要的。因为无论是可转让信用证还是背对背信用证，中间商均需承担买卖合同上卖方的责任，保证进口商能收到符合合同要求的货物。

背对背信用证的业务流程如图 5 - 4 所示。

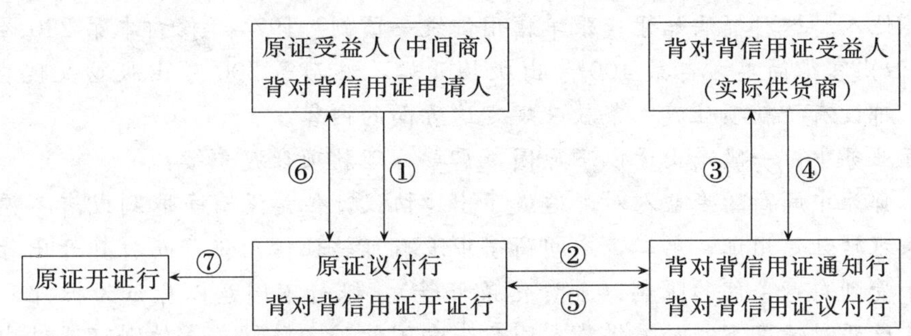

图 5 - 4 背对背信用证业务流程

注：①原证受益人申请开立背对背信用证。中间商在收到进口商申请开立的不可撤销信用证后，以该证做保证，要求其往来银行根据原证开立以其为申请人、以实际供货商为受益人的背对背信用证。

②开立背对背信用证。由于开立背对背信用证存在风险，因此开证行要求中间商交出原证作为开证保证，因为原证是原开证行保证付款的承诺，背对背信用证开证行以这一承诺作为开立新证的依据。

③通知背对背信用证。背对背信用证开立后，开证行可以以电信或信函方式通过受益人所在地银行将该证通知给实际供货商。

④实际供货商交单。实际供货商受证后，根据背对背信用证的条款备货装运。一般背对背信用证的装货期和有效期较短，实际供货商应当把握装货交单的期限，及时向背对背信用证的通知行交单议付。

⑤背对背信用证议付行向背对背信用证的开证行寄单索偿。背对背信用证议付行审核单据无误后，议付实际供货商并同时向背对背信用证的开证行寄单索偿。

⑥中间商换发票与汇票。背对背信用证的开证行收到单据后，要在审单付款的同时通知中间商换发票与汇票。中间商按原证另外开立汇票与发票，以替换背对背信用证项下的汇票与发票。

⑦向原证的开证行寄单索偿。背对背信用证的开证行若就是原证的议付行，则其在替换发票后，将已议付的单据寄往原证的开证行索偿；若不是原证的议付行，则将原证项下的单据交议付行议付，由议付行向原证的开证行寄单索偿。

由上可知，背对背信用证与可转让信用证在业务处理上有许多相似之处，但在性质上两者又有很大的不同。可转让信用证的新证是根据原证换开的，两者之间存在直接的连带关系，原证与新证的开证行相同，即由原证开证行同时对第一和第二受益人负责。而背对背信用证的原证与新证是两张独立的信用证，分别由两家开证行保证付款，新证开立时，原证仍有效，但是新证的开证行与新受益人完全是一笔新的单独的业务关系，由新证开证行对新受益人负责付款，新受益人可能根本不知道是背对背信用证，信用证表面也不注明是背对背信用证，只有原受益人以及新证的开证行了解这一事实，原证开证行、原进口商和新受益人可能都不了解。原证开证行、原进口商与新证毫无关系，新受益人与原证也不发生关系。也就是说，背对背信用证情形下有两个独立的开证行，分别对各自的受益人负责，即原证开证行对原受益人负责，新证开证行对新受益人负责。

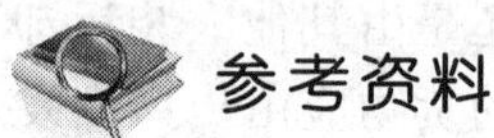

参考资料

可转让信用证、背对背信用证与款项让渡

UCP600 第 39 条专门对**款项让渡**（assignment of proceeds）做了规定：信用证未表明可转让，并不影响受益人根据所适用的法律规定，将其在该信用证项下有权获得的款项让渡给他人的权利。该条款所涉及的仅是款项的让渡，而不是信用证项下执行权利的让渡。

款项让渡是指无论是何种类型的信用证，证内的受益人都有权将从证内获得款项的权利转让给其他人。这种提法始于《跟单信用证统一惯例》1974 年修订本第 290 号出版物的第 47 条，但内容很简单。自第 400 号出版物开始，继而第 500 号出版物及现在的第 600 号出版物，都设有“款项让渡”条款来规定这方面的内容。

在实际业务中，一般是由于以下原因，需要办理款项让渡手续：

第一，作为中间商的受益人对外达成了出口协议，但是没有争取到或者不愿意争取国外客户开来可转让信用证。第二，中间商手中没有可转让信用证，而打算开出背对背信用证，但由于受到自身条件的限制（如资信条件等），银行不同意以原证为抵押开出背对背信用证。在这两种情况下，如果供货人同意先向国外买方供货，货款则可通过中间商将证内款项让渡给供货人来支付。此外，受益人可通过款项让渡偿付其对另一方的债务；受益人以让渡款项向银行或其他金融机构偿还贷款。

需要指出的是，款项让渡涉及的仅是证内款项的转让，与原证开证人的利益没有冲突，也与开证人无关。而信用证的转让不同，它涉及原证受益人执行信用证的权利。同时，在履行信用证的过程中，由于受益人的更换，也会影响到开证人的权益，所以只有信用证注明了“可转让”时才可转让。由此可见，款项让渡与可转让信用证不同，也与以原证做抵押开出的背对背信用证不同。

款项让渡并非当事人私下授受的行为，需要相关手续，但各银行并无统一的做法。目前较为普遍的做法是，当中间商，也就是款项让渡人，打算将证内款项让渡给他人时，应到信用证内的指定银行办理款项让渡手续。办理款项让渡的银行在接受让渡人的申请后，要给出确认书。让渡人将银行的确认书副本转交给发货人即款项让渡的受让人留存。将来受让人发出货物后，向办理款项让渡的银行提供信用证内规定的有关单据和货物已经装出的证明材料，银行则负责收款后直接将款项拨付给他。从表面上来看，受让人（发货人）

只要持有银行接受办理款项让渡的确认书，便可以放心地将货物装运。实际上，款项让渡的做法对发货人隐藏着一定的风险，在接受这种付款方式之前，应该经过仔细考虑，特别是要对中间商的资信状况进行全面了解，避免上当受骗。

案例分析

背对背信用证项下利用单证瑕疵拒付货款案

案情：某年，我国M进出口公司与美国N贸易公司签订了一份总价值为242万美元的钢材出口合同。N贸易公司将合同项下货物转售，并以下家（实际进口商）开出的信用证为抵押，通过美国K银行向我国M进出口公司开出背对背信用证。但N贸易公司在转售时，无意中搞错了钢材规格，因而导致其无法向下家履约和收款。N贸易公司遂伙同开证行利用M进出口公司所提交的结汇单据的非原则性瑕疵，拒绝付款。M进出口公司与上海议付行分别与客户及开证行进行了长时间交涉但无果，因此遭受了重大损失。

分析：这是背对背信用证项下中间商利用单据的非实质性不符点逃避本来应该由自己承担的责任的典型案件。对于M进出口公司来说值得吸取的教训是深刻的：首先是对贸易对手了解不够，以为拿到了信用证收汇就有了保证。其次，M进出口公司制单的水平有待提高。

六、对开信用证

一国的出口商向另一国的进口商输出商品，同时又向其购进货物，这样可把一张出口信用证和一张进口信用证挂起钩来，使其相互联系、互为条件，这种信用证称为**对开信用证**（reciprocal credit）。对开信用证的特点是：第一张信用证的受益人和开证申请人分别是第二张回头信用证的开证申请人和受益人，第一张信用证的开证行和通知行分别是第二张回头信用证的通知行和开证行。

对开信用证的业务流程如图5-5所示。

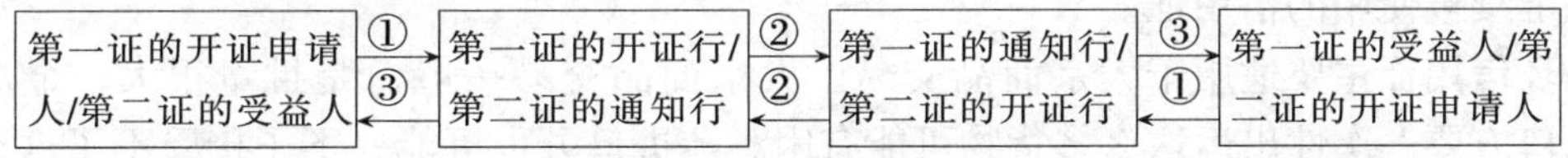

图5-5 对开信用证的业务流程

注：①申请开证；②开立信用证；③通知信用证。

对开信用证常见的生效方式有以下两种：

（1）两张信用证同时生效，第一张信用证先开，但是暂不生效，等对方开来回头证经受益人接受后，再通知对方银行两证同时生效。

（2）两张信用证分别生效，第一张信用证开立后不以回头证的开立和接受为条件，而是立即生效，回头证另开；或在第一证的受益人交单议付时交来担保函，保证若干天内开出以第一证的开证申请人为受益人的回头证。在分别生效的条件下，第一证的开证申请人存在风险。

参考资料

对开信用证在“三来一补”贸易中的运用

我国在来料加工业务中大多采用两证同时生效的方式，例如，在进口原材料时开出的远期信用证，对应着产成品返销时国外开来的即期信用证。首先开出的远期信用证的有关条款举例如下：

This Credit is available by drafts drawn on us at 180 days after bill of lading date.

Payment will be effected by us at maturity of draft against the above mentioned documents complied with Credit terms and our receipt of the Credit opener's advice stating that a reciprocal Credit in favor of the applicant issued by ______ Bank for account of beneficiary available by sight draft has been received by and found acceptable to them.

回头证开出时应加列对应开证条款：“This is a reciprocal Credit against ______ Bank Credit No. ______ favoring ______ covering shipment of ______”。

对开信用证不同于背对背信用证。背对背信用证是一张信用证靠着另一张信用证开立，两笔都是进口业务；而对开信用证是一笔进口业务和一笔出口业务挂钩，主要用于易货贸易和来料来件加工装配业务。在这类交易中，双方都需向对方支付款项，但又不是独立的两笔交易。在此期间，交易双方均担心对方只享受权利而不履行相应的义务，于是就产生了把双方的付款承诺联系在一起的对开信用证业务，使各自的合同义务与权利相互联系、相互制约，共同维护双方利益。这样，使用对开信用证在一定程度上可以起到防范风险的作用。

七、循环信用证

循环信用证（revolving credit）是指信用证的全部或部分金额被使用以后仍可恢复到原金额继续被使用的信用证。

循环信用证主要适用于大宗商品交易。大宗商品交易一般总是批量很大、金额也很大，出口方要一次性出运这么多货物可能有困难，进口方也可能一下子接受不了这么多货物，付不出货款。因此，基本都采用分批装运、分批付款的方式。由于每次装运条件、金额、提供的单据要求都是同样的，若每装一批货开一张信用证，手续烦琐，费用也高，进口商为了节省开证手续和费用，在实际中往往只开立一张信用证循环使用。

循环信用证分为两类：

（一）按时间循环的信用证

按时间循环的信用证规定了受益人每隔多少时间（如 1 个月或 1 个季度）可循环使用信用证上规定的金额。例如，信用证金额为 10 000 美元，规定 1 个月循环一次，有效期为 6 个月。

按时间循环的信用证根据每期信用证余额处理方式的不同，又可分为两种：

1. 积累性循环信用证

积累性循环信用证（cumulative revolving credit）是指若受益人在规定期限内可支取的信用证金额有余额，则该余额可以移到下期一并使用。

此类信用证中通常有下列条款：

This Credit is revolving at USD 100 000 covering shipment of per calendar month cumulative operation from January 2019 to June 2019 inclusive up to a total of USD 600 000.

2. 非积累性循环信用证

非积累性循环信用证（non-cumulative revolving credit）是指上期未用完的信用证余额不能移到下期一并使用。

此类信用证中通常有下列条款：

This Credit is revolving at USD 100 000 covering shipment of per calendar month non-cumulative operation from January 2019 to June 2019 inclusive.

例如，信用证金额为 10 000 美元，每月循环一次。现假设第一个月使用后尚有余额 1 000 美元，若是积累性循环信用证，则下个月的信用证金额为 11 000 美元；若是非积累性循环信用证，则下个月的信用证金额仍为 10 000 美元。

（二）按金额循环的信用证

按金额循环的信用证是指信用证每期金额用完后，可恢复到原金额循环使用，直到规定的总金额用完为止。其具体的循环方式有三种：

1. 自动循环信用证

自动循环信用证（automatic revolving credit）指信用证每期金额被支用后，不必等待开证行通知，即能自动恢复到原金额继续使用的信用证。

2. 非自动循环信用证

非自动循环信用证（non-automatic revolving credit）指每期金额用完后，必须等待开证行通知，才可恢复到原金额使用的信用证。

3. 半自动循环信用证

半自动循环信用证（semi-automatic revolving credit）指每期金额用完后，若干天内如未接到开证行提出停止循环使用的通知，则可恢复到原金额继续使用的信用证。

循环信用证因需长时间循环使用，议付行议付后应特别做好信用证的背批。

八、预支信用证

预支信用证（anticipatory credit）是在信用证上列入特别条款授权议付行或保兑行在交单前预先垫款付给受益人的一种信用证。它是允许出口商在装货交单前，可预先支取全部或部分货款的信用证。

开证行在开证申请人的请求下，在信用证上加列条款，授权出口地银行（如议付行）仅凭出口商签发的光票，在交单前就向出口商预先自行垫付全部或部分货款，以帮助出口商备货装运。等出口商交单议付时，预支行再从议付金额中扣还已垫付的本息，将余额付给出口商。银行预支款项后要求受益人将信用证正本交出，以控制受益人向该行交单。若到期出口商未能装运，则由开证行负责向预支行偿还本息，再由开证申请人对开证行负责。这是进口商利用开证行信用帮助受益人融资的一种方式，由进口商承担融资风险。

最早的预支信用证主要用于澳大利亚、南非的羊毛进出口贸易。由于过去信用证的开立以信开方式为主，信用证上的预支条款为了醒目起见，通常用红字打印，故预支信用证又称**“红条款信用证”**（red clause credit）。而预支信用证发展到现在，基本采用电开方式，预支条款就不可能用红字来强调了。

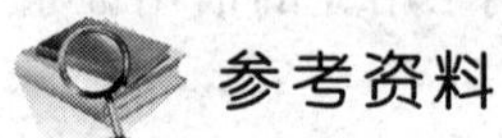

参考资料

预支信用证与打包贷款的区别

预支信用证与信用证下的打包贷款均系出口地银行向出口商提供的资金融通，但两者有所不同。预支信用证是开证行在信用证中授权出口地银行向出口商预支全部或部分信用证金额的款项，故出口地银行对出口商的贸易融资与进口商和开证行有密切关系：若出口商届时不能出运货物及交单议付，出口地银行可向开证行提出还款要求，开证行应立即偿还其垫款本息。而打包贷款是由出口商自行凭正本信用证向出口地银行预借一定数量的资金，用于收购货物、仓储及包装出运，其借款行为与进口商和开证行无关，故贷款银行需自行承担信贷风险。因此，以信用证做抵押而叙做的打包贷款实际上无异于无抵押信用贷款。银行应严格审核贷款条件，在贷款归还之前，应与客户保持密切联系，了解其出口业务进展，督促其及时发货交单，按期归还贷款。

九、买方远期信用证

信用证中规定受益人开立远期汇票，但又规定远期汇票可即期付款、贴现利息和承兑费用由买方负担，这种信用证称为**买方远期信用证**（buyer's usance credit），亦称假远期信用证。

此类信用证中通常有下列条款：“The usance drafts are payable on a sight basis, discount charges and acceptance commission are for buyer's account”。

使用买方远期信用证，议付行在议付后向开证行索偿时，可立即得到开证行的即期付款，并且不承担贴现利息和承兑费用，因而议付行对受益人的议付，也只需扣除一个邮程来回的利息和手续费，等同于即期汇票的议付。

> 买方远期信用证被应用于即期付款的交易中，是买方融通资金的一种方式。

由于国际金融市场的贴现率一般比银行的贷款利率低，进口商往往利用银行承兑汇票以取得优惠贴现率，所以在签订即期付款的贸易合同后，要求开证行开立的不是即期付款信用证而是远期承兑信用证，证上规定所有贴现利息和费用由开证申请人负担。这样，出口商仍能像即期付款信用证那样通过贴现取得全部货款，而贴现银行应扣除的贴息和承兑行承兑汇票的费用则向进口商算收。这是进口商通过贴现手段取得资金融通的方法，出口商在取得资金方面虽然没有什么损失，但是它要承担将来汇票拒付时被追索的风险。

第五节 信用证结算分析

一、信用证结算的使用背景

信用证结算的最大优点是它能在很大程度上解决出口商的收款风险问题。换句话说，在收款风险较大时，采用信用证结算对出口商比较有利。

1. 进口商资信欠佳或对进口商不了解

进口商资信欠佳意味着其无理拒付、延付、少付以及无力支付的可能性较大，出口商不能按期收到全部货款的概率较大。对于不了解的进口商，收款的不确定性也即风险性也随之增大。在这两种情况下，采用信用证结算很合适。

2. 进口国存在严格的外汇管制

严格的外汇管制在此主要指对经常项目特别是进口付汇的严格管制。如果进口国存在严格的外汇管制，那么该国一切进口付汇都必须报请外汇管理部门批准。在这种情况下，即使是面对资信很好的进口商，出口商也面临收款风险——进口商的付汇得不到本国外汇管理部门的批准。如果采用信用证结算，则可有效解决这一问题。因为在存在严格外汇管制的国家里，银行在对外开立信用证之前，必须首先向外汇管理部门报批，只有经过批准，银行才能对外开证和付汇。只要银行能开出信用证，就意味着其对外付汇的政策限制能有效规避了。

二、信用证结算的优缺点

（一）信用证结算的优点

1. 出口商收款风险较小

由于信用证结算的信用基础是银行信用，银行（开证行、保兑行）取代进口商成为第一付款人，只要出口商能履行合同并提供与信用证规定相符的单据，那么开证行一般会付款，或者说出口商通常能收回货款。这是信用证结算被普遍采用的最主要原因。

在实行外汇管制的国家里，开证行开出信用证必须经过外汇管理机构的批准，所以出口商取得信用证后，就可避免进口国家禁止进口或限制外汇转移所产生的风险。另外，万一开证行因种种原因不能付款或拒绝付款，它必须把代表货物的单据退给出口商。这样，出口商虽收不到货款，但物权仍在自己手中，损失不会太大。

2. 进口商可以控制出口商的履约情况

通过信用证条款可以规定出口商的装货日期，使货物的销售能适合时令。通过适当的检验条款，可以保证货物在装船前的质量、数量，使进口商收到的货物在一定程度上符合合同规定。

3. 融资较方便

信用证结算与贸易融资的关系十分密切，贸易融资已成为信用证结算的重要组成部分，进出口商在与银行打交道时每一个环节都可能从银行得到资金融通，并且融资手续比较简单。

对进口商来说，在申请开证时不用交付全部开证金额，只需交付一定比例的保证金，并且凭开证行授予的授信额度开证，可以避免流动资金的大量积压。如果开证行履行付款义务后，进口商在筹措资金上有困难，它还可以使用信托收据等方式向开证行先行借单，提货销售，待货款回笼后再行付款。

对出口商来说，它只要收到资信较好的银行开出的信用证，就可以向它的往来银行申请打包贷款或其他形式的贷款。在货物出运之后，只要将符合信用证条款规定的货运单据交到往来银行或信用证指定的银行，即可由该行议付单据，取得货款，这就增加了收款保障，加速了资金周转。

4. 对相关银行来说的优点

对开证行来说，它开出信用证是贷给进口商信用，而不是资金，并不占用自身资金，还可获得开证手续费收入。此外，贷出的信用是有保证金或担保的，而不是无条件的。当它履行付款义务后，还有出口商交来的货运单据作为保证，如果进口商不付款，它可以处理货物，以抵补欠款。如果出售的货款不足以抵偿，它仍有权向进口商追偿其不足部分，所以风险较小。

对出口地银行而言，因有开证行的保证，只要出口商交来的单据符合信用证条款的规定，即可垫款议付，收取手续费和贴息，然后向开证行或指定的偿付行索偿。

（二）信用证结算的缺点

尽管信用证结算的优点十分突出，但信用证结算并不是一种完美的结算方式，其缺点也很明显：

1. 贸易风险依然存在

信用证结算中存在的贸易风险包括进口商的提货风险和出口商的收款风险两个方面。

(1) 进口商提货风险大。由于信用证结算是一种纯粹的单据买卖业务，只要单据相符，开证行就要对外付款，进口商也要付款赎单。进口商得到合格单据并不一定得到单据记载的货物，因为出口商可能提供无货单据或与实际货物不一致的单据，如果是这样，那么进口商就受到了欺诈。虽然进口商可凭合同向出口商索赔，但蓄意行骗的出口商可能早已逃之夭夭。

(2) 出口商的收款风险仍然存在。①开证行无理拒付或无力支付；②出口商履行合同后，由于技术上的原因使得单据不符导致开证行拒付。

2. 进口商资金占用时间长

为降低开证风险，开证行通常要向进口商收取占信用证金额一定比例的押金，由于信用证的结算周期较长，该项资金将被银行较长时间地占用，增加进口商的资金负担。至于免收押金的客户则要占用银行提供的信用额度，减少贷款担保金额。

3. 结算速度慢、费用高

信用证结算环节多、单据量大，使得货款收付所需时间较长，结算速度较慢，不利于贸易双方提高资金使用效益。由于银行承担了风险，所以它收取的费用也较高——这些费用大多由进口商承担。

可见，信用证结算并不完美，这是一种有利于出口商而不利于进口商的结算方式。

三、信用证的审核与修改

（一）信用证的审核

信用证的审核简称为“审证”，是信用证业务中一个非常重要的环节。信用证的修改简称为“改证”，是信用证业务中经常发生的情况。信用证由开证行在进口商的指示下开立，受益人必须根据信用证的条款出口货物。如果信用证的条款与进出口贸易合同不符，则会出现两种情况：第一，若出口商仍按原合同行事，开证行就会以单证不符为由拒绝付款；第二，若出口商按照信用证条款出货与提供单据，这样做的结果其实就是出口商承认了进口商单方面对贸易合同的修改。通过审证，则可发现信用证是否与合同相符，所以审证是受益人提出改证的前提。另外，通过审证也可防止不法商人伪造信用证搞欺诈活动。

特别指出，对国外来证的审核，不仅要求业务人员有敏锐的洞察力、丰富的国际贸易知识和有关的法律知识，更要求银行（通知行）与出口企业（受益人）的密切配合和友好合作。银行和出口企业各自的审证重点有所不同，但对某些项目，如信用证生效期、信用证软条款的识别等，银行应主动帮助出口企业审查，提醒出口企业注意。

1. 银行审证

银行（通知行）的审证侧重于与收汇有关的问题，以保证国内货物出口后能安全收汇。通知行收到国外来证后，应考虑进口国的政治经济形势与开证行的资信以决定是否通知信用证；如果决定通知信用证，必须小心仔细地审查信用证的表面合理性。

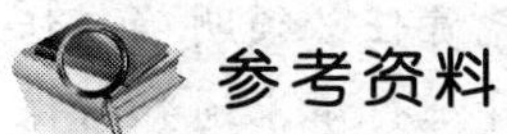

参考资料

银行审证的主要内容

银行审证包括以下几个方面：

(1) 对开证行的资信审查。开证行的资信状况是出口商安全收汇的基础。影响开证行资信的因素主要有：开证行所在国家的宏观经济形势及其对开证行的影响大小；开证行的实力，包括资本额与资产负债总额的大小；开证行的信誉与经营作风；开证行与通知行以往的合作关系；等等。如果发现开证行的资信与来证金额不相称，应根据不同情况采取安全措施，如要求由其他资信好的大银行加具保兑，或要求由付款行确认偿付，要求信用证注明：

The drawee bank will confirm to the negotiating bank that it is authorized by the issuing bank to honour the negotiating bank's claim of reimbursement made under this credit.

(2) 对受益人的审查。受益人必须是当地有权办理出口业务的企业。受益人的名称及地址应与实际相符。如果受益人为外地企业，应转由当地分行通知。如果当地不具备通知条件，可直接通知受益人。

(3) 对信用证付款责任的审查。有一些信用证虽是不可撤销信用证，但在特别条款中规定在某种情况下可以撤销，这类条款俗称“软条款”或“陷阱条款”。对这类信用证银行一般不予接受。

(4) 对信用证使用货币的审查。除协定国家按照协定另有规定外，来证应使用可自由兑换的货币。如果信用证规定的计价货币为一种外币，而实际上要求用另一种外币偿付，原则上不可接受。如果视具体情况需要通融，接受者应注意信用证上的折算时间与折算汇率是否合理。通常的做法是，议付行根据当日的汇率将计价货币折算成支付货币向国外索偿。例如，瑞士法郎信用证的索汇条款规定：

After negotiation please reimburse yourselves through the Chase Manhattan Bank, New York in the counter value in US Dollars under advice to US.

(5) 对信用证偿付方式的审查。应采用国际贸易中通常使用的方式，并且以有利于安全收汇为原则。如果信用证列有货到付款、验货合格付款等特殊条款，因不利于收汇，应在了解成交合同情况后提出修改意见。

(6) 对信用证生效性的审查。有些信用证规定必须取得某种条件或某种文件之后信用证才能生效。如规定进口商取得许可证或当局签发的授权书后，信用证始能生效。例如，信用证上有这样的条款：

This documentary credit will become effective provided that you receive authorization. (本信用证在你收到授权书后才生效。)

银行通知未生效信用证时，一般应在信用证正本上明显加注“此证暂未生效，应在生效通知到达后再办理出运”字样。

(7) 对信用证装运期、有效到期日和有效到期地的审查。银行应与出口商联系，掌握装运期的长短及其合理性。有些信用证规定有效到期地在国外，这种规定受益人不易控制，如果不是业务特殊需要，应要求受益人或由银行经洽商将“国外到期”修改成“境内到期”。

(8) 对保兑条款的审查。凡信用证由第三家保兑银行保兑者，保兑责任必须明确包括提供保兑的银行的确认书。同时，银行应该审查保兑行的资信。如果开证行请求通知行保兑，通知行应根据开证行的资信状况及其所在国政治经济形势决定是否加具保兑，只有在认为收汇有把握的情况下才同意加具保兑，否则应予拒绝。

(9) 对信用证项下银行费用的审查。信用证应按贸易合同的规定声明银行费用的负担者。如果信用证中规定银行费用由受益人承担，银行应与受益人联系以证实是否与合同相符。如果此规定并非合同约定而是进口商强行加列，应要求受益人联系国外修改或向开证行声明银行费用的承担者。

(10) 其他。如对信用证要求的单据、信用证保险条款等的审查。信用证要求的单据必须是出口国政策许可、出口商能够得到的；信用证条款与条款之间、单据与单据之间不能有矛盾之处，如价格条件、是否要求提供保险单等。如果保险由出口商办理，应审查信用证所规定的保险险别和保险条款是否为出口国保险公司所能承保的。

2. 出口商（受益人）审证

受益人的审证侧重于与贸易有关的问题，以保证按合同交货、使货物顺利出口。出口商审证的依据有三个：一是买卖合同。现行的买卖合同大多是由卖方用事先印就的固定格式，根据某种具体商品，只填写其中的几个主要条款，然后经买卖双方签字而达成的。这种签约方式的优点是简便易行、节约时间，缺点是固定格式的合同留下的空白很有限，又不尽合理，不可能把买卖双方，特别是买方对于某种商品的一些特殊要求都填写上去。等到买方开立信用证时，为了确保自身的利益，就可能在信用证里加列一些合同中没有的条款。二是收证时的政策法令。审查来证有无违反政策法令规定的地方。三是备货和船期等实际情况。要审查来证内容中有无出口商办不到的地方；有无影响出口商安全、及时收汇或会增加出口商费用开支的地方。如果发现来证有这些情况，必须立即联系贸易伙伴——开证申请人要求改证。

参考资料

出口商审证的主要内容

(1) 开证申请人、受益人的名称和地址是否准确？通知行是何种身份，即是否为付款行、限制议付行、保兑行等？

(2) 信用证的类型。是即期付款信用证、延期付款信用证还是承兑信用证？信用证内是否加有软条款使之成为实际可随时撤销的信用证？若发现信用证内有限制性付款条款和保留条件，必须要求开证申请人改证。

(3) 信用证的生效性。一些银行收到未生效信用证，并不在信用证上加注“暂不生效”等有关声明，便通知受益人。出口商应认真审证以确认信用证是否为已生效信用证，在信用证生效之前不能发货。

(4) 信用证金额。金额应与单价和货量相称，大小写金额应相同。有的金额可能已扣除佣金或折扣。如果货物有溢短装，金额也应有相应的增减幅度，如果没有，出口商可提出修改。有的金额内可能还包括应由买方承担的额外费用等。这些应与合同一致，不一致者可以拒绝接受。

(5) 货物描述。出口商根据合同对信用证中的货物名称、规格、尺码、花色等仔细地核对。如果一些关键单词拼写错误或者意思不够明确，原则上应当提出修改。因为信用证条款除非提出修改，否则是丝毫容不得改动的。如果信用证上货物名称中某个字母打错了，除非事先提出修改，否则所有相关单据上也必须跟着打错，以免造成不符点。但这样做很麻烦，不仅每一份货运单据、保险单据、商检证书都要照错制错，有些部门如商检局等还会拒绝出具商品名称错误的单据。根据 UCP600 的规定，银行应劝阻过于详细的描述，货物描述可在合同基础上加以精简。如果合同货名过多过细，信用证可打总称。有的来证只规定货名、货量，甚至有的只写如××号合同（As per Contract No. ××），这些规定都可以接受。

(6) 货物数量、重量。根据 UCP600 的规定，除非信用证另有规定，只要信用证未注明货物以包装单位或个数计数，并且总支付金额不超过信用证金额，货物数量可允许有

5%的增减幅度。如果信用证声明了该证受UCP600约束，而对溢短装没做任何规定，则可视为可溢短装5%以内。一般以重量为计量单位的货物，信用证上都有可溢短装幅度的要求。一般条款的规定是：Amount of credit & quantity of merchandise 5% more or less acceptable（信用证的金额和货量均可接受5%的增减），这样规定金额与货量都比较明确。有些信用证规定The quantity of shipment 5% more or less acceptable（装运数量允许有5%的增减），而在信用证的总金额中已包含了5%的额度在内，这样规定也可以。但有些信用证在货物数量上规定允许有增减，却没有规定金额可以增减，出口商应该注意不要溢短装，否则只好提出修改信用证。

(7) 价格条件。信用证内应有价格条件，价格条件应与合同一致。如果信用证价格条件与合同不符，不能接受，除非信用证内同时规定额外费用在证下支取。例如，合同规定的价格条件为CFR，而信用证则规定为CIF，由受益人办理保险，这时出口商可提出按合同修改价格条件。或者出口商同意办理保险，但提出信用证中加注保险费可与货款一起支取的条款。如果信用证总金额不够，信用证应允许超证支付，或修改增额。

(8) 装运港和目的港。装运港（port of loading/shipment）和卸货港（port of discharge）应符合合同规定，更改港口可能会引起运费和保险费的变化，因此不能接受，除非开证申请人同意支付更改后的费用。如果合同中没有对此做出规定，出口商事先也无法确定装船口岸，最好通知进口商开证时在起运港栏内同时指定几个港口，以供受益人选择，或仅写“中国某口岸”。如果来证增加额外条件，例如在指定的码头卸货，这种限制性条款使承运人失去选择的余地，尤其是有些码头情况不清，如该码头的水深度能停靠多少吨位的船只、卸货条件和设备如何等，必要时应向港务局或航运公司咨询，以决定是否要求修改条款。如果来证中规定的目的港与出口国无往来关系，不能接受，应洽客户修改。

(9) 装运期和有效期。信用证应有装运期（latest date of shipment）和有效期（terms of validity或expiry date）。有效期是指受益人交单取款的最后期限。

无装运期的信用证视有效期为装运期，即装效同期；无有效期的信用证视为无效，应联系开证申请人请其加以证实。

装效日期不能颠倒。有颠倒时可以要求修改，也可灵活掌握。如装运期为12月15日，有效期为12月1日之前，出口商只要在11月份装船即可。如果出口商不能在规定的装运期内生产或组织足够的货物，应洽开证申请人延展装效期。

修改中只展装运期未展有效期，可理解为装效同展；只展有效期未展装运期，不能认为装效同展。如需展装运期还需联系开证申请人修改，信用证中出现as soon as possible或ASAP（尽快）及immediately prompt等词时应要求修改为具体日期，因为银行将对这类词语不予理会。也有些国家对此理解为自开证日起一个月内有效。

凡在日期前有to、until、till、from、by等词，均包括所述日期；凡在日期前有after、before等词，均不包括所述日期；on or before/after指某日至某日之前/后，on or about指某日及前后各天；beginning of a month指月初（1—10日），middle of a month指月中（10—20日），end of a month指月末（21日至当月最后一天）。first half指上半月（1—15日），second half指下半月（16日至最后一天）；for one month、for 4 weeks等的

起算日均从信用证的开证日算起。

在审核信用证的交单议付有效期的同时，应该注意信用证规定的有效地点。如信用证规定：Draft(s) drawn under the credit must be presented for negotiation in China before 5 May，2019（根据本信用证开具的汇票须在 2019 年 5 月 5 日前在中国交单议付）。这样的条款是在国内到期，只要在规定的日期前向议付行交单即可。又如信用证规定：This credit remains valid on London until 5 May，2019（本证至 2019 年 5 月 5 日止在伦敦议付单据有效）。这种条款就是在国外到期，必须在 5 月 5 日前寄至伦敦才有效。这个规定最好不要接受，因为出口商无法掌握邮程，且是否按时寄达只能由对方说了算。

(10) 分批装运。通常信用证应表明是否允许分批装运（partial shipments permitted/not permitted）。

如果来证允许分批装运，但对每批货物的货量、品种、规格、装运时间及运输工具等加以限制，出口商应考虑实际可能性，如能否在规定的时间内备齐货物、能否租到船只等，如果不能做到，应要求适当修改。

例如，信用证要求“5 月装 80 公吨，6 月装 100 公吨，但两批之间的间隔必须是两个星期”。对这种条款应要求修改。因为第一批和第二批必须间隔 14 天，以各自的提单签发日期计算必须正好 14 天，多一天或少一天都不符合要求。即使两者的船期恰好是 14 天，一般船到港后，还需按船方对装卸港的安排顺序装船，有可能早一天或晚一天装上船。因此，这样的条款是很苛刻的。

如果来证允许分批装运，又规定分若干次装运，则每次还可再分批。但如果来证规定 Partial shipments are allowed only in two lots，则应理解为只能分两批装运，每次不可再分批。

若来证规定允许分批装运，则必须按期按量出货，不能中断。如果其中一批未能按时装运，则信用证对此批及以后各批均告失效。出口商若想再装，必须做展期修改。

若来证不允许分批装运，出口商应考虑装运期之前能否备齐全部货物。如果不能，应要求修改成允许分批装运或推迟装运期等。

若来证不允许分批装运，在原证货物尚未出运时又收到增减修改，则增减部分应随原证货物一并出运。若原证货物出运后才收到增减修改，增额部分可另行出运。若货已装船，但单据尚未议付，则应退回修改或洽开证申请人将信用证修改为允许分批装运。

若来证不允许分批装运，但货物需发运至不同的目的港，应要求修改为允许分批装运。因为即使货物同船同航次出运，目的港不同也不能视为同一批。

若来证规定 several shipments，应理解为三次或三次以上。若规定 one or several shipments，表示允许分批装运。

若来证规定 partial shipments prohibited，同时规定 Three sets of documents are required and one set for 10 M/T，one set for 15 M/T and one set for 12 M/T，按此规定，则需一次装出，分制三套单据，分别为 10 吨、15 吨和 12 吨。

(11) 对船只和转船的限制。信用证中往往对装运船只或船龄、是否准许转船以及货物装船位置等加以限制，出口商要根据实际可能性决定是否可接受，是否应做修改。

在 CIF 和 CFR 等价格条件下，按国际惯例应由卖方负责租船或订舱，支付运费，卖方有权选择通常适合所运载货物的任何轮船，买方无权干涉。所以如果在 CIF 和 CFR 条件下买方在信用证上列有船只限制的要求，出口商可以拒绝。但为了贸易的顺利进行，如果能够办得到且并不增加费用，则可以接受。对方对船只的限制性要求，主要原因不外乎买方与该船舶公司有股份关系或某些业务关系，或能获取一定的佣金，或考虑其靠港时间快，等等。也有出于政治目的而提出限制性要求的情形，比如阿拉伯地区开来的信用证常有要求不装所谓的黑名单船和不停靠以色列港口等，这样的条款是可以接受的。

有些信用证上有限制船龄的条款，如 The bill of lading or shipping agent's certificate must certify that the carrying steamer is not over 15 years of age（提单或代理公司的证书必须证明该船不超过 15 年船龄）。阿拉伯地区的来证经常有这种要求，因为该地区装卸效率低，船舶周转慢，所以船方多派旧船到该地区。审证时必须与船方联系，有直达该港的不超过 15 年船龄的船期者才能接受。如果需要转运，还要考虑第二程船的船龄是否符合要求。如果做不到，应洽对方改证。

对于货物装船位置的要求，一般只接受基于货物性质的特别要求，如易燃物、易爆物和鲜活物不靠近锅炉和机舱等，否则不予接受，因为出口商难以向船舶公司要求指定货物装船部位。

凡信用证未明确规定可否转船的，都视为可以转船靠港。如果来证允许转船，但要求在提单上注明二程船船名，或对转船口岸及转船船只加以种种限制，这些条款都比较难办，出口商应及时与承运人联系，看是否能做到修改。

如果来证不允许转船，但装运港或目的港泊位较少，条件较差，无直达船或船期固定等，可要求将信用证修改为允许转船。

信用证规定“via ×× port”，并不等于“transshipment at ×× port”。后者意即货物在航行途中在××港口将货物从原运输船卸下，再装上另一条船运输；前者只是该船在航程路线中经过××港而已。如果来证规定“via ×× port”且允许转运或未对是否转运做出限制，则视为可在此港转船；若来证规定“via ×× port”，又规定不准转运，则途经此处不能靠港，如需转船，应联系开证申请人修改。

(12) 汇票。信用证付款方式中有些要求汇票，有些不要求汇票。如果要求汇票，对信用证中汇票条款的审查应关注规定受益人出具的汇票金额、付款人与付款期。

汇票金额通常为全部发票金额，不一致者应审查是否已扣除佣金或有其他规定。

根据 UCP600 的规定，汇票的付款人只能是开证行，不能以开证申请人为付款人。

汇票付款期限应与合同规定的付款期限一致。如果合同规定是即期付款，而信用证规定受益人出具远期汇票，受益人不能接受。除非有以下三个前提条件：①信用证明确规定受益人可以即期收款。②信用证明确注明贴现息和有关费用由开证申请人负担。③开证行或付款行的资信良好。也就是说，在开证行或付款行资信良好的情况下，出口商可以接受假远期信用证。例如，信用证规定：The negotiating bank is authorized to negotiate the usance drafts on sight basis, as acceptance commission, discount charges and interest are for account by the buyer。依据这样的条款受益人仍可即期取款。这种假远期条款实际上是进口商利用了开证行的贷款。

(13) 发票。UCP600 第 18 条规定，商业发票应由受益人开立，发票也不需签署。但有些信用证规定发票由第三者签署。由贸易促进会签署者可以接受，但由进口国驻出口国领事签署者通常无法接受，因为出口商所在地可能无领事馆。由国外第三者签署者也不能接受，但合资企业中的外商在国内有派驻人员者可以接受。还有一些信用证要求受益人在发票内加注一些证明语句等内容，通常只要能做到的就可以接受。

(14) 货运提单。在对信用证关于货运提单条款的审查中，要特别注意“正本提单径寄开证申请人”的条款，这是在最近几年信用证结算业务中频频出现的一个新现象。例如，1/3 original B/L and one set of nonnegotiable documents to be sent to applicant within 3 days after shipment by DHL (Beneficiary's certificate plus DHL receipt enclosed) (1/3 正本提单和一套非议付单证在装船后 3 天内通过敦豪快运送交开证申请人，附上受益人证明和敦豪收据)。又如，Beneficiary's certificate stating 1 set of original B/Ls have been carried by the captain of the vessel (受益人证明其中一套正本提单已由船长携带)。也有部分信用证规定“一套正本提单交开证申请人代表携带”，或者规定“由议付行直接邮寄给开证申请人”。

由于正本海运提单是物权凭证，谁持有它谁就可以向船舶公司或船只代理提取货物。目前国际航运界的规范做法是不论一套海运提单有几份正本，收货人只要提交其中的一份正本，并经背书后，船舶公司和船只代理就给予放货提货，而不管收货人是否已支付了货款。当受益人按信用证的要求将 1/3、2/3 或全套正本提单直接寄给开证申请人之后，开证申请人可凭提单背书后直接提走货物。当出口商按信用证的要求向银行交单议付时，开证行或开证申请人可能会对单据极为挑剔，以种种借口提出一些不符点而拒付货款，所以这种条款对出口商是极具风险的。因此，出口商应该根据实际情况决定是否接受，或洽开证申请人要求修改。

(15) 保险单据。对保险单据条款的审查应注意以下几点：

保险单据通常以受益人为抬头人即被保险人。如果价格条件为 FOB 或 C&F，来证往往要求受益人代替开证申请人或直接以开证申请人为抬头人办理保险，这种条款可以接受，但信用证应同时规定保险费可凭保险费收据 (premium receipt) 在证下或超证支取。

保险类别应明确，应与合同相符。有些来证扩大了保险责任范围或增加了新的险别，受益人不能接受，除非信用证同时规定超保费用在证下或超证支取。

投保金额加成率应与合同相符，超过合同规定的，要与开证申请人商妥处理办法。如果保险费损失不大，可通融接受。

在买方投保的情况下，有些来证要求受益人将预保信 (装船情况) 寄给进口国保险公司，经其签收保险回执 (acknowledgement of insurance)，受益人凭回执与货运单据一起办理议付。这样的条款一般不能接受，因为受益人无法控制后果。如果收不到或不能在信用证有效期内收到这种回执，受益人无法交单议付。

(二) 信用证的修改

1. 出口商提出修改

如上所述，出口方审证后，如果发现信用证有问题或有风险，应洽对方修改。只有在货物出运前做好审证和改证工作，才能最大限度地防止“拒付”或“迟付”，为早收汇、安全收汇创造条件。一张信用证的修改并无次数的限制。但在实务中，受益人最好将一张信用证上的修改点一次性提出，避免发生一改再改的情况，这样可以节约改证费用和时间。

信用证是开证行与受益人之间的契约，受益人如果要求修改，必须经过开证行的同意，由开证行改证，所以受益人应与开证行联系和协商。但信用证的内容是由开证申请人即买方在开证申请书中规定的，如果开证行自行同意改证，开证申请人可能不予确认，那么开证行就要承担责任和风险。因此，如果受益人直接向开证行提出改证要求，开证行必定会联系开证申请人商量，在开证申请人的同意之下才办理。在实务中，为了省时省事，受益人一般总是自己联系开证申请人要求改证，然后由开证申请人通知开证行办理。在实务中必须特别注意：开证申请人回复受益人表示同意改证的函电，并不具备法律效力，受益人必须收到开证行发来的修改书才能发货。例如，有些开证申请人收到受益人要求改证的通知后，当即复电表示同意，同时要求受益人先行将货装船运出，声称他会立即指示开证行改证，但事实上他并不通知开证行。等到受益人发货后，开证行当然因单证不符而拒付。受益人拿出开证申请人的复电来证明，但因无法律效力，开证行不予承认。这时开证申请人往往会出面对受益人施加压力，迫使受益人降价。

2. 进口商提出修改

也有进口商提出修改信用证的情况，这里有主客观两方面的原因：主观原因是进口商可能在签订交易合同时对国内销售形势估计和预测有误，现要求根据掌握的新情况修改信用证，比如要求增加或减少货物的数量，改变货物的品种，修改信用证金额、单价，等等。客观原因如战争爆发使货物运输风险增大，进口商要求增保战争险、改变目的港；或者政府颁布新规定，要求进口货物必须具备某种单据才能进口，进口商只得修改信用证以通知出口商按新规定办理单据；等等。进口商要求改证首先必须征得开证行同意，由开证行办理。

3. 开证行改证的渠道、方式和生效

UCP600 第 9 条 D 款规定，如果一家银行利用另一家通知行或第二通知行的服务将信用证通知给受益人，它必须利用同一家银行的服务来通知此信用证的修改。如果信用证和修改书分别由两家银行通知，不仅不合常理，也极易造成混乱。因此，信用证修改必须经原通知行通知受益人。

信开、简电开或全电开这三种开证方式仍然适用于信用证的修改。另外，预先通知开证的做法也同样适用于改证。开证行一经发出修改信用证的预通知，也就承担了必须立即修改信用证的责任，而且预通知与随后的修改书在条款方面不得有任何出入。如果开证行想免除这一责任，可以在预通知中说明它并不承担一定修改信用证的责任，但这样的预通知的可接受性也就很差了。同样，如果通知行收到的修改信用证的通知内容不清楚或不完整，可以一面给受益人一个预通知，但必须说明由于内容不全或意思不清仅供参考，因此引起的后果，银行不负任何责任；一面将情况告知开证行，要求开证行发出内容完整、意思清楚的修改书。开证行知道这一情况后，必须立即照办。

对于信用证修改何时生效，UCP600 第 10 条 B 款规定，自发出信用证修改书之时起，开证行就不可撤销地受其所发出修改的约束。这就是说，不论是应受益人要求所做的修改，是应开证申请人要求所做的修改，还是开证行主动做出的修改，一经发出就开始生效，开证行就不可撤销地受其所发出修改的约束。受益人收到由通知行转来的信用证修改书后，原则上应该向通知行明确表态：是接受修改还是不接受修改。表态的期限没有硬性规定，但在实务中，习惯上以 3 天为限。如果受益人因故迟迟未能做出表态，则以交单情况为准：如果所交单据与修改的内容相符，则视为已接受修改；如果所交单据与修改的内容不符而与原证内容相符，则视为已拒绝修改。在受益人未向通知行做出表态时，原证条款仍然有效，或者说，只要受益人没有表态同意接受修改，原证条款就仍然有效。同时，UCP600 沿用了 UCP500 的精神，保证了受益人的沉默权：信用证修改的内容中关于除非受益人在一段时间内拒绝修改，否则该修改即开始生效的条款将被不予置理。当然，在实务中，为了各方的有效合作，受益人最好不要保持沉默。

信用证可以进行多次修改。如果信用证先前曾有修改，而且修改已为各方所接受，但随后又有新的修改，这样的信用证也作为原信用证看待，受益人对新的修改接受与否，也如上所述。但是，对同一次修改书中的内容，要么全部接受，要么不接受，不允许部分接受。UCP600 第 10 条 E 款规定，不允许部分接受修改，部分接受修改将被视为拒绝接受修改的通知。

本章小结

1. 信用证是目前国际上使用最普遍的国际贸易结算方式，由于银行承担了第一性付款责任，信用证减小了出口商的收款风险，因此很受出口商欢迎。

2. 信用证具有开证行承担第一性付款责任、自足文件和纯粹的单据业务三大特点。

3. 信用证有信开本、简电本、全电本三种开立方式，不同形式的信用证具有不同的法律效力。

4. 信用证是开证行与受益人之间的书面合同，其中记载的基本内容包括当事人、跟单汇票、所要求的单据、装运条款、保证条款及开证行签章等。

5. 信用证业务的基本环节包括：出口商申请开证，开证行对外开证，信用证的通知、转递、保兑与修改，议付与索汇，付款赎单，等等。

6. 信用证分为跟单信用证和光票信用证，保兑信用证和不保兑信用证，即期付款信用证、延期付款信用证和承兑信用证，可转让信用证和不可转让信用证，背对背信用证，对开信用证，循环信用证，预支信用证（红条款信用证），买方远期信用证（假远期信用证），等等。

7. 信用证的审查和修改是信用证结算的重要环节。

8. 信用证结算方式对出口商、进口商和银行各有利弊，它们各自面对不同的风险。

本章关键术语

信用证	开证申请人	开证行	受益人
通知行	议付行	保兑行	付款行

偿付行	光票信用证	跟单信用证	不可撤销信用证
可撤销信用证	软条款	保兑信用证	不保兑信用证
即期付款信用证	延期付款信用证	承兑信用证	议付信用证
可转让信用证	不可转让信用证	信用证的再转让	背对背信用证
款项让渡	对开信用证	循环信用证	预支信用证
红条款信用证	买方远期信用证		

本章思考题

1. 什么是信用证?
2. 信用证的业务流程是什么?
3. 信用证业务的当事人有哪几个?
4. 简述信用证业务主要当事人之间的关系。
5. 简述信用证的主要类别。
6. 简述信用证结算的优缺点。

本章练习题

一、填空题

1. 简单地说，信用证是银行开立的一种________的付款承诺。

2. 在信用证业务中，通知行一定是开证行的________。

3. 当作为中间商的出口商不能从进口商处获得可转让信用证时，它在收到不可转让信用证后可以用开立________的方式来达到同样的目的。

4. 信用证是银行应买方的要求和指示向卖方开立的、在________凭与信用证条款规定相符的单据，即期或在一个可以确定的将来日期，支付一定金额的书面承诺。

5. 信用证保证了信用证受益人交到银行的________将得到支付。

6. 信用证是________与信用证受益人之间存在的一项契约。

7. 在信用证业务中，银行对于受益人履行契约的审查仅针对________进行。

8. 受益人交单后，如遇开证行倒闭，信用证无法兑现，则受益人有权向________提出付款要求。

9. 保兑行一旦对信用证加具了保兑，就对该信用证负有________付款责任。

10. ________是开证行指定的对议付行或付款行、承兑行进行偿付的代理人。

二、判断题

1. 按照 UCP600 的规定，信用证有不可撤销信用证和可撤销信用证两种。 (　　)

2. 在开证行资信差或成交额较大时，一般采用保兑信用证比较好。 (　　)

3. 受益人对同一信用证的修改书上涉及两个或两个以上条款的修改，可以部分同意，

部分拒绝。 ( )

4. 一般情况下，国外来证绝大多数都列明“按《跟单信用证统一惯例》办理”。 ( )

5. 开证行在得知开证申请人将要破产的消息后，仍需对符合其所开的不可撤销信用证的单据承担承兑、付款的责任。 ( )

6. 可转让信用证只能转让一次，因此，可转让信用证的第二受益人只能有一个。 ( )

7. 可转让信用证只能按原证规定条款转让，因此，有关信用证金额、商品单价、到期交单日即最迟转运日期等项均不可以改变。 ( )

8. 偿付行是遵循开证行的要求支付款项的，因此对受益人或寄单行而言偿付行的付款也就是最终付款。 ( )

9. 循环信用证可以省去开证申请人多次开证的麻烦和费用支出，因此适用于分批均匀交货的合同。 ( )

10. 背对背信用证与可转让信用证一样，其权利的转让要以原证申请人即开证行准许为前提。 ( )

三、选择题

1. 开证行是主债务人，其对（ ）负有不可推卸的、独立的付款责任。

A. 付款人 B. 受益人 C. 代理行 D. 解付行

2. 偿付行只有在（ ）存有足够的款项并收到开证行的偿付指示时才付款。

A. 开户行 B. 代理行 C. 开证行 D. 出口商

3. 未经开证行、保兑行（如有）以及受益人同意，既不能修改也不能撤销的信用证是（ ）。

A. 不可撤销信用证 B. 可撤销信用证

C. 代办信用证 D. 代理信用证

4. 议付是指由一家信用证允许的银行买入该信用证项下的汇票和单据，向受益人提供（ ）。

A. 资金收付 B. 货物流通 C. 资金融通 D. 往来账户

5. 信用证是一种（ ）。

A. 正式的付款保函 B. 有条件的付款担保

C. 无条件的付款担保 D. 没有风险的付款方式

6. 以下不属于信用证结算方式特点的是（ ）。

A. 有银行信用做保障 B. 独立的文件

C. 只管单据 D. 不可转让

7. 信用证主要体现了（ ）。

A. 开证申请人与开证行之间的契约关系

B. 开证行与受益人之间的契约关系

C. 开证申请人与受益人之间的契约关系

D. 开证行与议付行之间的契约关系

8. 所谓信用证“相符”的原则，是指受益人必须做到（　　）。

A. 单据与合同相符　　B. 单据与信用证相符

C. 信用证与合同相符　　D. 单据与货物相符

9. 属于银行信用的支付方式是（　　）。

A. 托收　　B. 电汇　　C. 信用证　　D. 支票

10. 信用证是依据买卖合同开立的，出口商要保证安全收汇，必须做到(　　)。

A. 提交的单据与买卖合同的规定相符

B. 提交的单据与信用证的规定相符，单据与单据之间一致

C. 提交的单据既要与买卖合同的规定相符，又要与信用证的规定相符

D. 当信用证与买卖合同的规定不一致时，提交的单据应以与买卖合同相符为主

11. A公司向B公司出口一批货物，B公司通过C银行开给A公司一张不可撤销信用证，当A公司在货物装船后持全套货运单据向C银行办理议付时，B公司倒闭，此时(　　)。

A. C银行仍应承担付款责任

B. C银行可以以B公司倒闭为由拒绝付款

C. C银行有权推迟付款，推迟时间可由A公司和C银行协商

D. A公司应作为破产债权人参加到破产清算中去

12. 使用循环信用证的目的在于简化开证流程和减少开证押金。这种信用证一般适用于（　　）。

A. 金额巨大，需分期付款的成套机器设备进口的合同

B. 中间商用于转运他人货物的合同

C. 母公司与子公司之间的贸易合同

D. 分批均匀交货的长期供货合同

13. 保兑行对保兑信用证承担的付款义务是（　　）。

A. 第一性的　　B. 第二性的　　C. 第三性的　　D. A与B

14. 根据UCP600的规定，可转让信用证可以转让（　　）。

A. 一次　　B. 二次　　C. 三次　　D. 四次

15. 某信用证每次用完一定金额后即可自动恢复到原金额使用，无须等待开证行的通知，这份信用证是（　　）。

A. 自动循环信用证　　B. 非自动循环信用证

C. 半自动循环信用证　　D. 按时间循环信用证

16. 假远期信用证的远期汇票利息及贴现费用由（　　）。

A. 受益人负担　　B. 议付行负担

C. 付款行负担　　D. 开证申请人负担

17. 来料加工和补偿贸易中常常使用的信用证是（　　）。

A. 循环信用证　　B. 对开信用证

C. 背对背信用证　　D. 预支信用证

四、案例分析题（单选）

1. S银行开立了不可撤销的议付保兑信用证，通过A行（议付行）通知受益人。A行在通知信用证时，按信用证的授权对该证加具了保兑。信用证要求受益人提供全套清洁的、货已装船的海运提单、保险单。受益人在将货物装船以后，将所需提单交给A行，A行审单后发现单证不符，原因是保单的日期迟于装船期。受益人要求保险公司更改保单，更正后的保单交到A行，同一天，受益人凭单据支取信用证金额。A行在代为保管的单据中替换了新的保单。在重新审单时，A行确定提单上还有一个上次交单时没有注意到的不符点。A行通知受益人，由于发现了新的不符点，因此它不能付款。同时，UCP600所允许的时间已经过了，即已经超过装船期21天，受益人不能更改这个新发现的不符点。请问A行的拒付正确吗？

A. 正确，单证不符，不能付款

B. 正确，A行可以建议受益人通知开证行不符点，请求接受不符单据并付款

C. 不正确，A行必须在第一次拒绝接单时提出全部的不符点

D. 不正确，A行对信用证加具了保兑，应该付款

2. 国内某出口公司向韩国出口10 000吨水泥，价值40万美元，以FOB条件成交，由韩国买方租用越南籍货轮将整船货物从青岛港运至韩国某港，支付方式为信用证。后由于我国货源紧张，请求韩国买方延迟派船，买方同意，但信用证不展期，付款方式按照“随证托收”处理。请问我方出口公司应该如何处置这件事情？

A. 随证托收由于随附了信用证，因此较普通托收安全，我方可以按照合同发货

B. 随证托收比普通托收更不安全，因为出口方违约在前，因此我方出口公司必须慎重从事

C. 不能同意随证托收，进口方是恶意与船方勾结骗货

D. 应该坚决要求买方对信用证进行展期，否则不发货

3. 开证行S行开立了一个不可撤销信用证，通过A行通知受益人，并要求A行加具保兑。A行在加具保兑后将信用证通知给了受益人。受益人发货后在信用证到期日前两天提交了价值为11万美元的相关单据。A行审单后认为单证不符，理由是：(1) 提单不是开成“致买方的指定人”，而是开成了“致发货人的指定人”和“空白背书”。(2) 信用证超支了1万美元。鉴于信用证即将到期，A行通过电话告知受益人不符点。受益人在电话中要求A行电传S行准许对提交的不符单据付款。等到S行电传授权A行对不符点单据付款时，S行所在国的政治经济形势已经恶化，该国发生了一场军事和政治上的大变动，几乎要推翻政府。由于局势不稳定，S行国内的贸易已经停止，因此A行通知受益人虽然它已经收到开证行准许对所交单据予以付款的指示，但是由于S行在A行所在国的资产已被冻结，S行账户上没有资金可供使用，所以A行不能履行指示。如果A行付款给受益人，A行将无法从S行获得偿付。请问A行的做法正确吗？

A. 正确，只有当信用证条款被完全遵循时，保兑行的保兑才有效。由于受益人提交的单据与信用证不符，因此A行的保兑是无效的

B. 正确，A行可以援引不可抗力原因（政治动乱）导致其无法对受益人履行付款责任

C. 不正确，A行已经同意要求开证行允许对不符单据付款，且开证行已经授权对不符单据付款，意味着保兑行同意将其保兑自动延展至开证行准许凭不符单据付款之时，A行应该付款

D. 不正确，A行应该履行付款责任，但是应该等到收到开证行的偿付款项后才能支付给受益人

4. 我国某制造商缔结了一项以安特卫普船边交货（FAS）为贸易条件的提供重型机械的巨额合同，支付方式为不可撤销保兑跟单信用证，信用证规定必须提供商业发票以及买方签发的已在安特卫普提货的证明。请就这个合同进行评价。

A. 合同可行，不可撤销跟单信用证加具保兑，收汇安全可靠

B. 贸易术语选择不当，不应该采用FAS，最好采用FOB，这样卖方的风险小一些

C. 信用证条款中存在软条款，不应该接受这样的信用证

D. 应该与买方商量，将提货证明的签发人改为船方

5. 某行开立的不可撤销信用证上载有这样一个条款："Any amendment will become automatically effective unless formally rejected by the beneficiary within a specified period of time, or by a specified date"。请问该行的这种做法妥当否？

A. 不妥当，违背了UCP600第10条关于不可撤销信用证的可撤销性的规定

B. 妥当，虽然是不可撤销信用证，但是在履行过程中有可能需要修改。这个条款的目的在于约束受益人，希望他能在某个日期之内明确表示接受修改还是拒绝接受修改

C. 妥当，因为受益人应该在这个日期之内明确表示接受还是拒绝接受修改，以便开证行和开证申请人了解受益人的想法

D. 不妥当，因为对于开证行对信用证所做的修改，接受与否的主动权始终掌握在受益人的手中，受益人的沉默不应该被视为接受，同时也不应该被视为拒绝

6. S行开立了一份不可撤销信用证，通过A行（议付行）通知受益人。信用证中有这样一个条款："Documents must arrive at the offices of Bank I before arrival of the vessel."受益人发货后向A行提交了单据，A行及时审核了单据，发现单证相符，对受益人进行了议付，并把单据寄给S行索汇。S行审核A行寄来的单据后拒绝接单，理由是延迟交单。S行收到单据的日期是在船到以后，因此S行将代为保管单据，并听候A行的指示。请问S行的做法正确吗？

A. 不正确，S行开出的信用证中包含了非单据条件，受益人和议付行可以视此条件不存在，不予理会。因此S行应该付款

B. 不正确，既然它授权议付行议付，它就应该在议付行议付之后支付款项

C. 不正确，它制定的信用证条款过于苛刻，因为受益人和议付行无法控制邮程的具体日期，很难达到这个条款的要求

D. 正确，受益人没有履行信用证项下的全部义务，议付行不应该议付

7. S行开立了一份不可撤销跟单信用证，并通过A行（议付行）将信用证通知受益人，受益人发货后将单据提交给A行。A行审单后确定单据与信用证条款不符，于是通知受益人不能议付。由于不符点无法改正，受益人要求议付行在保留/赔偿担保项下议付。

A行同意在保留项下议付，并寄单给S行，告知S行由于单据存在轻微的不符点，它已在保留项下议付。在收到A行寄来单据的第九个工作日，S行电传A行电文如下："关于我行跟单信用证（信用证号：××），你行寄来的单据由于单据上的货物描述与信用证上的不一致，因此，我行不接受如此提交的并由你行在保留/赔偿担保项下议付的单据。单据代为保管，听候处理，请指示。"

A. S行的做法是正确的，因为单证不符，开证行不能履行信用证项下的付款承诺

B. A行的做法是错误的，既然单证不符，就不应该议付单据，即使是在保留/赔偿担保项下也不可以，因为风险太大

C. S行的这种做法最终将导致它必须履行在信用证项下的付款

D. A行既然被授权为议付行，它就可以议付相关单据

8. 信用证中有如下规定：开证日期为2019年4月1日；信用证到期日为2019年5月31日；最迟装运日期为2019年5月1日。

A. 受益人的最迟交单期是2019年5月31日

B. 受益人的最迟交单期是2019年5月1日

C. 受益人的最迟交单期是2019年5月22日

D. 受益人的最迟交单期是2019年5月27日

9. 有一注明受UCP600管辖的不可撤销即期付款信用证要求受益人提交如下单据：以开证行为汇票付款人的即期汇票，提单开成空白抬头或者抬头人为S行。同时该信用证中还有这样一句话："Payment of drafts drawn hereunder will be made only after the realization of the re-export proceeds program"。

A. 该信用证声明受到UCP600的管辖，因此是一份可以接受的信用证

B. 该信用证不能要求汇票的付款人是开证行，而应该是进口商，因此不能接受

C. 该信用证注明货物托运给S行，因此出口商不可能面临钱货两空的情况，因为货物的物权控制在银行手中

D. 该信用证不是一个无条件的付款承诺，使用这种信用证，受益人对货物和货款的损失必须负全部的责任

10. 在某一信用证项下保兑行认为单据与信用证条款相符，并对单据进行了议付，但是开证行收单审核后认为单据不合格而拒绝收单。

A. 保兑行可以对受益人行使追索权，索回已经议付的款项

B. 保兑行不能让出票人及/或善意的持票人负责它在审核单据上的错误

C. 保兑行已经审单并且议付了款项，开证行无权拒绝收单

D. 因为保兑行已经议付款项，开证行应该首先征询开证申请人的意见，才能决定是否拒单

五、业务分析题

1. 我国甲公司与法国乙公司签订合同出口货物到法国，采用信用证方式结算货款。乙公司通过其开证行BANK 1巴黎分行申请开立了非保兑的信用证（适用UCP500），通知行为中国银行江苏分行。信用证规定："DATE AND PLACE OF EXPIRY：191105 FRANCE；AVAILABLE WITH ISSUING BANK BY PAYMENT；LAST DATE OF

SHIPMENT：191102；PRESENTATION PERIOD：WITHIN 15 DAYS AFTER THE DATE OF SHIPMENT”。甲公司于2019年11月1日将货物装船，并于2019年11月5日将信用证要求的全套单据提交中国银行江苏分行，中国银行江苏分行立刻于当日使用敦豪快运将单据寄往法国的开证行。收到单据后，开证行BANK 1巴黎分行以“信用证已过期”为由拒付。请问，BANK 1巴黎分行的拒付理由是否成立？为什么？

2. 某出口企业收到一份国外开来的不可撤销即期信用证，正准备按信用证的规定发运货物时突然接到开证行的通知，声称开证申请人已经倒闭。对此，出口企业应如何处理？依据何在？

3. 某公司从国外某商行进口一批钢材，货物分两批装运，支付方式为不可撤销即期信用证，每批分别由中国银行开立一份信用证。第一批货物装运后，卖方在有效期内向银行交单议付，议付行审单后议付了货款，随后，中国银行对议付行做了偿付。我方在收到第一批货物后发现货物品质与合同不符，因而要求开证行对第二份信用证项下的单据拒绝付款，但遭开证行拒绝。开证行这样做是否合理？为什么？

第六章

银行保函与备用信用证

伦敦的一家出口商与埃及的一家进口商签订了一份商务合同，合同规定出口商必须持有本国银行开立的一份以进口商为受益人的履约保函，金额为货价的5%。为此，出口商委托国民西敏寺银行开立了一份见索即付保函。后来埃及的进口商以出口商未履约为由向国民西敏寺银行提出付款要求。然而，出口商却取得当地法院的批准向国民西敏寺银行发出禁令不得支付，而国民西敏寺银行向法院要求撤销该禁令。国民西敏寺银行的要求会得到法院的支持吗？这种见索即付保函的风险在哪里？该如何控制风险？银行在对外开立见索即付保函时，应该如何向申请人提醒可能遇到的风险，并且在保函中明确地列明一些权责呢？

本章将从基本概念入手，系统介绍银行保函和备用信用证的基本知识。在全面掌握本章内容的基础上，你将会对这起案件有更深刻的理解。

本章要点

◇ 掌握银行保函的含义、作用和内容，理解银行保函各当事人之间的关系。

◇ 理解银行保函的开立程序，熟悉其业务处理流程。

◇ 了解银行保函的种类。

◇ 理解备用信用证的性质与特点。

第一节　银行保函概述

在国际经济交易中，交往双方处在不同的国家和地区，相互之间缺乏必要的了解和信任，会在不同程度上对对方的资信产生怀疑，这是不可避免的。如在商品买卖业务中，买方会对卖方的交货能力产生怀疑，而卖方则怀疑买方是否具备足够的支付能力；又如在工程承包业务中，工程业主会对承包人的履约能力产生疑问，承包人又会对工程业主的支付能力产生怀疑等。如能出具一份担保文件，以此连接位于不同国家或地区的交易双方，则能消除因彼此之间的不信任而产生的摩擦，促进国际经济技术合作的深入发展。这里提及的担保文件就是保函。出具保函的第三者即担保人既可以是商业银行、保险公司、担保公司或其他金融机构，也可以是商业团体等。其中商业银行出具的保函叫作银行保函。

一、银行保函的定义与作用

Letter of guarantee is a guarantee that the guarantor undertakes to be answerable for the payment of a debt or the fulfillment of an obligation in the event of default by the party primarily responsible.

银行保函（letter of guarantee，L/G）或银行保证书，是指商业银行根据申请人的要求向受益人开出的担保申请人正常履行合同义务的书面证明。它是银行有条件承担一定经济责任的契约文件。当申请人未能履行其所承诺的义务时，银行负有向受益人赔偿经济损失的责任。由于以银行信用代替或补充商业信用，保函的信用性更好，灵活性更强，因此被广泛地应用于国际结算的众多领域中，诸如贸易支付、工程承包、租金支付、资金借贷，等等。

保函作为第三者的信用凭证，其出具的目的是使受益者能够得到一种保证，以消除他对申请人履行某种合同义务的能力或决心的怀疑，从而促使交易顺利进行，保证货款和货物的正常交换，这是保函的基本功能之一。除此之外，保函还经常用来保证合约的正常履行、预付款项的归还、贷款及利息的偿还、合同标的物的质量完好、被扣财务的保释，等等。

概括而言，保函从其本质上来说具有两大基本作用：第一，保证合同价款的支付；第二，当发生违约时，对受害方进行补偿并对违约责任人进行惩罚。依据保函的这两项基本职能，人们既可以用它来充当各种商务支付的手段，以解决交易中合同价款及费用的支付问题，又可以将它作为对履约责任人必须按期履行其合同义务的制约手段和对违约受害方的补偿保证工具。

知识应用

银行为受益人开立保函时，向受益人收取费用的实质是什么？

分析：银行开立保函时向受益人收取的费用不同于其他如汇款、信用卡等业务的费用，它不仅仅是单纯的服务费，其实质是银行向受益人出售了一个期权，该期权的执行条件是被保证人未能够及时履约。

二、银行保函的当事人

（一）申请人

申请人（applicant）又称委托人（principal），即向担保行申请开立保函的人。他应该按照合同的规定履行其应尽的责任和义务，具体来说就是负担保函项下的费用和利息，并在担保行依据保函条款的规定履行担保责任向受益人赔付款项时，立即对其进行补偿。此外，在保函实务中，担保行为了减少风险，往往还要求申请人提交反担保或财产抵押，在这种情况下，申请人必须按担保行的规定提供其认可的反担保或财产抵押。

保函的申请人因业务不同，可以是投标人、供货人、买方、卖方、签约人、承租人等，不一而足。从这一点可以看出保函方式的适用范围十分广泛。

（二）受益人

受益人（beneficiary）即接受保函并有权按保函规定的条款向担保行索偿的人。具体来说，受益人按照合约的规定提供货物或劳务等，在保函规定的索偿条件具备时，可凭索偿文件或连同有关单据，要求担保行偿付。因而，受益人的责任是履行他在有关合约项下的义务，他的权益即为凭合格的索偿单据向担保行提出索偿要求。受益人可以是招标人、卖方、买方、雇主、签约人、出租人等。

（三）担保行

担保行（guarantor bank）即受申请人的委托向受益人开立保函的商业银行。担保行的责任是促使申请人履行合同的各项义务；在申请人违约时，根据受益人提出的索偿文件和保函的规定向受益人做出赔偿。担保行的权利是在赔偿后向申请人或反担保人索偿。

（四）通知行

通知行（advising bank）也称转递行（transmitting bank），即受担保行的委托将保函通知或转递给受益人的银行，通常是受益人所在地的银行。通知行的责任是：负责核实保函表面的真实性，并严格按照担保行的要求和指示及时将保函通知或转递给受益人；如果因某种原因不能通知或转递给受益人，应将情况及时告知担保行，以便担保行采取其他措施。

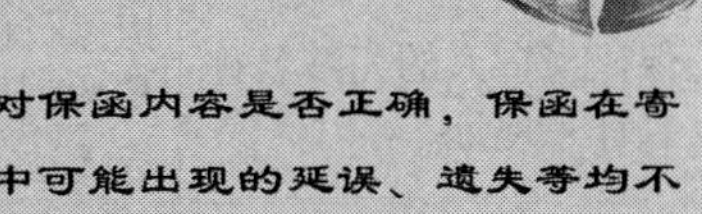

通知行对保函内容是否正确，保函在寄递过程中可能出现的延误、遗失等均不负责，也不承担任何的支付保证责任。

（五）转开行

转开行（reissuing bank）是指根据原担保行的要求，向受益人开立的以原担保行为申请人、以自身为担保行的保函的开立银行。转开行转开保函后，成为新的担保行，原担保行便成为保函的指示行（instructing bank）。转开行一般是指示行（反担保行）的联行或代理行。转开行一般为受益人所在地银行，而指示行一般为申请人所在地银行。在跨国交易中，受益人出于对申请人所在国银行的不了解、不信任以及保函签发地所在国法律约束等原因，往往只接受以本国银行为担保行的保函。因此，原担保行不得不在受益人所在国寻找转开行转开保函，以保证交易正常进行。

知识应用

转开行转开保函后，对受益人的索偿负有赔偿责任吗？

分析：转开行转开保函后，由于自身成了担保行，因而对受益人的索偿负有赔偿责任，在赔偿后有权向指示行凭反担保函索偿。

（六）反担保行

反担保行（counter guarantor bank）是指接受申请人的委托向担保行出具不可撤销反担保，并承诺在申请人违约且无法付款时，负责赔偿担保行全部支付的银行。反担保行是与申请人有经济业务往来的其他银行。反担保行负有向担保行（或转开行）赔偿的责任，同时也有权向申请人索偿。

（七）保兑行

保兑行（confirming bank）是指根据担保行的要求，在保函上加具保兑，承诺当担保行无力赔偿时，代其履行付款责任的银行，也称第二担保行。当受益人认为担保行的资信状况不足以信任时，可要求担保行寻找一家国际知名的大银行作为保兑行对保函进行保兑，实际上相当于双重担保。保兑行在替担保行赔偿后，有权向担保行索偿。

三、银行保函的基本内容

银行保函的基本内容包括保函当事人的完整名称和详细地址、保函的性质、合同的主要内容、保函的编号和开立日期、保函金额、保函的有效期和终止到期日、当事人的权利和义务、索偿条件以及其他条款，详见表 6-1。

表 6-1　银行保函的基本内容

基本内容	解释及应注意的问题
保函当事人的完整名称和详细地址	担保行的地址涉及保函的法律适用性问题，以及受益人的交单地点和保函本身的到期地点。另外，受益人的名称和地址不得有误，否则，通知行或转开行无法及时通知或转开
保函的性质	即保函的种类，如投标保函、履约保函等。不同种类的保函有不同的职责和义务
合同的主要内容	因为交易双方的责任与义务是根据交易合同来确定的，交易合同是保函担保的标的物，所以保函中必须说明交易合同的内容、合同编号、开立日期、签约双方、有无修改等
保函的编号和开立日期	保函编号的作用是便于银行内部管理。保函的开立日期一般情况下即为保函的生效日期，有利于确定银行的担保责任
保函金额	保函金额是银行担保的限额，通常也是受益人的最高索偿金额。保函金额既可以是具体的金额，也可以用交易合同金额的一定百分比表示，一般要写明货币种类。金额的大小写要完整、一致
保函的有效期和终止到期日	保函的有效期是受益人索偿要求送达担保行的最后期限，保函的终止到期日是担保行解除其担保责任的最后期限
当事人的权利和义务	保函应明确申请人、受益人、担保行及涉及的其他各当事人的责任和权利，如规定担保行在受益人证明申请人违约、提出索偿时，有责任支付受益人的合理索赔，并有权向申请人或反担保人索偿等
索偿条件	即判断是否违约和凭以索偿的条件，对此有几种不同情况：（1）以担保行的调查意见作为是否付款的依据。（2）凭申请人的违约证明付款。（3）凭受益人提交的符合保函规定的单据或证明文件付款。目前的保函多以第三种情况为索偿条件
其他条款	包括与保函有关的转让、保兑、修改、撤销和仲裁等内容

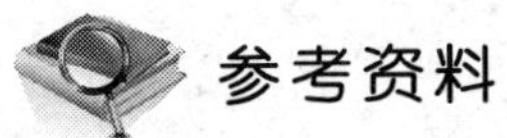

参考资料

关于保函的几个概念

免责事项：是指担保行只处理保函所规定的单据和证明，而对其所涉及的合同标的不负责任，并对这些单据、文件或证明的真伪及其在寄递过程中可能出现的遗失或延误等不负责任，担保行对发出的要求通知、转开、保兑的指示未被执行而造成的损失也不负责任。

反担保函：是指一个具有经济偿还能力的第三方作为反担保人，向担保行保证在它履行担保责任向受益人做出赔付后，若无法从申请人那里得到相应的补偿，则由反担保人向银行做出赔偿。

一般来讲，反担保函中的金额与币别应与银行将对外出具的保函的金额与币别一致；它的责任条款应与保函中的责任条款一致；它的有效期应略长于保函的有效期；反担保人应在反担保函中明确偿还担保银行索赔的期限及方式。如果申请人将财产抵押给担保行，担保行应特别注意所抵押财产是否合法，它们是否在保险公司投保，投保的险别及金额如何，担保行是否为保单的第一受益人等。

见索即付保函：是指担保行的偿付责任与申请人在某基础交易合同项下的责任无关，只要保函规定的偿付条件已经具备，担保行就必须受理受益人的索赔要求并立即予以赔付，而无须追究申请人是否履约，是否有反对意见，或考虑受益人提出的索偿要求是否合理等。

第二节　银行保函的业务处理流程

一、银行保函的开立

根据银行保函的用途和实际交易的需要，其开立方式主要有下述三种。

（一）直接向受益人开立

直接向受益人开立是指担保行应申请人的要求直接将保函开给受益人，中间不经过其他当事人，这是保函开立方式中最简单、最直接的一种。

1. 程序

直接向受益人开立保函的主要流程如图 6-1 所示。

2. 特点

直接向受益人开立保函的特点如下：

（1）涉及当事人少，关系简单。

（2）受益人接到担保行开来的保函后，无法辨别保函的真伪，因此无法保障自身的权利。

（3）索偿不方便。即使申请人违约，受益人具备索偿条件，要求国外担保行进行赔偿也有诸多不便，如文本的起草和翻译、依据的标准和法律规定、赔款的支付等都有一定的困难。

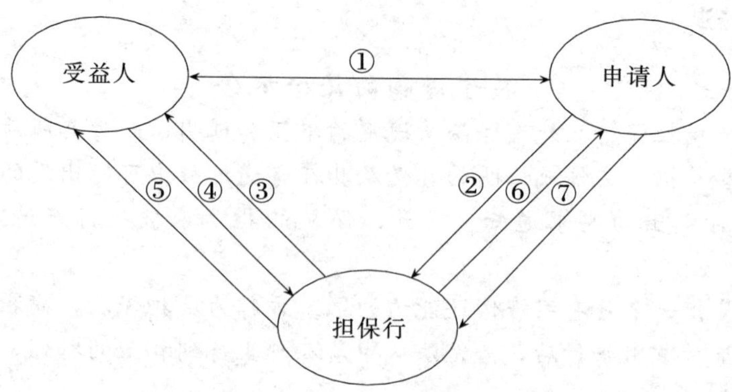

图 6-1 直接向受益人开立保函的流程

注：①申请人和受益人签订合同或协议。②申请人向担保行提出开立保函的申请。③担保行向受益人直接开立保函。④受益人在发现申请人违约后，向担保行提出索赔。⑤担保行向受益人进行赔付。⑥担保行在赔付后向申请人索赔。⑦申请人赔偿担保行的损失。

由于受益人的权利不能得到有效保障，不愿意接受这种保函，因此在实际业务中很少采用这种保函开立方式。

（二）通过通知行开立

1. 程序

通过通知行开立保函的主要流程如图 6-2 所示。

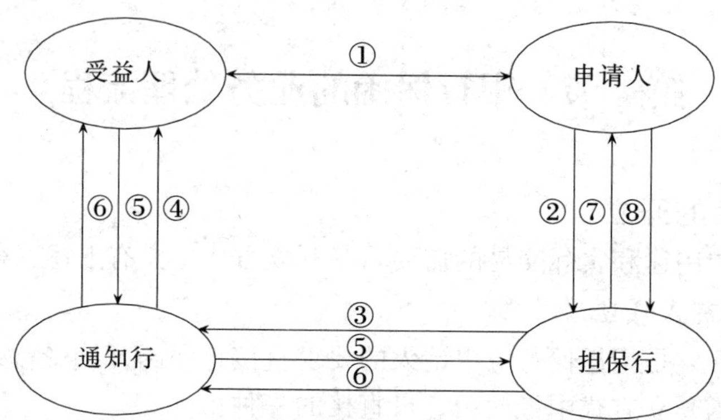

图 6-2 通过通知行开立保函的流程

注：①申请人和受益人签订合同或协议。②申请人向担保行提出开立保函的申请。③担保行开出保函后，将保函交给通知行通知受益人。④通知行将保函通知给受益人。⑤受益人在申请人违约后通过通知行向担保行索赔。⑥担保行赔付。⑦担保行赔付后向申请人索赔。⑧申请人赔付。

2. 特点

通过通知行开立保函的特点如下：

（1）真假易辨。这种开立保函的方式较为普遍，因为受益人接到的保函是经过通知行或转递行验明真伪后的保函，不必担心保函是伪造的。

（2）索赔不便。在该方式下，受益人索赔不方便的问题仍然存在。受益人只能通过通知行或转递行向担保行索赔。而通知行或转递行只有转达义务，它们本身不承担任何责任。因此，实际上还是受益人向国外担保行索赔。

（三）通过转开行开立

当受益人只接受本地银行为担保人时，原担保人要求受益人所在地的一家银行作为转开行，转开保函给受益人。这样，原担保人就变成了反担保人，而转开行则变成了担保人。

1. 程序

通过转开行开立保函的主要流程如图 6－3 所示。

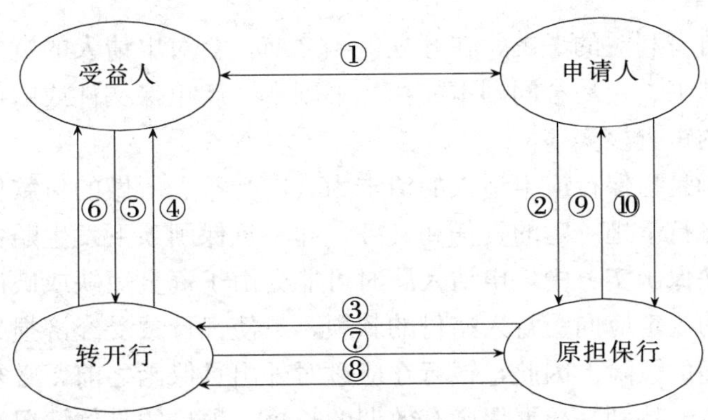

图 6－3 通过转开行开立保函的流程

注：①申请人和受益人签订合同或协议。②申请人向原担保行（指示行）提出开立保函的申请。③原担保行（指示行）开立反担保函并要求转开行转开。④转开行转开保函给受益人。⑤受益人在申请人违约后向转开行索赔。⑥转开行赔付。⑦转开行根据反担保函向原担保行（指示行）索赔。⑧原担保行（指示行）赔付。⑨原担保行（指示行）向申请人索赔。⑩申请人赔付。

2. 特点

通过转开行开立保函的特点如下：

（1）转开行是受益人所在地的银行，受益人比较了解和信任，从而解决了受益人对国外担保行不了解和不信任的问题。

（2）真伪易辨。受益人接到的保函是经过转开行验明真伪后的保函。

（3）索赔方便。受益人与转开行同处一个国家或地区，不存在语言、风俗习惯、制度和法律方面的差异。以这种方式开立的保函，对受益人最为有利。

以上只介绍了三种基本开立方式的流程，在实际业务中，可能有反担保行，也可能有保兑行等其他当事人，流程不尽相同。

二、银行保函的业务处理流程

（一）申请人向银行申请开立保函

企业等根据业务需要请求银行为其出具保函时，应填写书面的保函申请书，并按银行的要求提交项目的有关批准文件、交易合同副本或招标书副本、反担保文件或财产抵押书、保函格式等文件。

保函申请书是构成申请人与担保行之间权责关系的书面契约，也是银行对外出具保函的法律依据，因此申请人应逐项认真地填写。申请书除表示请求银行按合同规定出具保函外，还应明确以下两项内容：其一，明确申请人的责任和义务。这是指当保函的受益人按保函规定的条件向担保行提出索赔时，申请人保证偿付担保行因履行其责任而做出的任何支付，并注明偿付的具体办法。其二，申请人必须声明担保行的免责事项。

银行在收到申请人提交的开立保函的申请书及有关证明文件后要严格认真地进行审核，以决定是否受理该项申请，对外出具保函。

（二）担保行审查

银行出于保护自身利益的考虑，在开立保函之前，会对申请人的资信状况，申请人提交的开立保函的申请书、交易合同副本或招标书副本、反担保文件或财产抵押书、保函格式等逐一进行详尽的审查核实。

如前所述，保函是担保行应申请人的请求为其向受益人所做的付款保证。虽然申请人在保函业务中对担保行承担一定的责任和义务，即一旦保函项下发生赔付行为，他将偿还担保行的垫款，但在保函实务中，申请人届时可能会由于资金短缺或破产倒闭，无力偿还担保行按保函条款的规定应向受益人赔付的款项，致使银行蒙受经济损失，这是担保行在保函业务中可能承担的风险。因此，银行在应邀对外出具保函之前，必须对申请人的资信及财务状况进行分析，特别是根据保函有效期的长短、项目的具体情况、受益人所在国别等情况，对可能出现的风险及风险的大小做出正确的估计，以便采取相应的措施，防患于未然。

目前常规的防范措施就是要求申请人提供反担保函[①]及财产抵押。在日常业务中，银行可以接受的反担保函和抵押一般有：其他银行或金融机构出具的反担保函（counter guarantee）；有经济实力或担保能力的企业等出具的反担保函；申请人自己或他人的财产抵押。

反担保函或抵押是银行对外出具保函的基础，也是维护银行自身利益不受损害的基本保证，银行必须对反担保函及抵押品进行严格审查，以求落到实处。

（三）担保行开立保函

银行对申请人提供的有关资料及申请人的资信审查予以认可后，便可正式对外开立保函，并按规定的收费标准向申请人收取担保费。在日常业务中，保函的开立方式分为电开和信开两种[②]，这与信用证的开立方式相同。

目前在国际经济技术合作中，通常使用“见索即付”（payable upon first simple demand）保函。担保行在开立此类保函时，应对保函索赔条款的制定给予高度的重视。这是因为受益人的索赔要求是否成立，关键在于他的索赔是否满足保函索赔条款的规定。所以，为了防范受益人的无理或恶意索赔，为了维护申请人的正当权益，同时也为了避免卷

---

① 在反担保函中，反担保人只向担保人承担责任，而不与受益人发生直接关系，也不受理受益人的索赔。

② 在电开保函方式项下，担保行一般将加押的保函正本及通知指示发至受益人当地的一家银行，该行收到保函经核押相符后将保函通知给受益人；或者担保行以电传方式将保函直接开给受益人。在信开保函方式项下，担保行一般以信函方式直接向受益人开出保函。

入复杂的商务纠纷，维护自身信誉，担保行在对外开立保函时，十分注重保函索赔条件的单据化。此外，银行在保函中应注明有效期。

（四）保函的修改

银行保函可以在有效期内进行修改。保函的修改必须经当事人各方一致同意后方可进行，任何一方单独对保函条款进行的修改都被视作无效。当申请人与受益人就保函修改取得一致后，由申请人向担保行提出书面申请并加盖公章，注明原保函的编号、开立日期、金额等内容，以及要求修改的详细条款和由此产生的责任条款，同时应出具受益人要求或同意修改的意见书供担保行参考。担保行在审查申请并同意修改以后，由主管负责人签字后向受益人发出修改函电。

（五）保函的索赔

担保行在保函的有效期之内，若收到受益人提交的索赔单据及有关证明文件，应以保函的索赔条款为依据对该项索赔是否成立进行严格审核，并在确认索赔单据及有关证明文件与保函索赔条款的规定完全相符后，及时对外付款，履行其在该项保函中所承担的责任。担保行对外付款后，可立即行使自己的权利，向保函的申请人或反担保人进行索赔，要求其偿还银行所支付的款项。

（六）保函的注销

保函在到期后或在担保行赔付保函项下全部款项后失效。担保行应立即办理保函的注销手续，并要求受益人按保函的有关规定将保函退回担保行。至此，保函业务的运作程序结束。

三、银行保函的种类

保函可以根据不同的要求从不同的角度进行分类。从实务的角度看，比较科学且较为有意义的分类方法基本上有下述几种。

（一）根据保函与基础交易合同的关系划分

1. 从属性保函

从属性保函是指其效力依附于基础交易合同的保函。这种保函是其基础交易合同的附属性契约或附属性合同，担保行只能以基础合约的条款及交易的实际执行情况来确定保函项下的付款责任成立与否。所以，这类保函本身的法律效力乃是依附于基础合约关系的存在而存在的，合同与保函的关系是一种主从关系。传统的保函大都属于这一类型。

2. 独立保函

独立保函与基础交易合同的执行情况相脱离。虽然保函是根据基础交易合同的需要开立的，但一旦开立，其本身的效力并不依附于基础交易合同，其付款责任仅以自身的条款为准。在这种保函项下，保函与基础合同之间不再具有类似从属性保函那样的主从关系，而是呈现出一种相互独立、各自独具法律效力的平行法律关系。目前，国际银行界的保函大多数属于独立保函，而不是传统的从属性保函。

（二）根据保函项下支付前提划分

1. 付款类保函

付款类保函是指银行为有关合同价款的既定支付义务提供担保所出具的保函，或者说是为保证随着交易的发生而必然产生的债务支付所开立的保函。从理论上来讲，付款类保函项下支付行为发生与否，是以受益人能否按照保函中所确定的要求去履行自己的职责和义务为前提条件的。① 只要受益人履行了自己应尽的合约义务，就获得了求偿的权利，他就可以在保函项下提出索赔并取得自己应得的合同款项。因此，付款类保函的支付前提是受益人的履约行为。

2. 信用类保函

信用类保函是指银行对那些只有在合同的一方有违约行为而使其在合同项下承担了赔偿责任时，支付才可能发生的经济活动所开立的保函。在这种保函所涉及的经济活动中，只要不出现保函申请人作为合同一方的违约事件，这种或有的支付就不会发生。所以，信用类保函支付的前提是申请人的违约行为。

（三）根据保函索赔条件划分

1. 有条件保函

有条件保函是指担保人在保函的条文中对索赔的发生与受理设定了若干限制条件，或规定了受益人必须提交的若干能客观反映某种事实发生、条件落实的单据。只有保函所规定的这些条件得到满足后，或所规定的能反映客观事实的单据被提交给担保行后，担保行才会履行其支付义务。这种保函有利于保护申请人的利益，防止受益人的无理索赔和欺诈。

2. 无条件保函

无条件保函主要是指见索即付保函。在这类保函项下，担保行在受益人的简单书面索赔面前承担了无条件的支付义务，不论基础交易合同的执行情况如何，也不论受益人本身是否履行了合同中规定的义务，只要担保行在保函的有效期内收到了受益人所提交的符合保函条款规定的书面索赔，就应该立即付款。在这种保函项下，申请人及担保行所承担的风险很大，有时可能会在受益人的无理索赔面前陷入极其被动的境地。不过，从目前国际银行保函业务来看，无条件保函占了较大的比例。

案例分析

见索即付保函毁约诉讼案

案情：伦敦的一家出口商与埃及的一家进口商签订了一份商务合同，合同中规定出口商必须经银行开立一份以进口商作为受益人的履约保函，金额为货价的5%。为此，出口商委托国民西敏寺银行开立了该项保函，并向开证行提供了反担保。国民西敏寺银行根据出口商的要求向买方开立了履约保函，其中规定在买方第一次提示要求后立即付款。后来埃及的进口商以出口商未履约为由向国民西敏寺银行提出付款要求。然而，出口商却取得当地法院的批准向国民西敏寺银行发出禁令不得支付，为此，国民西敏寺银行要求撤销该禁令。法院在审理后做出判决，认为该履约保函的有关规定是出口商自己同意的，因此，这些条款应该是有约束力的，并不违反公共政策，应该执行。该判决认为，出口商既然同

① 由于保函源于合同而产生，故保函中所规定的这些职责和义务是与基础交易合同中赋予受益人一方的职责和义务相吻合的。

意那些无保留付款的措施，就要承担风险，银行的机制和其承担的责任与商人不同，前者必须履行其职责，不应受法庭干涉，否则国际商业中的信任就会遭到无可挽救的破坏，除非发生欺诈行为。但就本案来说，还只是属于合同执行的争议，谈不上是欺诈，更不用说是确定的欺诈，为此，应撤销对国民西敏寺银行发出的止付禁令。

分析：这是一起见索即付的保函业务。见索即付实际上就是无条件的，从法院的判决中可以看出，如果申请开立保函的当事人在保函中同意见索即付，也即同意无条件支付条款，那么，他当然要承担由此而产生的风险。然而，在实务中大多数履约保函都接受无条件支付条款。因此，申请人为了维护自身的利益，应在合同中力争加入有防卫措施的内容，例如，受益人在索偿时应提供申请人违约的书面证明，或要求提供有关的仲裁书，或要求经申请人会签等。开证行在接到申请人的无条件付款申请后，应向申请人提醒其可能会遇到的风险，如果申请人坚持采用该条款，银行应要求申请人在反担保函中明确地列明其责任。

（四）根据担保行付款责任的属性划分

1. 第一性责任保函

第一性责任保函是指那些已由担保人在保函中明白无误地做出了其将承担首先付款责任之承诺，只要索赔本身能满足保函中规定的条件，则既无须受益人先行向申请人索要，也无须理会申请人是否愿意支付，担保行将在受益人首次索要后立即予以支付的保函。

2. 第二性责任保函

第二性责任保函是指那些在保函项下明文规定了担保行只有在受益人提出索赔而申请人拒绝支付时方予以付款的保函。在这类保函项下，受益人应首先向申请人要求赔付或支付，只有在申请人未付或拒付时才能向担保行提出索赔。

（五）根据保函的使用范围划分

1. 出口类保函

出口类保函是银行应出口方的申请向进口方开出的保函，是为满足出口货物和劳务的需要而开立的保函。这类保函适用于国际承包业务和商品出口业务。

（1）**投标保函**（tender guarantee）。投标保函是银行应投标人的要求向招标人出具的保证投标人中标后履行标书规定的责任及义务的书面保证文件。在该保函中，担保行向招标人保证：投标人投标后不撤标或片面修改投标条件；投标人中标后一定和招标人签约，并按招标人规定的日期提交履约保函。否则，担保行将在招标人即受益人提出索赔时，按保函规定的金额对其进行赔付。

投标保函金额一般为投标报价金额的2%～5%。有效期从开立保函日期到开标日期后的一段时间为止，有时会再加上一定天数的索偿期。若投标人中标，则保函的有效期自动延长，直到投标人与招标人签订合同并提交履约保函为止。

（2）**履约保函**（performance guarantee）。履约保函是银行应出口方或承包商（即中标方）的请求向进口方或接受承包的业主（即招标方）出具的保证文件。在该保函中，担保行向受益人保证出口方或承包商一定履行其在所签合同项下的责任与义务，否则担保行将负责赔偿一定的金额。

履约保函的金额通常为合同金额的5%～10%，具体比例可由招标人决定。保函的有效期从投标保函失效时至合同执行完毕时为止，有时还会再加上一定天数的索偿期。

(3) **预付款保函** (advanced payment guarantee)。预付款保函是进口方或接受承包的业主在预付定金时要求出口方或承包商提供的银行担保。因此，预付款保函中的有关当事人也就是履约保函中的有关当事人。担保行向受益人保证在出口方或承包商因故不能履约时，由银行负责将预付款项加上利息退还给他。

预付款保函的金额就是进口方或接受承包的业主预付款项的金额。保函的有效期可定为到预付款项全部扣完时为止，也可定为到合同执行完毕日为止，再加上一定天数的索偿期。

(4) 质量保函 (quality guarantee) 和维修保函 (maintenance guarantee)。从本质上来说，质量保函和维修保函实际上是同一类型的保函，均是银行应出口方或承包商的要求，就合同标的物的质量向进口方或工程业主所出具的保证文件，所不同的是两者的使用范围有区别：

质量保函通常应用于商品买卖合同项目。[①] 买方为了确保商品符合合同规定的质量标准，常常要求卖方提供银行担保，保证如果货物质量与合同规定不符，卖方应及时更换或维修，否则担保行将按保函金额进行赔付。

维修保函则应用于劳务承包工程。工程业主为了保证工程的质量，要求承包商提供银行担保，保证在工程质量不符合合同规定时，承包商负责维修，否则担保行将按保函金额对业主进行赔付。

(5) 关税保付保函 (customs guarantee)。关税保付保函又称海关免税保函、海关保函等，是银行应承包商的请求向工程所在国海关出具的保证前者在工程完工后一定将施工机械撤离该国的保证文件。

关税保付保函的金额为各国海关规定的税金数额。保函的有效期为合同规定的施工机械或展品撤离该国日期再加上半个月。

(6) 账户透支保函 (overdraft guarantee)。账户透支保函是银行应承包商的请求就其融通款项的偿还向工程所在国某家银行出具的保证文件。

在国际工程承包中，承包商在外国施工时，为了能够得到当地银行的资金融通，往往需要开立一个透支账户。在申请开立透支账户时，承包商需向当地银行提供由其本国银行出具的账户透支保函。在该保函项下，担保银行保证若申请人未按透支合约的规定及时向账户行补足透支金额，担保行将代为补足。

账户透支保函的金额一般为透支合约规定的透支限额。保函的有效期为透支合约规定的结束透支账户日期再加上半个月。

出口类保函的种类如图6-4所示。

---

① 特别是在大型机电产品、成套设备、飞机、船舶的出口中使用较多。

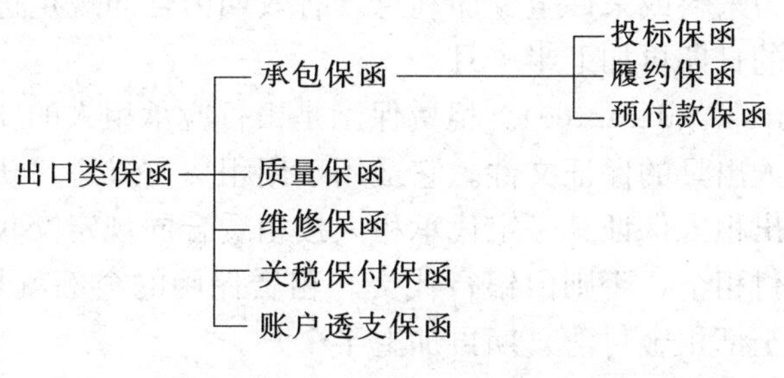

图 6-4 出口类保函

2. 进口类保函

进口类保函是银行应进口方的请求向出口方开立的保证文件，适用于货物与技术进口、补偿贸易及来料加工等业务。

(1) 付款保函 (payment guarantee)。付款保函是银行应进口方的要求就其在某个合同项下的付款责任向出口方出具的保证文件。在该种保函项下，担保行向出口方保证在收到有关货物或技术资料后，进口方一定付款，否则担保行将代为支付。付款保函的金额亦即合同金额。保函的有效期按合同规定为付清价款日期再加上半个月。

(2) 延期付款保函 (deferred payment guarantee)。延期付款保函是银行就进口方在合同项下的部分付款责任向出口方出具的保证文件。众所周知，发展中国家从发达国家进口大型的、成套的机械设备时一般采用延期付款方式。在该保函中，担保行保证进口方按时履行货款及利息的支付义务，否则它将代为支付。

延期付款保函的金额为扣除预付定金后的货款金额。[①] 保函的有效期为保函规定的最后一期货款及利息付清日再加上半个月。

(3) 补偿贸易保函 (compensation guarantee)。补偿贸易保函是银行应进口设备方的要求向供应设备方出具的旨在保证进口设备方履行其在合约项下的责任与义务的书面保证文件。在该种保函中，担保行承担如下保证责任：保证进口设备方在收到与合同相符的设备后，用该设备生产的产品会按合同要求返销给供应设备方或指定的第三者以偿付进口设备的价款；若进口设备方未能履行上述义务，又不能以现汇偿付设备价款及利息，则担保行向供应设备方进行赔付。

补偿贸易保函的金额为设备价款加利息。保函的有效期为合同规定的进口设备方以产品偿付设备价款之日再加上半个月。

(4) 来料加工保函 (processing guarantee) 和来件装配保函 (assembly guarantee)。来料加工保函和来件装配保函的性质是一样的，是银行应进料、进件一方的要求向供料、供件一方出具的书面保证文件。担保行承担的责任为：保证进料方或进件方在收到与合同相符的原料或元件后，以该原料或元件进行加工或装配，并按合同规定将成品交付供料方或供件方或指定的第三者。若进料方或进件方未能履约而又不能以现汇偿付来料或来件金额及附加利息，则担保行负责赔付。

① 如果预付定金为货款的 5%，则保函金额为剩余 95%的货款。

此类保函的金额为来料或来件金额加利息。有效期为合同规定进料方或进件方以成品偿付来料或来件金额的日期再加上半个月。

（5）租赁保函（lease guarantee）。租赁保函是银行应承租人的要求对其在租赁合同项下的付款义务向出租人出具的保证文件。它适用于用租赁方式进口机械设备、运输工具等经济活动。担保行向出租人保证其一定代承租人按租赁合同规定交付租金；或保证承租方一定履行合同按时交付租金，否则由银行代交。租赁保函的金额就是租金总额[①]，有效期为按租赁合同规定的全部租金付清日期再加上半个月。

进口类保函的种类如图 6-5 所示。

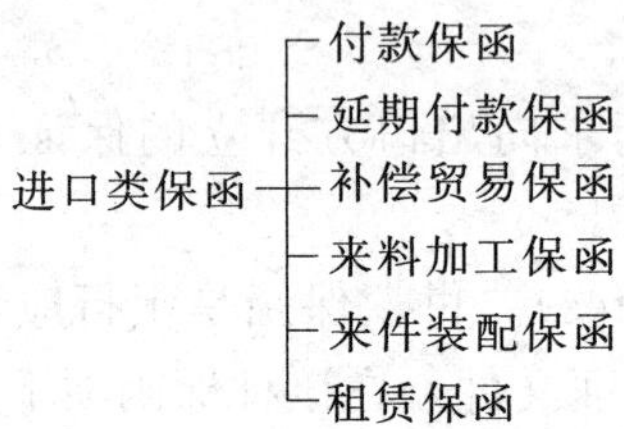

图 6-5　进口类保函

3. 其他类保函

保函的其他种类如下：

（1）借款保函（loan guarantee）。借款保函是银行应借款方的申请就其在借款契约项下的偿还义务向贷款方出具的保证文件。在该保函中，担保行向国外贷款方保证借款人一定按借款契约的规定按时偿还借款并支付利息，否则由银行代为还本付息。

借款保函的金额为借款金额加上利息。有效期为借款契约中规定的还清借款及支付利息的日期再加上半个月。

（2）保释金保函（bail bond）。保释金保函是银行应本国船公司或其他运输公司的申请为其保释因海上事故或其他原因而被扣留的船只或其他运输工具而向当地法院出具的保证文件。

承运方应货主的委托运送货物时，如果装载货物的船只或其他运输工具因碰撞事故致使货主和他人蒙受损失，或因承运方的责任发生货物残损短缺等，在确定赔偿责任之前，当地法院会下令扣留有关船只或其他运输工具，只有交纳了保释金后才能放行。在这种情况下，船公司或其他运输公司可要求银行为其出具一份保释金保函，由担保行向当地法院保证船公司或其他运输公司一定会依照法院的判决赔偿损失，否则该行代其赔偿。当地法院收到保函后即可以此代替保释金将船只或其他运输工具放行。

保释金保函的金额一般视赔偿金额的多少由当地法院决定。有效期为法院判决日期以后若干天。

（3）票据保付保函（guarantee for bill）。票据保付保函是指银行作为担保人，对商业票据进行担保，保证在票据到期后如发生拒付，由其负责按票面金额支付的书面付款承诺。在国际贸易及国际劳务承包合同项下的结算中，往往有买方或者业主要求以本票、期

① 相当于货价加利息。

票或者支票作为结算手段，由于这些商业票据属于商业信用，卖方或承包方心存疑虑，因此，常常会要求买方或者业主通过银行开立票据保付保函，对这些商业票据加具银行保付责任。由于这些票据大多数为远期性质的支付凭证，因此，票据保付保函实际上就是一种延期付款的保函，是一种与商业信用支付方式联用的延付保函。

(4) 费用保付保函（payment guarantee for commission/charges）。费用保付保函是指银行作为担保人，根据某些合同项下的付款责任方的要求，就一些特殊的费用或者其他款项的支付而向收款人（受益人）做出的保证支付承诺。费用保付保函实际上也是一种付款保函，在实务中也较为常见。具体包括对卖方应给予中间商的佣金的保付，对船方应付港务当局的挂港费的保付，对代售人向货主所应支付的货款的保付等。

保函的其他种类如图 6-6 所示。

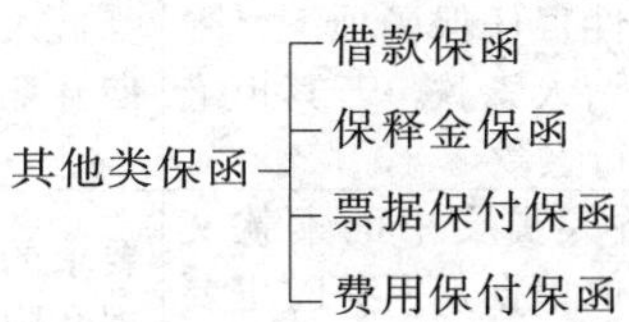

图 6-6 其他类保函

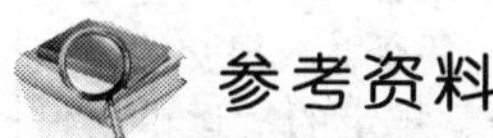

延期付款方式：首先，进口方按照合同规定向出口方支付一定比例的预付定金；其次，凭货运单据支付其余货款中的一部分，并将所余货款平均分成若干个相等的份额，每隔一定的时间（如每半年）支付一份金额并加利息，直至付完为止。进口方在支付预付定金之外的货款时，要向出口方提供延期付款保函。

倒保函：在国际承包工程和劳务出口的经济活动中，出口方或承包商不仅要求其本国银行为它们开具投标保函、履约保函和预付款保函，而且会要求银行签发质量或维修保函、关税保付保函及账户透支保函。这些保函实际上均属同一性质的银行保证文件，也在出口保函的范畴之内。

四、银行保函与跟单信用证的异同

（一）银行保函与跟单信用证的相同点

银行保函与跟单信用证的相同点如下：

(1) 都是银行应申请人的要求，向受益人开立的有条件的支付担保或承诺。

(2) 都是用银行信用代替或补充商业信用，使受益人避免或减少因申请人不履约而遭受的损失。

(3) 保函中的担保行和跟单信用证中的开证行对单据真伪及其法律效力、寄递中遗失等都不负责任。

（二）银行保函与跟单信用证的不同点

银行保函与跟单信用证的不同点见表 6-2。

表 6-2 银行保函与跟单信用证的不同点

不同点	银行保函	跟单信用证
范围	可以运用于任何一种国际经济活动中，如商品买卖、资金借贷、工程承包、物资租赁，等等。保函既是一种结算方式，又是一种保证合约项下某项责任得以履行的手段	只运用于商品买卖合同中，开证行为进口商应有的付款责任做结算保证，是一种常见的国际贸易支付方式
银行的责任	担保行承担的付款责任既有第一性的，也有第二性的，若是后者，支付行为不一定会发生	开证行承担的是第一性付款责任，一旦信用证开出后，开证行就必须凭合格单据付款，即付款行为一定会发生
银行所付款项的属性	担保行支付的款项既可以是合同价款，也可以是退款或赔款	开证行支付的款项一定为货物价款
受益人的索款程序	索款程序分为第一性责任和第二性责任两种。在第二性责任保函项下，受益人应首先向申请人索款，若其拒绝支付，再向担保行索款	受益人凭单直接向开证行索取货款而不必向开证申请人索款
对结算单据的要求	一般只要求受益人提交书面索款文件，可以不附其他单据，但有时也要求受益人提交货运单据	要求的单据为全套货运单据，包括主要单据和附属单据
银行承担的风险	担保行在大多数情况下不掌握代表物权的货运单据，且遭到受益人无理索赔或恶意索赔的可能性较大，因而担保行可能承担的信用风险较大	因开证行开证时事先要求开证申请人提交一定数额的开证押金，并凭受益人提交的代表物权且符合信用证条款规定的货运单据付款，所以开证行可能承担的信用风险较小
保证文件的到期地点及有效期	到期地点一般在担保行所在地，且有效期较长，有时长达几年，有时无明确的失效日期	到期地点有时在受益人所在地，有时在开证行所在地，有时在付款行/承兑行所在地。跟单信用证的有效期较短且有确定的失效日期
是否有融资作用	对受益人没有融资作用	对受益人的融资作用明显，如申请打包贷款、叙做出口押汇、议付买单或汇票贴现等
是否可撤销	不可撤销	以前有可撤销的跟单信用证，UCP600 后没有了
是否可转让	除非保函有特殊规定，一般情况下受益人在保函项下的索赔权利是不可转让的	在跟单信用证项下，受益人使用信用证的权利可以转让

第三节 备用信用证

一、备用信用证概述

（一）备用信用证的含义与用途

A stand-by letter of credit, like a commercial letter of credit, is a promise by the issuer to honour the beneficiary—presentation of the document or documents specified in the letter of credit.

备用信用证（stand-by letter of credit，SL/C）又称商业票据信用证（commercial paper L/C）、担保信用证（guarantee L/C），是指开证行根据开证申请人的请求对受益人开立的承诺某项义务的凭证。即开证行保证在开证申请人未能履行其应履行的义务时，受益人只要凭备用信用证的规定向开证行开具汇票（或不开汇票）并提交开证申请人未履行义务的声明或证明文件，即可取得开证行的偿付。

备用信用证对受益人来说是备用于开证申请人发生毁约时，取得补偿的一种方式。如果开证申请人按期履行合同的义务，受益人就无须要求开证行在备用信用证项下支付货款或赔款，这是该类信用证之所以被称作备用信用证的由来。因此，备用信用证作为一种付款承诺，虽然在形式上是第一性的，但在意图上却只是在委托人违反基础合同的情况下使用，具有备用之意。备用信用证实质上是一种银行保函。

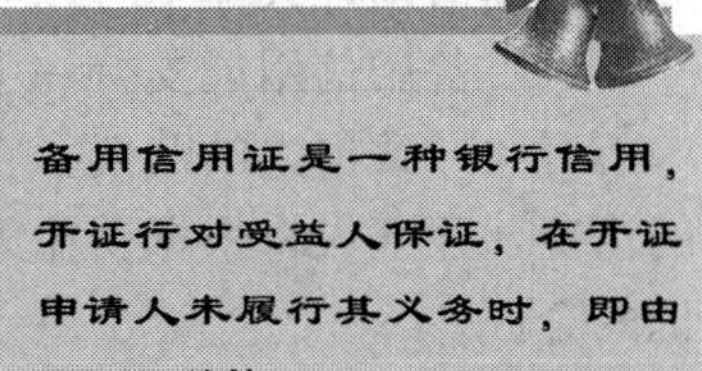

备用信用证是一种银行信用，开证行对受益人保证，在开证申请人未履行其义务时，即由开证行付款。

备用信用证起源于19世纪中叶的美国。当时，美国联邦法律只允许担保公司开立保函，而禁止商业银行为客户提供担保或保证书服务。为了拓展业务和适应对外经济往来的需要，美国商业银行创立了备用信用证，用以代替保函，逃避法规的管制。日本的立法也禁止银行从事担保业务。因此，备用信用证在美、日两国使用较广。后来由于备用信用证的用途较为广泛，各国对其管制放松，它才逐渐盛行于世界。

备用信用证的用途几乎与银行保函相同，既可用于成套设备、大型机械、运输工具的分期付款和租金支付，又可用于一般进出口贸易、国际投标、国际融资、加工装配、补偿贸易及技术贸易的履约保证等。

（二）备用信用证的性质与特点

根据《国际备用信用证惯例》（International Stand-by Practices，ISP98），备用信用证在开立后是一个不可撤销的、独立的、跟单的及具有约束力的承诺，因此，备用信用证具有以下特点：

（1）除非在备用信用证中另有规定或经双方当事人同意，开证人不得修改或撤销其在该备用信用证项下的义务。

（2）备用信用证项下开证行义务的履行不取决于开证行从开证申请人那里获得偿付的权利和能力，也不取决于在备用信用证中对任何偿付协议或基础交易的援引，或开证行本身对任何偿付协议或基础交易的履约或违约的了解。

（3）备用信用证和修改在开立后即具有约束力，无论开证申请人是否授权开立，开证行是否收取了费用，或受益人是否收到或因信赖备用信用证或修改而采取了行动，对开证行都是有强制力的。

（三）备用信用证的内容

备用信用证的内容与跟单信用证大体相似，只是对单据的要求远比跟单信用证简单，其内容一般包括以下十个要素：（1）开证行名称。（2）开证日期。（3）开证申请人名称和地址。（4）受益人名称和地址。（5）声明不可撤销的性质。（6）备用信用证的金额，使用的货币种类。（7）对单据的要求。（8）备用信用证的到期日（有效期）。（9）保证文句。（10）表明适用的惯例。

二、备用信用证的种类

备用信用证大体上可以分为以下八种类型：

（1）备用信用证支持一项非款项支付的履约义务，包括对由于开证申请人在基础交易中不履约导致损失的赔偿。它可用于担保履约，在履约有效期内如果发生申请人违反合同的情况，开证人将根据受益人提交的符合备用信用证的单据代开证申请人赔偿该备用信用证的金额。

（2）预付款备用信用证用于担保开证申请人对受益人的预付款所应承担的义务和责任。这种备用信用证通常用于国际工程承包项目中业主向承包人支付的占合同金额10％～25％的工程预付款，以及进出口贸易中进口商向出口商支付的预付款。

（3）招标/投标备用信用证用于担保开证申请人中标后执行合同的义务和责任。若投标人未能履行合同，开证人必须按备用信用证的规定向受益人履行赔款义务。

（4）对开备用信用证又称反担保备用信用证，它是为支持反担保备用信用证受益人所开立的另外的备用信用证或其他承诺。

（5）融资备用信用证支持付款义务，包括对借款的偿还义务的任何证明性文件。

（6）直接付款备用信用证一般支持一项与融资备用信用证有关的基础付款义务的到期付款，而不论债务履行与否。主要用于担保企业发行债券或订立合同时的到期支付本息义务。这种信用证已经突破了备用信用证备而不用的传统担保性质。

（7）保险备用信用证支持开证申请人的保险或再保险义务。

（8）商业备用信用证是指如不能以其他方式付款，开证行为开证申请人对货物或服务的付款义务进行保证。

三、备用信用证结算方式在国际贸易中的应用①

备用信用证的运作一般按照以下程序进行：

（1）开证申请人根据基础合同的规定向其所在地的开证人（银行或其他机构）申请开立备用信用证，经开证人审核同意后，申请书构成开证申请人与开证人之间的合同；开证申请人通常要提供担保，并有义务支付开证费；开证人有义务根据申请书的指示开证，并承诺首先向受益人付款。

（2）开证人开证后，通常通过受益人所在地的通知人向受益人通知或转交信用证。通知人有义务核验备用信用证的表面真实性，有权利从开证人处取得报酬。当然，信用证也可由开证人或开证申请人直接寄交受益人，但在较大金额的交易中，受益人通常会要求通过通知人的专业核验来防止信用证欺诈。

（3）在大宗交易中，受益人可以要求对信用证加具保兑，开证人通常请求通知人提供保兑。通知人无义务必须进行保兑，若该通知人不提供保兑，则需及时通知开证人；若该通知人对备用信用证进行保兑，则成为保兑人，并对受益人承担与开证人同样的义务和责任。

---

① 启智．国际结算．北京：北京理工大学出版社，2006.

（4）受益人获得信用证后，即可发货或进行其他履约行为。如果开证申请人按承诺或交易合同的规定履行了义务，那么备用信用证就自动失效，受益人应将备用信用证退还给开证人。至此，备用信用证的全部交易程序即告结束，这也是大多数正常情况下备用信用证的运作程序。

（5）如果开证申请人未能按照承诺或基础交易合同的规定履行其义务，受益人即可向开证人或保兑人提交符合备用信用证规定的索偿要求以及与备用信用证相符的单据，向开证人或保兑人索偿。

（6）开证人或保兑人如果没有任何过错，那么在做了最后偿付后可以向开证申请人要求赔偿。若开证申请人不付款或不能付款，则开证人可以从担保中获得偿付；若开证人或保兑人因没有履行谨慎审单义务而错误地向受益人付了款，则丧失对开证申请人的求偿权；若单证相符而受益人交货与基础交易合同不符，开证申请人不能对开证人拒付，而只能依据基础交易合同向受益人索赔。

四、银行保函与备用信用证的异同

（一）银行保函与备用信用证的相同点

银行保函与备用信用证的相同点如下：

（1）都是银行应申请人的要求向受益人开立的书面保证。

（2）都是用银行信用代替商业信用或补充商业信用的不足。

（3）都适用于诸多经济活动中的履约担保。

（二）银行保函与备用信用证的不同点

银行保函与备用信用证的不同点见表 6-3。

表 6-3 银行保函与备用信用证的不同点

不同点	银行保函	备用信用证
要求的单据	不要求受益人提交汇票，但要求受益人除了提交证明开证申请人违约的文件外，还需要提交证明自己履约的文件	要求受益人在索赔时提交即期汇票和证明开证申请人违约的书面文件
付款的依据	分有条件保函和无条件保函两种。在有条件保函项下，只有保函所规定的条件得到满足后，或所规定的能反映客观事实的单据提交给担保行后，担保行才会履行其支付义务	只要受益人能够提供符合信用证规定的文件或单据，开证行就验单付款
遵循的规则	至今没有被世界各国所认可的通行惯例，只能参照《合约保函统一规则解释》（URCG）	有一个被世界各国承认的国际惯例，即《国际备用信用证惯例》

本章小结

1. 作为国际结算的一种重要方式，银行保函的主要作用是银行通过借出自己的信用来为商业活动中不被信任的一方担保，从而使交易活动顺利进行。

2. 银行保函的基本当事人是申请人、受益人、担保行，根据保函开立方式的不同，还可能涉及通知行、转开行、反担保行、保兑行等当事人。

3. 银行保函的业务处理流程主要包括申请人申请、担保行审查、担保行开立保函、保函的修改、保函的索赔和保函的注销等环节。按照不同的标准可以把银行保函分为不同的种类。

4. 作为商业信用的替代或补充，银行保函与跟单信用证和备用信用证有许多异同点，而备用信用证是一种信用证形式的保函。

本章关键术语

转开行	反担保行	保兑行	投标保函
履约保函	预付款保函	备用信用证	

本章思考题

1. 银行保函的当事人有哪些？其各自的作用是什么？
2. 开立银行保函的具体业务过程有哪些？
3. 按照不同的标准，银行保函可分为哪几种？
4. 银行保函与跟单信用证的区别是什么？

本章练习题

一、填空题

1. 国际商会1998年10月出版了______（ISP98），即国际商会第590号出版物，并于1999年1月正式施行。

2. 银行保函业务中的委托人，是指申请开立银行保函的一方。不同种类的银行保函，委托人也各异，如在投标保函中指______，在履约保函中指______。

3. 银行保函的主要作用是以______为手段来保护受益人的经济利益，促使______顺利进行。

二、判断题

1. 银行保函设计的反担保是银行为了规避风险，要求申请人自身对担保行的再担保。（　）

2. 备用信用证是信用证的一种，具有信用证的形式和内容，但实质上是一种保函。（　）

3. The pledge has the power to sell the property in any circumstance. ( )
4. The traditional guarantee is a principal undertaking. ( )
5. An irrevocable guarantee can be cancelled or amended at any moment. ( )

三、选择题

1. 在保函的基本内容中，保函的有效期包括（ ）。

A. 生效日期 B. 失效日期 C. 最迟交单期 D. 最迟装运日

2. One of the main functions of a banker is to accept ______ from his customers.

A. money B. cash C. advance D. deposit

3. ______ ratio is used to measure a company's ability to pay maturing obligations.

A. Leverage B. Activity C. Profitability D. Liquidity

4. The borrower will use the ______ of the facility to finance the said contract.

A. margin B. proceeds C. profits D. interests

5. All guarantees should include the principal debtor, the ______ and the guarantor.

A. beneficiary B. creditor C. mortgagee D. lender

6. The bond should state that claims must be received ______ than the expiry date.

A. a little earlier B. a little later C. not earlier D. not later

第七章

国际贸易结算中的单据

小李所在的中兴通讯公司有大量的产品是销往国外的，这一次有一批货物要发往德国，结算方式是跟单信用证，对方开来的信用证要求提供以下一些单据：两份正本商业发票和三份复印件；一份正本装箱单和一份复印件；一整套清洁提单，提单上注明运费预付；一份正本海运保险单加一份复印件，保额是发票金额的110%，投保一切险。此外，信用证还对这些单据提出了一些具体要求。这些单据的功能是什么？小李又该如何准备这些单据以确保单证相符，顺利获得信用证项下的付款？

本章将介绍单据的基本知识、主要单据的种类及包括的主要内容，通过本章的学习你将可以解答小李遇到的问题。

本章要点

◇ 理解单据的概念、作用和种类。
◇ 掌握商业发票的作用和内容。
◇ 了解发票的不同种类。
◇ 掌握运输单据的主要种类。
◇ 掌握海运提单的内容与功能。
◇ 理解各种运输单据之间的区别。
◇ 掌握保险单据的主要内容与种类。
◇ 了解附属单据的种类。

第一节　单据概述

单据是单据证书的简称，在英文中称为“documents”。在国际贸易结算业务中，单据是指国际贸易结算中反映货物特征及说明交易情况的一系列证明文件或商业凭证。在国际贸易中，不论采取什么结算方式，都会发生单据的交换。国际商会制定的《跟单信用证统一惯例》中有近一半的条款都是有关单据的，单据的重要性由此可见一斑。

一、单据的含义

单据也称商业单据，是出口方应进口方和其他有关方的要求必须备妥并提交的，完整地代表货物所有权的各种相关单据。它通常由出口方制作或取得后通过银行转交给进口方，交单是出口方履约的重要环节和内容。在现代国际贸易结算中，出口方的交货主要是通过交单来完成的。

二、单据的作用

在国际贸易中，各国（地区）采用的或要求对方提供的货运单据不尽相同，但它们的功能和作用应该是相同或者大致上相同的。比如，运输单据代表货物所有权的归属，保险单据是货物在运输过程中一旦发生损坏灭失可以获得相应经济补偿的依据，各种商检证明是保障货物品质、规格、数量、质量的官方或非官方凭证，原产地证明是证明货物的原产地并凭以享受差别优惠关税的根据，等等。归纳起来，单据的作用有下述几点。

（一）单据可以代表货物的物权

在国际贸易结算业务中，卖方交付单据代表交付了货物，买方取得单据代表收到了货物。这样，通过单据的转移就达到了货物转移的目的，同时也使货物的转移合法化。

（二）单据是一种履约的证明

单据中有详细的货物描述及卖方履约情况的相关证明，出口商只有在履行了合同义务后才能取得相应的证据或单据。

（三）单据是付款的证据

在信用证业务中，开证行的付款是以信用证中规定的相符单据为依据的。在汇款、托收等非信用证结算方式中，进口商一般应在收到货物或单据后，在规定时间内履行付款义务。至于货款支付的数量、时间、币种等均以汇票、发票等为依据。

此外，单据还是进口商提货、进出口商报关、纳税、享受税收优惠的重要凭证。

三、单据的种类

单据一般分为基本单据和附属单据两大类。基本单据是根据货物成交的贸易条件确定的、必须由出口方提供的单据，主要是发票、运输单据和保险单据。这三种基本单据根据不同标准还可进一步细分为不同的种类。附属单据则是根据贸易合同的约定或者信用证条款中的要求和规定，必须向进口方或授权付款行提供的、除基本单据以外的其他单据。比如：商品检验证明、原产地证明、包装单据等附属单据有些是官方要求的，以满足海关盘查的需要或政府有关贸易法令政策的规定；有些则是买方要求的，以便核查货物的具体状况。单据的种类如图 7－1 所示。

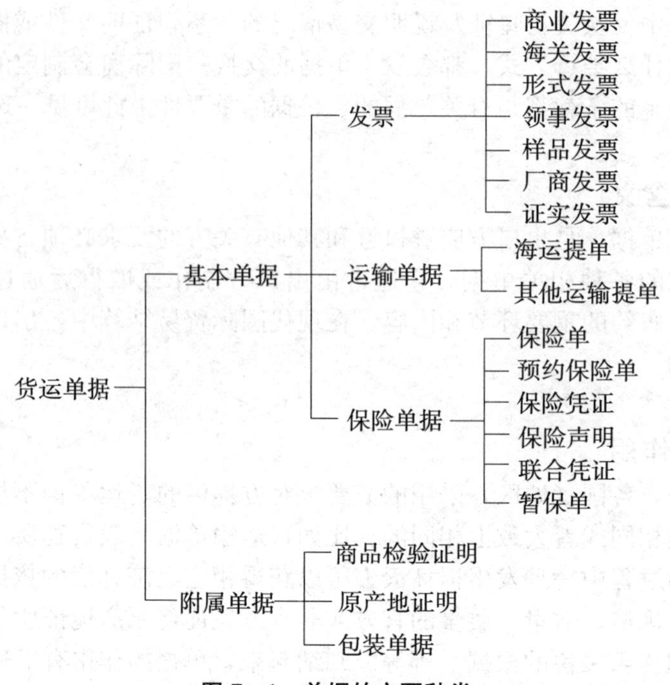

图 7-1 单据的主要种类

参考资料

中性单据

进口商有时要求单据上不填写出口商的名称，其目的是进口商可以通过转让单据出售货物，而不至于把原始的供货人暴露给它的买主。这种不写明出口商名称的单据叫中性单据（neutral document）。其实，中性单据本身并不是一种单据，而只是把某种单据中性化（neutralized）了。提单、保险单、装箱单、商检证书等都可以做成中性单据。

第二节 发 票

在国际贸易中，**发票**通常指卖方开立的凭以向买方索取货款的价目清单，是装运货物的总说明。发票全面反映了有关交易的详细内容，是各种单据的中心单据，也是卖方必须提供的主要单据之一。

A commercial invoice is the accounting document by which the seller claims payment from the buyer for the value of the goods and/or service being supplied.

广义而言，发票包括商业发票、海关发票、形式发票、领事发票、样品发票、厂商发票、证实发票等。狭义而言，发票通常是指商业发票。

一、商业发票

（一）商业发票的内容

各国进出口商所使用的商业发票（commercial invoice）没有统一的标准化格式，但一般商业发票应具备首文、正文和结文三部分基本内容。

1. 首文部分

首文（heading）部分主要写明基本情况，其具体内容如下：

（1）出票人的名称和地址。

出票人一般为出口商。要求完整准确，信用证项下发票的签发人应与信用证的受益人名称、地址相同。

（2）抬头人的名称与地址。

抬头人的名称与地址（to）同样要求完整准确。只有少数来证在发票条款中指出发票抬头人，多数来证都不做说明，因此习惯上将信用证的开证申请人或收货人的名称、地址填入这一栏。根据 UCP600 的规定，除非信用证另有规定，商业发票的抬头必须做成开证申请人。[①]

（3）单据名称。

“发票”字样一定要明确体现在单据中。

（4）发票号码。

发票号码（No.）由出口公司自行编制，一般用有关代号加序列号构成，以便查对，同时也被作为相应的汇票号码。

（5）发票签发日期（date）。

UCP600 规定，单据的出单日期可以早于信用证的开立日期，但不得迟于信用证规定的提示日期。[②]

（6）信用证号码。

信用证号码（L/C No.）按信用证填写。

（7）合同号。

应与具体成交的合同号（contract No.）一致，若买卖双方各有编号，则应一一列出。

（8）运输细节（transport details）。

应注明运输工具名称或运输方式，以及装货地点和卸货地点。货物如需转船运输，应加注转运港，转运港应与提单所标明的一致。

2. 正文部分

正文（body）是说明履约情况的部分，主要是通过对货物和货价的描述提供履约证明。正文部分的具体内容如下：

（1）唛头及号码。

贸易中的唛头（shipping mark）是为了识别货物而刷制在包装上的装运标志，便于承

① 参见 UCP600 第 18 条 A 款。

② 参见 UCP600 第 14 条 I 款。

运人和收货人识别货物。发票的唛头可以作为依据，分别与提单、保险单、装箱单上的唛头相核对，以确保各项单据的唛头相符。唛头的内容通常包括主标志、目的港标志和件号标志。有时也要求加注原产地标志，如“Made in China”。如果信用证未规定唛头的具体方案，则出口人可自行设计；如果无唛头，则填写“N/M”。

参考资料

什么叫唛头？

唛头可简称为“唛”，又可称为“运输标志”，其作用是便于在装卸、运输、储存过程中识别、点数，防止错发错运。一批货物刷上唛头之后就确立了它与合同的关系。唛头通常是由一些字母、数字及简单的文字组成，有的还伴有几何图形。如果没有唛头，则填写“N/M”。

唛头与号码在发票上必须注明，且必须与提单、装箱单、货物一致。对于件号、批号，如果是No. 1～100，但实际上货物只有95箱，又无法确定所缺货物箱号，在这种情况下可在件号前加注“EX”，以表示该货物中有缺箱，使发票和提单上的件数表示一致。当一张发票中需提供两个或两个以上的唛头时，第一个唛头必须制作完整，其余的可以省去这批唛头中相同的部分。

(2) 货物描述。

货物描述（description of goods）应严格根据信用证及合同的规定填写，包括货物的名称、规格、数量等。

(3) 货物的单价和总价。

单价（unit price）应与合同相符。在信用证项下，则必须与信用证的规定一致，包括货物的计价单位、计价货币、单价金额和价格条件。总价（total price）应与汇票金额相同，在信用证项下，除非另有规定，一般不能超出开证金额。

(4) 商品的包装和件数。

在发票中必须列明商品包装方式及件数，不仅要与提单等一致，还要与唛头相符。

3. 结文部分

结文部分最重要的内容是出口商的签章（exporter's signature），在信用证项下，必须由受益人签发发票。除此之外，还可按需要标注进出口许可证号、外汇批准号、税则号等内容或证实性文句。发票必须加盖出口商的图章，若信用证要求发票手签，必须另加负责人的手签，否则发票将被视为无效发票。出口商提交的发票张数必须与信用证的要求一致。

(二) 商业发票的作用

商业发票主要有以下几个方面的作用：

(1) 它是卖方履约情况的书面证明。发票是交易的合法证明文件，在全部单据中，发票是卖方专为说明履约情况提供的单据，从发票可以看出交易的全貌。

(2) 它是供买方了解、掌握、验收和核对货物的品名、规格、数量、重量等的依据，用以确认已发货物是否符合合同条款的规定。

(3) 它是买卖双方收、付款记账的依据。

(4) 它是进出口商进出口报关、缴纳关税的重要依据。

(5) 它是供出口商计算和支付佣金的依据。

(6) 它是出口商缮制其他单据的依据。

(7) 在不用汇票的情况下，发票替代汇票作为索汇的凭证。

除以上几点外，发票还可作为统计的凭证，在保险索赔时作为价值证明。

二、海关发票

(一) 海关发票的含义

海关发票(customs invoice)是进口国海关制定的一种发票格式，要求卖方填制，供买方凭以报关。海关发票有以下三种形式:(1) 正式海关发票。(2) 估价和原产地联合证明书(combined certificate of value and origin，CCVO)。(3) 根据某国海关法令签发的证实发票(certificate invoice in accordance)。

(二) 海关发票的作用

海关发票的作用如下:

(1) 作为进口国海关统计的依据。

(2) 作为货物估价定税的依据。

(3) 用于核定货物原产地。

(4) 用于确定有无倾销。

(三) 海关发票的内容

海关发票的格式与详细内容因国而异。其内容除商品品名、单价、总值等与商业发票相同外，还包括商品的成本价和商品的生产国家等内容。

海关发票的常见细目有:(1) 外包装的价值。(2) 货物装入外部容器的工资费用。(3) 内陆运输费与保险费。(4) 码头与港口费用。(5) 海运费用。(6) 海运保险费。(7) 有关交货的其他费用。(8) 其他特殊开支。(9) 佣金。(10) 现金折扣率。(11) 出售给买主的价格。(12) 现行国内价值或出口国的工厂/仓库/装运港的公开市场价格。

(四) 填写海关发票应注意的问题

填写海关发票应注意的问题有:

(1) 各国(地区)使用的海关发票都有专门的固定格式，不能混用。

(2) 凡是商业发票上和海关发票上共有的项目和内容(如唛头、品名、数量、金额等)，两者必须保持一致，不得相互矛盾。

(3) 如果成交价格为 CIF 条件，应分别列明 FOB 价、运费、保险费，而这三者的总和应与 CIF 货值相等。

(4) 签字人和证明人均需以个人身份出现，而且这两者不能为同一人，个人签字均需手签才有效。

三、形式发票

形式发票（proforma invoice）又称预开发票，是在交易达成前卖方应买方的要求，将拟报价出售的货物名称、规格、单价、价格条件、装运期及支付方式等一一列明的一种非正式发票，作为买方向本国的进出口管理机构或管汇部门申请进口许可证或批汇的依据。严格地说，形式发票不能凭以结算，票面上注明的价格也是卖方根据当时市场行情的估计价，对买卖双方均无约束力，只供买方参考，因其徒具发票形式，故名形式发票。正式成交时，卖方仍需另行开具商业发票。

四、领事发票

按某些国家的规定，货物从外国进口，必须提供**领事发票**（consular invoice）作为核对税款的依据，以防止买方进口时低报货价逃避进口关税，并审查该进口商品有无倾销的情况。这种发票由进口国驻出口国的领事馆签发，具有固定的格式，要求依格式如实填写并缴纳一定费用后由该国领事签证，所以也叫“领事签证发票”。

领事发票的作用和功能有：(1) 证明进口货物的产地与原产地相同。(2) 证明领事发票上所填写的货物名称、价格与数量属实。(3) 它是进口商品征税的依据。(4) 防止出口国廉价倾销出口商品。

五、样品发票

出口商为了说明推销商品的品质、规格、价格，在交易前发送实样，以便客户挑选。此种**样品发票**（sample invoice）不同于商业发票，旨在便于客户了解商品的价值、费用等，便于向市场推销，便于报关取样。

六、厂商发票

厂商发票（manufacturer invoice）是厂方出具的以本国货币计算价格，用来证明出口国国内市场的出厂价格的发票。来证要求提供厂商发票，其主要目的是用以核查出口交易中是否存在倾销，以便确定是否征收“反倾销税”。

七、证实发票

证实发票（certified invoice）实际上即为海关发票。之所以叫作“证实发票”，是由于发票上列明了货价和产地这两项主要内容，其中货价部分必须经卖方以个人名义签名证实。

第三节　运输单据

货物**运输单据**（transport documents）是表明货物的承运人已将货物装上运输工具或

已将货物发运或已接管货物待运的单据。单据一方面反映了货物被接管或装运时的状况，已装运货物所要经历的运程，货物的有关当事人及其相互之间的权利、义务关系；另一方面又通常代表着运输中的货物，是货物的物权凭证。因此，运输单据是货物运输业务中最重要的证明文件，也是国际贸易结算中最重要的单据之一。

与运输方式相适应，运输单据有海运提单、公路运单、铁路运单、航空运单及联合运输单据等。由于在国际贸易中，80%以上的货物是通过海运方式来运输的，所以海运提单是下文重点讲述的内容。

一、海运提单

(一) 海运提单的定义

海运提单（marine bill of lading 或 ocean bill of lading）简称提单（B/L），指出口商作为托运人，把出口货物交给作为承运人的轮船公司，由后者运抵目的港，再由承运人把货物交给作为收货人的进口方这样一种运输过程所开出的单据。

(二) 海运提单的当事人与关系人

1. 托运人

托运人（shipper/consignor）指委托轮船公司运送货物的当事人，也称货方。根据不同的贸易条件，托运人可能是发货人（卖方），也可能是收货人（买方）。在 FOB、CIF、CFR 等条件下，出口商是发货人、托运人；在 EXW 等条件下，进口商是托运人、收货人(也可以转让给他人)。信用证项下提单的托运人一般是信用证的受益人。

2. 承运人

承运人（carrier）指承运货物的那一方，也称船方，他有义务按照提单的记载将货物运至目的地交给收货人。根据不同情况，承运人可能是船舶所有人即船东，也可能是租船人。

3. 收货人

收货人（consignee）即有权在目的港凭提单向承运人提取货物的当事人，也称抬头人。一般是进口商，但也可能是第三方。

4. 受让人

受让人（transferee 或 assignee）是经过背书或交付转让接受提单的人，有向承运人要求提货的权利。只要抬头许可，提单是可以转让的。

(三) 海运提单的作用

1. 货物收据

货物收据是承运人确认从托运人处收到货物后签发的一纸证明。承运人向托运人签发提单后，确认已按提单上所记载的有关商品的标志、数量以及商品的表面状况收到商品，从而承运人就有责任在正常情况下按提单上所列明的情况，向收货人交付货物。

2. 运输契约

运输契约又称运输契约的凭证。海运提单上规定了承运方与货物关系方（即船方与货方）各自的权利和义务，成为一项正式契约。依照双方的约定，托运人按时向承运人提交货物，承运人向托运人出具海运提单，这份提单就成为双方运输合约的证据。提单背面印就的条款，被视为双方共同接受的运输合约条款，承运人和托运人分别对此承担了合约规定的责任。

3. 货物所有权凭证

货物所有权凭证即物权凭证。海运提单实际上代表了货物，凭其可以实现货物的占有、转让、流通和抵押，而海运提单的转让构成货物所有权的转让。因此，海运提单成为流通证券或半流通证券。

此外，如果货物在运输过程中遭受损失，货主向船公司或保险公司提出索赔时，提单还是索赔依据之一。

（四）约束海运提单的国际公约

为保证当事人的权益，明确各自的权利和义务，从 20 世纪 20 年代起，有关方面先后倡议制定了三个约束海运提单的国际公约。

1.《海牙规则》

《海牙规则》（Hague Rules）的全称是《统一提单的若干法律规定的国际公约》（International Convention for the Unification of Certain Rules of Law Relating to Bills of Lading）。自 1931 年 6 月生效以来，该公约得到许多国家的承认，我国也于 1981 年加入该公约。《海牙规则》相对偏重于维护船方利益而忽视货方利益，因此它自生效以来一直受到代表货方利益和航运业不太发达的国家或地区的反对。

2.《维斯比规则》

《维斯比规则》（Visby Rules）的全称为《修改统一提单的若干法律规定的国际公约议定书》（Protocol to Amend the International Convention for the Unification of Certain Rules of Law Relating to Bill of Lading），它是在《海牙规则》的基础上所做的修改，但并未对《海牙规则》的基本原则做出实质性修改，只是提高了货物损害的赔偿标准，仍然反映了传统海运国家的利益。自 1977 年 6 月生效以来，只有英、法等国家和地区采用这一规则。

3.《汉堡规则》

《汉堡规则》（Hamburg Rules）的全称为《1978 年联合国海上货物运输公约》（United Nations Convention on the Carriage of Goods by Sea，1978）。它对《海牙规则》做了全面的修订，扩大了承运人的责任，对船货双方的权益和责任做了较为合理的规定，基本上平衡了船、货双方在货物运输过程中所承担的义务与风险。可以说，《汉堡规则》是广大发展中国家在国际经济与航运领域中争取自身权益的一项重大成果，尽管其受到船方利益代表者的批评与反对，但仍获得了许多国家特别是货主国家的欢迎。该公约已于 1992 年 11 月正式生效。

国际公约和各国国内立法均对提单需要记载的内容做了明确规定，以保证提单的效力。各国船运公司一般采用自己设计制作的提单，格式上存在不少差异，但内容大致相同，通常分正反两面记载相关的信息。

（五）海运提单的基本内容

1. 海运提单正面的内容[①]

海运提单正面的内容包括：

（1）货物的品名、标志、包数或者件数、重量或者体积，以及运输危险货物时对危险性质的说明。

（2）承运人的名称和主营业所。

（3）船舶名称。

（4）托运人的名称。

（5）收货人的名称。

（6）装货港和在装货港接收货物的日期。

（7）卸货港。

（8）多式运输提单增列接收货物地点和交付货物地点。

（9）提单的签发日期、地点和份数。

（10）运费的支付。

（11）承运人或者其代表的签字。

2. 海运提单背面的条款

海运提单背面的条款包括：

（1）首要条款。说明该提单所适用的法律条款或规则。

（2）定义条款。对与提单有关的术语的含义和范围做出明确规定的条款。

（3）司法管辖权条款。规定当事人之间的争执或纠纷受哪一国法律管辖。

（4）承运人责任和免责条款。责任条款明确了承运人承运货物过程中应承担的责任；免责条款则说明了在约定的特定情况下，承运人对货物所遭受的损失不予负责，无须赔偿。

（5）承运人责任期间条款。明确承运人对货物运输承担责任的开始和终止时间。

（6）赔偿条款。

（7）特定货物条款。明确承运人在运输一些特定货物时应承担的责任和享有的权利，如危险货物、散装货物、高价值货物、舱面货物等。

此外，还有其他多种条款，如有关碰撞、共同海损、货主所付分摊损失的条款。

（六）海运提单的种类

随着国际海运业务的不断拓展和创新，海运提单的种类日趋增多，可按各种标准进行分类。

1. 按提单签发时货物是否确实已经装上货船，海运提单可分为“已装船提单”及“待运提单”

已装船提单（shipped on board B/L）是指托运人把货物交付承运人，承运人收到货物并将其装上货船后所签发的提单。提单上必须表明货物所装船舶的船名、装船日期、船

① 参见《中华人民共和国海商法》第73条的规定。

长或其代理人签字。已装船提单表示货物已出运，收货人可以根据提单日期推算货物的到岸日期，以便及时提货，这类海运提单在国际贸易业务中被广泛使用。

待运提单（received for shipment B/L）也称备运提单，是指船运公司已收到托运货物在等待装运期间所签发的提单，提单上不写明装船日期和确定的船名。因为货物装船之前仍存在遭受损失的风险，而承运人对此不负责，且买方也无法确定货物的实际出运日期和到岸时间，因此，进口方一般不接受这类提单。信用证一般规定提供已装船提单，银行一般不接受待运提单。当待运提单上载明的货物确定装船出运时，可由承运人的授权人将提单改签为已装船提单，只需加注“已装船”字样、船舶名称和装船日期。

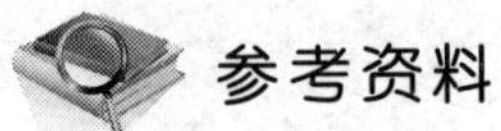
参考资料

已装船的批注

贸易条件 CIF、CFR、FOB 都适用于海运，卖方的交货义务是船上交货，因此必须在提单上表明货物已经装上船。如果没有按照相关要求在提单上加列已经装船的批注，那就是不符点。

已装船提单不需要加上已装船批注，发出日期即视为装运日期。

待运提单又叫备运提单。若提单上没有印上“已装船”字样，需要加上已装船的批注。提单上的已装船日期视为装运日期，表明卖方已经将货物装上船只。

已装船批注何时需要加列船名、何时需要加列装运港，要视信用证和提单的相关规定而定。如果提单航运的船只项目带有“预期”（intended）字样，即有限制船只的意思，已装船批注要加上载货船名，表示货物是否装在预期的船上。如果收货地或接受监管地与装货港不相同，已装船批注需要注明信用证规定的装货港和实际装货船名。例如：

待运提单包含的航运项目如下：

Pre-Carriage by Train Wagon No. 447518	Place of receipt Hangzhou
Ocean vessel Zhongshan	Port of loading Shanghai
Port of discharge Seattle	Place of delivery

已装船的批注如下：

On board
(date)
per ocean vessel
Zhongshan
At Shanghai

若多式运输单据的前段运输是非海运，后段运输是海运，要想把它转变成可流通的海运提单，在货物装上船时，应在提单上加注带有船名、装运港的已装船批注。

2. 按运输过程中是否转换运输工具或转换船只，海运提单可分为直达提单、转船提单和联运提单等

直达提单（direct B/L）是指货物用同一艘货船直接由装货港运达目的港，中途不在任何港口转船所签发的提单。在这类提单下承运人及实际运输人为同一海运公司，权责明确，运输业务也容易处理。提单上只注明装货港和卸货港名称，不带有“转船”批注。若信用证明确表明不准转船，则受益人要求议付时必须提供直达提单。

转船提单（transshipment B/L）是指货物在装运港装载后，将于预定的中途港转船，再转运到目的港的提单。这种提单的特点，反映在跟单信用证的文句上，是“允许在某地转运”这样的字样。为节省转船附加费，减少货运风险，收货人一般不同意转船，但有时直运不可能，必须转船，没有哪个港口能通往全世界各港口，所以国际贸易中转船运输方式是常见的。

联运提单（through B/L）是指由第一承运人（通常为海运承运人）向托运人签发的，表明货物将经过两种或两种以上运输方式运至最终目的地的提单。当托运人委托承运人承担全程运输，但实际运输往往须经海路、铁路或公路，或者海陆空联运，才能将货物最终运达目的地时，这样的运输就是联合运输。全程运输方式的特点是第一承运人签发联运提单，其他承运人不签发提单。货到目的港或目的地后可凭第一承运人所签发的联运提单提货。第一承运人虽然签发全程提单，但他只对第一运程负责。

3. 按海运提单上对所运货物和包装状况是否有瑕疵批注，海运提单分为清洁提单和不清洁提单

当托运人将货物交与承运人运输时，承运人理所当然要对货物的状况，特别是对货物的外表和包装状况做大致的观察和检查。一旦发现货物包装有瑕疵，就应该在海运提单上加注批语，如“包装渗漏”“包装破裂”等文句。凡带有此类批注的提单皆称为不清洁提单（unclean or dirty B/L）。

凡属包装状况良好无瑕疵、没有加上上述类似批注的提单皆称为清洁提单（clean B/L）。承运人对不良包装下货物的损坏不承担责任。除非信用证另有规定，否则银行拒收不清洁提单。

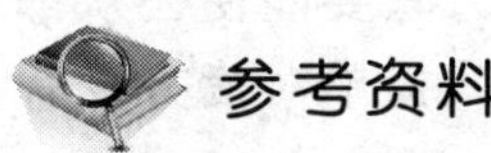

参考资料

常见的使运输单据“不清洁”的批注

contents leaking

packaging soiled by contents

packaging broken/holed/torn/damaged

goods damaged/scratched

goods chafed/torn/deformed

packaging badly dented

packaging damaged—contents exposed

insufficient packaging

__x__ cases short shipped（若干箱短装）

4. 按提单可否转让及如何转让，海运提单可分为记名提单、不记名提单和指示性提单三种

记名提单（straight B/L）是指在提单上收货人这一栏内直接写明由××人或××单位提货。这种提单又称收货人抬头提单，表明提单项下的货物只能由指名的收货人提取，不得转让。记名提单不能流通转让，所以在国际贸易中较少使用，银行也不愿对记名提单进行议付。

不记名提单（open B/L）意指在提单上收货人这一栏里仅仅写上持单来人字样。这种提单可转让，但无须背书，仅凭交付即可转让。如果提单丢失，货物被提走，承运人不负责任，对买卖双方都不利，所以风险很大，贸易中也很少使用。

指示性提单（order B/L）指抬头带有"order"字样的提单。指示性提单又可分为记名指示性提单和不记名指示性提单，前者如"to the order of ..."，信用证项下记名人可为出口商、进口商、出口地银行或开证行，后者如"to order"，由托运人背书后可转让。该提单项下的货物经过背书转让，由受让者提货。所以，这类提单又称为转让提单。至于背书的具体做法有：

（1）空白背书。背书人在提单背面签名盖章，但不具体指名说出被背书人（受让人）。

（2）记名背书。背书人在提单背面写明被背书人即受让人的姓名。

（3）指示背书。是指背书人在提单背面写明"凭××指示"的字样，同时由背书人签名的背书形式。经过指示背书的指示性提单还可以进行背书，但背书必须连续。

在国际贸易中，采用指示性提单较为普遍。

5. 按提单上运输条款的详细差异情况，海运提单可分为简式提单和全式提单

简式提单（short form B/L）是指仅有正面提单内容和正面条款，在背面没有记载承运人与托运人的责任、权利和义务，或仅摘其中重要条款扼要列出的提单。简式提单大多是美国船公司签发的，其在美国比较流行。提单正面印有"Short Form B/L"字样并注明该货物的收管、运输、费用均按全式提单条款办理，承运人和托运人的权责、免责等也均按全式提单条款办理。根据美国海上运输法，承运人只要能使公众都知道提单条款，并能随时索取提单条款，就可以出具简式提单，简式提单对货方没有不利影响。

全式提单（long form B/L）是指不但有齐全的正面条款，而且在背面详细记载了承运人与货主的责任、权利和义务的完整条款的提单。全式提单并不是在提单上印有"全式"字样，只要提单正面、背面条款完整、齐全，就是全式提单。在国际贸易中，目前使用的提单大多数是全式提单。

6. 按船舶营运方式不同，海运提单可分为班轮提单和运输代理行提单

班轮提单（liner B/L）是指货物由班轮承运时，由班轮运输公司作为承运人向托运人签发的一种提单。如果信用证中在价格条件后加注了班轮条件，则受益人必须提交班轮提单。

运输代理行提单（house B/L）是指运输代理行以承运人身份签发的运输单据。出口商将小批量货物委托运输代理行，代理行则将卸货港或目的港相同但属于不同托运人的货

物集中在一起向承运人办理托运，以节省费用。

7. 过期提单与倒签提单

过期提单（stale B/L）是指晚于 UCP600 所规定的提单签发后 21 天或信用证规定的最迟交单日，才向银行提交的提单。此时，银行有权不接受此类提单。

倒签提单（anti-dated B/L）是指承运人应托运人的要求，在货物装船以后，以早于该批货物实际装船完毕的日期作为签发日期所签发的已装船提单。这是具有欺诈性质的违法行为，货主或银行一旦发现提单签发日早于货物装船日，有权拒收货物或拒办业务。

案例分析

倒签提单的后果

案情：我国某公司与瑞士某公司签订出售某农产品 3 500 公吨的合同，每公吨 CIF 鹿特丹 24 英镑，共价值 84 000 英镑。装船日期为当年 12 月至次年 1 月，对方以不可撤销的即期信用证进行支付。我国某公司在租船装运时，因原订货船临时损坏，在国外修理，不能在预定时间到达我国口岸装货，临时改派香港某公司期租船装运，但又因连日风雪，迟至次年 2 月 11 日才装运完毕，2 月 13 日开航。这家公司为了取得符合信用证所规定的装船日期（即当年 12 月 1 日至次年 1 月 31 日）的提单，要求外轮代理公司按当年 1 月 31 日签发提单，并以此提单向银行办理议付。货物到达鹿特丹，经买方聘请律师上船查阅航行日志，查实提单的签发日期是伪造的，立即凭证向当地法院起诉，并由法院发出扣船通知。船由外轮公司以 30 000 英镑提保放行，我方经 4 个月谈判，共赔偿 20 600 英镑，买方才撤回上诉而结案。

分析：此例属于“倒签提单”。从国际货物买卖合同方面看，列有“装运日期”的条款为合同要件。因此，当一方违背要件时，另一方不仅可以提出索赔，甚至可以废除合同。倒签提单日期就是掩盖了真实的装运日期，实质上是掩盖了延迟交货的责任。由于市场价格变化剧烈，延迟交货可使对方在价格下跌时受到损失，如果有下手转卖合同，势必造成买方的违约交货。所以不论从法律上看还是从利益上看，倒签提单都是不允许的。

---

8. 集装箱运输提单

凡采用集装箱装载货物，由承运人签发的提单皆称集装箱提单（container B/L）。集装箱运输是将一定数量的单件货物装入特制的标准规格的集装箱内，以集装箱为运送单位而进行的运输。此种运输方式的优势在于运量大、成本低、效率高、货物包装费用低、货损货差小、货物装卸及船舶停泊时间短等，因此已成为国际货物运输的主要手段。由于货物是由托运人自行装货加封，故在提单上注明“托运人自行装货点数”的字句。

集装箱提单具有如下特点：（1）由于承运人多在内陆地区收取货物后即签发提单，故集装箱提单多属待运提单。但当将货物装载上船后，可根据事实加注“Shipped on board”

字样，将其转化为已装船提单。(2) 由于集装箱运输采用专用集装箱货轮，大多数集装箱需装载在舱面甲板上，若货物因此而发生灭失或损坏，承运人不负责任，所以通常在集装箱提单背面印有舱面装货的选择条款，以明确责任。(3) 由于集装箱运输多从内陆地区开始起运，故集装箱运输提单的承运人所承担的责任与风险随之扩大。

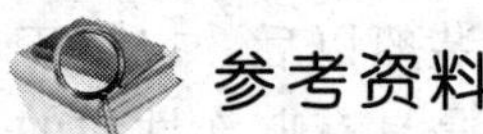
参考资料

1/3 正本提单由受益人直接交申请人的风险在哪里？

海运提单必须注明所出具的正本的份数，注明“第一正本”、“第二正本”、“第三正本”或者“正本”(original)、第二份 (duplicate)、第三份 (triplicate) 等类似表述的运输单据都是正本。提单并不一定非要注明“正本”字样才能被接受为正本。

如果信用证规定 2/3 正本提单交给议付行，1/3 正本提单由受益人直接寄给申请人，这样的信用证条款能否接受？其风险在哪里？议付行收到 2/3 正本提单时，1/3 提单早已经寄给申请人用于提货，议付行丧失了对货物的控制权，不能议付单据，开证行收到单据也无法控制申请人偿付。一旦申请人作风不良，可能会从单据上故意挑剔，要求开证行提出不符点，拒付并退单，受益人将面临货款两空的风险。

二、其他运输单据

货物运输单据除海运提单外，尚有多式运输单据，不可流通转让的海运单、租船合约提单，航空运单，公路、铁路或内河运输单据，专递收据和邮政收据等。它们之间的共同点都是运输凭证，但其功能与海运提单不尽相同。

(一) 多式运输单据①

多式运输 (multimodal transport) 是指根据多式运输合同，至少以两种不同的运输方式，将货物从一国境内接管货物的地点运至另一国境内指定交付货物的地点，并签发单一的、包括全程的运输单据的运输方式。

多式运输的关系人有多式运输经营人、承运人、托运人、收货人。

多式运输单据 (multimodal transport document) 是一种概称，其中一程为海运的运输通常使用多式运输提单 (multimodal transport B/L)。

1. 多式运输单据的特点

多式运输单据的特点如下：

(1) 表示至少有两种不同运输方式的连贯运输。

(2) 多式运输提单中船名、装货港、卸货港如有“预期”(intended) 或类似意义的修饰词，银行可接受。

① 在 UCP500 中有关多式运输单据的内容反映在第 26 条中，列在海运提单（第 23 条）、不可流通转让的海运单（第 24 条）、租船合约提单（第 25 条）之后。而在 UCP600 中多式运输单据列在所有运输单据的前面。这反映了国际贸易实务中越来越多地使用多式运输单据。在 UCP600 第 19 条中使用了“至少包括两种不同运输方式的单据”，这种提法比一般名称“多式运输单据”更为确切。

(3) 适合多式运输的贸易条件主要是FCA、CPT、CIP，并以接管的日期作为装运日期。FOB、CFR、CIF贸易条件则不适用于多式运输，因为它们要求卖方船上交货（on board），与多式运输的要求不符。

2. 多式运输单据的作用

多式运输单据的作用如下：

(1) 可流通形式的多式运输单据的部分运程为海运，其作用也与海运提单相同，即具有货物收据、运输合约、物权凭证的作用，可以背书转让。

(2) 不可流通形式的多式运输单据只起到货物收据和运输合约的作用，不是物权凭证。

3. 多式运输提单的用途二元化

很多船公司的多式运输提单既用于多式运输，也用于港至港的单一海运。提单的名称则称为"联合运输提单"（combined transport bill of lading）或"联合运输或港至港提单"（combined transport or port to port bill of lading）。提单正面条款中印有"收到货物以备装运"一类语句，当提单用于港至港运输时，应在提单上另加已装船批注使之成为已装船提单。

参考资料

UCP600对多式运输单据签发人的修改

UCP500第26条规定多式运输单据的签发人有承运人或多式运输营运人（multimodal transport operator，MTO）以及他们的具名代理或代表。而UCP600删去了多式运输营运人。

UCP600第19条A款规定，至少包括两种不同运输方式的单据（即多式运输单据或联合运输单据），不论其称谓如何，必须表面看来注明承运人名称并由下列人员签署：承运人或作为承运人的具名代理或代表，或船长或作为船长的具名代理或代表。代理的签字必须注明其是作为承运人的代理或代表还是作为船长的代理或代表签字的。

之所以删去了MTO签发的运输单据，是由于MTO一般是指货运代理——"货代"。目前在众多的"货代"中，他们的规模、资信、经营能力等各不相同，差距甚大，如果不考虑这种差距，笼统地将签发多式运输单据的权限交给他们，不够妥当。在贸易实务中也出现过一些资信不良的"货代"与当事人相互勾结，给对方造成经济损失的现象。因此，UCP600将"多式运输营运人"签发单据的内容删除。

(二) 不可流通转让的海运单[①]

不可流通转让的海运单（non-negotiable seaway bill）是承运人收到托运人交来的货物而签发的收据。不可流通转让海运单的记名收货人是唯一的收货人，承运人负责把货物

① 不可流通转让的海运单在实务中的使用远不及海运提单，由于它不能提货、不能流通，因而限定了它的使用范围。一般认为，随着国际贸易向电子数据交换（EDI）的发展，使用不可流通转让的海运单的领域将会日益扩大。

交给收货人，不需收回该项单据。

不可流通转让的海运单于 1997 年开始被北大西洋之间的部分运输采用，它是现代运输高速化的产物。目前不可流通转让的海运单在欧洲、斯堪的纳维亚半岛、北美和某些远东贸易区域使用，中国尚未使用。

1. 不可流通转让的海运单的基本功能

不可流通转让的海运单的基本功能如下：

（1）承运人收到由其照管的货物的收据。

（2）运输合约的证明。

（3）解决经济纠纷时，作为货物担保的基础。

2. 不可流通转让的海运单与海运提单的区别

不可流通转让的海运单与海运提单的区别如下：

（1）是否为物权凭证，能否背书转让。不可流通转让的海运单不是物权凭证，不能背书转让，收货人栏内必须写上明确的收货人，一般是直交进口商（straight consigned to importer），不能写成指示性抬头。海运提单则是物权凭证，可以背书转让，在途货物可以出售，收货人抬头可以做成指示性抬头。

（2）收货人的区别。不可流通转让的海运单除了单据上写明的收货人外，其他人不能凭以提货。可以经开证行同意，以开证行作为收货人协助受益人控制交货。海运提单则可以转让给任何一个受让人凭以提货。

（3）是否需要提示单据。不可流通转让的海运单的收货人可以不需要提示该单据，即可领取货物。海运提单则必须交给承运人或其代理换取货物。

（4）银行能否控制货物，对银行债权是否有保障。在不可流通转让的海运单项下，银行不能取得货物的控制权，因此不可流通转让的海运单对银行的债权没有保障，而海运提单对银行的债权是有保障的。

3. 不可流通转让海运单的提货程序①

不可流通转让的海运单不能用于提货，当海运公司将货物运抵目的港后，便向运单收货人发出“到货通知单”。收货人凭到货通知单和证明身份的证件办理提货手续。

不可流通转让海运单的收货人按下列条件和程序提货：

（1）签发一份正本给托运人。

（2）在船只抵达卸货港前，船公司向不可流通转让海运单的收货人发出到货通知单。

（3）收货人在目的港出示身份证明，并将已签署的到货通知单交给船公司的代理机构。

（4）船公司代理据以签发取货单交给收货人。

（5）船方查明收货人已将运费结清，办妥海关的结关手续，就可放货。

---

① 不可流通转让的海运单在许多方面和航空运单，铁路、公路或内河运输单据，专递收据和邮政收据有相似之处。不可流通转让的海运单除了单据上写明的收货人外，其他人不能凭以提货。收货人提货都是凭运输公司、航空公司、铁路部门、邮政机构等发出的到货通知单和本人的有效证件，办理提货手续。不可流通转让的海运单都不能流通。因此，托运人（卖方）在制作单据时要特别仔细，因为托运人在将货物发运后，实际上已经丧失了对货物的控制权。

（三）租船合约提单

租船合约提单（charter party bill of lading，charter party B/L）是指在租船运输业务中，在货物装船后由船长或船东根据租船合约签发的提单。在提单内容和条款与租船合约有冲突时，以租船合约为准。租船合约提单上应该有类似这样一些文字：“此提单受到租船合约的约束”。

在租船合约提单下，即使信用证要求提交与租船合约提单有关的租船合约，银行对该租船合约也不予审核，但将予以照转而不承担责任。

UCP500 第 25 条规定，除非信用证规定可接受租船合约提单，否则银行拒收该种提单。但在 UCP600 第 22 条中删除了这项规定。此外，在 UCP 600 第 22 条中还增加了“租船人或租船人的具名代理或代表”有权签发提单的规定。这不仅说明银行对这项内容管理上的放宽，也说明租船合约提单在应用上将日益增加。

参考资料

不定期租船运输的装卸费用条件

从装运港码头船边装上船舶的费用称为装船费（loading fee）。从船上把货物放到船边卸货港码头上的费用称为卸船费（unloading fee）。在不定期租船运输时，货物的装卸费用究竟应由船方还是货方负担，要在租船合约中订明。装卸费用条件以下列方式表示：

（1）船方不负担装船费用（free in，缩写为 F. I.）。

（2）船方不负担卸船费用（free out，缩写为 F. O.）。

（3）船方不负担装、卸费用（free in and out，缩写为 F. I. O.）。

（4）船方不负担装、卸、理舱费用（free in and out and stowed，缩写为 F. I. O. S.）。

（5）船方不负担装、卸、理舱、平舱费用（free in and out and stowed and trimmed，缩写为 F. I. O. S. T.）。

（四）航空运单

航空运单（airway bill）是作为承运人的航空公司接受托运人的委托以飞机装载货物开立的凭证。但是航空运单不是货物所有权凭证，也不能凭以提取货物，不能转让；收货人凭航空公司的提货（到货）通知单提货。

航空运单的主要特点是：

（1）提交银行一张正本单据。信用证不应要求向银行提交多于一张正本航空运单。

（2）航空运单是不可流通的单据。航空运单不是物权凭证，仅是货物收据和运输合约，不能背书转让，信用证对此也不能有要求。

（3）航空运单不能控制买方付款。在 D/P 托收项下航空运单不能控制买方付款，在信用证项下航空运单不能作为提供给银行的抵押品。

（4）必须做成记名收货人。航空运单是直交记名收货人（straight consigned to a named consignee）。当信用证的开证申请人作为航空运单的收货人时，银行无法控制开证申请人在信用证项下的偿付，可以征得开证行的同意，以开证行作为航空运单的收货人，便于控制。开证申请人偿付后，开证行才能交货给开证申请人。

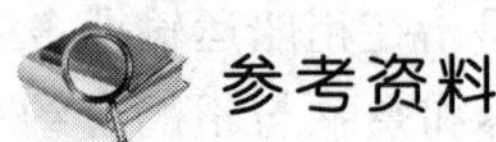

参考资料

空运风险控制

为防范空运方式下的信用证风险，可以采取以下一些措施：

(1) 争取与其他支付方式结合使用。比如要求买方在出货前预先电汇一定比例的货款，以分散风险。

(2) 严格审查进口商的资信状况，包括财务状况、经营状况、付款记录等，以核定其信用额度，决定合同金额的大小。

(3) 严格审查开证行的资信状况，以免出现开证行故意找出“不符点”拒付，使买方不付款就提货，造成钱货两空的局面，在有必要时可要求对信用证加具保兑。

(4) 如果货物金额太大，可要求分批交货。

(5) 要求将航空运单的收货人做成“凭开证行/偿付行指示”(to order or to the order of the issuing/reimbursing bank)。

(6) 严格认真地根据信用证制作单据，做到“单单一致，单证相符”，在单据方面不给对方造成任何可乘之机。并要求议付行予以密切配合，在开证行/偿付行有变故时，要与对方据理力争，严格按照UCP500及其他有关国际惯例办事，维护我方的合法权益。

(7) 与航空承运人及其在目的地的代理人保持密切联系，因为在收货人提取货物以前，如果出口商觉察到任何变故，出口商/托运人有权要求航空承运人退回货物，或变更收货人，或变更目的地。

(8) 投保出口信用险。出口信用险可以保障因国外进口商的商业风险和/或政治风险而给本国出口人造成的收不到货款的损失。

(五) 公路、铁路或内河运输单据

公路、铁路或内河运输单据不是物权凭证，仅仅是货物收据和运输合约，它把货物直接运交给记名收货人，不能背书转让。当货物到达目的地后，经证明身份即可把货物交给收货人。通常以信用证申请人为运单记名收货人。有时经开证行同意，可以以开证行为运单收货人，以便开证行控制开证申请人的偿付，而后开证行才将货物交给开证申请人。

铁路运输是目前运量仅次于海运的国际货物运输方式。在使用铁路运输的情况下，承运人向托运人签发的货运单据就是铁路运单（railway bill)。同航空运单类似，铁路运单只是货物收据和运输合约，也是铁路与货主间核收运杂费、索赔和理赔的依据，但不能作为物权凭证，一律做记名抬头，不得转让。

铁路运单的主要项目包括：发货人和收货人名称及地址，发货车站和收货车站名称，货物的名称及性质、唛头、包装、数量、重量等说明。

如果信用证要求公路、铁路或内河运输单据，则不论提交的运输单据是否注明正本单据，都将作为正本单据接受。单据没有注明发出份数的，交来的单据当作全套发出。

（六）专递收据和邮政收据

专递服务机构签发的专递收据不是物权单据，不可流通转让，货物直接交给收件人。

邮政收据通常是由寄件人填写，注明寄件人及收件人的名称及地址、寄运货物的名称及价值等，邮局核实重量并收费后签发。

邮政收据不是物权凭证，仅仅是货物收据和运输合约。它不可流通转让，直接把货物交给记名收货人，不能背书转让。当货物到达目的地后，经证明身份即可把货物交给收货人。信用证项下邮政收据，既可做成以开证申请人为运单记名收货人，也可经开证行同意，以开证行为收货人，以便银行能控制开证申请人的偿付。

主要的运输单据及其特点见表 7-1。

表 7-1　主要的运输单据及其特点

单据名称	主要特点
至少包括两种不同运输方式的单据（多式运输单据） 适用于 UCP600 第 19 条	单据包括两种或两种以上运输方式 陆海联运后段是海运（包括或者不包括内陆）的，可流通，有物权 后段不是海运的，不可流通，无物权 如果是可流通的，凭一张正本提单交货 如果是不可流通的，货交记名收货人
海运提单 适用于 UCP600 第 20 条	可流通单据包括港至港海运运程 有物权 凭一张正本可流通提单交货
不可流通转让的海运单 适用于 UCP600 第 21 条	不可流通单据包括港至港海运运程 无物权 货交记名收货人
租船合约提单 适用于 UCP600 第 22 条	可流通性受到租船合约的约束 物权取决于租船合约 按照租船合约的要求交货
航空运单 适用于 UCP600 第 23 条	仅有一种运输方式的不可流通单据 无物权 货交记名收货人
公路、铁路或内河运输单据 适用于 UCP600 第 24 条	仅有一种运输方式的不可流通单据 无物权 货交记名收货人
专递收据和邮政收据 适用于 UCP600 第 25 条	包括邮局或专递公司签发的不可流通单据 无物权 货交记名收货人

第四节　保险单据

在国际贸易中，货物自起运地出运，一般要经过长途运输才能抵达目的地，而在运输途中，货物有可能遭到无法预料或无法控制的自然灾害或意外事故，受到损坏或灭失。这类损坏或灭失，如果没有除承运人、托运人外的第三方承担责任并给予物质赔偿，那么，必然要由进出口双方中的任一方或双方共同承担；这样的话，国际贸易势必要成为一个风险巨大的行业，从而将限制进出口贸易的增长和发展。

国际贸易中货物的运输包括海、陆、空三个领域，但常采用的运输方式为海上运输方式，因为靠海洋运输，具有许多优点：运输距离不受限制；海运运费相对低廉；适用货物的范围广泛；特别是集装箱运输方式近数十年来得到了越来越广泛的应用。因此，介绍国际贸易货物的保险，重点自然应当放在海运保险上。

一、海运保险的保障范围

海运保险是诞生最早的保险业务，它随着国际贸易的需要和发展而发展。当代海运保险的保障范围包括下述三个方面：

（一）可保障的风险

可保障的风险主要包括海上风险（perils of sea）和外来风险（extraneous risks）。海上风险也称为海难，它包括在海上发生的自然灾害和意外事故。前者是指由非常的自然力量所造成的灾害，如恶劣气候、海啸、雷电、海上风暴等；后者指搁浅、触礁、碰撞、沉没等意外事故。外来风险是指由一般或特殊外来原因引起的风险，比如偷窃、雨淋、钩损、串味等，以及战争、罢工、暴动等造成的风险。

（二）可保障的损失

海运风险颇多，各种风险带来的货物损坏和灭失不尽相同，保险公司（承保人）所承担的赔偿责任自然也不一样。海上货物运输保险中保险人承保的损失又叫海损（average），包括全损和部分损失。

全损（total loss）是指海洋运输途中整批货物（即保险标的物）遭到全部毁损，货物已失去原有性质、形态、功能和使用价值。全损又可分为实际全损（actual total loss）和推定全损（constructive total loss）。实际全损是指标的物全部灭失，或已失去原来的用途。例如：货物全部沉入海底，失火后货物被烧光，雨淋后食物发霉变质等。推定全损是指货物虽未达到全部损失的程度，但要把它恢复到原有形态和用途，所需费用将超过货物原来的价值。

部分损失（partial loss）是指货物未达到全损的程度，只受到一部分损失。货物招致部分损失，按其性质而言，又分共同海损（general average）与单独海损（particular average）。载货船只在海上出险，船长为了人、船、货的安全及最后能驶达目的港而减轻货载，当机立断把部分货物抛入大海，这一部分弃于海洋的货物当然不应由被弃货物的货主单独承担经济损失，理应由船方、货方、保险方及有关方均摊，这就是共同海损的含义。单独海损是指共同海损外的部分损失，将视情况由受损者单独承担。

（三）可承担的费用

保险公司负责赔偿的海上费用主要包括施救费用（sue and labour expenses）和救助费用（salvage charge）。

施救费用是指被保险人或其代理人在被保险的货物在承保范围内出险时，主动采取抢救和防护措施而支出的合理费用。

救助费用是指标的物在承保范围内出险时，由保险人和被保险人以外的第三者采取救助行动并获成功而支付的费用。

二、海运保险的险别

保险险别是确定保险人和被保险人权利和义务的条款，也是保险人承保责任大小和收取保费多少的依据。主要分为基本险、一般附加险、特殊附加险三大类。基本险是主险，附加险则是在投保基本险的基础上，可以任意选择附加投保。

（一）基本险

基本险（chief risk）是保险人对承保货物所负担的最基本的保险责任，是投保人必须投保并且可以单独投保的险别。基本险又分为下述三个险别。

1. 平安险

由英文可看出，平安险（free from particular average，FPA）的最初承保范围只针对全损，即“单独海损不保”。但随着实践的发展，保险业竞争加剧，平安险的承保范围已经超出了全损和共同海损的限制。目前平安险的一般责任范围包括：海上风险造成的全损；海上风险造成的共同海损；意外事故造成的单独海损。平安险是保险人承保责任最小的一种基本险。

2. 水渍险

水渍险（with particular average，WPA）是在平安险的承保责任范围之外，增加单独海损的赔偿责任的险别，即“包括单独海损”。保险人的承保范围大于平安险，除平安险包括的责任范围外，它还包括自然灾害所造成的单独海损。

3. 一切险

一切险（all risks，AR）的责任范围除了水渍险的各项责任外，还负责货物在运输途中由一般外来原因造成的全损或部分损失。一切险并非承保一切风险，它不包括特殊外来原因所造成的损失。

由上面的叙述可以看出，三种基本险别是层层包含的关系：一切险包含了水渍险的承保范围；水渍险包含了平安险的承保范围。投保人办理货物运输保险时，只需任选一种基本险投保即可。

（二）一般附加险

一般附加险（general additional risks）承保由一般外来因素造成的损失。它不能单独投保，必须先投保平安险或是水渍险，然后才可投保一般附加险以扩展保险的责任范围。若已投保一切险，则不必再投保一般附加险。

常见的一般附加险有下列11种，投保人可根据需要选择一种或多种投保：（1）偷窃、提货不着险（theft，pilferage，and non-delivery，TPND）。（2）淡水雨淋险（rain，fresh water damage，RFWD）。（3）短量险（risk of shortage）。（4）混杂、沾污险（risk of intermixture & contamination）。（5）碰损、破碎险（risk of clash & breakage）。（6）渗漏险（risk of leakage）。（7）串味险（risk of odor）。（8）受潮、受热险（sweating & heating risk）。（9）钩损险（hook damage）。（10）包装破裂险（breakage of packing risk）。（11）锈损险（rust risk）。

（三）特殊附加险

特殊附加险（special additional risks）是指承保由特殊外来原因引起的特殊风险造成的损失的特殊险别。它也必须依附于基本险投保。任何一种基本险，都可附加投保特殊附加险。特殊附加险主要包括：（1）战争险（war risk）。（2）罢工险（strike risk）。（3）交货不到险（failure to delivery risk）。（4）进口关税险（import duty risk）。（5）舱面险（on deck risk）。（6）拒收险（rejection risk）。（7）黄曲霉素险（aflatoxin risk）。

参考资料

主要的货物运输保险条款

目前国际贸易通用的货物运输保险条款主要有三种：《中国保险条款》（China Insurance Clause，CIC）、英国伦敦保险协会的《协会货物条款》（Institute Cargo Clauses，ICC）和《美国协会货物条款》（American Institute Cargo Clauses，AICC）。

英国伦敦保险协会的《协会货物条款》受到了世界上保险界和贸易界的广泛欢迎，我国保险公司也接受投保的险别条款采用《协会货物条款》的信用证要求。《协会货物条款》将海洋货物运输保险的险别分为两类，即海险（marine risks）和战争/罢工险（war/strike risks）。海险又分为A条款、B条款和C条款，均不包括战争险及罢工险。

CIC和AICC都有“一切险”的名称，但是ICC没有“一切险”，只有责任范围大体上和“一切险”相当的《协会货物条款（A)》。

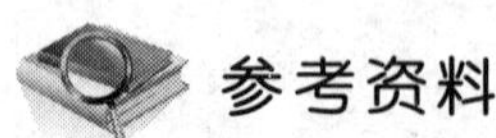

参考资料

免赔率和仓至仓条款

免赔率是保险人对保险标的的损失免除赔偿责任的比率（百分比）。免赔率分为绝对免赔率和相对免赔率两种。在实施绝对免赔率的情况下，保险人只赔偿受损保险标的的实际损失超过免赔率的那部分损失；在实施相对免赔率的情况下，保险人必须赔偿受损保险标的的全部损失。保险人应根据不同时期、不同标的的具体情况，分别对不同的保险标的规定不同的免赔率。

例如，一批易碎货物的投保金额是100 000美元，免赔率是3%，货物运抵目的地后，经检查部分商品破碎，损失达5 000美元，破损率达5%，超过3%的免赔率。在计算赔偿金额时，如果采用相对免赔率，保险机构不用扣除免赔率，应赔付给投保人5 000美元。如果采用绝对免赔率，保险机构应赔偿（5%－3%）×100 000＝2 000(美元)。

仓至仓条款（warehouse to warehouse clause）是保险责任的起讫规定，被保货物自起运地仓库开始运输起，直至到达目的地收货人最后仓库或储存处所止的整个运输过程，保险公司均负责任。《中国保险条款》、英国伦敦保险协会的《协会货物条款》有关险别的责任范围基本上都是仓至仓。

三、保险单据分类

保险单据的出单人必须是保险公司、保险商或其代理人。

(一) 保险单

保险单(insurance policy)也称正式保单,俗称大保单,是保险人(the insurer)即承保人签发给被保险人(the insured)的保险契约。该契约是保险人承保指定航程内对某批货物的风险,若该批货物遭到灭失,保险人即保险公司将按规定予以赔偿。

保险单中一般需列明:(1)当事人的名称和地址。(2)保险标的的名称、数量或重量、唛头。(3)运输工具。(4)保险险别。(5)保险责任起讫时间和地点。(6)保险人签章。(7)赔款偿付地点以及经保险人与被保险人双方约定的其他事项。这是在国际贸易实务中使用得最多的一种保险单据,也是保险单据的发展趋势。

(二) 预约保险单

预约保险单(open policy of open cover)又称预保合同,是一种长期的、总括性的货物运输保险合同。合同中规定承保货物的范围、险别、责任、费率、赔款处理等项目。凡属于合同约定的运输货物,在合同有效期内自动承保。其优点是减少了逐笔签订保险合同的手续,并可以防止因漏保或迟保而造成的无法弥补的损失。保险公司一般对使用预约保险单的投保人提供更优惠的保险费率,因而也吸引了不少投保人。

在货物运输保险中,一些有大量运输业务的单位对逐笔业务办理保险,不仅烦琐,而且容易发生漏保等差错。为了简化投保手续,可以与保险公司签订预约保险合同。预约保险合同一般要求投保单位所有的运输业务都要投保,如遇特殊情况,即使未及时办理投保手续,只要货物被装上了保险单载明的运输工具,或被承运人收受并签发了运单,保险公司也就自动承担了被保险人的货物风险责任。但这并不意味着可以不办理投保手续,投保人仍需向保险公司逐笔办理投保,只不过对投保时限的要求没有那么严格。同时,保险公司也会经常查核投保单位的账目,一旦发现漏保或未投保的货物,不论货物是否发生保险事故,即使货物已安全运抵,保险公司也会要求补办投保手续并收取相应的保险费。

(三) 保险凭证

在货物出运前,投保人填制“起运通知”,列明这次出运的货物、价值、包装数量、起运港/地、运输工具名称、起运日期等细节并通知保险人,保险人在预约保险单项下据以签发一份保险证明。

保险凭证(insurance certificate)俗称小保单,是保险人出具的一种简化的保险契约,原则上它与大保单具有同等效力。但按习俗,凡信用证上规定要求提供保险单者,均不能以保险凭证代替;但信用证要求提供保险凭证时,可以用保险单取代。有的保险凭证需要投保人的会签方才有效,这时投保人应该签字。

(四) 保险声明

保险声明(insurance declaration)是指投保人在确定货物详情、装运日期、运输工具等细节后,就把这些资料填写在印有保险人预先签字表明双方确曾订有预约保险单并注明其号码的声明上,这就是投保人向保险人的单项陈报。由于它是预约保险项下依据预约保险单而投保的货物保险，因此这项声明同样具有保险效力。

（五）联合凭证

联合凭证（combined certificate）是一种更为简化的保险凭证，保险公司只在出口公司的商业发票上加注保险编号、险别、金额，并加盖保险公司印章。联合凭证仅适用于我国内地对港、澳地区的部分交易。

（六）暂保单

保险经纪人在接受投保人的委托之后，向投保人签发**暂保单**（cover note），此暂保单只是代投保人办理保险的约定，并不证明保险公司已经与投保人签订了保险合同，不起保险单的作用，不能凭以向保险公司索赔。保险人对经纪人签发给投保人的暂保单不负法律责任。暂保单是基于不明确货物的运载工具以及起运日等情况，先办理投保而经保险公司同意后签发的单据，一旦确定相关信息，必须将暂保单交给保险公司换取正式保单，因此银行不接受保险经纪人出具的暂保单。

保险单、保险凭证、保险声明、暂保单的接受程度见表 7－2。

表 7－2　保险单、保险凭证、保险声明、暂保单的接受程度

信用证要求的保险单据	其他可以接受的保险单据	不可接受的保险单据
保险单（大保单）		其他保险单据都不能接受
保险凭证（小保单）	保险单	暂保单
保险声明	保险单	暂保单

第五节　附属单据

附属单据包括的种类很多，如商品检验证明、质产地证明、包装单据等。以下对这三种附属单据进行简单介绍。

一、商品检验证明

（一）商品检验证明的含义与作用

商品检验证明（commodity inspection certificate）是由政府商检机构、公证机构或制造厂商等对商品进行检验后出具的关于商品品质、规格、重量、数量、包装、检疫等方面或某方面的书面证明文件。

在国际贸易中，进出口双方地处两国，货物不能当面清点验收。同时，货物在长途运输途中也可能由于诸种原因发生残损短缺。为了便于货物的交接，也为了便于确定事故的起因和责任归属，商品在发运前有必要通过相关机构检验并出具有关证明。

商品检验证明的具体作用如下：

（1）议付货款的依据。如果商品检验证明中所列的项目或检验结果与信用证的规定不符或与出口商提交的其他单据不符，有关银行可以拒绝议付货款。

（2）衡量交货是否与合同相符的依据。

（3）处理争议的依据。当交货品质、数量、包装以及卫生条件等不符合合同的规定时，商品检验证明是买卖双方处理争议的具有法律效力的有效依据。

（4）作为海关通关验收、征收关税的必要证明。出具商品检验证明的机构，应该是买卖双方以外的第三方。许多国家设有专门的商品检验机构，这些机构有些是国家设立的官方机构，有些则是私人性质或同业公会的检验机构。

（二）商品检验证明的主要内容

商品检验证明的主要内容包括：

（1）发货人名称。填写时要符合信用证的规定。

（2）收货人名称。一般是进口商，应注意与信用证及其他单据中的收货人名称保持一致。

（3）货名、重量、唛头。应与商业发票、提单上的相应内容完全一致。

（4）出具商品检验证明的日期。应不迟于提单日期，最好在提单之前一两天或与提单日为同一天。

（5）提供商品检验证明者的签字。一般而言，此处的盖章与签字一样有效，但有些国家要求一定要手签，盖章无效。

（6）证明内容。这是商品检验证明的核心内容，即商检机构或公证处等检验或鉴定的结果。

（三）商品检验证明的种类

商检机构出具的商品检验证明种类很多，有证明商品品质、规格和等级的，谓之品质检验证明；有证明重量和数量的；还有检疫证明、消毒检验证明、包装检验证明等。根据检验内容的不同，常见的商品检验证明主要有以下几种：

（1）品质检验证明（inspection certificate of quality）。用于证明进出口商品品质、规格、等级等实际情况的书面文件。

（2）重量或数量检验证明（inspection certificate of weight or quantity）。用于证明进出口商品的重量或数量的证明。

（3）包装检验证明（inspection certificate of packing）。用于证明进出口商品包装情况的证明。

（4）卫生或健康检验证明（sanitary/healthy inspection certificate）。用于证明可供人类食用的进出口动物产品、食品等经过卫生检疫或检验合格的证明。

（5）兽医检验证明（veterinary inspection certificate）。用于证明进出口动物产品经过检疫合格的证明。

（6）消毒检验证明（disinfection inspection certificate）。用于证明进出口动物产品经过消毒处理，保证安全卫生的证明。

（7）温度检验证明（inspection certificate of temperature）。用于证明进出口冷冻商品温度的证明。

（8）熏蒸检验证明（inspection certificate of fumigation）。用于证明出口粮谷、油籽、豆类、皮张等商品，以及包装用的木材与植物性填充物等已经过熏蒸灭虫的证明。

二、原产地证明

原产地证明（certificate of origin）也称产地证或原产地证书，是用于证明有关出口货物原产地或制造地的证明文件，是进口国通关验收和征收、减免关税的必要证件。

原产地证明按照其不同的用途可以分为普惠制原产地证明、一般原产地证明、区域经济集团互惠原产地证明和专用原产地证明四类。

普惠制原产地证明（generalized system of preferences certificate of origin），简称普惠制产地证、GSP原产地证明或者FORM A证明，用于证明某产品可以享受普惠制给惠国的普惠关税待遇。普惠制是发达国家对发展中国家向其出口的货物，尤其是制成品与半制成品，普遍给予的一种关税优惠待遇的制度。

一般原产地证明，简称C/O证明，又称非优惠原产地证明，主要用于证明某产品可以享受WTO最惠国关税待遇。

区域经济集团互惠原产地证明用于证明某产品可以享受区域贸易优惠关税待遇。例如，中国-东盟自由贸易区的原产地证明就属于区域经济集团互惠原产地证明，专用于证明中国-东盟自由贸易区产品享受自由贸易区优惠关税待遇。

专用原产地证明用于某些国际组织或国家对烟草、纺织品等特定产品的规定。

原产地证明的主要作用有：(1) 通过证明货物的原产地来享受进口国的优惠税率，因为进口国海关往往会针对来自不同国家或地区的商品采用征收不同税率的差别待遇政策。(2) 通过证明货物的原产地来符合进口配额的要求。(3) 保障进口商品合乎卫生条件。(4) 确定商品的品质。

参考资料

普惠制原产地证明

普惠制原产地证明是发展中国家向发达国家出口制成品或半制成品享受普遍优惠税率而按规定要填写的证明，当进口国的海关接到此种证明后凭以给予减免关税的待遇。

普惠制是普遍优惠制的简称，是在一次联合国贸发会议上，发展中国家取得的一种贸易优惠，是发达国家对来自发展中国家的大部分工业品、半制成品和部分农产品，特别是纺织品实行减税、免税进口的单方面关税优惠。由于享有这种减免税优惠，受惠国的产品在施惠国市场上的竞争力相应提高，从而能扩大出口，增加出口收汇。

普惠制的基本原则有三条，即普遍原则、非歧视性原则、非互惠原则。普遍原则是指所有的发达国家都应当对所有发展中国家出口的制成品、半制成品提供优惠待遇。非歧视性原则是指发达国家不能用任何借口把某些发展中国家排斥在受惠国范围以外。非互惠原则是指发达国家应单方面给予发展中国家关税优惠，而不要求发展中国家对发达国家给予同等优惠待遇，这种关税优惠是一种单向的税率优惠。以上三条原则是既定原则。然而，由于现行普惠制方案提出的受惠产品范围和受惠国获益程度有限，一些主要施惠国又通过各种手段限制优惠待遇，甚至随意决定自己的受惠国，致使普惠制方案遭到扭曲，加上普惠制以外的其他非关税措施盛行、有关原产地的规则既复杂又不统一等因素，从整个世界看，普惠制并未达到预期目标，对发展中国家的经济增长和工业化的促进作用相当有限。

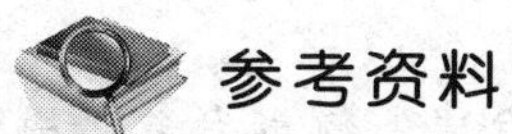

参考资料

黑名单证明

黑名单证明（blacklist certificate）是一个国家与其他国家政治关系恶化、紧张时，或某国处于战争状态时，或某国遭受经济制裁时，要求对一些事项做出的证明。例如：货物产地不属于某特定国家；有关各方（制造商、银行、保险公司、船公司等）不属于黑名单之列，如船公司黑名单；装货船只或飞机不停靠此类国家港口、悬挂此类国家的国旗。但是，许多国家的有关机构，特别是商会抵制提供此项证明。

三、包装单据

包装单据（packing document）是反映货物包装情况（或无包装）的单据，是就包装事项对商业发票的补充说明，最常用的有装箱单和重量单两种。

（一）装箱单

装箱单（packing list）是说明每一件货物包装明细情况的单据，它的作用是说明出口货物的花色、规格和包装情况。装箱单可以合并在发票上，也可以单独制作，但信用证上作为独立凭证分别要求者不应合并。若每件货物的花色、品种不同，则需在装箱单上逐件载明。如果整批货物的花色相同而重量不同，则可用重量单来代替装箱单。装箱单的内容一般包括合同号、发票号、唛头、货名、体积、进口商或收货人名称、地址、船名、目的港，等等。装箱单由出口商制作，其内容应与货物实际包装相符，并与发票、提单所列一致。

（二）重量单

重量单（weight list）用于证明装货重量与合同规定相符。凡是按照装货重量成交的货物，出口商在装运货物时，均需向进口商提供重量证明。货到目的港后如有短缺，出口商不负责任。凡是按到岸重量成交的货物，到岸时如有短缺，进口商均须提交重量证明，才能向出口商、轮船公司或保险公司索赔。船舶公司在计算运费时，必须由出口商提供重量证明。这项证明一般由商检机构出具，或由公证行、重量鉴定人出具。

本章小结

1. 国际贸易结算是跟单结算，单据对进出口商和银行都具有重要意义。在结算实务中，单据是不可或缺的，因此正确理解单据的含义和内容是重中之重。

2. 国际贸易结算中的单据根据作用可分为基本单据和附属单据。基本单据包括商业发票、运输单据、保险单据。

3. 商业发票是货运单据的中心和装运货物的总说明，是进出口商收付款、记账、报关纳税的依据。

4. 广义而言，发票除包括商业发票外，还包括海关发票、形式发票、领事发票、样品发票、厂商发票、证实发票等。

5. 由于存在多种国际贸易运输方式，相应地运输单据也分为：海运提单，多式运输单据，不可流通转让的海运单，租船合约提单，航空运单，公路、铁路或内河运输单据，专递收据和邮政收据，等等。

6. 海运单据是最重要的运输单据，不仅因为它使用最普遍，而且因为它具有物权凭证性质。在众多海运提单中，银行只接受已装船的清洁提单；当信用证不禁止时，可接受分装与转运提单、租船合约提单。

7. 海运保险的保障范围是保险单的核心内容。保障的危险有海上风险和外来风险两类。保障的损失分为全损和部分损失。

8. 保险险别分基本险与附加险。基本险包括平安险、水渍险和一切险；附加险分为一般附加险和特殊附加险。

9. 保险单通常指内容完整、规范的大保单。但内容简单的小保单——保险凭证也是合格保单。另外，还有联合凭证、预约保险单等特殊保险单。

10. 其他附属单据主要有商品检验证明、原产地证明、包装单据等。

11. 普惠制原产地证明对发展中国家向发达国家出口有利。普惠制具有普遍原则、非歧视性原则、非互惠原则三个基本原则。

本章关键术语

商业发票	海关发票	形式发票	领事发票
样品发票	厂商发票	证实发票	运输单据
海运提单	多式运输单据	不可流通转让的海运单	
租船合约提单	航空运单	保险单	预约保险单
保险凭证	保险声明	暂保单	商品检验证明
原产地证明	普惠制原产地证明	包装单据	重量单

本章思考题

1. 简述在国际贸易中单据的作用。
2. 简述对商业发票的审核要点。
3. 按运输单据的不同，国际运输单据的种类有哪些？
4. 列举附属单据的种类。
5. 列举所有单据的英文缩写。

本章练习题

一、填空题

1. 基本单据主要包括______、运输单据和保险单据。

2. 发票是______开立的凭以向买方______的价目清单，是装运货物的总说明。

3. 按海运提单签发时货物是否确实已经装上货船，海运提单分为______及______。

4. 保险单也称正式保单，俗称______，是保险人即承保人发给被保险人的保险契约。

5. ______是证明出口商品的品质、规格、重量、数量、包装和检疫等的检验文件，是出口方应进口方的要求在货物装运前所做的相应检验的书面证明文件。

二、选择题

1. 商业发票的首文不包括（　　）。

A. 买方　　B. 卖方　　C. 银行　　D. 船公司

2. 联运提单的英文表示是（　　）。

A. Direct B/L　　B. Through B/L

C. Container B/L　　D. Transshipment B/L

3. 可以是有价证券的单据包括（　　）。

A. 海运提单　　B. 保险单

C. 商业发票　　D. 普惠制原产地证明

第八章

跟单信用证项下单据的审核

小刘所在公司按照信用证的要求发货，并制作了相关单据。这些单据是否能够满足信用证、UCP600 以及国际银行的实务标准，是否能够构成相符提示并获得信用证项下的支付呢？本章将讲述有关单据审核的基本知识、UCP600 关于单据审核的相关规定、审单的基本原则、相关单据的审核要点、常见的不符点、出口商遇到不符点拒付应该采取的措施等。

本章要点

◇ 掌握 UCP600 的单据审核标准，学会判定相符交单和不符交单。
◇ 熟悉审单的基本原则与方法。
◇ 掌握发票、运输单据、保险单据以及附属单据的审核要点。
◇ 了解指定银行拒付单据的做法及要求。
◇ 了解常见的单据不符点。
◇ 掌握企业在单据被拒付后应该采取的一些措施。

第一节　UCP600 关于单据审核的相关规定

一、UCP600 关于单据的有关规定

（一）条件的单据化与非单据条件

开证行履行付款的条件是受益人提交与信用证规定相符的单据。UCP600 第 5 条规定，银行仅仅处理单据，而不是单据所涉及的货物、服务或其他行为。因此，信用证必须明确受益人提交的单据种类、份数及其具体要求。同时信用证的开证申请人必须在申请中将所有的合同条件单据化。

UCP600 第 14 条 H 款规定，如果信用证中包含某项条件而未规定与之相符的提示单

据，银行将认为信用证中未列明此条件，并对此不予置理。例如，如果信用证要求受益人必须在装船之后两天内将装船细节电告开证申请人，但没有规定受益人提交证明其完成该项任务的相应单据，则银行将视这个条件是一个“非单据条件”而不予理会。为了将这个条件单据化，信用证中应该明确要求受益人提交通知装船的电传副本，作为受益人已经履约的条件之一。

同时，UCP600 第 14 条 G 款还规定，对提交的单据中不是信用证中要求的，银行将不予置理，并且可以退还提示人。这表明银行仅与信用证中规定的单据有关系，而没有责任去审核受益人交来的额外单据。

（二）关于单据的签发人与签字的规定

单据上的签字主要有两个作用：一是作为区分真伪的手段；二是明确出单人的责任。

UCP600 第 3 条规定，当使用诸如“第一流”“著名”“合格”“独立”“正式”“有资格”“当地”等词语描述单据出单人时，单据的出单人可以是除受益人以外的任何人。

UCP600 第 3 条还规定，单据可以通过手签、签样印制、穿孔签字、盖章、符号的方式签署，也可以通过其他任何机械或电子证实的方式签署。当信用证含有要求使单据合法、签证、证实或对单据有类似要求的条件时，只要单据表面已满足上述条件，即可由单据上的签字、标注、盖章或标签来满足。

（三）关于单据出单日期的规定

一般来说，所有单据都应该有出单日期。在一般情况下，受益人所提交单据的签发日期要比信用证的开证日期晚。但是，国际贸易的方式有很多，在转售、三角贸易等情况下，往往会出现信用证开立之前，运输单据、原产地证明、商检证明等有关单据已经签发的情况。

对此，关于单据的出单日期，UCP600 第 14 条 I 款规定，单据的出单日期可以早于信用证的开立日期，但不得迟于信用证规定的提示日期。根据这一规定，接受出单日期早于信用证开立日期的单据的条件是单据必须在信用证的有效期内提交，并且不得晚于信用证规定的装运期后必须交单的特定期限。如果信用证未规定交单的特定期限，则单据的提交不得超过装运日后 21 天。

（四）关于单据正本、副本的规定

UCP600 第 17 条 A 款规定，信用证中规定的各种单据必须提交至少一份正本。该条 D 款规定，如果信用证要求提交副本单据，则提交正本单据或副本单据均可。

该条同时还对正本单据的含义做了明确的规定：除非单据本身表明其不是正本，银行将视任何表面上具有单据出具人正本签字、标志、图章或标签的单据为正本单据。除非单据另有陈述，如果单据符合以下条件，银行将接受该单据作为正本单据：（1）表面上显示由单据出具人手写、打字、穿孔签字或盖章；（2）表面上显示使用的是单据出具人的正本信笺；（3）声明单据为正本，除非该项声明表面看来与所提示的单据不符。

案例分析

通过影像技术制作并经互联网传送的提单及其签字能否称为正本?[1]

案情: 自1996年始，A公司即使用影像技术出具提单。提单直接打印后通过专递寄给客户，或者对经认可的客户，通过互联网直接发给他们。无论是先由内部打印出来还是直接通过网络发送，所得到的单据都是完全相同的，因为签字是以影像技术附加到单据上的。这些提单属于正本提单吗?

分析: 本例中所述提单的签字应归类为摹本签字，根据UCP500第20条B款的规定和UCP600第17条的相关规定，根据提单或多式联运单据表面印就的上下文，可以确定其是否为正本。所述提单上的签字属于摹本签字，是可以接受的。

(五) 关于交单时间和地点的规定

任何信用证都必须规定一个交单的有效日期和交单的有效地点，这是一个"时空组合"，即在什么时候将单据交到什么地点是有效的交单。根据UCP600第6条的规定，信用证必须规定提示单据的有效期，信用证适用的银行所在地就是提示单据的地点。对任何银行均适用的信用证项下单据所提示的地点就是任何银行所在地。除了规定的交单地点外，开证行所在地也是交单地点。

同时，按照UCP600第14条C款的规定，如果单据中包含一份或多份正本运输单据，则必须由受益人或其代表在不迟于装运日后的第21个日历日内提交，但是在任何情况下都不得迟于信用证的到期日。

参考资料

信用证项下有关期限的规定以及满足相关单据之间时间要求的方法

一张信用证上有三个期限，第一个是信用证的**有效期**（expiry date），也叫效期。有效期的概念是在某年某月某日（含某日）之前凭本信用证到议付行议付交单，过了这一天信用证就失效了。需要注意的是，有效期是一个"时空组合"。在实务中，开证行在信用证中不仅规定了该证在何时之前有效，并且会确定在何地有效。例如，在有效期这一栏里规定:"在开证行有效""在议付行的柜台有效"等。这两个规定虽然时间一样，但是由于在开证行有效涉及受益人邮寄单据所需要的时间具有一定的不确定性，因而潜伏着某种麻烦。

第二个期限是交单期限，也叫**最迟交单期**（latest document delivery date）。就是受益人取得运输单据、备妥其他单据后必须在这个期限内到议付行交单议付，过了这个期限，即使信用证仍然在有效期内，该证同样失效。规定交单期限是为了保证开证申请人能够及时办理报关、提货手续，避免高额的滞港费、存仓费以及货物变质、保险过期等。如果信

---

① 本章中的案例除特别指出外均改编自如下文献：Gary Collyer，Ron Katz. ICC银行委员会意见汇编（1995—2001）. 北京：中国民主法制出版社，2003。作者根据UCP600重新进行了整理。

用证上没有规定最迟交单期，按照UCP500的有关规定，银行将不接受迟于装运日后的21天的单据。根据UCP600第6条D款的规定，信用证必须规定提示单据的有效期。信用证中规定的付款或议付的有效期将被认为是提示单据的有效期。同时根据UCP 600第14条C款的规定，单据必须由受益人或其代表按照上述条款在不迟于装运日后21个日历日内提交，但无论如何不得迟于信用证到期日。

第三个期限是**最迟装船期**（latest shipment date），简称装期。装期表明出口货物必须在该日之前装上运输工具，过了此日，即使信用证有效期未过，该证依然失效。

以上三个期限统称“装效期”，三者相辅相成，互相制约，都应该得到遵守。

那么，出口企业在取得、制作和提交单据的过程中，应该如何满足相关的时间要求？现对一个信用证项下各种主要单据的日期和信用证规定的三个有效期的早晚次序做一个排列（见图8-1）：

(1) 发票日期（2019年10月9日，可以灵活掌握），早于

(2) 检验证书日期（2019年10月16日）、保险单日期（2019年10月17日）。

以上单据的日期都应该早于：

(1) 提单表明的装船日期（2019年10月18日），早于

(2) 信用证最迟装船日期（2019年10月20日），早于

(3) 汇票日期（2019年10月25日），早于

(4) 信用证的最迟交单日期（2019年10月30日），早于

(5) 信用证的有效日期（2019年11月9日）。

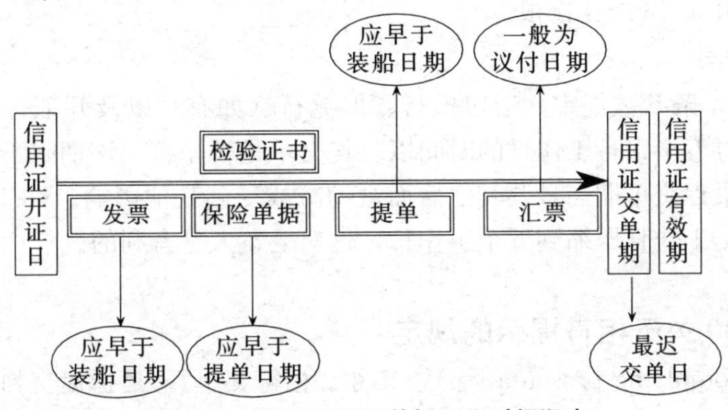

图8-1 信用证项下单据开立时间顺序

二、UCP600关于单据审核的标准

UCP600将审单标准统一纳入第14条中加以规定，而且第14条的规定比UCP500的单据审核标准更明确、宽松、务实。

(一) 单证一致审核

UCP600第14条A款规定，按指定行事的指定银行、保兑行（如有）以及开证行，必须仅以单据为基础对提示的单据进行审核，并且以此决定单据是否在表面上与信用证条款构成相符交单。

审单的目的就是确定交单是否相符，而交单相符包括两个方面内容：单证一致和单单一致。单证一致就是指单据在信用证规定的期限内提交给开证行、保兑行（如有）或指定银行，且表面上完全符合信用证的各项条款。UCP600 在这一点上基本继承了 UCP500 的规定。

（二）单单一致审核

UCP600 第 14 条 D 款规定，单据中内容的描述不必与信用证、信用证对该项单据的描述以及国际标准银行实务完全一致，但不得与该项单据中的内容、其他规定的单据或信用证相冲突。

根据 UCP600 第 14 条 E 款的规定，除商业发票外，其他单据中的货物、服务或履约行为的描述，如果有的话，可使用统称，但不得与信用证中的描述相矛盾。

根据 UCP600 第 14 条 J 款的规定，当受益人和申请人的地址出现在任何规定的单据中时，无须与信用证或其他规定单据所载相同，但必须与信用证中规定的相应地址处在同一国内；联络细节（电传、电话、电子邮件及类似细节）银行将不予置理。但是，当申请人的地址及其详细联系方式是作为运输单据上的收货人或通知方详细情况的组成部分时，这些内容应该按照信用证的规定予以显示。

按照 UCP500 第 13 条中审核单据的标准规定，单据之间表面互不一致，即视为表面与信用证条款不一致。因此，除了单据必须一一与信用证相符外，单据与单据之间也必须完全一致，不能在内容上有任何出入和自相矛盾之处。而 UCP600 第 14 条 D、E、J 款的规定相比 UCP500 第 13 条宽松很多。

（三）审单时间

UCP600 第 14 条 B 款规定，指定银行、保兑行（如有）以及开证行各自拥有从交单次日起最多不超过五个银行工作日的时间以决定交单是否相符。该期限不因交单日适逢信用证有效期或者最迟交单期当日及其之后而被缩减或受到其他影响。UCP600 将银行审核单据的时间由七个工作日压缩到五个工作日，这对受益人是有利的。

三、UCP600 关于相符提示的规定

相符提示（complying presentation），又称“相符交单”，是指提交到开证行、保兑行和指定银行的单据必须和信用证内的要求和规定一致。同时，相符交单还要与 UCP600 的相关适用条款以及与国际标准银行实务一致。①

根据 UCP600 第 15 条的规定，当开证行确定交单相符时，必须兑付；当保兑行确定交单相符时，必须兑付或者议付，并将单据寄给开证行；当指定银行确定交单相符时，必须兑付或者议付，并将单据转递给保兑行或开证行。

需要说明的是，这一条的内容与 UCP500 的相关内容相同，只是单列“相符提示”这条。单独列出的目的在于进一步明确开证行、保兑行和指定银行的职责。

---

① 参见 UCP600 第 2 条的有关规定。

四、UCP600 关于拒付的规定

信用证的性质决定了银行支付款项的依据必须是单证相符，如果单证不符，银行就可以**拒付**（dishonour）。按照 UCP600 第 16 条的规定，当开证行确定交单不符时，可以自行决定联系开证申请人放弃不符点。如果开证申请人同意接受不符点，则开证行凭此付款；如果开证申请人不愿意接受不符点，他可拒绝单据，主张拒付。

开证行、保兑行（如有）和指定银行的拒付必须按照 UCP600 的有关规定，做到如下几点：

（1）当按照指定行事的指定银行、保兑行（如有）或者开证行决定拒绝承付或者议付时，必须给予交单人一份单独的**拒付通知**（notice of dishonour）。

（2）拒付通知必须是在交单次日起最多不超过五个工作日的时间内发出。

（3）拒付时必须以单据作为依据。银行只能凭单据不符拒付，不能凭货物/服务不符拒付。开证行、保兑行（如有）和指定银行必须以单据为依据，审核其是否与信用证相符，如果不符，可以拒受单据。

（4）在拒付通知中必须一次说明全部的不符点。拒付通知中必须一次列出所有的不符点，第一次没有提出的不符点即表示放弃，不允许第二次提出新增的不符点。

（5）以电信方式通知寄单行。如果不能使用电信方式，要采用其他快捷方式。

（6）必须在拒付通知中表明单据听候处理或者退回单据。

如果开证行、保兑行（如有）或者指定银行没有做到以上几点，它就无权（丧失）主张拒付，换而言之，就要承担相应的付款责任。

案例分析

开证行是否可以由于货物出现质量问题而拒付信用证项下的款项？

案情：G 国某银行开出总额为 400 000 美元的信用证，分五次装运，每次不超过 80 000美元。付款条件是 40％的金额在装运日后 40 天支付，60％在装运日后 90 天支付；A 市的一家银行（未对信用证加具保兑）作为指定银行将该信用证通知 W 行，并注明："我行将在收到你行证实全套单据相符及已根据信用证要求直接寄开证行的加押索汇电报三天后付款，索汇电报必须在接受单据的同时向我行发出。"该指定银行在第一次到期日支付了 40％的发票金额，但在剩余的 60％金额到期时拒绝支付，因开证行指示不付款，理由是买方提出货物有缺陷，该信用证已被撤销。开证行和指定银行的做法对吗？该信用证项下的剩余金额应该由谁支付？

分析：（1）UCP500 第 9 条 A 款规定："对不可撤销信用证而言，在其规定的单据全部提交指定银行或开证行，并且符合信用证条款的条件下，便构成开证行的确定承诺，则开证行必须即期付款、承兑，或在依据信用证条款所能确定的到期日付款。"

UCP600 第 7 条 A 款也做了类似的规定："只要规定的单据被提交至指定银行或开证行并构成相符提示，开证行就必须按下述信用证所适用的情形予以兑付：Ⅰ. 由开证行即期付款、延期付款或者承兑；Ⅱ. 由指定银行即期付款而该指定银行未予付款；Ⅲ. 由指定银行延期付款而该指定银行未承担其延期付款承诺，或者虽已承担延期付款承诺但到期未予付款；Ⅳ．由指定银行承兑而该指定银行未予承兑以其为付款人的汇票，或者虽已承兑以其为付款人的汇票但到期未予付款；Ⅴ．由指定银行议付而该指定银行未予议付。”

UCP500 第 4 条规定：“在信用证业务中，各有关当事人处理的是单据，而不是单据所涉及的货物、服务及/或其他行为。”

UCP600 第 4 条 A 款规定：“信用证就性质而言是独立于可能作为其依据的销售合同或其他合同的交易。即使信用证中涉及该合同，银行也与该合同完全无关，且不受其约束。因此，一家银行做出付款、议付或履行信用证项下其他义务的承诺，并不受开证申请人与开证行之间或与受益人之间在已有关系下产生的索偿或抗辩的约束。”

（2）在本例中，指定银行在通知信用证时未加具保兑，因此无付款义务。

（3）除非法院发出止付令，否则开证行必须付款。如遇有法院命令，禁止开证行在信用证项下付款，则开证行无法履行其付款责任。如果开证行收到法院止付令，它可以服从，也可以进行交涉。当然，为取得货款，如果议付行认为有必要，有权向法院提出抗辩。

第二节　审单的原则、方法与要求

一、审单的基本原则与方法

在信用证业务的全过程中，出口地指定银行需要审核单据，进口地开证行需要审核单据。如有保兑行，若指定银行或受益人向其交单，也要审核单据。

（一）审单的基本原则

审单的第一个也是最基本的原则就是：信用证的任何规定和条款都必须得到执行，当然，非单据条件除外。

第二个原则是，审单与可能作为信用证依据的销售合同或者其他合同无关，也与单据涉及的货物、服务或其他行为无关。

第三个原则是，银行审核单据，主要看单据的表面是否与信用证的规定或者要求相符，是否能够达到单证一致，单单一致。至于单据的形式、内容是否充分，是否虚假伪造，银行对此无法掌握，也不能承担责任。[①]

（二）审单的方法

审单的方法可以概括为横审和纵审。**横审**就是以信用证为中心，是为了使信用证上有关规定和要求在货运单据上得到反映与落实，是为了达到“单证一致”。**纵审**是以商业发票为中心，将其他单据一一与之对照，以便达到“单单一致”。单据审核的方法如图 8－2 所示。

① 依据 UCP600 第 34 条的规定，银行对任何单据的形式、完整性、准确性、内容真实性、单据真伪性或法律效力，或对单据中规定或附加的一般性或特殊性条件，概不负责；银行对任何单据所代表的货物、服务或其他履约行为的描述、数量、重量、品质、状况、包装、交货、价值或其存在与否，对发货人、承运人、货运代理人、收货人、保险人或其他任何人的诚信与否、作为或不作为、清偿能力、履约或资信状况，也概不负责。

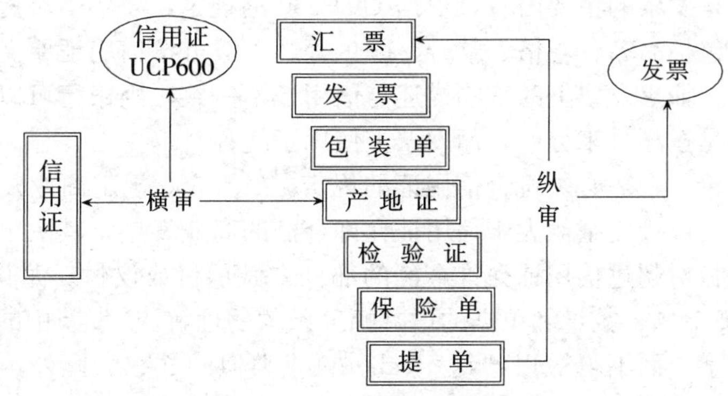

图 8-2 单据审核的方法

因此，当相关银行收到交单人交来的单据后，审单工作人员必须首先阅读信用证，看信用证上都要求哪些单据，是否全部如数收到。然后再逐字阅读信用证，每涉及一种单据，就立即与那种单据相核对，以达到单证一致。如果有信用证未规定的单据，应退回交单人。

然后，以发票为中心，与其他单据逐个核对，先将被核对的单据全部阅读一遍，核对涉及发票的相同资料是否一致。纵审的目的是要达到单单一致。

经过横审和纵审没有发现不符点，即可确定单据全部相符。

如果经过审核发现有的单据未交，或有的单据份数不足，或信用证上有些要求没有达到，或单单之间有不一致的地方，这就是**不符点**（discrepancy）。

银行可以拒绝接受**不符单据**（discrepant document）。不符点分为可改不符点和不可改不符点两种。比如缺一份发票、受益人没有在单据上签字等差错，都属于可改不符点。在日常处理中，只要在信用证规定的装效期内，银行一般都会退还给交单方，请其改正。像迟交单、逾装期这类情况，都属于不可改不符点。有这类不符点的单据，指定银行可以拒付。但是，在有些情况下，也可以进行保留议付或保留付款，有时凭受益人出具的赔偿保证书或保函给予议付或付款。

二、商业发票的审核要点

商业发票是全套单据的中心，其他单据如运输单据、保险单据、包装单据等都是为支持商业发票的货物而开立的。因此，对它的审核要特别详尽。

（1）注意发票的首部必须印有“invoice”或“commercial invoice”字样。

（2）要注意发票签发人名称、地址要与信用证的规定一字不差。即使信用证的规定是错误的，在没有改正的情况下，也只能将错就错，严格按信用证的规定缮制，但可以用括号说明正确的内容。按照 UCP600 第 18 条的规定，除了可转让信用证外，商业发票必须从表面上看来系由受益人出具。

（3）要注意审查发票的抬头。在信用证项下，必须做成申请人抬头。

（4）发票合同号要与信用证一致，唛头要符合信用证要求，并注意与其他单据保持一致。

(5) 货物描述是发票的主要内容，根据 UCP600 的规定，发票中对货物的描述必须与信用证完全一致，包括品名、规格、款号、颜色等。一般可按信用证原文照抄，切忌标新立异以免画蛇添足。如果发票上的货物描述与信用证不一致，则银行可以拒付。例如，信用证上的货物名称是按型号来分的，而发票上使用了统称。

(6) 数量、单价、金额必须符合信用证的规定。UCP600 规定商业发票必须与信用证的货币相同。银行可以接受金额大于信用证允许金额的商业发票，其决定对有关各方均有约束力，只要该银行对超过信用证允许金额的部分未做承付或议付。尤其注意对 UCP600 第 30 条关于信用证金额、数量和单据的增减幅度条款的理解。[①] 发票中的数量、单价和金额必须是准确的数字，而不得冠以"约"(about)或类似的文字。此外，在审核数量、金额时，还要注意信用证是否允许分批装运，分批装运条款是否有具体的要求和规定。

按照 UCP500 的规定，发票上表示的货物数量、重量、尺码、装运、包装、运费或其他有关的运输费用资料等应与其他单据上所载明的相符。依照 UCP600，只需要商业发票上的这些数据与其他数据之间不矛盾即可，无须等同。

案例分析

关于信用证中货物数量伸缩度的一个案例

案情：信用证规定："100%棉弹力斜纹布……颜色要求为：鲜红：9 729.5 码；蜡染蓝：8 171.5 码；Gras：7 324.5 码；烟色：11 898.5 码；蜜色：8 158.0 码；沙色：12 658.0码。总共 57 940.0 码"，并规定："可以接受货物数量或金额上下浮动 3%"。表 8-1 是信用证规定数量与实际装运数量的对比。

表 8-1 信用证规定数量与实际装运数量的对比

颜 色	要求数量（码）	实际数量（码）	误差率（%）
鲜红	9 729.5	10 115.5	+3.97
蜡染蓝	8 171.5	8 271.0	+1.22
Gras	7 324.5	7 800.0	+6.49
烟色	11 898.5	11 878.0	−0.17
蜜色	8 158.0	8 375.5	+2.67
沙色	12 658.0	13 169.0	+4.04
总计	57 940.0	59 609.0	+2.88

开证行提出的不符点是"单个颜色的货物数量伸缩超出允许幅度"，因而拒收单据。而议付行则坚持认为 3%的浮动率应理解为对全部货物数量而言，而非对每种货物。请对

① UCP600 第 30 条有关"信用证金额、数量与单价的增减幅度"中规定：

a. "约"(about)或"大约"(approximately)用于信用证规定金额、数量或单价时，应解释为允许有关金额、数量或单价有不超过 10%的增减幅度。

b. 只要信用证未注明以包装单位或个数计数，并且总支付金额不超过信用证金额，货物数量允许有 5%的增减幅度。

c. 如果信用证规定了货物数量，且该数量已全部发运，以及当信用证规定了单价，而该单价又未降低时，或者当第 30 条 B 款不适用时，则即使不允许部分装运，也允许支取的金额有 5%的减幅。若信用证规定有特定的增减幅度或使用第 30 条 A 款提到的用语限定数量，则该减幅不适用。

上述案例中的争议做出评论。

分析：本案例争议的焦点是对于若干货物的数量或金额的限制是针对货物总量还是针对每一部分货物，或是针对上述两项内容。如果信用证对于货物数量、颜色、尺寸或其他规格做出了详细规定，而且声明，对于金额、数量和其他规格的限制并不只针对某个特定规格，则对该限定的普遍接受，使得该限定有必要同时适用于货物全部及其组成部分。如果提交的单据在每一批货物数量上符合信用证要求，也符合信用证对其的限定，那么总量也会符合要求。

结论：±3%的数量限定应适用于规定的每一批货物和颜色，也适用于总量。开证行提出的不符点成立。

（7）佣金、折扣的扣除。如果信用证和合同中规定的单价含有“佣金”（commission），发票上应照样填写，不应以“折扣”（discount）字样代替。如果信用证和合同规定“现金折扣”（cash discount）字样，在发票上也应全名照打，不能只写“折扣”或“贸易折扣”（trade discount）等字样。

如果合同中有支付佣金或折扣的规定，而信用证金额为全额且未在价格条款中显示含佣金或折扣的问题，在发票中也不应显示佣金或折扣的内容，以免造成单证不符而影响收款。其应得佣金或折扣可以在货款收妥后另行汇付。

（8）包装、重量、尺码等必须准确无误。

（9）注意是否按信用证的规定在发票中注明了特殊的文字，该文字本身是否符合信用证及其他单据的要求。

（10）要注意发票是否需要签章，如有手签要求，是否手签。

（11）最后要核对发票份数是否与信用证的要求一致。确保提交符合信用证要求的发票张数及正本和副本。

三、汇票的审核要点

汇票的审核要点如下：

（1）信用证规定应记载出票条款（drawing clause）时，其开证行名称、信用证号码及开证日期等均应与信用证的规定相符。

（2）签字及/或出票人的名称应与信用证受益人的名称完全一致。

（3）开致正确的付款人。按照UCP600第6条C款的规定，不得开立包含有以申请人为汇票付款人条款的信用证，因此不能以申请人作为付款人。付款人同时应符合信用证的规定，即期付款信用证要求汇票时，则汇票付款人是指定付款行。承兑信用证的汇票付款人是指定承兑行。来证中规定“以我行为付款人”（draft drawn on us），即以开证行为付款人。

（4）汇票金额应与商业发票所载金额相同，信用证规定为发票金额的百分之几的（如“draft for 90% invoice value”）除外。

（5）汇票金额应不超过信用证金额或信用证项下允许的金额。

（6）汇票金额的大小写必须一致，货币必须与信用证所规定的相符。

（7）汇票期限应与信用证中规定的相符。

（8）汇票的出票日不能早于提单日和迟于信用证的有效期。另外，如果信用证上对汇票的出具日期做了特别规定，则出票日应当按照规定日期填写，否则不能通过银行的审核。

（9）如果汇票要背书，它应被正确地背书。

（10）有无“汇票”字样。

根据《日内瓦统一票据法》，汇票中必须载有“汇票”字样，而英国《票据法》则无此要求，因此在实务中，要求受益人提交的单据包含“汇票”二字，是减少日后争议的较为安全的做法。

四、运输单据的审核要点

运输单据的审核要点如下：

（1）确保运输单据种类与信用证规定的相符。随着国际贸易方式的发展及运输工具的革新，海洋运输、航空运输、公路运输、铁路运输以及联合运输方式均被广泛采用。对于信用证上明确规定了运输方式的情况，只有受益人提交的运输单据类别符合信用证要求，才能够被银行接受。例如，如果信用证要求提交已装船提单，则海运方式必须作为货物运输方式，受益人也就只能提交海运提单。如果信用证要求提交至少包含两种运输方式的提单，则多式运输单据将被采纳。

（2）收货人名称应符合信用证要求。对于不具有物权凭证性质的运输单据，应在信用证中指定开证行为收货人；对具有物权凭证性质的运输单据，可在信用证中要求将收货人做成空白抬头、空白背书（made out to order and blank endorsed）或开证行指示抬头（made out to the order of issuing bank）等。

（3）除信用证另有规定者外，必须为全套（full set）正本运输单据。

（4）运输单据上的货名描述可采用信用证所规定的货物描述的统称。其货名、唛头、数量、重量、船名、路线、收货人、通知人等应与信用证相符。如果有关于货物的描述，要与其他单据上的表示相同。同时 UCP600 第 14 条 K 款规定，任何单据中述及的货物托运人或发货人均不必是信用证的受益人。

（5）运输单据上的价格条款或有关运费的记载应与信用证和发票一致。如 CIF 或 CFR，应注明“freight prepaid or paid”，如果注明“freight payable or to be paid”，则不能接受。

（6）如果运输单据需要背书，确保它被适当地背书。如果提单抬头被做成“to order of shipper”，“shipper’s order”或“to order”，应做空白背书或指示性背书。

（7）确保运输单据上没有能够使其“有瑕疵”或“不清洁”的条款。不清洁的提单通常意味着包装或者货物破损，这必将最终影响到开证申请人（进口商）的利益，因此根据 UCP600，银行是不能接受不清洁提单的。

（8）装船批注是否符合要求。信用证如果要求提交已装船提单，则只有提交的海运提单上有“on board”相关字样才能符合信用证的要求。同时为了保证银行和开证申请人的利益，银行一般不接受标有“货装舱面”字样的提单，除非信用证有规定。

五、保险单据的审核要点

保险单据的审核要点如下：

（1）保险单据的种类应符合信用证的规定。如果信用证要求的是保险单，则保险凭证或预约保险单项下的保险凭证或保险声明不能接受；如果信用证明确要求预约保险单项下的保险凭证或保险声明，则保险单可作为替代；如果信用证没有明确种类，笼统地要求保险单据，则只要是与信用证其他条件及统一惯例各项规定相符的单据均可受理。

（2）应具备法定要件，并由保险公司或保险商或其代理人签发。按照 UCP600 的规定，暂保单将不被接受。

（3）确保提交全套保险单据。保险单据如果出具一份以上正本，则全部正本均应交银行。也就是说，不管信用证规定或未规定全套保险单据，只要保险单据上注明了正本的份数，受益人就应向银行如数提交正本保险单据；如果信用证并未规定全套单据，保险单据上也没有注明全套份数，受益人可只交一份正本，其余为副本。

（4）保险单据日期或保险责任生效日期不迟于发运日期。

（5）承保的是商品从指定装货港口或接受监管地点到卸货港口或交货地点的风险。

（6）投保的是信用证指定的险别，且已经被明确表示出来。根据 UCP600 的规定，信用证中的相关条款必须对所需投保的主险险别以及必要的附加险别加以规定。当信用证规定"承保一切险"时，银行将接受任何含有包含"一切险"批注或条文的保险单据，不论其有无"一切险"标题，甚至该保险单据注明不包括某些险别。

（7）保险单据上所记载的唛头、号码、船名、航程、装运地、卸货地、起运日期等，必须与运输单据所记载的不相矛盾，但无须严格等同。

（8）保险单据上填写的发票号码应与承保货物的商业发票号码一致，以体现不同单据间的关联性。

（9）如果被保险人的名称不是保兑行、开证行或买方，应带有适当的背书。

（10）确保货物投保金额符合信用证要求。如果信用证规定了最低投保金额，应按其规定投保；如果信用证没有规定最低投保金额，则根据 UCP600 第 28 条的相关规定，其最低投保金额应是货物的 CIF 或 CIP 价格的 110%。如果从单据中不能确定 CIF 或 CIP 价格，就取按信用证要求承付或议付金额的 110%或发票毛值（尚未扣除折扣或佣金时的总金额）的 110%两者之中金额较大者作为最低投保金额。投保金额的大写与小写应该一致。

（11）除非信用证另有规定，否则保险单据的货币应与信用证的货币相同。

（12）保险单据上注明的赔款偿付地点，应按信用证的规定填写。如果信用证未规定，应以货物运抵目的地或其相邻地点作为赔付地点。如果信用证要求赔付给某一指定公司，应在赔付地点之后加注。

（13）保险单据涉及的其他资料，应与信用证规定的其他单据一致。

案例分析

保险单上的货物描述是否必须与信用证的货物描述一致？

案情： I 银行开立了由 A 银行作为通知行和议付行的不可撤销跟单信用证，期限为提单日后 180 天，信用证货物描述为：iron ore concentrate。A 银行将信用证通知了受益人，并且在议付单据后向 I 银行交单要求其承兑。开证行以如下理由拒绝接受单据："保险单显示的货物描述与其他单据不符”，保险单显示的货物描述为“koolyanobbing lump iron ore”。议付行辩称：“koolyanobbing”是一个商标，而保险单上已经显示了与实际货物相符的统称即“iron ore”。开证行回称：“lump”与“concentrate”有不同的含义。两种不同的货物描述代表了不同的“iron ore”。

分析：不能要求相关银行成为有关货物类型、特征或者商标的专家。根据UCP500第37条C款的规定，商业发票中的货物描述必须符合信用证中的描述，其他一切单据对货物的描述可以使用统称，但不得与信用证中的货物描述相抵触。UCP600第14条E款中有类似的规定：除商业发票外，其他单据中有关货物、服务或行为的描述若需明示，可使用统称，但不得与信用证的描述相冲突。本案中保险单含有“koolyanobbing lump”，足以引起拒付。

六、其他单据的审核要点

（一）原产地证明的审核要点

原产地证明的审核要点如下：

（1）原产地证明应由信用证指定的机构签署。如果信用证规定由主管当局（competent authority）出具原产地证明，应由出入境检验检疫局、贸促会或国际商会签发正式的原产地证明。如果信用证没有规定，则由受益人出具的单据也是可以接受的。

（2）按照信用证的要求，确保它已被签字、公证人证实、合法化、签证等。

（3）确保原产地证明上的进口商名称、唛头、货名、件数等资料与信用证条款相符，并与发票和其他单据一致。

（4）确保原产地证明上记载的原产地国家符合信用证的要求。如果信用证规定原产地国家，原产地证明上应予以注明；如果信用证规定原产地为中国某地（如北京），则原产地证明上应填写“北京，中国”，而不应只写“中国”。

（5）除非信用证规定，否则应提供独立的原产地证明，不要与其他单据联合使用。在信用证只要求证明商品的原产地时，可以在商业发票上加注：“兹证明装运货物原产地是中国”（We hereby certify that the goods shipped are of Chinese origin），这就是原产地证明与商业发票的联合格式。但是，当信用证要求提供原产地证明时，就不能用在商业发票上加注证明货物产地的联合格式，而要出具单独的原产地证明，注明其名称，并应签字、加注日期。

（6）原产地证明的签发日不得迟于提单日期，但是可以迟于发票日期。

（二）商品检验证明的审核要点

商品检验证明的审核要点如下：

（1）商品检验证明应由信用证规定的检验机构出具并签字，其名称应与信用证的规定相符。

（2）商品检验证明的出证日期应略早于提单日期，表明是在货物装船之前的检验结果。由于检验单位对于各种商品都规定了检验的有效期，如果出证日期太早，交单时就可能由于超过有效期而遭到收货人的异议甚至要求重新检验。有的信用证明确规定“This certificate should indicate that inspection had been carried out just before loading”，就有略早于货物装运日期的含义。但是检验日期不得迟于提单日期，因为迟于提单日期意味着货物装运后检验，这与事实矛盾。

(3) 商品检验证明的内容必须与发票或其他单据的记载不相矛盾，并符合信用证的规定。检验结果只要符合信用证的要求就算合格。

(4) 除非信用证准许，否则应确保商品检验证明没有包含关于货物、规格、品质包装等的不利声明。

(三) 包装单据的审核要点

包装单据的审核要点如下：

(1) 它们应是独立的单据，不要与其他单据联合使用，除非信用证准许。

(2) 单据名称和份数应与信用证的要求一致。

(3) 确保该单据上记载的货物名称、规格、数量及唛头等资料与其他单据所记载的不相互矛盾。

(4) 数量、重量及尺码的小计与合计必须加以核对，并必须与信用证、提单及发票所记载的内容不相互矛盾。

(5) 如果信用证要求经签字的包装单据，则应由制单人签字，否则包装单据无须签字。

(四) 各类函抄及附属单据的审核要点

UCP600 规定，如果信用证要求提交运输单据、保险单据或者商业发票以外的单据，却未规定出单人或其内容，则只要提交的单据内容看似满足所要求单据的功能，且与其他单据的数据不矛盾，银行就将接受该单据。如果信用证要求该单据作为“证明书”使用，应确保该单据被签字。

七、寄单面函的审核要点

寄单面函是指定银行寄送给开证行凭以索偿的通知单，开证行收到面函后应该审核：

(1) 寄单面函的确是交给本银行的。

(2) 面函上有当前的日期。

(3) 面函及所附单据属于相关的信用证项下。

(4) 列举的单据均包含在内。

(5) 单据中的金额与面函中提及的金额一致。

(6) 寄送单据的银行（如有）是作为信用证项下的付款行、承兑行、议付行或寄单行。

(7) 付款指示清楚易懂。

(8) 是否提及有任何不符点，是否凭担保函或有保留的付款、承兑或议付。

案例分析

开证行收到开证申请人放弃不符点的通知后是否受其约束并必须接受单据？

案情：开证行开出了一份以S国某公司为受益人、不可撤销、即期的议付信用证，用以支付从欧洲港口发至C国货物的货款。信用证受UCP600的约束。在信用证有效期内，受益人向S国的一家银行提交了单据，该行根据信用证条款进行了议付，并向美国的偿付行进行了索偿。收到单据后，开证行根据UCP600的有关规定提出了两个不符点并拒付。S国银行没有反对。按照惯例，开证行也将不符点通知了开证申请人。之后，开证行收到了开证申请人放弃不符点的通知。然而，开证行自行决定不同意开证申请人放弃不符点的意见，并向S国的银行追索上述款项的本金和利息。但是S国银行凭以下理由坚持拒绝开证行的追索要求：(1) 它得到了开证申请人签署的放弃不符点的通知。(2) 鉴于货物已被处置，受益人不愿意退款；由于受益人不可能重新拥有货物，退回提单（开证行仍持有全套正本提单）已没有任何意义。S国银行被告知货物已经凭C国银行签发的担保书交给了最终买主（其与开证申请人同属一个集团）。开证行认为，开证申请人放弃不符点的通知并不能约束开证行以使其必须接受该单据，开证行也有权不同意开证申请人放弃不符点的意见，放货与此事无关。单据从未脱离开证行的保管。

分析： UCP600规定开证行审核单据后可自行联系开证申请人，确认其是否放弃所发现的不符点。ICC银行委员会认为开证申请人放弃不符点的通知并不能约束开证行，使其接受单据，因此，开证行有权要求索回其已偿付的金额及相关利息。至于另一家银行通过向海运公司签发提货担保书协助开证申请人获得货物，此事与开证行无关，这一问题应在受益人与开证申请人之间解决。

第三节 常见的不符点及其处理方法

了解常见的不符点对于在审证、制单、审单过程中发现问题有很大帮助。同时需要指出的是，UCP600及信用证本身均对提交单据做出了非常详尽的约束。因此，本节所提出的不符点不可能包括在审单过程中可能遇到的所有问题。只有全面了解《跟单信用证统一惯例》、国际标准银行实务，并熟悉国际商会在信用证结算方式中的仲裁案例，才能够杜绝制单、审单过程中的错误，避免给相关银行或进出口企业带来不必要的损失。

一、信用证项下单据审核的常见不符点

（一）时间方面

1. 信用证尚未生效

在一般情况下，开出的信用证在出具后即生效，但是在有些情况下，开证行会在信用证中附加一些条件，规定只有在具备了这些条件后才能生效。例如，信用证出现以下叙述："This L&C will be operative only upon receipt by you of our amendment stating the import regulations have been fully complied with."（该信用证只有在你方收到我方关于所有进口法规均被遵守的证明时才生效。）

2. 信用证已过有效期

在一般情况下，显然只有信用证处于有效期内，银行才能对信用证进行议付或付款。

当然，UCP600 第 29 条对一种特殊情况做了规定：银行因不可抗力以外的原因停止营业，则到期日或最迟交单日将根据具体情况顺延至该银行开业的第一个营业日。同时该条规定在交单日顺延的情况下，装运日不能顺延。

3. 延迟装运或提早装货

按照 ISBP 的相关规定，已装船提单的签发日就是装运日。对于提单上标注了"shipped on board"字样的情况，除非批注中特别加注了相关货物的装运日期，否则应把提单的出具日作为装运日。在信用证上明确规定了货物的装运期限的情况下，提单的装船日期不得迟于最后装运日期；而如果信用证上没有对装运日期做专门要求，则装运日期不能迟于信用证的有效期。

另外需要指出的是，有些信用证还规定了最早装船期，受益人在出具单据时必须加以遵守，货物不能早于该期限装船，否则可能遭到银行拒付。

4. 未在最迟交单期内提交单据

要确保单据是在信用证规定的最迟交单期内交单，如果信用证未规定，装运日后 21 天内应交单，但应确保仍在信用证的有效期内。

（二）汇票方面

汇票方面常见的不符点如下：

（1）出具的汇票无"汇票"字样。

（2）汇票上的出票日不明。

（3）汇票的付款人不正确。

（4）汇票的付款日期不确定。

（三）装运方面

装运方面常见的不符点如下：

（1）做成了转运（transshipment effected）。

（2）短装（short shipment）。

（3）超装（over shipment）。

（4）做成了分批装运（partial shipments effected）。

（5）货物装卸港与信用证的规定不符。

（四）金额方面

金额方面常见的不符点如下：

（1）超支（over drawing）。

（2）超过信用证金额（credit amount exceeded）。

（3）少开支金额（short drawing）。

（4）发票金额与汇票金额不符（the amounts shown on the invoice and draft differ）。

（五）运输单据方面

运输单据方面常见的不符点如下：

（1）运输单据不清洁。

（2）运输单据的类别与信用证要求不符。

(3) 没有“货物已装船”批注或注明“货装舱面”。

(4) 提单没有表明运费是否已经支付。

案例分析

关于卸货港和最终目的地的一个案例

案情：信用证有关条款规定：货物运至韩国仁川；起运地为新西兰港口；运输单据为全套清洁已装船海运提单。提交的单据显示：装货港为内皮尔，新西兰；卸货港为釜山；最终目的地为仁川。所提交的单据是否符合信用证要求？

分析：信用证要求港至港运输的海运提单。根据 UCP600 第 20 条 A 款 ⅲ 项的规定，银行将接受注明信用证所规定装货港和卸货港的单据。在本案中，信用证规定运输由“新西兰港口”至“韩国仁川”。因此，唯一可接受的运输单据是注明在新西兰港口装船并在韩国仁川卸货的海运提单。因此，本案中的提单不符合信用证条款，因而不可接受。

（六）发票方面

发票方面常见的不符点如下：

(1) 发票上的货物描述与信用证不符。

(2) 发票上的贸易术语不正确。

(3) 发票的参考号码与信用证上的不一致。

(4) 发票没有做成以信用证申请人名称为抬头。

（七）保险方面

保险方面常见的不符点如下：

(1) 提交的保险单据的类型与信用证的要求不符。

(2) 投保金额不足，保险比例与信用证不符。

(3) 投保的险种与信用证不符。

(4) 保险日期迟于装运日期。

(5) 保险单/保险凭证没有正确地背书。

(6) 保险单投保的货币与信用证的规定不符。

(7) 保险赔付地点与信用证的规定不符。

案例分析

保险单显示含 30%免赔率，是否可以接受？

案情：S 国的 I 银行开立了一个信用证，除了其他条款，要求提交下述单据：全套清洁已装船提单，空白抬头，空白背书，通知申请人并注明运费预付；保险单/保险证明，投保一切险，投保金额为发票金额的 110%；植物检疫证明。议付行 N 行接受了受益人提交的含有 30%免赔率的保险单，认为它符合 UCP500 第 35 条 C 款的规定：“除非信用证另有规定，银行将接受表明受免赔率或免赔额约束的保险单据。”但是开证行 I 银行拒绝接受单据，所提不符点包括保险单据受免赔率约束。通过进一步联系，I 银行坚持认为

“可接受的最高免赔率为 CIF 总金额的 10%”。

分析：UCP500 第 35 条 C 款规定：“除非信用证另有规定，银行将接受表明受免赔率或免赔额约束的保险单据。”UCP600 第 28 条 J 款规定：“保险单据可以注明受免赔率或免赔额（减除额）约束。”以前 UCP400 也有类似规定。因此，UCP500、UCP600 只是延续了长期以来所遵循的商业惯例。有关条文暗指除非信用证明确规定保险必须不计免赔率或免赔额，保险协议不会因为含有免赔率/免赔额的规定而无效。因此，有效与否，完全取决于信用证的规定。就本例而言，从上述信息来看，信用证并未载有禁止保险单据包括免赔率/免赔额的条款。因此，在本案中，鉴于信用证中未做相反的规定，注明免赔率/免赔额的保险单据应该被接受。

（八）单据与单据之间

单据与单据之间常见的不符点如下：

（1）单据之间的唛头和号码互不一致。

（2）汇票、保险单或提单的背书不正确。

（3）缺少信用证需要的单据。

（4）单据之间规定的重量不同。

（5）各项单据之间内容矛盾。

（6）需要签字的单据没有签字。

二、出口商对于不符点造成拒付的应对措施

对于出口企业而言，在国际贸易信用证结算中，难免会遇到由于单据不符而遭银行**拒付**（dishonour）的问题。而遇到这种情况，有些出口企业因为事先没有制订相关的应急预案而惊慌失措，一味妥协，最终给自己带来了损失。如果出口企业能够事先制订一定的方案，通晓相关的国际惯例及规定，就可以通过一定的方法使自己的损失最小化。应对信用证项下的单据不符点问题通常可以采取下述几个步骤。

（一）争取事先避免拒付问题的发生，掌握主动权

第一，要加强对信用证的审核工作，接到来证时，一定要弄清楚对方提出的要求是否能够得到满足，如果不能，就要协商改证，免得日后麻烦。同时，要争取信用证的有效地点在国内。

第二，发货时尽量提前，不要等到信用证规定的最后装船日期即将到来时才装货，以保证在开证行提出不符点后，有足够时间改单；一经装船，应该立即制单交单，以保证遭到拒付后能在议付期内重新制单。

第三，在制单过程中，要仔细审阅信用证相关条款，及时对信用证上不明确的字句向开证行提出质疑，严格按照信用证的要求制单。

第四，制单完毕后，可以请相关的专业人员进行审阅，尽最大可能排查出单据上所有的不符点，争取向议付行或开证行提交符合要求的单据，事前避免拒付问题的发生。

第五，有时在向银行提交单据之前，出口企业就已经知道单据有不符点，但是由于种种不得已的原因，出口企业来不及修改信用证或无法更改、更换单据，只能提供有不符点

的单据。这时如果贸然向开证行提交不符点单据，必然会遭到开证行的拒付。出口企业可考虑用电提方式寻求问题的解决，即要求议付行在寄单之前，用电提方式向开证行列明单据不符点，征求开证行的意见。如果开证行接受不符点单据，议付则可正常进行，议付行按正常程序向开证行提交单据，开证行接受单据，在扣除不符点费用及不符点相关费用后，支付单据款项。即使被开证行拒付，单据仍在国内，解决问题的主动权就会多一些。

（二）遭拒付后要采取必要的措施保全货物，随时掌握市场行情的变化

交单后如果单据被银行拒付，也不要惊慌失措，因为此时并不代表受益人丧失了一切权利。单据被拒付后，受益人拥有对单据的处置权，这就意味着货权并未丧失，受益人可以根据实际情况处置货物。不过这要有一个前提，就是信用证要求的必须是全套提单并且提单仅限于海运提单或联运提单中最后一程为海运的提单，因为空运提单等并不代表物权；或者如果有一份提单正本已经被提交给开证申请人（进口商），则出口商很可能丧失了货权，在解决争端中就会陷入被动。在这样的情况下，出口商必须和承运人、货物代理等保持密切联系，确保自己随时掌握货物的动向，避免钱货两空。如果在进口地有代理机构，处理这个问题会更主动一些。

若单据被拒付，除了寻找并确认开证行不符点的有效性以及向买方寻求谅解外，还应当及时了解国际市场的相关情况。例如，国内A厂商向美国出口原油，当时签订合同的原油价格为50美元一桶，其后，A厂商交单时因为存在不符点被银行拒付，这时国际原油价格已经涨到了70美元一桶，这样A厂商就掌握了贸易的主动权。一方面，它可以向买方施压，迫使其接受存在不符点的单据；另一方面，它也可以取消这项贸易合同，以更高的价格把石油转卖给其他进口商。当然这样做的前提是出口商采用海运的运输方式并且将所有提单的正本文件全部提交给了银行，即受益人仍然控制着货权。

（三）判断不符点是否成立

本章第一节已经列出了相关银行拒付单据必须满足的六个方面的要求，只要这六个条件中有一个没有得到满足，即使开证行提出的不符点符合国际惯例，开证行也不能因此拒付。举例来说，某开证行提出不符点的条件均已满足，单据也确实存在不符点，但开证行由于自身素质或英语水平的限制，提出的不符点与实际存在的不符点存在很大差异，两者在本质上并不相同，这时从程序上来看开证行所提的不符点是不存在的，而其后来对不符点所做的解释则可能是正确的，但由于这相当于是开证行第二次提出不符点，我们可以认定其系无效的拒付行为而要求开证行付款。总之，如果能在程序上找到开证行的漏洞，也能避免拒付的发生。

（四）据理反驳

开证行拒付单据的决定不是终局性的，议付行、受益人有权对开证行拒付单据的理由进行反驳。如果反驳成功，开证行就不能拒收单据。

1. 明确拒付的真正原因

根据以往的结算经验，虽然国际结算中的银行大多数遵循国际惯例，重视自己的信用，但也会存在一些国家或地区的银行出于某种目的，迎合开证申请人，曲解国际惯例的相关条款，甚至在信用证条款中设下一些圈套来损害受益人的利益的现象。因此，明确开证行拒付的真实动因，对于保护出口商的利益至关重要。

2. 反驳

在开证行拒付之后，受益人应当根据信用证上的条款、相关的国际惯例和 ISBP 等仔细确认不符点，看开证行所提的不符点是否成立。如果开证行提出的拒付单据的不符点并不成立，出口商应进行反驳。在实际工作中，有的开证行对单据过分挑剔，无事生非，提出单据存在不符点，以此为由拒付单据，推卸其应该承担的付款责任。针对这种情况，出口商应按国际惯例、UCP600 规则据理力争，反驳开证行的拒付理由，驳倒其提出的不符点，要求开证行按信用证的规定付款。

另外，开证行不得以单据以外的理由拒绝付款。如果单据在表面上符合信用证的要求，同时单据与单据之间并无不一致，可以认定所提不符点不成立，这时受益人可以向开证行提出异议甚至向国际商会提出仲裁请求。

3. 反击

即使开证行提出的不符点的确存在，无可反驳，但是如果开证行提出不符点的方式、拒付理由不符合 UCP600 的要求，也不要轻易认输。可分析开证行在拒付单据的处理方式上是否合理、有无漏洞，从中寻找反击点。前面已经论述了相关银行拒付必须满足六个条件，如果开证行提出不符点的方式、拒付理由不符合这些条件，就丧失了拒付单据的权利，即使单据确实存在不符点，开证行也无权宣称单据不符合信用证条款。

因此，若开证行提出不符点、拒付单据时出现下列漏洞，出口商即可进行反击：开证行提出单据存在不符点不是以单据为唯一依据，而是牵涉货物，如提出货物的实际品质、数量与单据不符等内容；应该使用电信通知的，却用邮件通知，该用快邮通知的，却用普通邮件通知；在收到单据的五个营业日以后才提出拒付单据；没有在拒付单据的通知书上明确表明是把单据退还，还是代为保管。以上这些情况都是开证行在拒付单据时出现的漏洞，出口商可以借此成功反击。当开证行拒付单据分几次提出单据不符点时，除第一次提出的不符点有效外，以后各次均为无效。对开证行在拒付单据时出现的漏洞，出口商应抓住时机，反戈一击，使得开证行无法解除其应该承担的付款责任，保证收汇的安全。

（五）更换不符点单据

如果对开证行提出拒付单据的不符点无法反驳、反击，出口商应该考虑有无在提示期内更换单据的可能。在一般情况下，单据的提示期为装船后的 15～21 天，由于交通、通信的便利，单据通过快邮，也就只需两三天的时间，如果开证行用电信方式通知拒付单据，出口商立即就能收到。因此，当开证行拒付单据时，提示期往往还剩下一些时间，如果时间来得及，出口商可考虑更换单据。

当单据不符点出自出口商自行出具的发票、箱单、受益人证明等单据时，更换单据就比较简单，只需修改开证行提出的不符点，将重新制作的符合信用证规定的单据，通过银行用快邮寄给开证行，同时宣称原单据作废。如果单据能在提示期内送达开证行，更换单据即告成功，可要求开证行按信用证的规定付款。

如果不符点单据涉及提单、商检证明等由其他机构出具的单据，更换单据就比较困难，所需时间也比较长，因为出证机构要在收回原单据的前提下，才会重新出单，并且不可能完全按受益人的意愿更改。因此，对这类单据的更换更应慎重：首先要考虑出证机构是否接受更改内容，其次要看有无充足的时间完成收回原单据、交还出证机构、重新出证、重新寄单等一系列工作。

重新补制单据时，应结合银行提出的不符点，认真仔细地改正过去的差错，同时确保没有新的不符点。

（六）寻求对方接受不符点

如果不符点确实存在并且无法更改，则应当向进口商（开证申请人）提出协商。虽然在信用证结算方式下，银行只认单据而不管真实贸易合同的存在，但是作为贸易中的双方，一般情况下还是希望贸易能够顺利进行，特别是在双方有较长时间的贸易往来和合作的情况下，出口商主动向进口商解释导致相关不符点的具体原因和其对贸易实质产生的影响，如果这些影响对进口商的利益本质上没有侵害或是侵害不大，而贸易的物资正好又是进口商所急需的，进口商一般会同意接受有不符点的单据。在这样的情况下如果开证申请人（进口商）能向开证行做出说明，则开证行一般都会有所变通，接受受益人提交的单据并付款。信用证毕竟只是一种国际贸易的结算方式，只要进口方接受不符点、同意支付货款，开证行无须承担付款责任，自然很欢迎进口商的付款赎单行为。因此，寻求进口商的帮助能够减少调换单据的麻烦，尽早收回贸易货款。

（七）协商降价销售或另寻买主

如果出口商销售的产品并不紧俏，且在国际市场上的价格处于下降趋势，则进口商一般不会向出口商妥协而接受有不符点的单据。如果此时不符点确凿，出口商又没有能力在短时间内调换单据，在这样的情况下，出口商权衡收益与损失，从长远出发，做出降价的决策，寻求长期贸易中的更大利益也不失为一种选择。出口商可以在价格上做出适当让步，以避免商品运回发生的运费或是过保质期等带来的不必要的损失，同时尽量寻求开证申请人的让步，并承诺在今后的贸易中给予其适当优惠。当然，如果进口商始终不同意接受这批货物，或是其提出的要求过高，在货物运回本国成本过大的情况下，出口商也可以在进口国寻求另一买主，降低销售价格，以期达到损失最小化。

（八）退单退货

在开证行提出的实质性不符点存在、拒付行为又很规范、与客户交涉不力、寻找新买主而不得的情况下，出口商就只能选择退单退货了，但是在做出这一决策之前，出口商需要计算货物运回的成本和货物在国内销售的收益。如果商品本身存在质量缺陷，运回后无处可销，不如直接在国外港口交由海关处理丢弃。如果运回能够减少损失，则应尽快采取行动，因为存放在国外港口时间的延长，会加大储藏费用及相关保存风险。

无论采用前面提出的哪种应对方式，出口商（受益人）都应当密切关注自己货物的下落，因为货权在银行付款前代表了受益人的全部利益所在，只有掌握货权并保证其安全，出口商才能采取相应措施对货物进行处理。另外，如果出口商交单后，开证申请人凭借开证行的提货担保提取了货物并进行了销售，而这个时候开证行又以不符点拒绝了受益人提交的单据，受益人知情后就应该立即向开证行说明相关事实，开证行从保护自己信誉和利益的角度出发，往往也会立即付款。

在单据寄达开证行后被其拒付的情形下，出口商是比较被动的。因此，出口商事先就应该尽可能保证单证一致，单单一致。在被拒付后应保持清醒的头脑，冷静分析，采取合理、有效的措施解决问题：该反驳的就应反驳；能抓住开证行漏洞进行反击的，就应反击；适于更换单据的，就应立即更换单据；能说服进口商自行付款赎单的，则应尽量说服进口商；可以预防的，就应采用预防措施。例如，随时掌握货物的运输动向，尽可能保证自己始终掌握物权；积极寻找国外买家，以保证自己在寻求进口商让步时保持一定的主动性等。

总之，面对拒付时受益人只要采取适当的应对措施，提前做好事先、事中、事后预案，就可以把自己的损失降到最小，甚至免除自己的损失，获得合同上事先规定的付款。

本章小结

1. UCP600 是对信用证从开立到使用过程中所做的一系列规则约束，是对 UCP500 的继承与发展。全面了解 UCP600 对单据的相关规定是判断所提交单据是否符合相关要求的基础。

2. 一张信用证上有三个期限：第一个是信用证的有效期，第二个是交单期限即最迟交单期，第三个是最迟装船期。以上三个期限统称为“装效期”，三者相辅相成，相互制约，都应该得到遵守。

3. 相符提示的含义是提交到开证行、保兑行和指定银行的单据必须与信用证内的要求和规定一致。同时，相符提示还要与 UCP600 的相关适用条款以及国际标准银行实务一致。

4. 开证行、保兑行（如有）和指定银行的拒付必须遵照 UCP600 的有关规定，达到相关要求才能构成有效拒付。

5. 第一，审单的第一个也是最基本的原则就是，信用证的任何规定和条款都必须得到执行。第二，审单与可能作为信用证依据的销售合同或者其他合同无关，也与单据涉及的货物、服务或其他行为无关。第三，银行审核单据，主要看单据的表面是否与信用证的规定或者要求相符，是否能够达到单证一致，单单一致。

6. 审单的方法可以概括为横审和纵审，横审是为了达到“单证一致”，纵审是为了达到“单单一致”。

7. 了解信用证的常见不符点能够帮助企业制作合格的单据，但是做出不符判断的基础仍是国际惯例与国际商会相关案例的解释。

8. 出口商因为存在不符点而遇到开证行拒付时，应采取一定的应对措施，根据具体情况，采取包括核实不符点的有效性、寻求进口商的让步、转卖、重新修改并交单和将货物运回本国等方式加以处理，以求达到损失最小化的目的。

本章关键术语

有效期	最迟交单期	最迟装船期	相符提示
拒付	拒付通知	横审	纵审
不符点	不符单据		

本章思考题

1. 为什么一张信用证上要有装效期？它包含了哪三个期限？
2. 审单最基本的原则是什么？
3. 审单中判断不符点的标准和基础是什么？
4. 一旦出现开证行拒付，受益人该如何处理？

本章练习题

一、填空题

1. 单据上的签字主要有两个作用：一是区分______的手段；二是明确出单人的______。

2. 任何信用证都必须规定信用证项下货运单据的有效______和交单的有效______。

3. UCP600 规定的单据审核标准是______ 和 ______。

4. UCP600 把银行审核单据的时间由七个工作日压缩到______个工作日，对______人有利。

5. 信用证项下审单的方法分为______和______，横审以______为中心，纵审以______为中心。

6. 信用证项下的商业发票原则上应该由______人出具。

二、选择题

1. 关于信用证项下汇票的审核，以下哪一项不正确？(　　)

A. 汇票上的签字或出票人的名称与信用证受益人的名称一致

B. 开证申请人为信用证付款人

C. 开证银行为信用证付款人

D. 汇票上的金额没有超过信用证允许的金额

2. 关于运输单据的审核，以下哪一项不正确？(　　)

A. 运输单据的种类与信用证的规定相符

B. 收货人的名称符合信用证的要求

C. 运输单据为全套正本

D. 运输单据上的价格和运费与信用证一致但与商业发票不同

3. 关于保险单据的审核，以下哪一项不正确？（　　）

A. 具备全套保险单据

B. 货物投保金额与信用证的规定一致

C. 保险单据日期或保险责任生效日期迟于发运日期

D. 不接受暂保单

4. 关于一般汇票的审核，以下哪一项不正确？（　　）

A. 具有“汇票”字样

B. 具有出票日期

C. 具有与信用证一致的付款人

D. 具有与信用证不一致的付款日期

第九章

贸易融资

A 公司是一个专业从事医疗诊断设备生产的美国公司。在其开拓国际市场的过程中，A 公司发现 B 国一个公司 C 对其生产的一种遥控影像系统有较大需求。但是在实际接触过程中 C 公司提出，由于其本身只是经销商，而该设备资金占用额度又比较大，因此希望采用较为宽松的支付方式，且提出由 B 国某著名银行担保，付款期为两年。然而，A 公司对 B 国的经济和政治现状有所担忧。A 公司到底该不该拿下这份订单？本章将带你走近国际贸易融资，相信你在了解了有关进出口贸易融资的各种方式和做法之后，会有自己合理的答案。

本章要点

◇ 掌握主要的进出口贸易融资方式。

◇ 掌握国际保理业务的基本流程和运作方式。

◇ 掌握福费廷业务的特点并理解其在国际贸易中的应用。

第一节 出口贸易融资

在结算业务中，银行往往会向有资格的客户提供融资服务，这类服务与国际结算过程密切相关，从而被称为国际结算融资。国际结算融资业务有两种形式：一是银行向客户直接提供资金融通；二是银行向客户提供信用保证，以方便客户从贸易对手或者第三方处取得融资便利。国际结算融资方式根据提供融资对象的不同可以分为出口贸易融资和进口贸易融资。

出口贸易融资指出口地银行或其他金融机构对出口商（信用证受益人）的融资，主要融资方式有信用证打包贷款、出口押汇、卖方远期信用证融资、出口发票融资等。

一、信用证打包贷款

（一）信用证打包贷款的含义和特点

信用证打包贷款，简称打包贷款（packing credit/loan），是指出口地银行以出口商提供的进口地银行开来的信用证正本做抵押向其发放贷款的融资行为。其旨在提供货物出运前的周转资金，以缓和出口商的资金短缺问题。它包括根据预支信用证提供的打包贷款和以其他信用证为抵押发放的贷款。

打包贷款是银行在信用证项下对出口商提供的短期融资，具有以下特点：

第一，打包贷款的发放时间是出口商接受信用证之后，发货和交单之前。

第二，贷款的目的是向出口商提供备货、发货的周转资金。

第三，打包贷款的金额不是信用证的全部金额。打包贷款的金额只是信用证金额的一部分，融资的具体金额由打包贷款银行根据出口商资信、存款数目、抵押品以及在本行的业务确定。

第四，打包贷款的期限不超过打包贷款银行向开证行寄单收款之日。银行提供打包贷款是以抵押正本信用证为前提的，因此，提供贷款的银行承担了议付义务。议付行收到出口商交来的单据后应马上寄开证行，收到开证行支付的货款后即可扣除贷款本息，然后将余额支付给出口商。因此，打包贷款的期限一般是自信用证抵押之日至收到开证行支付的货款之日。

（二）打包贷款的业务流程

首先，出口商需将信用证正本交给银行，向银行提出打包贷款申请，并同时提供以下文件：（1）如果企业第一次在该银行办理贷款等授信业务，办理打包贷款时必须提供企业营业执照副本、税务登记证、企业组织机构代码证、进出口业务许可证和贷款卡等基础资料。（2）填写并提交银行提供的《打包贷款申请书》。（3）如有需要，缴纳保证金、落实担保单位、抵押、质押。（4）签订需要的其他协议。

其次，银行审核信用证和出口商提供的其他资料后，与出口商签订打包贷款协议，办理打包贷款。

最后，出口商收到国外货款后归还打包贷款本金和利息。

（三）打包贷款协议

打包贷款协议是出口地银行与出口商签订的确定打包贷款中双方权利和义务的契约。签订协议是打包贷款不可缺少的重要一环。打包贷款协议包括的主要内容有：

（1）贷款金额及支付方式。

（2）贷款用途。仅限于抵押信用证项下出口商品的备货和出运，不得挪作他用。

（3）贷款期限。由银行与出口商根据贷款收回的时间确定，通常不超过3个月。

（4）贷款利率。由双方参照银行同期贷款利率协商确定。

（5）贷款货币。通常是信用证规定的结算货币。

（6）贷款的偿还。一般由贷款银行直接从信用证项下货款中扣还，必要时可以从出口商在银行开立的账户中扣还。

（7）保证条款。出口商应做如下保证：

①协议项下的全部出口商品必须向银行认可的保险公司投保，如有意外，保险赔偿金应优先用于支付贷款本息；

②银行有权检查、监督出口商对贷款的使用；

③出口商在协议条款等变化前应先征得银行同意。

如果违反有关规定，银行有权停止对出口商继续提供贷款，提前扣收已贷出的款项。

（8）违约责任。出口商如果不按协议规定使用贷款或不按期归还贷款本息，银行有权从出口商在任何银行的账户中扣收，并在原定利率基础上加收罚息。

（四）打包贷款的风险与防范

如果打包贷款是根据预支信用证进行的，那么融资风险应由开证行承担。如果受益人不能按期提交与信用证规定相符的单据，以便融资银行从开证行处收款，那么融资银行可要求开证行偿还贷款本息，因为融资银行是根据开证行的指示发放贷款的。

如果是以其他信用证发放的贷款，那么风险就应由融资银行承担，与开证行无关。在这种融资方式中，出口地银行不能仅凭国外信用证就给受益人贷款，因为信用证只是开证行的有条件付款承诺，如果受益人不能满足信用证规定的条件，开证行是不会付款的。因此，银行应加强对打包贷款的审查。

银行对打包贷款的审查包括确定总额度时的审查和对信用证的审查两项内容：

（1）确定总额度时的审查是指银行在签订打包贷款协议前对出口商确定信用额度时的审查，主要是审查出口商的资信状况，给受益人核定一个打包贷款信用额度，该额度可循环使用。

（2）对信用证的审查是指对某一打包贷款业务中的信用证条款、开证行资信和出口商品市场的审查。银行对于没有确定信用额度的客户，可凭担保逐笔发放贷款。

此外，为了保证贷款安全及时收回，银行需要综合采用严格审核企业的基础资料、对信用证第二受益人的企业要从严控制其打包贷款、原则上期限不超过 360 天及严格贷后管理等方法防范风险。总之，由于仅仅依靠信用证为抵押，打包贷款实质上是一种无抵押的信用贷款，银行必须谨慎从事。

二、出口押汇

（一）信用证项下出口押汇

1. 信用证项下出口押汇的含义与作用

信用证项下出口押汇（negotiation under documentary credit）是指在信用证项下，受益人（一般为出口商）以出口单据做抵押，要求出口地银行在收到国外开证行支付的货款之前，向其融通资金的业务。（Export bill purchased is financing of money in transit supplied by the bank with the export bill as the mort-

出口押汇（outward bill）又叫买单或买票（export bill purchased），正规名称为议付（negotiation），它是出口方银行对出口商有追索权地购买货权单据的融资行为，包括信用证项下出口押汇和托收项下出口押汇。出口押汇包括从议付到收回贷款的全过程，这是银行在出口商发货后对其提供的短期融资。

gage as required by the exporter after delivering the goods and presenting the documents requested by the letter of credit or the contract. Export bill purchase business has the following scope: the export bill purchase under the letter of credit and the export bill purchase under the documentary collection; the foreign currency export bill purchase and home currency (RMB) export bill purchase. [①])

2. 信用证项下出口押汇的受理条件

银行受理信用证项下出口押汇的具体条件为：

第一，出口商在该行开立资金账户，且与该行保持稳定的业务往来。

第二，出口商需提交正本信用证。

第三，出口商需提交信用证项下的全套单据且要求单证一致，单单相符。

第四，出口商提出相关信用证及单据项下的押汇申请，提交银行格式化的押汇申请书，并签订出口押汇合同、出口押汇总协议书（通常有效期为一年）。

银行办理出口押汇时，一般都要求出口商出具质押书（letter of hypothecation）。质押书是出口商提供给银行的书面保证，它表明了出口商应承担的义务：银行在开展出口押汇时，如果因非银行原因招致开证行或进口商拒付、迟付、少付，银行有权根据不同情况向出口商追索垫款或短收货款、迟付利息及一切损失；出口押汇银行有权向出口商计收利息。如果是由于银行的直接过失造成开证行或进口商拒付、迟付或少付，出口押汇银行应自己承担责任。

3. 信用证项下出口押汇的业务流程

首先，出口商根据信用证制单并交出口地银行审查；其次，出口地银行审单并办理押汇，扣除费用、利息后入出口商账户；最后，银行收到国外贷记报单后自动扣划以归还出口商押汇款项。出口押汇的融资比例通常为100%，但由于银行采用预收利息法，即银行将全额款项扣除预计利息及各种手续费后的余额贷给出口商，故而出口商的实际所得不足100%。

4. 办理信用证项下出口押汇需注意的问题

相对于打包贷款而言，出口押汇的风险较小，出口商的还款来源也更有保障，但出口押汇银行仍然需注意以下几点：

（1）出口商的资信状况。银行面临的风险与出口方受益人的资信状况密切相关。

（2）开证行的信誉及所在地的政治、经济背景。如果开证行信誉不佳，所在国家政局欠稳、外汇短缺，又无第三国银行加具保兑，原则上应拒绝办理押汇。

（3）信用证条款。认真审核信用证条款及相关单据，确认是否符合国际惯例，杜绝开证行（保兑行）以单据不符而拒付的可能。对于有不符点单证的押汇，应谨慎处理。

（4）远期信用证项下的出口押汇必须有开证行（或保兑行）承兑或确认付款到期日的电文或函件，该电文或函件必须加注密押或有授权人的签字，并经出口地银行证实其真实性。

---

① 根据中国银行的相关定义给出。

此外，银行还需注意对单据代表的物权的控制，对于为信用证第二受益人的出口商应从严控制，押汇期限原则上不超过180天等。

案例分析

CMR运输单据项下的出口押汇纠纷案①

案情：某年9月，中国银行作为通知行和议付行，收到美国银行开来的一份受益人为A公司、金额为100万美元的不可撤销自由议付信用证。中国银行核押相符后通知了A公司，A公司未提出任何修改意见。该年10月10日，A公司向中国银行提交了信用证项下有关单据请求议付，中国银行审单时发现信用证要求的运输单据用括号备注了《国际公路货物运输合同公约》（CMR运输单据），随即向承运人电话查询其提供的运输单据是否为CMR运输单据，得到肯定答复后即结束审单，向外寄单索偿，并为A公司办理了押汇手续。

该年10月22日，美国银行以收到的运输单据与信用证的规定不符为由拒绝付款。中国银行与其多次交涉均无果后，转而要求A公司偿还垫付的押汇款项及利息，遭到A公司拒绝后向法院提起诉讼。A公司认为中国银行作为议付行，对其审单不严造成的法律后果应承担相应的民事责任。

法院审理认为，由于我国未参加《国际公路货物运输合同公约》，中方承运人根本无法出具CMR运输单据，但A公司收到信用证时没有提出异议并要求修改，以致最后美国银行以此为由拒绝付款，A公司应承担主要过错责任。而中国银行在审单时仅凭电话查询就轻信单证相符而寄单索偿，遭到拒付，应认定为没有合理谨慎地审核单据，应承担部分责任。因此，法院判令A公司返还押汇款项及占用期间的利息，中国银行承担押汇款项被拒付后产生的利息损失和与美国银行交涉的费用。

分析：本案涉及议付行因未审出单据不符点而引起开证行拒付，给受益人造成损失，对此议付行是否应承担责任，国内司法界尚无明确规定。

事实上，本案的关键在于议付行虽对相关单据进行了审核，但是没有做进一步的查询确认，轻信了承运人的答复。另外，议付行的审单人员对国际公约和惯例又不够了解。中国银行作为通知行，对于信用证中要求不清楚或不完整的特殊条款，应提醒受益人注意；作为交单行，对于信用证条款中不能确切把握其要求的单据，应避免对受益人融资。

（二）托收项下出口押汇

托收业务是以商业信用为基础的结算方式，银行只作为代理人行事，不提供信用保障。在通常情况下，出口商将全套单据交给托收行后，必须等到进口商付款且托收行收妥以后才能结汇，出口商资金占用时间较长。如果出口商在提交单据、委托银行代向进口商收取款项的同时，要求托收行先预支部分或全部货款，待托收款项收妥后归还银行垫款，那么与此要求相关的这种融资方式就叫作托收项下出口押汇（advance against documenta-

① 高洁．国际结算案例评析．北京：对外经济贸易大学出版社，2006.

ry collection)。

托收行凭押汇成为全套单据（包括汇票和物权单据）的正当持有人，因此有权要求付款人支付货款。在正常情况下，这是托收行收回押汇款项的主要渠道。如果付款人拒付，托收行就可以向出口商追索，而当出口商破产倒闭、自己追索无望时，托收行对该款项可以寻求物权的保障，通过处理单据即货物来回笼资金，并且保留就不足部分对出口商索偿直至参与破产清算的权利。

此外，为了防止遭受进口商拒付的风险，避免陷入追索出口商甚至被迫变卖货物的被动局面，托收行在叙做托收项下出口押汇时一般事先与出口商签订质押书，而且托收项下出口押汇利率一般也稍高于信用证项下出口押汇利率。当实际收汇时间（也即银行垫款时间）超过押汇期限时，托收银行有权向出口商追收差额押汇利息。当托收款项变为呆账、坏账或长时间不能收回时，托收银行有权向出口商索回垫款及由此产生的利息。

由于信用证项下出口押汇银行的收款对象是开证行，收款风险小，只要单证相符，即可索回货款，而托收项下出口押汇银行的收款对象是进口商，风险较大，因此，银行更乐意做信用证项下出口押汇。

知识应用

在出口融资方式中，托收项下出口押汇与信用证项下出口押汇均是出口商从银行提前融资获得款项，那么两者的根本区别是什么？

分析：托收项下出口押汇与信用证项下出口押汇的根本区别在于后者有开证行的付款保证，属银行信用；而前者没有银行信用保证，付款与否完全取决于付款人（即进口商），属商业信用。为控制业务风险，银行通常核定相应额度，只在额度内叙做托收项下出口押汇，为核定额度而进行的有关审查也更严格。通常需要审查的项目包括：出口商的资信状况、清偿能力和履约能力、运输保险及代收行的情况等。

三、卖方远期信用证融资

卖方远期信用证（seller's usance L/C）又称真远期信用证，它是付款期限与贸易合同规定一致的远期信用证。采用卖方远期信用证融资主要是指通过远期汇票的承兑与贴现来融资。

（一）银行承兑与票据贴现

1. 银行承兑

银行承兑（banker's acceptance）是指银行在远期汇票上签署“承兑”字样，使持票人能够凭此在公开市场上转让及贴现其票据的行为。银行承兑的主要是有贸易背景的汇票；承兑汇票的持有人通常是出口商。(The drawee stamps ACCEPTED on the draft and is thereafter obligated to make the specified payment when it is due. If the drawee is a bank，the acceptance is called a banker's acceptance.)

银行在承兑汇票时，不必立即垫付本行资金，而只是将自己的信用借出，增强汇票的流通性或可接受性，使持票人能在二级市场上取得短期融资的便利。银行对汇票予以承兑后便成为汇票的主债务人，到期应承担付款责任，因此，承兑行在承兑前应对债务人（进口商）的资信等进行审查，并采取相应措施，以降低自身风险。

2. 票据贴现

票据贴现（bill discount）是指票据持有人在票据到期前为获取现款而向银行贴付一定利息所做的票据转让。贴现票据必须是已承兑的远期汇票，承兑人通常是开证行或其他付款行，票据持有人通常是出口商。票据贴现能使出口商立即取得现款，因此，它也是国际贸易融资的一种方式。适合进行贴现的票据有信用证项下汇票、托收项下汇票和出口保险项下汇票。(Bill discount is an act of bill, and is a kind of financing. The bill to be discounted must be a time bill, and it can be discounted after its acceptance.)

在办理贴现时，银行通常要与出口商签订质权书，确定双方的权利和义务。如果到期时银行不能从票据付款人处收回票款，有权向出口商追索。此外，银行还应对贴现票据的付款人、承兑人的资信状况进行审查，只有在确认符合条件后才予以贴现。

参考资料

贴现与议付的比较

贴现与议付都是融通资金，两者既有相同点，也有不同点。

相同点：(1) 两者都是票据和对价的对流。(2) 两者都是扣收利息，付给净款，然后收回票面金额的融资业务。(3) 贴现人付款给持票人是有追索权的，承兑行付款给贴现人是没有追索权的。同样，议付行付款给受益人是有追索权的，开证行或受票行凭单偿付是没有追索权的。

贴现与议付的不同点见表 9-1。

表 9-1 贴现与议付的区别

贴现	议付
必须有汇票	不一定需要汇票，有货运单据也可以议付
贴现的是远期汇票	即期、远期汇票均可议付
贴现汇票的必要条件是承兑，承兑人是银行	议付跟单汇票的必要条件是汇票单据必须符合信用证条款
汇票贴现后可转贴现、再贴现	无二级市场
贴现票据可以存放至到期日提示要求付款，也可在到期日以前转贴现或再贴现	议付后的跟单汇票不能存放在议付行手中，必须寄到开证行要求偿付
汇票的到期日在贴现时就能计算出来	收款日在议付时只能估计出来

(二) 远期信用证融资程序

出口商发运货物后，即可通过银行将全套单据交开证行，经该行承兑汇票并退还寄单行（通知行）后，寄单行就可以以贴现方式购买全套汇票并以此向出口商融资，出口商则以贴现所得款项偿还原打包贷款的融资款项。寄单行因此成为承兑汇票的正当持票人，它可保存汇票并于到期日向开证行（承兑人）索偿，也可将汇票转让，进行再贴现。远期（承兑）信用证的结算和融资流程如图 9-1 所示。

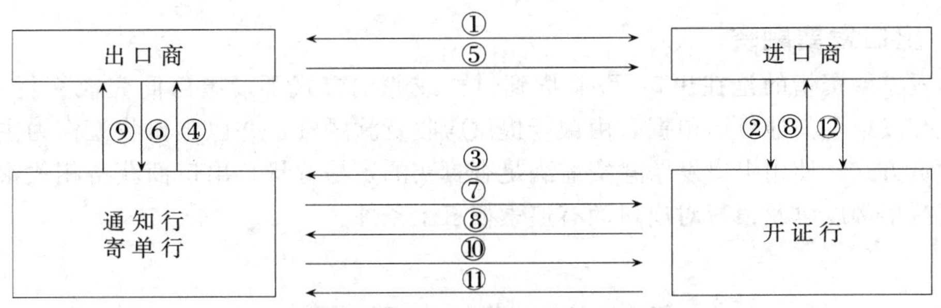

图9-1 远期信用证融资流程

注：①进出口双方签订贸易合同，确定以远期信用证方式结算。②进口商申请开证。③开证行开立远期（承兑）信用证。④通知行通知及办理打包贷款。⑤出口商发运货物。⑥出口商向通知行（寄单行）交单。⑦通知行（寄单行）寄单。⑧开证行承兑汇票并将承兑汇票寄回寄单行，与此同时，开证行凭信托收据向进口商放单，进口商提货。⑨寄单行贴现承兑汇票，出口商得到资金融通。⑩寄单行到期提示承兑汇票。⑪开证行（承兑人）付款。⑫进口商到期付款并赎回信托收据。

（三）远期信用证融资风险

远期信用证融资方式由于付款周期较长，合同金额较大，因而隐藏着较大风险：

第一，进口商要付出较高的代价，且要承担进口货物与贸易合同及单证不符的风险。

第二，开证行承兑汇票后，面临进口商拒付的风险。

第三，寄单行面临贴入承兑汇票后开证行倒闭的风险。

第四，出口商面临汇票承兑前开证行或进口商无理拒付的风险。

因此，有关当事人都必须对交易及融资对方的资信做详细的了解，并采取相应措施，以降低和防范风险。

案例分析

案情： A公司收到一张由花旗银行香港分行开立的见票后90天付款、金额为1 000万美元的信用证，经过一段时间的备货发运后向银行交单。10天后收到开证行发出的承兑电，承诺于某年9月30日付款。

由于还有约90天才能收到货款，A公司向B银行咨询有何资金融通的产品可以提供，因为该公司在B银行目前未有任何授信，且开证行资信良好，收汇较有保障，B银行向其推荐了出口贴现业务。

A公司按要求提交了出口贴现申请书、外贸合同等资料申请办理贴现，利率约定为3%，低于同期人民币流动资金贷款利率。B银行审核了相关资料后，扣除相应的议付手续费及贴现利息（手续费为1.25万美元，贴息为7.5万美元）后将余额发放给A公司。

A公司收到贴现款后在B银行结汇（汇兑收益为1.5万美元），用于支付前期货款，用较低的财务成本加速了企业资金的流转，达到了远期信用证即期收汇的目的。

B银行从此项出口贴现业务中获得了哪些好处？

分析：（1）风险小。B银行在到期开证行付款用于归还该笔贴现款项之前，对出口商保留追索权。（2）收益可观。B银行的综合收益合计为1.25+7.5+1.5=10.25万美元。

四、出口发票融资

出口发票融资指的是在出口 T/T 货到付款或赊销方式下，出口商完成交货义务后，向银行提交发票及其他货运单据，由银行提供应收货款融资，并以出口收汇作为主要还款来源的融资方式。使用出口发票融资需满足有真实的贸易背景、出口商获得相关银行出口发票融资授信额度以及银行对出口商有追索权三个条件。

第二节 进口贸易融资

进口贸易融资指银行对进口商的融资，主要有信用证项下的开证授信额度、信托收据（T/R）、进口押汇、买方远期信用证融资以及提货担保等。

一、开证授信额度

（一）开证授信额度的含义和分类

开证授信额度（limits for issuing letter of credit），也称进口开证额度，是开证行对于在本行开户且资信良好的进口商在申请开立信用证时提供的免收保证金或不要求其办理反担保或抵押的最高资金限额。

> 开证授信额度是开证行根据资信状况对进口商在开立信用证方面给予的信用支持。

在通常情况下，银行在进口商申请开立信用证时都要求其提交开证申请书并提供保证金或抵押金，存入银行专门账户，以便单据到后对外付款，或要求进口商提供反担保及抵押品，保证合格单据到后付款赎单。银行这样做的目的是避免进口商破产无力付款赎单或不按期付款赎单，以降低自身风险。

但对资信良好的长期往来客户，为简化手续，提供优惠服务，增强吸引力和竞争力，银行通常可根据客户的资信、经营状况和业务数量确定一个限额，即开证额度。银行内部对开证额度按余额进行控制，只要进口商申请开立信用证的金额不超过这一限额，银行就可以免收保证金、抵押品或不要求办理反担保，从而减轻进口商的资金压力。对于超过信用额度部分的金额仍按正常手续办理。

根据客户资信和业务性质的不同，授信额度可分为下述两种。

1. 普通信用证授信额度

在普通信用证授信额度（general L/C limit）下，开证行在确定进口开证申请人的开证额度后，申请人可采用“余额控制”的方法，循环使用这些额度。开证行根据客户的资信状况和业务需求变化随时可对额度做必要的调整。这种授信额度多用于在银行开立账户并与银行长期保持良好业务关系的进口商。

2. 一次性使用授信额度

一次性使用授信额度（one time L/C limit）指开证行为开证申请人的一个或几个贸易合同核定的一次性开证额度，不能循环使用。开证行根据客户的资信状况和抵押品的情况核定一次性开证额度，供客户在该宗贸易合同项下使用。该笔业务结束后，授信额度即失效，它主要用于银行对其资信有一定了解但业务往来不多的进口商。

参考资料

中国银行授信额度业务综述

统一大授信是中国银行为支持海外跨国企业集团在全球，尤其是在中国的业务发展需要，由中国银行总行协调各分行，整体性地向海外跨国企业集团提供集团统一授信的业务模式。

统一大授信作为一种新型的整体授信模式，大大便利了海外跨国企业集团获得中国银行整体性、一揽子的授信支持和金融服务。

授信额度是指中国银行为客户核定的短期授信业务的存量管理指标，只要授信余额不超过对应的业务品种指标，无论累计发放金额和发放次数为多少，中国银行企业业务部门均可快速向客户提供短期授信，即企业可便捷地循环使用银行的短期授信资金，从而满足客户对金融服务快捷性和便利性的要求。

上述短期授信业务包括期限在一年以内（含一年）的贷款、开证、保函、押汇等，其中，投标保函、履约保函、预付款保函、关税付款保函和海事保函的期限可放宽到一年以上。

（二）授信额度的确定

授信额度的确定是建立在银行对客户的了解和信任基础上的，银行一般从下述几个方面调查、了解客户情况。

1. 企业在银行的授信记录及信用水准

银行对于经常光临本行的客户，一般都要对其每笔业务做必要的授信记录，以确定其信用水准，为将来对其提供授信额度做准备。对于已经对其提供了授信额度的客户也应坚持做好授信记录，并以此来确定是否增加或减少对该企业的信用额度。如果一个企业由于内部原因不能按期偿还银行贷款，或不注重维护与银行的良好信誉关系，其授信额度就会被银行注销。

2. 企业的财务状况

财务状况是一个企业能否顺利向前发展，并保证对银行履行其债务义务的重要标志之一。财务状况的审查主要是通过对财务报表的分析进行的。

3. 企业的管理水平

管理水平的高低是衡量一个企业能否适应激烈的市场竞争，更好地向前发展，进而在与银行的交往中确保银行权益的另一标准。

4. 企业发展的前景

银行已提供或拟提供授信额度的应该是那些有良好发展前景的企业，银行通过支持这些企业不仅可以降低风险，而且可以从中受益。

(三) 开证授信额度的操作程序

开证授信额度的基本操作程序如下所述。

1. 进口商提出申请

申请开证授信额度的进口商应按银行规定的格式填写授信额度申请书，表明申请的授信额度金额、种类、期限等。

2. 银行审查

银行根据进口商的申请书，审查其资信状况、经营状况、内部管理、财务状况以及以往的有关业务记录，确定对该进口商的授信额度总额。

3. 签订授信额度协议书

银行应与进口商签订开证授信额度协议书，以确定双方的权利与义务。协议书的主要内容包括：

(1) 银行开证义务。银行在以信用额度代替押金缴纳的前提下，根据开证申请书开立信用证。

(2) 进口商义务。进口商的义务主要是按期付款。进口商在收到银行的付款通知书后，必须保证于付款日前将足够的款项拨入进口商在银行开立的账户，由银行对外付款，如果发现单据明显不符，进口商可将拒付理由书面通知银行并退回全套单据。如果在付款日进口商的账户资金不足或无理拒付，进口商应保证承担银行为维护自身信誉所做的一切努力而产生的责任和风险。

(3) 进口商的保证条款。进口商保证不因贸易背景、汇率变化等因素影响对银行的付款义务。

此外，还包括抵押品及担保条款、费用条款、生效条款等。

4. 建立业务档案

协议签订后，客户可以使用开证授信额度；银行则应对客户建立业务档案，根据协议规定的总额度，对进口商的开证金额实行余额控制。当进口商使用授信额度开立信用证或信用证金额增加时，银行的授信额度自动做相应递减；当进口商使用授信额度开立信用证而单到付款或信用证注销或信用证减额时，授信额度便自动恢复或相应增加。

另外需注意的是，并不是有了授信额度，银行就会为进口商开证。而是每次开证时，进口商都要向银行提交开证申请书。此时，银行不仅要审查开证额度是否足够，还需对申请书及货物进行全面了解。

5. 增减授信额度总数

进口商在使用授信额度一段时间后，如果感到总额度不够用，还可向银行提出增加授信额度的申请，批准与否由银行决定；反之，如果银行认为客户资信有所下降，可以减少甚至取消该客户的授信额度。

提供开证授信额度的银行可视情况向申请人或使用授信额度的客户按授信总额，每年收取一定比率的风险管理费。

由于开证授信额度业务实质上是开证行代进口商承担有条件的付款责任，只要出口商出具了“单证一致，单单相符”的单据，开证行便必须付款，因此，此项业务属于风险较大的授信业务。

二、信托收据

（一）信托收据的含义和作用

信托收据（trust receipt，T/R），又称信托提单、留置权书（letter of lien）或信托证（letter of trust），最早产生于美国，是指进口商承认以信托的方式向银行借出全套商业单据时出具的一种保证书。在此文件中，进口商将货物抵押给银行，以银行受托人的身份提取货物，并在一定期限内对银行履行其付款职责。其实质是进口商与开证行或代收行之间关于物权处理权的契约，其主要功能是帮助进口商获得资金融通。

进口商与银行签订信托收据并办妥其他相关手续后，两者之间形成一种信托关系。进口商在付清货款前，可向开证行或代收行借出单据，从而得以及时报关、提货、销售等。但其仅为“借单行事”，处于代管货物的地位，是代保管人（bailee）[①]，物权归开证行或代收行所有。故而，进口商取得的货款应属开证行或代收行。进口商只有在向开证行或代收行付款并赎回信托收据后，才拥有物权。

信托收据主要有两种类型：一是远期付款交单项下的信托收据；二是信用证项下的信托收据。

参考资料

信托收据两种主要类型的比较分析

1. 远期付款交单项下的信托收据

在远期付款交单业务中，当进口商承兑汇票后，进口商可以凭信托收据向代收行借取单据，待货物售出后在付款到期日将货款交付给银行，收回自己的信托收据。

通过这种方式给进口商以资金融通，通常是由代收行自行决定的，即代收行审查进口商的资信，认为其可靠并要求其提供担保、抵押品后，在未经托收行授权的情况下自行同意进口商凭信托收据借出单据，如果货物被提走而到期进口商又拒付，所有后果应由代收行承担。

在实际业务中，偶尔也有由出口商指示给进口商资金融通的做法，即出口商在托收申请书中授权托收行转告代收行通知进口商于承兑汇票后可凭信托收据向代收行借出单据，在付款前先行处理货物，到期再行付款。在这种情况下，代收行可以在进口商承兑汇票后，直接凭进口商的信托收据放单，而无须要求进口商提供担保或抵押品，因为代收行是按出口商和托收行的授权办理的。这种做法通常称为“付款交单凭信托收据借单”（D/P 下的 T/R）。如果到时进口商拒付，一切后果由出口商自负。

2. 信用证项下的信托收据

在信用证业务中，信托收据是进口商在支付货款之前向银行借取单据时向银行提交的一

① 故而信托收据又被称为代保管人收据（bailee receipt）。

种信用证担保文件。进口商保证到期付款或保证货物经有关当局许可入境时付款，同时承认在付清货款前，货物所有权及其收益归银行。其实质是银行对自身权益采取的一种担保措施。

如果银行在收款前放行提单，则其会丧失货物所有权，而如果买方凭信托收据换取单据，则银行仍保留货物的所有权及其收益，对预防买方拒付或破产极具意义。这显然与远期付款交单项下的信托收据有区别。其主要内容载明：买方保证到期付款，承认在付清货款之前，货物所有权及其收益归银行，进口商以银行受托人身份代银行报关、提货、购买保险和销售货物。所有销售收益必须存入银行指定账户不得动用等。

在信用证业务中，一般也是由银行在未经信用证受益人同意的情况下自行决定凭进口商出具的信托收据借单。在此情况下，只要信用证付款条件达到，不管进口商是否拒付或破产，银行都必须无条件地向受益人付款。在向受益人付款之前，银行应从受益人的角度出发，追回单据，或追踪货物、收益，冻结进口商账户。

在信用证中对信托收据做出规定是不常见的做法，但信用证受益人、银行及进口商之间的权利与义务关系并不受太大的影响。与付款交单凭信托收据借单的情形不一样，若进口商拒付或破产，银行仍负有及时追回单据或追踪货物、收益或冻结进口商账户的义务。不过，既然受益人同意银行凭进口商出具的信托收据放单，则受益人应对银行因执行该项业务所致损失负责，在银行履行其义务的基础上，承担一切风险。

(二) 当事人的权利与义务

1. 进口商

进口商作为该信托关系中的被信托人（trustee）和货物的代保管人有以下三项义务：

(1) 需将该信托收据项下的货物单独保管、购买保险。由于这些货物由开证行或代收行拥有，货物一旦出险，所得的保险赔偿也应归开证行或代收行所有。

(2) 货物销售后，货款属于开证行或代收行。若远期付款交单尚未到期，由开证行或代收行保管；或另行开立保证金账户，与进口商的其他自有资金分开；或提前付款，赎回信托收据，利息则按借单的实际天数计算。

(3) 在进口商赎回信托收据前，物权归开证行或代收行所有，故其不得将该货物抵押给第三方。为防止进口商擅自将货物抵押给第三方，开证行或代收行在借出单据时，应在提单上加盖“under lien to ×× Bank”字样，表明该银行对货物有留置权。

2. 开证行或代收行

开证行或代收行只要接受了进口商提供的信托收据，借出了单据，即成为该信托关系中的信托人（truster）。信托人有以下三项权利：

(1) 可以随时取消契约，收回借出的货物。

(2) 在货物已销售的情况下，可以随时收回货款。

(3) 若进口商破产、清算，对货款有优先权。

(三) 办理信托收据业务应注意的问题

在国际贸易实务中，开证行或代收行对是否同意接受进口商的信托收据应十分谨慎。在一般情况下，开证行或代收行应注意以下几点：

(1) 进口商的资信状况、抵押物和质押物的情况，据以对进口商核准一定的授信额度，并在核定的授信额度内办理信托收据业务。

(2) 向进口商借出单据后，应加强对货物存仓、保险、销售、收款等各个环节的监控，直到进口商赎回信托收据，以免造成钱货两空。

(3) 熟悉当地法律。在通常情况下信托人在被信托人破产清算时对货物或货款有优先索偿权，但不同的国家可能有所不同。

此外，在进口开证或进口代收中，可根据需要对信托收据采用额度管理，尤其是在进口开证情况下。又由于银行一般给予进口商一定的期限以收回货款并归还银行贷款，还需正确计算还款期限。根据开证申请人的具体情况，该期限可从半个月至几个月不等，最长可达半年。

三、进口押汇

(一) 进口押汇的含义与分类

进口押汇（inward bills，import bill purchase，import bill advance)，是指银行在收到信用证或进口代收项下单据时应进口商的要求向其提供的短期资金融通。

根据基础结算方式的不同，进口押汇可分为进口信用证押汇和进口代收押汇两种。

1. 进口信用证押汇

进口信用证押汇（inward bill receivables）是指信用证开证行在收到出口商或其银行寄来的单据后先行付款，待进口商得到单据、凭单提货并销售后收回货款的融资活动。它是信用证开证行对开证申请人（进口商）的一种短期资金融通。此时，不另设额度，通常包括在信用证开证额度内。

在正常情况下，作为开证申请人的进口商在得到开证行单到付款的通知后，应立即将款项交开证行赎单，并且在付款以前是得不到单据从而不能提货的。

但是，如果进口商的资信较好，并且信用证项下单据所代表的货物市场销售行情好，能在短期内收回货款，那么银行可以根据有关协议代进口商先对外支付货款，并将单据提供给进口商以便其提货、销货，最后将贷款本金连同利息一并收回。起息日为押汇银行垫款之日，利率一般按市场利率加上一定的升幅。

2. 进口代收押汇

进口代收押汇是指代收项下代收行以包括物权单据在内的进口代收单据为抵押向进口商提供的一种融资性垫款。由于其风险较大，一般适用于以付款交单为结算方式的进口代收业务。

(二) 进口押汇的步骤

1. 申请与审查

如果需办理进口押汇，进口商应首先向银行提出书面申请，银行要对进口押汇申请进行严格审查，并根据进口商的资信等情况确定押汇金额。

2. 签订进口押汇协议

进口押汇协议是开证行与进口商之间签订的确定双方权利与义务的书面契约，其基本内容包括：

(1) 押汇金额及进口商的付款义务。进口商从银行得到的进口押汇资金应用于银行为其开立的信用证项下的对外付款。当信用证项下单到并经审查合格后，银行凭进口商的信托收据对外付款。待押汇期满后，进口商将押汇本息一并归还给银行。

(2) 押汇期限及利率。进口押汇的时间较短，一般为1～3个月。押汇利率由双方协商决定。

(3) 进口商的保证条款。进口商应保证在押汇到期日前归还银行押汇本息；否则，银行有权对其收取罚息，或处理押汇项下的货物。

(4) 货权及其转移条款。在进口商还清银行押汇本息之前，押汇项下的进口货物的货权属于银行。

(5) 违约条款。如果进口商违约，银行有权对其提起法律诉讼，或冻结其在银行的其他账户，或停止进口商在银行办理的一切融资业务。

3. 开证行对外付款

开证行在收到出口地银行寄来的单据以后，应严格审单，如果单证相符，即可对外付款。

4. 凭信托收据向进口商交付单据

在进口押汇业务中，信托收据是进口商在付款之前向银行出具的领取货权单据的凭证。银行根据进口押汇协议凭信托收据将货权单据交付给进口商，进口商因此处于代为保管和销售货物的地位。

5. 进口商凭单据提货及销售货物

进口商在向银行借出货权单据后，即可凭单据向承运人提货，并可销售货物或对货物做其他处理。

6. 进口商归还贷款本息，换回信托收据

在约定的还款日到期时，进口商应向银行偿还贷款本金及利息，并于还清本息后收回信托收据，解除还款责任。

(三) 进口押汇需注意的问题

1. 对于进口押汇申请人

押汇款项仅可用于履行协定的对外付款；押汇款项为逐次申请，逐次使用；押汇期限一般不超过90天。

2. 对于押汇银行

由于押汇款项的偿还依赖于申请人的盈利能力，押汇银行需要了解申请人的经营、资信状况；对押汇条件的控制应视该进口货物是否畅销、变现能力是否强而选择适当放宽还是从严控制；因押汇款项的偿还来源单一，可考虑增加其他安全措施，如增加第三方担保、抵押、质押等，将银行可能发生的损失降到最低。

四、买方远期信用证融资

(一) 买方远期信用证的含义与作用

1. 含义

买方远期信用证（buyer's usance L/C），即假远期信用证，指信用证项下远期汇票付款按即期付款办理的信用证。它是相对于卖方远期信用证而言的。这是出口地银行（议付行）通过开证行向开证申请人（进口商）提供短期融资的一种方式。

2. 作用

(1) 对进口商的影响。买方远期信用证使进口商得到了出口地银行的融资。不过它应支付从出口地银行贷款日（议付日）起至汇票到期日（开证行偿还日）期间的利息给出口地银行，并承担有关费用。

(2) 对出口商的影响。买方远期信用证对出口商基本没有什么影响，它仍然是在发货后交单议付，收回货款。

(3) 对进口地银行的影响。进口地银行承兑汇票后，必须到期付款，并且对出口地银行没有追索权。

(4) 对出口地银行的影响。①获得利息收入。出口地银行可收取贷款日（议付日）至汇票到期日（开证行偿还日）期间的利息。②带来出口结算业务。因为买方远期信用证项下的议付行必须是提供融资的出口地银行。③实际占用资金少，出口地银行对受益人付款后，可以将进口地银行承兑的远期汇票进行贴现，用所得票款冲抵垫付款项。

不过，利用买方远期信用证融资时，出口地银行必须对进口地银行有很好的了解，否则会因为对出口商的垫款无法及时得到补偿而遭受损失。

(二) 买方远期信用证融资的流程

买方远期信用证融资的流程如图 9-2 所示。

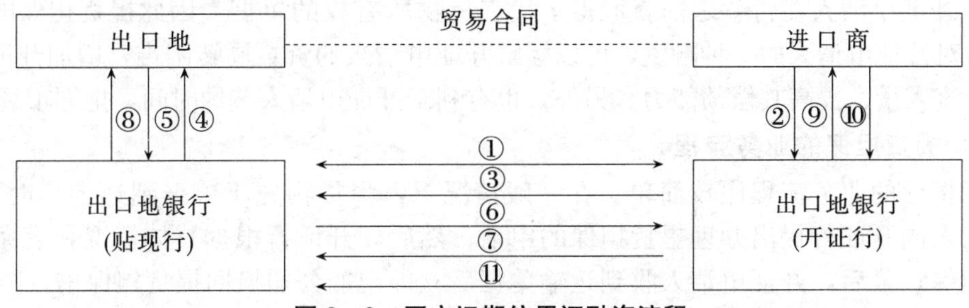

图 9-2 买方远期信用证融资流程

注：①进出口双方银行签订由出口地银行以买方远期信用证形式向进口商融资的协议，出口地银行根据协议开立专门账户。②进口商申请开立远期付款、银行承兑信用证。进口地银行（开证行）开立信用证时应注明：本信用证项下汇票的付款日为见票后若干天（以便开证行承兑）；本信用证项下远期汇票的付款按即期付款办理（出口地银行即期付款给受益人或出口商）；本信用证限制在提供融资的出口地银行议付。③开证行开证。④出口地银行通知信用证。⑤出口商交单申请议付。⑥出口地银行寄单。⑦开证行承兑汇票并授权出口地银行从专户内支付货款给出口商。⑧出口地银行按面额支付票款。⑨开证行凭信托收据向进口商放单。⑩进口商于到期日还款，包括本金和利息。⑪进口地银行向出口地银行偿还垫款和利息。

（三）真假远期信用证融资的比较

真假远期信用证融资的相同点是其融资都是通过远期信用证项下远期汇票的承兑与贴现实现的。不过，两者存在很大的差别，具体如下所述。

1. 贸易合同规定的付款期限不同

一般而言，贸易合同是信用证开立的基础，真远期信用证符合这一条件，信用证与合同的付款期限相同，都是远期付款；但假远期信用证却不符合这一条件，信用证是远期付款，合同却是即期付款。对于与合同付款条款不一致的信用证，受益人通常是不会接受的，受益人接受假远期信用证是为了给进口商从银行融资提供方便。

2. 贴息支付者不同

真远期信用证的融资者是受益人，贴息支付者也是受益人；假远期信用证的融资者是开证申请人，融资成本也由其承担。

五、提货担保

（一）提货担保的含义与作用

提货担保（delivery against bank guarantee，shipping guarantee）是指当进口货物早于货运单据抵达港口时，银行向进口商出具的、有银行加签的、用于进口商向船公司办理提货手续的书面担保。（Shipping guarantee is a written guarantee signed by the bank and issued to the importer for picking up the goods from the shipping company in the case of arrival of cargo prior to the shipping documents.）

在正常情况下，收货人（一般为进口商）应凭正本提单向船公司办理提货手续，但有时因航程过短或其他原因，货物比单据先到，如果收货人急于提货，可采用担保提货方式，即由收货人与银行共同或由银行单独向船公司出具书面担保，请其凭以先行放货，保证日后及时补交正本提单，并负责缴付船公司的各项应收费用及赔偿由此可能产生的损失。

由于开证申请人在付款之前就取得了代表货物所有权的单据，因此提货担保的实质也是开证行对开证申请人的一种融资，可以缓解开证申请人的资金周转困难，增加开证申请人的净现金流入量、提高其偿债能力。另外，也有利于开证申请人节约时间，把握市场先机。

（二）提货担保的业务流程

提货担保的业务流程比较简单。在一般情况下，当货物先于单据到达港口时，首先，开证申请人向开证行提出办理提货担保的申请；然后，开证行根据具体情况，有条件地办理提货担保；最后，开证申请人收到运输单据后立即向船公司换回提货担保书。

银行办理提货担保业务时，开证申请人必须满足以下三个条件：

（1）与进口商签订信托收据。

（2）认真填写并提交开证行格式化的提货担保申请书。

（3）向开证行提供与本次提货担保有关的副本发票、副本提单，出示货物到港通知（如有）。

（三）办理提货担保业务应注意的问题

1. 开证申请人

（1）限制性。提货担保一般仅适用于信用证项下的货物，且当该信用证为开证行开立、运输方式为海运、信用证规定为提交全套海运提单时方可办理。

若银行客户要求对跟单托收项下的货物出具提货担保，则必须提供有关的交易单据，以便银行审查货物的归属和真实价值，否则不予受理。在通常情况下，银行仅对资信良好的客户提供跟单托收项下的提货担保业务。

(2) 保证付款。在收到有关单据后，无论其与有关信用证是否相符，均保证立即承兑或付款，不得拒付。

(3) 及时退还。由于该项业务为授信业务，提货担保书不及时退还开证行会影响开证申请人的授信额度和信誉，故而开证申请人收到有关单据后，应立即用正本提单向船公司换回提货担保书并退还给开证行。

(4) 赔偿责任。开证申请人需对因出具提货担保而使开证行遭受的损失进行赔偿。

2. 开证行

(1) 开证申请人的资信状况。开证行需要对开证申请人的信誉及经营状况保持时刻关注，一方面是因为企业的经营是动态的，另一方面是因为开证行在出具提货担保时即失去了对货物的掌控权，面临的风险较开证时增大，需要进一步了解开证人的具体情况并据以确定是否需要补充保证金、增加第三方担保和抵押，或采取其他防范措施。

(2) 货物的状况。开证行需确认该货物为其自身开立的信用证项下的货物，核对有关内容，如货物名称、货物总价值、起运港和卸货港等。

(3) 收回提货担保书。开证行应督促开证申请人来单后及时将提货担保书退还。

第三节　国际保理业务

近年来国际保理业务发展迅速，目前全球保理业务量已超过 7 000 亿美元。国际保理成为一种应用日益广泛的金融方式。保理业务是一种集融资、结算、担保、管理于一体的综合性金融服务业务。传统的信用证方式虽然风险小、可靠性强，但在其项下进口商必须支付较高的银行费用以及一定比率的开证押金或占压一定的信用额度，使得进口商的成本增加，故而进口商一般更愿意接受非信用证方式。

然而，在非信用证结算方式下的赊账交易和承兑交单交易中出口商能否如期收到款项又完全取决于进口商的信用，对出口商来说风险过大。如何平衡进口商和出口商所承担风险与所付成本之间的关系？国际保理商提供的国际保理服务是比较理想的方式之一。

一、国际保理的含义与主要内容

(一) 国际保理的含义

国际保理（international factoring）的全称是国际保付代理业务，简称保理（factoring）或出口代理，在我国内地（大陆）又称代理融通、包销代理、承购应收账款业务，在香港地区称销售保管，

保理既是一种可供选择的国际结算方式，又是一种短期的贸易融资方式。其基本特点是：它是一种集融资、结算、担保、管理于一体的综合性金融服务业务。

在台湾地区则一般称应收账款收买业务。它是指保理商（factor）从其客户（出口商）手中购进通常以发票表示的对债务人的应收账款，并负责信用销售控制、销售分户账管理、债款回收、坏账担保和贸易融资业务。它主要是为承兑交单（D/P）、赊销（O/A）设计的。

从事该项业务的保理商一般需加入国际保理商联合会（Factors Chain International，FCI），其保理业务员均需通过 FCI 组织的保理考试，获得 FCI 颁发的合格证书。

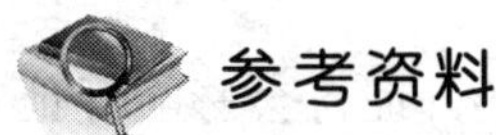

参考资料

中国银行保理业务概述

中国银行是国内最早开办保理业务的银行。1988 年，中国银行在国内首家推出国际保理业务，与国外保理公司及国际保理组织密切合作，积累了相当丰富的业务经验，在世界各地为广大客户提供全面的保理服务。1999 年，中国银行在国内率先推出国内保理产品。目前所提供的业务品种主要包括：国际双保理项下出口保理；国际双保理项下进口保理；国际双保理项下出口商业发票贴现；国内综合保理；国内商业发票以预支方式提供卖方所需营运资金。

（二）国际保理业务的服务项目

1. 销售分户账管理

销售分户账管理（maintenance of the sales ledger）是确保出口企业正常生产、经营和销售的必要手段，是出口企业减少经营开支、提高经济效益的最基本的财务管理工作。

由于保理商通常是大型商业银行的附属机构，它拥有完善的账户管理制度、先进的管理技术和丰富的管理经验。同时，各大保理商具有先进的技术手段，并与国外各种机构建立了计算机联网，能够提供高效的社会化服务。

具体做法是：保理商收到其客户（出口商）交来的销售发票后，在计算机中设立分户账，输入必要的信息及参考数据，如债务人、金额、支付方式、付款期限等，然后由计算机进行自动处理，诸如记账、催收、清算、计息、收费、统计报表的打印等项工作，保理商可根据客户的要求，随时或定期提供各种数字和资料。

2. 债款回收

债款回收（collection from debtors）是一种技术性、法律性较强的工作。一般出口商甚至包括畅销产品的卖主，也因缺乏这种回收债权的技术，应收账款不能及时收回，导致营运资金周转不灵。而保理商则拥有专门的收债技术和知识，能够正确适时地对不同债务人收回债务。如果产生争议和纠纷，保理商又有专门的法律部门，能提供有效的律师服务。

债款回收的具体做法是：客户先与保理商商议收债方式、程序和最后手续；然后，双方签订保理协议，各自按照协议规定履行权利与义务。

3. 信用销售控制（credit control）

国际贸易渠道和网络错综复杂，国际市场行情千变万化。要避免和减少潜在风险，出口企业就必须了解和掌握客户资信变化情况，制定出切实可行的信用销售限额和采取必要的防范措施。然而，一般中小企业很难做到这一点。保理商却以其独特的优势，利用国际保理商联合会广泛的代理网络和官方或民间的咨询机构，利用其母行在国外广泛的分支机构和代理网络，通过现代化手段获取最新动态资料，依据所掌握的客户资信状况的变化，为供应商（出口商）提供其客户的信用销售额度，从而将应收账款的风险降到最低限度。

4. 坏账担保

保理商对坏账担保（full protection against bad debts）的服务项目是有限制条件的。通常，保理商对其客户并非提供100％的坏账担保，而只对已核准的应收账款提供100％的坏账担保。这就是说，只要供应商对其每个客户的销售控制在保理商核定的信用销售额度之内，就能有效地消除由买方信用造成的坏账风险。但对因供应产品的质量、服务水平、交货期等引起的贸易纠纷而造成的坏账和呆账，保理商不负赔偿之责。

5. 贸易融资

保理商可以向供应商提供无追索权的贸易融资（trade financing），而且手续方便，简单易行。它不像信用贷款那样需要办理复杂的审批手续，也不像抵押贷款那样需要办理抵押品的移交和过户手续。供应商在发货或提供技术服务后，将发票通知保理商，即可立即获得不超过80％发票金额和无追索权的预付款融资，基本解决了在途和信用销售的资金占用问题。

（三）保理业务的种类

根据不同的标准，保理业务有多种分类方法，具体如下所述。

1. 根据是否保留追索权，保理分为有追索权的保理和无追索权的保理

在有追索权的保理（recourse factoring）业务中，保理商并不为客户核定信用额度和提供坏账担保，而仅提供包括融资在内的其他服务。若债务人因清偿能力不足而形成坏账，保理商有权向客户追索。在无追索权的保理（non-recourse factoring）业务中，保理商负责为客户核定信用额度和提供坏账担保，在核定信用额度内，由债务人资信等问题造成的坏账损失由保理商承担。

2. 根据是否提供融资，保理分为到期保理和融资保理

在到期保理（maturity factoring）业务中，保理商根据供应商给予对方的付款期限计算出平均到期日，在该日将应收账款付给供应商。在融资保理（financed factoring）业务中，保理商一收到出口商的销售发票，就立即以预付款的方式提供不超过发票额90％的融资，剩下的10％则于货款收妥后清算。

3. 根据是否将销售货款直接付给保理商，保理分为公开保理和隐蔽保理

在公开保理（disclosed factoring）业务中，供应商必须以书面形式将保理商的参与通知其所有的客户，并指示他们将货款直接支付给保理商。在隐蔽保理（undisclosed factoring）业务中，保理商的参与对外保密，货款仍然直接支付给供应商，融资与清算的费用由出口商承担。

4. 根据供应商与其客户是否位于同一国家和地区，保理分为国际保理和国内保理

供应商与其客户位于同一国家或地区的保理称为国内保理（domestic factoring）。供

应商与其客户分别位于不同国家或地区的保理称为国际保理（international factoring），其主要有单保理（single factoring）和双保理（double factoring）两种模式。

此外，按照保理商是否提供完全的服务，国际保理可分为完全保理和不完全保理；按照进出口商身份不同，国际保理可分为出口保理和进口保理；等等。上述这些分类方法彼此存在交叉，国际保理还可能出现其他方式，此处不再赘述。

二、国际保理业务的产生与发展

（一）保理业务的起源

早在18世纪工业革命时期，英国纺织工业蓬勃发展，于是向海外倾销纺织品便成为资本主义初期经济扩张的必经之路。

由于出口商对进口商的资信和当地市场的情况知之甚少，因而它们的纺织品多采用寄售方式（consignment）向海外出口，由进口商所在地的商务代理负责货物的仓储、销售和收账，并在某些情况下提供坏账担保和融资服务。为了解决出口商的资金积压与扩大再生产的矛盾，这种采用寄售方式的商务代理制逐渐演变成提供短期贸易融资的保理业务。出口商在商品出运后，可将有关单据出售给经营保理业务的机构，以便及时收回销售货款，继续并扩大再生产。

（二）现代国际保理业务发展的促进因素

现代国际保理业务在第二次世界大战之后得到了较快的发展，尤其是在最近30年中，随着科学技术的进步，国际保理业务的服务手段更加先进，保理商为客户提供的服务内容也不断丰富和完善。在当前的国际贸易结算领域，人们已经越来越重视对国际保理的运用。这主要有下述几个方面的原因：

1. 国际贸易中买方市场的普遍形成

各国出口商为了在贸易活动中扩大自己的出口份额，纷纷向客户提供更加优惠的贸易结算条件。国际保理业务因为可以为买方减少开立信用证的费用，并且在买方资金困难、不足以支付货款时，可以使买方获得保理商为其提供的信用担保，使买方提前获得贸易利益，因而备受买方青睐。在当前国际贸易领域，欧美的进口商一般都要求卖方接受承兑交单或赊销的商业信用付款方式，但这种结算方式对于卖方来说存在着很大风险。而国际保理业务由于可以事前获得对方的资信状况，使卖方可以放心大胆地采用这一付款方式，因此，在这样的贸易背景下，国际保理业务很快得到发展。

2. 信息产业的进步和电子通信技术的普遍应用

由于保理业务提供的服务内容大多需要先进的信息技术作为基础手段，从国外市场的需求、客户的资信调查到贸易伙伴国的市场规则、法律法规、交易习惯以及瞬息万变的市场行情等调查内容，都需要保理商借助先进的技术手段来完成。

3. 国际保理相关惯例规则的制定与实施

伴随着经济全球化进程的加快，为了使本国经济更好地融入全球经济的发展中，各国在贸易管理法规以及习惯方面都逐渐采用国际通行的惯例规则。例如，1988年5月，国际统一私法协会（International Institute for the Unification of Private Law）就通过了《国际保理公约》，以便统一各国保理商开展国际保理业务的标准。成立于1968年的国际保理商联合会制定了《国际保理业务惯例规则》。这些法律环境的建设为国际保理业务的开展提供了有效的法律保证。

4. 银行等金融机构扩大业务范围及增加利润来源的需要

此外，经济的高速发展也要求金融业不断进行业务创新，一方面满足客户的需要，另一方面拓展自身的服务领域，培育新的利润增长点。保理业务就是各国金融机构竞相争夺的一个新的服务领域。

随着保理业务的发展，保理业务涉及的产品范围不断拓展。保理商不仅对纺织品、食品和一般日用品等出口应收账款提供短期融资，并且对家具、电子产品、机械产品等出口账款也给予资金融通，并提供其他有关服务。

一些保理商开始与储运公司、商检部门、港务局等有关部门联合起来向客户提供一揽子全面服务，包括商品的包装、贴标签、刷唛头、商检、租船订舱、发运、保险、仓储、交货、收款、风险担保、融资等服务，卖方只要找到了买主，其他事情均可委托保理商来办理。

三、保理业务的作用

（一）对出口商的影响

1. 有利于出口商尽快收回资金，提高资金的使用效益

出口商将货物装运完毕后即可立即获得不超过发票金额90%的有追索权贸易融资，有利于缩短资金回收周期，加速资金周转。

同时，保理商提供的融资数量是由出口商的销售额决定的，融资总额随着出口商经营规模的扩大而相应加大，两者保持同步增长，使处于快速发展阶段的出口企业能得到足够的营运资本金来支持这种增长，这就可以有效地防止成长型出口企业超营运资金经营(overtrading)的问题。

2. 有利于出口商转移风险

只要出口商的商品品质和交货条件符合贸易合同的规定，在保理商无追索权地购买其出口债权后，出口商就可以将信用风险和汇价风险转嫁给保理商，潜在的坏账风险大大减少，债款回收率明显提高。

3. 能节省非生产性费用

出口商把售后管理交给保理商代管后，可相应减少财务管理人员和办公设备，节省大量的财务管理费用。

4. 有利于出口商获取有关信息

由于保理商熟悉海外市场和商业活动的情况，在很大程度上保障了对进口商资信调查的准确性和真实性，为出口商决定是否向进口商提供商业信用提供了可靠依据。保理商还

经常向中小出口商就海外市场情况和进口国的有关法规提出建议，替它们寻找买主和代理商，协助其打进国际市场，增强其竞争力。

5. 有利于维护和提高出口商的资信

由于出售应收账款的预收款被计入出口商正常的销售收入，有利于提高企业的资产负债比率，改善其资产负债表的状况，因此有助于出口商资信的提高，有利于出口商的有价证券上市和进一步采用其他融资方式。

6. 增大出口成本

对出口商的不利之处是会提高出口成本并因此导致出口价格上升或出口利润下降。

（二）对进口商的影响

保理业务对进口商的影响是间接的和不明显的。出口商采用保理业务使得进口商能以非信用证方式支付货款。

1. 避免积压和占用资金

保理业务适用赊销方式购买商品，进口商不需要向银行申请开立信用证，免去交付押金，从而会减少资金积压，避免信用额度的减少，降低进口成本。

2. 简化进口手续

通过保理业务，进口商可迅速得到急需的进口物资，大大节省开证、催证等时间，简化进口手续。

当然，采用保理业务，出口商将与办理该项业务有关的费用转移到出口货价中，从而会增加进口商的成本负担。但是，由于保理服务的费率较低，一般为业务量的 0.75%～2.5%，货价提高的金额一般仍低于因交付开证押金而蒙受的利息损失。

国际保理业务给进口商、出口商带来的好处见表 9－2。

表 9－2 国际保理业务对进口商、出口商的好处

好处	对出口商	对进口商
增加营业额	对新的或现有的客户提供更有竞争力的 O/A、D/A 付款条件，以拓展海外市场，增加营业额	利用 O/A、D/A 优惠付款条件，以有限的资本购进更多货物，加快资金流动，扩大营业额
风险保障	进口商的信用风险转由保理商承担，出口商可以得到 100%的收汇保障	纯因公司的信誉和良好的财务表现而获得出口商信贷，无须抵押
节约成本	资信调查、账务管理和账款追收由保理商负责，可以减轻业务负担，节约管理成本	可以省却开立信用证和处理繁杂文件的费用
简化手续	可以免除一般信用证交易的烦琐手续	在获批信用额度后，购买手续简化，进货快捷
扩大利润	可以扩大出口额、降低管理成本、排除信用风险和坏账损失，利润随之增加	可以加快资金和货物的流动，从而增加利润

四、国际保理业务的运作

（一）国际保理的当事人

国际保理有两种做法，即国际单保理和国际双保理，前者有三个当事人，后者则有四个当事人。

1. 卖方

卖方即出口商或称供应商，是指对提供货物或服务出具发票，并且其应收账款已被出口保理商叙做保理业务的一方。

2. 债务人

债务人即为买方或称进口商，是指对由提供货物或服务所产生的应收账款负有付款责任的一方。

3. 出口保理商

出口保理商是指与卖方签订保理协议，对卖方的应收账款承做保理业务的一方。出口保理商通常位于出口商的所在地。在国际单保理的情况下，无出口保理商。

4. 进口保理商

进口保理商是指同意代收卖方以发票表示的并过户给出口保理商的应收账款的一方。根据《国际保理业务惯例规则》，进口保理商对出口保理商过户给它的并已承担信用风险的应收账款必须付款。进口保理商对出口保理商承担担保付款的责任。

（二）国际保理业务的具体做法

1. 国际单保理业务的具体做法

按照国际惯例，国际单保理的做法是：买卖双方经过谈判，决定采用保理结算方式时，由卖方向进口国的保理商申请资信调查，签订保理协议，并提交需要确定信用额度的进口商名单。进口保理商对进口商进行资信调查，确定有关信用额度。出口商在信用额度内发货，将有关发票和货运单据直接寄交进口商，并将发票副本送交进口保理商。进口保理商负责应收账款的管理和催收，并提供100%的买方信用风险担保。进口商于应收账款到期日对进口保理商付款，进口保理商按保理协议规定的日期将全部款项扣除费用后转入出口商的银行账户。如果卖方有融资需求，进口保理商也可于收到发票副本后以预付款方式提供不超过发票金额80%的无追索权的短期贸易融资，剩余20%的发票金额则在收到进口商（买方）付款之时，扣除有关费用及贴息后转入出口商的银行账户。

国际单保理业务的具体操作流程如图9-3所示。

2. 国际双保理业务的具体做法

国际双保理业务包括买卖双方所在地均有保理商的保理业务。欧洲各国一般都采用双保理方式。

双保理的具体做法基本与单保理相同，所不同的是，双保理多了一个出口保理商，进口保理商直接与出口保理商交易，而不是与卖方交易。

国际双保理业务的具体操作流程如图9-4所示。

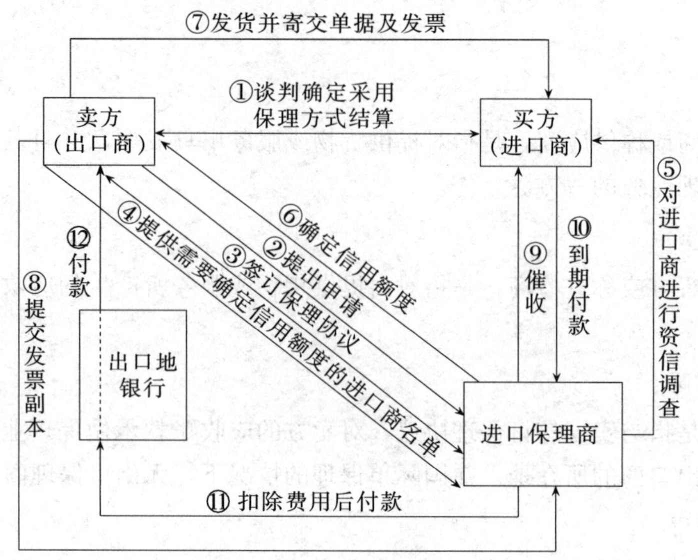

图 9-3 国际单保理业务流程

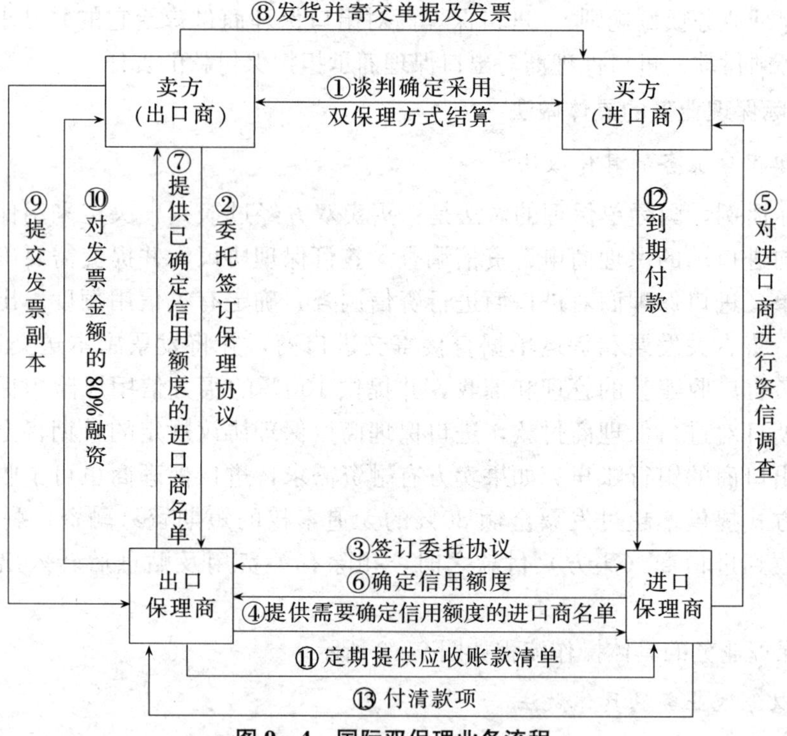

图 9-4 国际双保理业务流程

五、国际保理业务的适用范围与应注意的问题

(一) 国际保理业务的适用范围

国际贸易中在下列情况下，可考虑选择国际保理业务：

(1) 出口商对国外客户或者新客户的信誉及经营状况不够了解，而对方又不愿采用信用证支付方式时。

(2) 出口商为了扩大市场，同意对进口商采用赊账交易或托收等方式，但是又不愿承担汇率风险且有融资需要时。

(3) 出口商由于其自身经营商品的特点，如每次发货数量少但批次较多，为力求减少中间环节以适应市场变化的需要时。

(二) 办理国际保理业务应注意的问题

1. 对于出口商（供货商）

(1) 国际保理业务的使用范围有限。国际保理业务通常适用于中小额交易，而非适用于各类企业、各类交易。出口的商品以连续发货或季节性较强的消费品如服装、食品等为宜。因为这类商品交易合同签订后，出口商可以分期分批交货，收款期一般为 90～120 天，而国际保理业务中国际保理商一般不提供超过 180 天的中长期融资服务。

(2) 合同的严格遵守性。出口商要严格按照保理商批准的信用额度与进口商成交合同，在交货时必须严格符合合同规定。否则，保理商不对其损失承担任何责任，所有风险均由出口商自行承担。

(3) 慎重选择国际保理商。保理商的资信状况、经营能力等对业务有很大影响。若保理商对进口商的信用调查不过关，或在收到款项后不及时将款项交予出口商，或在进口商发生拒付、破产、倒闭、无力付款时也无理不付款甚至同样破产倒闭，出口商将不得不承担一定的损失。

(4) 保理业务费用。保理业务费用一般在 0.75%和 2.5%之间，出口商应事先将其估算在出口成本之中，以尽量减少自身的费用负担。

2. 对于出口保理商（出口地银行）

(1) 了解出口商情况。保理业务实质上仍然依赖于出口商的商业信用，风险较大，所以更需要了解出口商的信誉、贸易背景、产品的销售情况等，出口保理商可参照流动资金贷款要求，采取适当措施有效防范风险。

(2) 加强保理项下的贷款催收工作。由于进口商或进口保理商在应收账款到期后的 90 天内任何一天向出口保理商付款均属正常，为了防止进口商恶意利用这一惯例，出口保理商应主动定期催收货款。

(3) 正确对待贸易纠纷。贸易纠纷能否得以顺利解决直接影响到出口商的融资能否顺利偿还。

(三) 国际保理与传统结算方式的比较

国际保理与传统结算方式的比较见表 9-3。

表 9-3 国际保理与传统结算方式的比较

项目	种类			
	国际保理	汇付	托收	信用证
债权风险保障	有	无	无	有
进口商费用	无	有	一般有	有
出口商费用	有	有	有	有
进口商银行抵押	无	无	无	有
提供给进口商的财务灵活性	较高	较高	一般	较低
出口商竞争力	较高	较高（发货后汇付）	一般	较低

与汇付和托收方式相比，国际保理的最大优点是有债权风险保障。

与信用证方式相比，进口商利用国际保理方式的优点是：以承兑交单和赊销等延期付款方式，利用了卖方融资；免除了开证押金和其他开证费用，节约了费用；可凭自身良好的信誉和财务表现获得保理商的信用担保额度，不必提供抵押；收到单据就可以提货，及时将适销商品投放市场。

对于出口商而言，国际保理方式的优点是：利用国际保理方式，通过对客户提供更有利的D/A和O/A付款条件，可以大大提高竞争力，从而增加贸易机会，扩大出口，这是出口商应用国际保理方式的最大好处。

出口商应用国际保理方式的其他好处如下所述：

1. 风险保障

只要出口商的商品品质和交货条件符合合同规定，在保理商承购了出口商的票据之后，便对出口商无追索权，因而，出口商便把信用风险和汇价风险转嫁给了保理商，出口商的债权可以获得100%的保障，排除了坏账损失。

2. 节省成本

保理商利用其广泛的信用情报代替出口商查询其未来顾客的信用地位，为出口商节省了买方资信调查成本。财务管理和账款追收都由保理商负责处理，也减轻了出口商的业务负担和管理成本。当然，如果出口商发现保理的成本太高，可以放弃，由自己承担信用风险。不过，一般来说，保理商更了解实际的风险，要求的风险保证金不会高于信用风险的成本。

3. 手续简单

与信用证相比，出口商可以避免烦琐的单证手续和信用证条款的约束，免除因哪怕是无关紧要的个别打字错误都会引起单证不符而遭拒付的风险；可以随时应进口商的需求和运输情况发运货物，免除因等待国外来证或修改信用证而错过装运、销售时机的损失。

4. 迅速获取融资

出口商只要按合同要求把货物装运完毕，保理商就立即以预付款方式提供占发票金额80%～90%的融资，当进口商按期将货款全部支付给保理商后，保理商再将剩余的货款在扣除手续费后支付给出口商。因此，保理有助于出口商加速资金周转，增加利润。

5. 有利于企业的有价证券上市与进一步融资

出口商利用保理业务，在货物装船、出卖票据后，立即收到现金，资产负债表中的负债不仅不会增加，反而表中资产会增加，改善资产负债比率，有利于企业的有价证券上市与进一步融资。

6. 保理业务的内容是广泛的、综合的

保理业务具有较强的灵活性和适应性。它提供的服务项目多种多样，出口商可根据本公司的实际情况，要求保理商对该项业务提供完全保理服务（full factoring service）或部分保理服务（partial factoring service）。

第四节 福费廷业务

1965年，经济合作与发展组织（OECD）开创了出口信贷业务，**福费廷**（forfaiting）是其中的一种形式，主要在向东欧国家和发展中国家出口大型成套设备的贸易中采用，发展非常迅速。①

一、福费廷业务的含义与特点

（一）福费廷业务的含义

Forfaiting, also called bill buy-up or bill buy-out, is a kind of trade financing that bank, as the buyer-up, purchases without recourse from the exporter the accepted usance draft so as to provide finance to the exporter.

福费廷源于法语“a forfeit”和德语“forfaiterung”，含“放弃某种权利”的意思。福费廷业务是一种无追索权形式的、为出口商贴现远期票据的金融服务，也称包买票据或票据买断，指包买商（forfaiter，一般为商业银行或其他金融企业）从出口商那里无追索权地购买已经承兑的并通常由进口商所在地银行担保的远期汇票或本票。

该业务是出口贸易的一种新型融资工具，融资比例通常为100%，还款来源为出口项下的收汇款。

（二）福费廷业务的特点

福费廷业务的特点如下：

（1）一般是以国际正常贸易为背景，不涉及军事产品。通常限于成套设备、船舶、基建物资等资本货物交易及大型项目交易。

（2）在福费廷业务中，出口商必须放弃对所出售债权凭证的一切权益，贴现银行也必须放弃对出口商的追索权。

（3）其期限一般为1～5年，属于中期融资业务。但近年来国际上发展出的最短的福费廷业务为180天（6个月），最长的可达10年，通常采用每半年还款一次的分期付款方式。

（4）属批发性融资业务，适合于100万美元以上的大中型出口合同，对金额小的项目而言，其优越性不明显。近年来也发展了一些小额交易，但要收取较高的费用。

（5）出口商必须对资本货物的数量、质量、装运、交货期担负全部责任。

（6）较多地使用美元、欧元及瑞士法郎作为结算和融资货币，其他可自由兑换的货币使用得较少。

二、福费廷业务的起源与发展

第二次世界大战以后，欧洲各国需要进口大量建设性物资和日用品，如东欧各国向美

① 此定义来自中国银行网站。

国购买大量谷物，因为缺乏外汇资金而需要向银行借款，但银行融资能力有限，于是瑞士苏黎世银行协会首先开创了福费廷业务。

随着福费廷业务的发展，因为它具有融资期限长、金额较大等特点，人们发现该业务更适合用于资本货物与设备的对外贸易，例如船舶、基建物资等。

20 世纪 50 年代后期，随着各国经济实力的恢复与发展，资本性货物的贸易越来越多，出口竞争日益加剧，资本性货物的卖方市场逐步转变为买方市场，买方已不再满足于传统的 90～180 天的融资期限，要求延长付款期限。这种不断延长的信贷期限，大大超出了卖方本身资金所能承受的限度，卖方不得不向银行提出时间越来越长的融资需求，当时的银行无法提供出口商所希望得到的融资服务，于是福费廷融资方式就活跃起来。

20 世纪 80 年代后，由于发展中国家债务危机的困扰，以及国际局势动荡不安，正常的银行信贷受到抑制，而福费廷业务却持续增长，逐渐由欧洲向亚洲及全世界发展，福费廷二级市场逐渐形成，该业务的交易方式日益灵活，交易金额日益增加，而且票据种类也不断扩大，形成了一个世界范围内的福费廷交易市场。

三、福费廷业务的主要当事人与益处

（一）福费廷业务的主要当事人

1. 包买商（银行）

包买商多为出口商所在国的银行及有中长期信贷能力的大金融公司，福费廷业务是其国际信贷业务的一部分。当包买商与出口商达成福费廷业务的协议并购入出口商转让的票据后，其既成为该项延期付款交易的信贷机构，又承担了向进口商分期收回货款以及利率、汇率变动的风险。

2. 出口商

当出口商以延期付款方式与进口商达成交易而需要资金支持时，可向包买商申请福费廷融资。当出口商将表明交易金额的若干张票据全部转售给包买商并向其支付贴息后，即可取得贴现净额，提前收回货款。

3. 进口商

当进口商在包买商的资助下以延期付款方式购入货物后，在包买商（正当持票人）向其提出付款要求时，应无条件地履行其在票据上的债务责任，按期归还货款。

4. 担保人

担保人虽不是福费廷业务的直接当事人，但担保人及其担保对福费廷业务有着至关重要的影响。包买商为转移及规避风险，只购入经担保人担保的票据。若进口商不能按期偿还货款，担保人有责任代其偿还。担保人多为进口地银行，在履行付款责任后，担保人有权向进口商追索，但追索能否成功，将取决于进口商的资信状况，故担保人承担着追索失败的风险。

（二）福费廷业务的益处

1. 对出口商的益处

对出口商的益处如下：

(1) 不影响出口商的债务状况，不受银行信贷规模和国家外债规模的影响。

(2) 福费廷业务中的贴现是无追索权式的贴现，出口商一旦将手中的远期票据卖断给银行，同时也就卖断了一切风险，包括政治、金融和商业风险，免除了后顾之忧。

(3) 出口商通过采用福费廷方式在商务谈判中为国外买方提供了延期付款的信贷条件，从而提高了自身出口产品的竞争力。

(4) 出口商可将全部或部分远期票据按票面金额融资，无须受到预付定金比例的限制。

(5) 出口商在支付一定的贴现费用后，可将延期付款变成现金交易，变远期票据为即期收汇，从而提高资金使用效率，扩大业务量，增强企业活力。

(6) 由于福费廷采用固定利率，出口商可尽早核算出口成本，卖断以后的一切费用均由贴现银行承担。

(7) 福费廷融资操作简便、融资迅速，出口商不需要办理复杂的手续和提供过多的文件，可以节省时间，提高融资效率。

2. 对进口商的益处

对进口商的益处如下：

(1) 进口商可获得贸易项下延期付款的便利。

(2) 不占用进口商的融资额度。

(3) 所需文件及担保简便易行。

3. 对贴现银行的益处

对贴现银行的益处如下：

(1) 扩大了服务项目，加强了与国际金融界的交往，有利于培养金融专业人才。

(2) 利用外资为国内出口商广开融资渠道，促进了出口贸易，带动了业务发展。

(3) 融资效率高，不占用银行信贷规模，却扩大了融资金额和范围。

(4) 可随时在二级市场上出售所贴现的票据，能转移风险。

四、福费廷业务的操作程序

福费廷业务主要包括下述六个步骤：

(1) 询价。出口商在与进口商签订商务合同之前就应做好融资的准备。为了确保出口商能按时得到融资，并且不承担利息损失，出口商应早与银行（包买商）联系询价。

(2) 报价。银行接到出口商的询价后，首先要分析进口商所在国的政治风险、商业风险和外汇风险，核定对该国的信用额度，然后审核担保人的资信状况、偿付能力，以及出口货物是否属于正常的国际贸易，合同金额、期限是否能够接受等。

如果对以上几个方面均满意，银行便根据国际福费廷市场情况做出报价。报价的内容包括：①贴现率（discount rate）。②承诺费（commitment fee）。承诺费费率一般为年利率的0.5%～2%。③宽限期（grace days）。宽限期是指从票据到期日至实际收款日的估计延期天数，一般为3～7天。

(3) 签约。

(4) 交单。

(5) 审单及付款。

银行在收到出口商提交的单据后必须认真审核，尤其对出口商签字的真伪要核实。若该贴现银行是投资性贴现（即自留票据，到期后向进口地银行索偿），应事先得到进口地银行的付款承诺及进口国有关政府和法律的许可文件。然后，经审核单据无误后向出口商付款。

(6) 到期索偿。福费廷业务流程如图 9-5 所示。

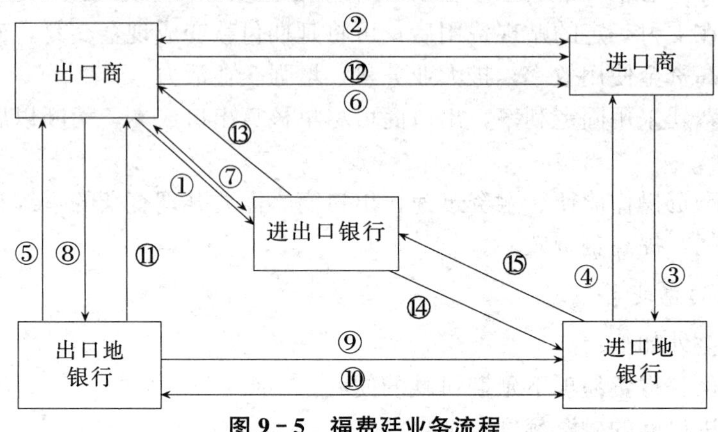

图 9-5 福费廷业务流程

注：①福费廷业务咨询；②商务合同；③开证申请；④开证；⑤通知信用证；⑥发货；⑦福费廷协议；⑧交单议付；⑨请求承兑；⑩承兑汇票；⑪退回承兑汇票；⑫提交福费廷所需单据；⑬付款；⑭到期索偿；⑮付款。

五、福费廷业务在国际贸易中的应用

（一）办理福费廷业务需要注意的问题

1. 对出口商

对出口商也即信用证项下的受益人来讲，需要注意的问题如下：

(1) 必须将远期信用证项下的单据交拟办理福费廷业务的出口地银行办理议付或处理。

(2) 只有在开证行所在国政治、经济稳定且开证行本身信誉良好的情况下，该业务方易于得到银行受理，否则，恰恰相反。

(3) “无追索权”是相对而言的。根据银行的业务合同，若出现出口商诈骗或其他合同内规定的情况，出口商作为福费廷业务的申请人必须返还原融资款项。

(4) 福费廷业务的利息支出要高于出口押汇。

2. 对出口地银行

对出口地银行来讲，需要注意的问题如下：

(1) 对出口商提供的资料进行合规性审核；信用证项下的单据必须提交进口地银行议付或处理，在他行议付或处理的单据不予办理福费廷业务；若开证行在出口地银行没有授信额度，原则上也不得办理该项业务。

(2) 充分考虑开证行及其所在国家的政治、经济风险。

(3) 认真审核国外开证行或保兑行的承兑申明，对未经加押或有权签字人签字的承兑、含义不明的承兑，不得办理福费廷业务。

(4) 对风险较高的福费廷业务，可考虑转卖或邀请其他一家或多家银行提供担保，即风险参与，从而使得初级包买商有开证行和风险参与行的双重保障。

(二) 福费廷与其他融资方式的比较

1. 与商业贷款比较

在商业贷款当中，银行贷款利差的高低主要根据借款人的资信状况、贷款金额、期限，以及担保或抵押情况等确定。在福费廷业务中，银行为中期贸易提供了固定利率融资，它满足了客户控制利率风险、确定融资成本的需要。

2. 与出口信贷比较

出口信贷是政府为鼓励本国资本性货物出口而提供的一种带有利息补贴（interest make-up）性质的信贷融资。这种融资方式对出口商来讲是最有吸引力的，但它要求的条件比较严格，出口商出口的所有项目并非都符合出口信贷的条件。而且在出口信贷项下，一般还要求出口商投保出口信用险、提供财产抵押等，手续烦琐，不仅增加了费用开支，而且即使出口商投保了出口信用险，保险公司通常也只承保应收账款的 90%左右，并在应收账款变为呆账 6 个月后才予以赔付，如果通过法律程序索债，赔付期可能会更长。而出口商欠银行的贷款到期必须归还，不能延续。所以，出口商还要承担一定的收汇风险。

在福费廷业务中，由于银行买断了出口商的远期票据，这就使出口商避免了所有的收汇风险、政治风险和商业风险。

3. 与保理比较

对于出口商来说，福费廷与保理均是出口商以无追索权方式将应收账款出售给包买商或保理商，从而当即获得出口销售货款。但两者有以下显著区别：

(1) 福费廷主要为大型资本货物交易提供资金融通，而保理的服务对象多为普通商品交易。

(2) 包买商习惯于为客户的一项交易提供一项融资服务；而保理商提供的是综合保理服务，而且在一定期间（如一年）内保理商要多次为同一客户办理贸易结算与融资。

(3) 包买商可为付款期限是 6 个月至 10 年的资本货物交易提供中长期信贷融资；而保理商多为普通商品交易提供服务，一般只提供付款期限为 180 天之内的短期贸易融资。

(4) 福费廷业务需出口商提交经由担保人担保的票据，而保理业务无此要求。

4. 与一般贴现比较

福费廷业务属于票据贴现的范畴：包买商作为贴现人贴现出口商提交的票据，从贴现金额中扣除贴息及手续费后，将净额支付出口商，从而包买商作为正当持票人，于到期日要求付款人付款，它也可将票据转售他人。但福费廷作为资本货物交易的融资手段与一般票据贴现具有以下不同：

(1) 福费廷业务的主要特征在于包买商以无追索权方式贴现票据，当付款人拒付票款时，包买商虽然具有对付款人的优先债权或向担保人索偿的权利，却唯独没有向出口商追还所付贴现净额的权利。但一般贴现业务的贴现公司贴入票据后，仍享有向票据出让人追索票款的权利。

（2）福费廷业务的融资对象为大型资本货物交易，通常需使用固定间隔期的多张等值票据。而一般贴现业务的票据主要用于普通商品交易，一次交易只涉及一张票据。

（3）福费廷业务中的票据须经担保人担保后，包买商才予以贴现融资；而一般贴现业务只需付款人对票据进行承兑，持票人对票据进行背书即可，无须担保。

（4）福费廷业务的费用除贴现利息及手续费外，还包括选择费、承诺费及罚金；而在一般贴现业务中，贴现公司只按当时市场利率扣收贴现利息及手续费，故福费廷业务的费用负担高于一般贴现业务。

福费廷和其他融资方式的比较见表 9-4。

表 9-4　福费廷与其他融资方式的比较

内容　种类 项目	福费廷	国际商贷	出口信贷		保理	一般贴现
			卖方信贷	买方信贷		
融资对象	出口商	进口商/出口商	出口商	进口商/进口地银行	出口商	出口商
融资范围	一般贸易	项目融资	机电产品、成套设备		消费品、一般商品	一般贸易
融资比例	100%票面额	注册资本以外资金缺口	85%合同金额		80%发票金额	扣贴现利息及手续费，支付净额
利率	商业利率（固定）	商业利率（浮动）	政府补贴（固定）		商业利率（固定）	商业利率（浮动）
期限	中长期（180 天以上）	短、中、长期（不限）	中长期（1～10 年）		短期（180 天以内）	短期
风险	无追索权	还本付息	还本付息		无追索权	有追索权
文件要求	简便	复杂多样	复杂多样		简便	齐全，高信誉
债权凭证	汇票、本票、保函	—	—		托收单据	汇票、本票
出口商品国内制造部分	—	—	一般机电产品 70%以上，船舶 50%以上		—	—
担保/抵押	—	银行担保/物业抵押	银行担保/财产抵押		—	—
投保信用	—	—	不一定	需要	—	—

本章小结

1. 贸易融资指贸易项下的各种融资手段，可以简单分为传统的出口贸易融资、进口贸易融资，以及新兴的保理和福费廷业务四种。

2. 出口贸易融资指出口地银行对出口商的融资，融资方式主要有信用证打包贷款、出口押汇、卖方远期信用证融资、出口发票融资等。

3. 进口贸易融资是指银行对进口商的融资，主要有信用证项下的开证授信额度、信托收据、进口押汇、买方远期信用证融资以及提货担保等。

4. 国际保理在我国又称为承购应收账款业务。它是指保理商从其客户（出口商）手中购进通常以发票表示的对债务人的应收账款，并负责信用销售控制、销售分户账管理、债款回收、坏账担保和贸易融资业务。它既是一种可供选择的国际结算方式，又是一种短期的贸易融资方式。其基本特点是：它是一种集结算、管理、担保和融资于一体的综合性售后服务业务。

5. 福费廷业务是一种以无追索权形式为出口商贴现远期票据的金融服务，也称包买票据或票据买断。开展福费廷业务对出口商的益处有：不影响出口商的债务状况，不受银行信贷规模和国家外债规模的影响；福费廷业务中的贴现是无追索权式的贴现，出口商卖断了一切风险；操作简便、融资迅速，可以节省时间，提高融资效率等。对进口商的益处有：进口商可获得贸易项下延期付款的便利；不占用进口商的融资额度；所需文件及担保简便易行。

6. 传统的融资方式如打包贷款、押汇、发票融资等占用客户授信额度，或称为商业信用。新型的贸易融资方式如福费廷和保理占用的是同业授信额度，或者说是银行信用。

本章关键术语

打包贷款	出口押汇	卖方远期信用证	开证授信额度
信托收据	进口押汇	买方远期信用证	提货担保
国际保理	福费廷		

本章思考题

1. 国际保理业务的含义与特点是什么？
2. 国际保理业务对进出口双方的影响有哪些？
3. 国际保理业务的服务项目有哪些？
4. 在国际保理业务中，进口商到期不付款怎么办？
5. 试述信托收据在跟单托收与信用证业务中的运用。
6. 出口托收押汇与出口信用证押汇的区别是什么？
7. 在本国货币为硬货币条件下，进出口商应如何选择避免汇率风险的结算融资方式？
8. 出口商如想获得包买商的免除追索，应满足哪些条件？
9. 试述三种进出口商的贸易融资方式，并指出它们的优缺点。
10. 真假远期信用证的区别是什么？

本章练习题

一、填空题

1. 信用销售控制是通过对进口商进行______及评估核定信用额度，进而掌握进口商资信变化来调整其______。

2. 简单地说，保理业务是一项集______、______、______及______担保于一体的新型综合性金融业务。

3. 国际保理业务有两种运作方式，即______和______，前者仅涉及______，后者涉及______。

4. The factoring actions are as follows：

①Approval；②______；③Finance；④Subsequent assignment；⑤______.

5. The import ______ shall bear the risk of loss arising from the failure of the ______ to pay in full any approved account receivable on the due date in accordance with the terms of the relevant contract of sale.

6. 在信托收据中，______是信托人，代表委托人掌握物权；______是被信托人或受托人，代表信托人处理货物。

7. 如果合同物品是畅销商品，出口商可选择对它有利的结算方式，如______和银行保函等方式。

8. 以 FOB、FCA 条件达成的买卖合同，出口商不宜采用______结算方式。

二、判断题

1. 国际保理业务能为出口商和进口商带来增加营业额、提供风险保障、节约成本、简化手续、扩大利润和提高资信等益处。 (　　)

2. 采用国际保理并不能降低收汇风险。 (　　)

3. International factoring can be used in international payment methods like O/A，D/A，D/P，etc. (　　)

4. Export factor has a claim on the full payment that it pays to the exporter. (　　)

5. 一般来说，承担汇率风险的一方，应该有权选择有利于自己的结算方式，如出口商选择货到付款、信用证等结算方式。 (　　)

6. 在实务中，无论进口还是出口，争取由我方安排运输都将更有保障。 (　　)

7. 无论预付货款还是货到付款，都可以使用银行保理来防止收款后不交货或收货后不付款的情况出现。 (　　)

8. It is not preferred to use O/A，D/P or D/A as payment methods for the exporter if the customer is not in high credit. (　　)

三、选择题

1. 保理商所提供的金融管理服务主要包括（　　）。

A. 对进口商的资信分析和信用评估

B. 应收账款的代售服务
C. 对认可的应收账款进行融资
D. 承接应收账款的会计工作
2. Which parties in the following are also in factoring?（　　）
A. exporter　　B. importer　　C. export factor　　D. import factor
3. In the international factoring，the party that bears the risk is（　　）.
A. exporter　　B. importer
C. export factor　　D. import factor
4. 在核定的信用额度内，保理商对出口商货款的最高保障金额是（　　）。
A. 70%　　B. 80%　　C. 90%　　D. 100%
5. 出口商利用国际保理业务必须具备的条件有（　　）。
A. 出口商合法经营
B. 出口商具有一定的经验和资历
C. 债务人是出口商的老客户
D. 出口商的经营具有较大的规模
E. 贸易商品为非资本性货物
F. 出口商的客户分布相对分散

第十章 国际非贸易结算

中国已经成为全球出境游的冠军，人民币单边升值了10年，也推动中国境外旅游的热潮。尽管目前随着美国经济的变革，美元进入升值期，人民币对美元贬值，但人民币仍对日元、欧元升值，因此中国人出境游能享受人民币升值的好处。现在出境游完全可以一卡在手，走遍天下。中国各家商业银行发行的双币卡、多币卡使用起来非常方便，在海外所有有银联标志的自动柜员机（ATM）上，使用中国各家银行发行的信用卡都可以提取当地的货币现钞，更方便的是买东西可以直接刷卡转账结算，十分简单和快捷。而使用支付宝、拉卡拉、快钱、汇付天下等第三方支付方式结算，在手机上就可以完成，更加迅速、随时随地。现在全球非贸易结算已经真正做到了在任何时间、任何地点、向任何人方便快速地完成小额的货币收付。下一步的移动手机银行、指纹支付、刷脸支付、声音支付、智能汽车内支付等都会一次次在国际非贸易结算上带给我们巨大的惊喜。

本章要点

◇ 理解非贸易结算的主要内容。
◇ 了解旅行支票的概念与性质。
◇ 掌握旅行支票的特点。
◇ 理解并掌握国际信用卡。

一国的国际贸易结算和国际非贸易结算构成了该国国际结算业务的两项主要内容。一国贸易外汇的取得，主要来自商品的进出口即有形贸易。而非贸易外汇收入则来自不同的渠道，如运输、保险、金融、文化交流等劳务或服务项目，以及单方面转移支付等，我们称之为无形贸易。随着我国经济改革开放的深入，科学技术的进步，交通运输、金融保险业的发展，对外文化与体育交流和其他国际交往的扩大，与此相适应，**非贸易结算**（nontrade settling）在整个国际结算业务中的地位逐渐上升，越来越引起人们的重视。由于银行卡的普及和网上支付的兴起，本章有不少内容已经过时，但由于全球货币支付结算的不同步，在一些国家仍然还有传统的货币结算，故保留了本章的一些看似过时但在有些国家还存在的支付方式。

第一节　非贸易结算的主要内容

非贸易结算的项目主要包括国际收支平衡表中的非贸易外汇收支项目：

（1）海外私人汇款系指华侨、港澳同胞、中国血统外籍人、外国人汇入、携带或邮寄入境的外币票据。包括以电汇、信汇、票汇形式汇给中国居民和外国侨民的赡家汇款。

（2）铁路收支系指我国铁路运输（货运、客运）的国际营业收入，以及广州—九龙线上铁路运输收入和我国列车在境外的开支。

（3）海运收支系指我国自有船只，包括远洋轮船公司经营对外运输业务所收入的客货运费及出售物料等的外汇收入；我国自有和租赁的船只（不包括外运公司租轮）所支付的租金、修理费用；在外国港口的使用费和在港澳地区所支出的外汇费用；以及在国内向外轮供应公司和船舶燃料供应公司购买伙食、物料、燃料所支出的外汇。

（4）航空运输收支系指我国民航的国际客货营业收入，包括运杂费、国外飞机在我国机场的使用费、我国民航在国外机场的费用支出。

（5）邮电结算收支系指我国邮电部门和外国邮电部门之间相互结算邮电费用，应收的外汇收入和应付的外汇支出。

（6）保险收支。保险收入系指我国保险公司进行国际经营的外汇收入，包括保费、分保费、佣金等，以及我国港澳地区分支机构上缴的利润和经费等。保险支出包括我国向国外支付的分保费、应付的保险佣金和保险赔款所支付的外汇。

（7）银行收支系指我国银行经营外汇业务收入，包括手续费、邮电费、利息，以及海外和港澳地区分支机构上缴的利润和经费等；我国银行委托国外业务应支付的手续费、邮电费，以及向外借款应支付的利息支出。

（8）图书、影片、邮票收支系指中国图书进出口公司、影片公司和集邮公司，进出口图书、影片、邮票的外汇收支。

（9）外轮代理与服务收入系指外国轮船在我国港口所支付的一切外汇费用收入，我国外轮供应公司对远洋货轮、外国轮船及其海员供应物资和提供服务的外汇收入，以及国外海员在港口银行兑换的外币现钞收入。

（10）外币收兑系指我国边境和内地银行收兑入境旅客（外宾、华侨、港澳同胞、中国血统外国人、在华外国人）的外币、现钞、旅行支票、旅行信用证和汇票等汇兑收入。

（11）兑换国内居民外汇系指国内居民（包括归侨、侨眷、港澳同胞家属）委托银行在海外收取遗产，出售房地产、股票，收取股息、红利，调回国外存款、利息等的外汇收入。

（12）旅游部门外汇收入系指我国各类旅行社和其他旅游经营部门服务业收入的外汇。

(13) 私人用汇支出系指批给我国居民及外国侨民的旅杂费、退职金、退休金、赡家费、移居出境汇款、外商及侨商企业红利和资产汇出、华侨投资以及各国驻我国的使领馆在我国收入的签证费、认证费的汇出和其他一切私人外汇支出。

(14) 机关、企业、团体经费外汇支出。

(15) 驻外企业汇回款项收入。

(16) 外资企业汇入经费收入。

(17) 外国使领馆团体费用收入。

(18) 其他外汇收入。

第二节 旅行支票与国际信用卡

一、旅行支票的概念与性质

旅行支票(traveler's check)是没有指定付款人和付款地点，由大银行、大旅行社发行的固定金额、专供旅游者或其他目的的出国者使用的一种支付工具。(Traveler's check is a draft purchased from a bank or an express company and signed by the purchaser at the time of purchase and again at the time of cashing as a precaution against forgery.)

旅行支票的性质如下所述：

1. 具有本票性质

旅行支票的发行机构与付款机构为同一个当事人，即出票人与付款人为同一人。因此，旅行支票是依本票的操作理论设计的票据。

2. 旅行支票是一种类似票汇汇款的凭证

汇款人是旅行支票的购买人，收款人一般是汇款人自己，或被称为持票人。由此可见，旅行支票是一种汇款方式。如果它由大银行发行，则成为一种银行汇票，类似票汇业务中的银行即期汇票。

3. 见票即付

旅行支票的持票人可以在发行银行的国外分支机构或代理机构凭票立即取款，具有发行银行见票即付的特点。因此从支付手段来看，旅行支票又属于支票性质的票据。值得注意的是，旅行支票虽然名为支票，但与一般支票又有所不同。它不是存户对银行签发的支付命令，若把旅行者向发行机构购买的旅行支票看成是无息存款，而存款者在跨越国界使用逐笔款项时就不能是无条件的了，而要以持票人在旅行支票上初签和复签一致为使用这笔款项的先决条件。因此票据法中对支票的规定大多不能适用于旅行支票，只有划线、出票和背书等行为(指有抬头的旅行支票)可以比照有关支票的规定办理。

二、旅行支票的特点

1. 面额固定

形似现钞的旅行支票有各种币种和面值，例如：5 英镑、10 英镑、20 英镑、50 英镑、

100英镑，10美元、20美元、50美元、100美元、500美元、1 000美元，便于旅行者随时零星支取，比银行汇票方便。

2. 兑取方便

发行银行为了扩大旅行支票的流通范围，在国外大城市和游览地设有许多特约兑付机构。持票人携带旅行支票出国，不仅可以在发行银行的代理行兑取票款，而且可以在旅行社、旅馆、机场、车站等随时兑付。

3. 携带安全

旅行支票需要旅行者在兑取时当面签字，所以即使旅行支票在复签之前遗失或被盗，也不易被冒领，比携带现钞安全。

4. 可挂失补偿

旅行支票的发行银行规定，若旅行支票不慎遗失或被盗，可提出“挂失退款申请”。只要符合发行银行的有关规定，挂失人就可得到退款或补发新的旅行支票。

5. 流通期限长

旅行支票多数不规定流通期限，可以长期使用，只有少数规定流通期限为一年。过期的旅行支票不能在代付机构取款，但仍可向原发票机构注销，退回原款。

6. 发行旅行支票有利可图

对于旅行支票的发行机构来说，顾客从购票到去国外兑付票款需要较长的时间，而发行机构则可以无息占用这笔资金，同时还可收取大量手续费。故发行旅行支票是吸揽资金的一种方法。

三、国际信用卡

信用卡（credit card）是发卡银行对消费者提供短期消费信贷而发放的一种信用凭证。它是消费信用的一种形式。目前，我国各大中城市的商业银行为便利持卡人使用，增加外汇收入，均办理信用卡兑付业务。（Credit card is a card issued by a bank or business that allows somebody to purchase goods and services and pay for them later，often with interest.）

信用卡起源于20世纪初的美国。自20世纪60年代以来，世界各国大银行普遍发行信用卡，为更多的消费者提供消费信贷。

信用卡用特殊塑料制作，与一般“名片”大小相似。卡的正面印有信用卡名称，凸印有持卡人的卡号、姓名、性别、有效期等；背面有持卡人的预留签字、磁条和银行的简单声明等；持卡人可依据发卡机构给予的消费信贷额度，凭卡在特约商户直接消费或在其指定的地点存取款及转账，然后定期向发卡机构偿还消费信贷本息。

（一）信用卡的种类

信用卡的种类如下：

（1）根据发卡机构的不同，信用卡可分为银行卡和非银行卡。

（2）根据清偿方式的不同，信用卡可分为贷记卡和借记卡。贷记卡的持卡人无须事先在发卡机构存款，就可享有一定信贷额度的使用权，境外发行的信用卡一般属此种；借记卡的持卡人必须在发卡机构有一定的款项，用卡时需以存款余额为依据，一般不允许透支，透支即罚息。我国各商业银行发行的信用卡大部分为借记卡。

（3）根据发卡对象的不同，信用卡可分为企业卡和个人卡，企业卡和个人卡又可分为主卡和附属卡。

（4）根据持卡人的信誉、地位、收入、财产等资信状况，信用卡可分为普通卡、金卡和白金卡。

（5）根据流通范围的不同，信用卡可分为国际卡和地区卡。万事达卡组织、威士国际组织、美国运通公司、JCB 信用卡公司、大莱信用卡公司分别发行的万事达卡（Master card）、威士卡（VISA card）、运通卡（American Express card）、JCB 卡（JCB card）和大莱卡（Diners Club card）多数属国际卡。中国银行发行的外汇长城万事达卡也属国际卡；而我国其他商业银行发行的各类信用卡大部分属于地区卡，也有一部分属于国际卡。

（二）信用卡的特点

作为一种新型的金融工具，信用卡具有下述特点：

1. 通用性

我国各商业银行发售的各类信用卡，持卡人均可在全国各地的银行分支机构存取款。

2. 安全性

信用卡本身被设计了多处防伪标志，此外，持卡人取款时必须出示其身份证件，每张信用卡配有相应的密码，在自动柜员机上取款时必须输入密码才能取出现金。信用卡遗失后即可向发卡银行申请挂失。

3. 便利性

除可以提取现金之外，持卡人还可利用信用卡进行储蓄，利用信用卡到特约商户直接消费，办理转账结算等。

4. 快捷性

与传统的票据及结算方式相比，信用卡的使用手续简单、清算及时；与现金相比，除具有安全性之外，它不需清点，而且可用计算机辨认真伪，因而节省了大量时间。

（三）信用卡的几个主要关系人

信用卡的主要关系人如下：

（1）发卡人：发行信用卡的银行或机构。

（2）持卡人：持有信用卡的客户。

（3）特约商户：特约单位。与发卡人（或代办人）签订协议，受理持卡人使用指定的信用卡进行购物或支付费用的服务性质的单位。

（4）代办行：受发卡人的委托，负责某一地区内特约商户结算工作的银行。

本章小结

1. 一国的国际非贸易结算与国际贸易结算一起构成了该国国际结算业务的主要内容。

2. 旅行支票是没有指定付款人和付款地点，由大银行、大旅行社发行的固定金额、专供旅游者或其他目的的出国者使用的一种支付工具。

3. 信用卡是一种小额消费信贷工具，它具有安全便利的优点。随着技术的进步和通信成本的不断降低，国际信用卡成为国际非贸易结算的重要工具。

本章关键术语

非贸易结算　　旅行支票　　信用卡

本章思考题

1. 国际非贸易结算包含哪些主要内容?

2. 为什么近几年中国的国际非贸易结算的规模呈现逐年上升的趋势?

3. 写出中国各家商业银行发行的主要银行卡的名称，如工商银行的牡丹卡、中国银行的长城卡等。

4. 为什么全球旅行支票、旅行信用证的使用呈现下降的趋势?

5. 互联网金融支付有哪些优势?

本章练习题

一、判断题

1. 信用卡是一种小额消费信贷工具。

2. 国际结算包括了国际贸易结算和国际非贸易结算。

3. 双币信用卡是在境外消费外币，在境内用人民币归还的消费信贷工具。

4. 信用卡在国际上使用时，具有活支汇款性质。

二、选择题

1. 信用卡的主要当事人有：(　　)。

A. 发卡行、持卡人

B. 发卡行、持卡人、特约商户

C. 发卡行、持卡人、特约商户、收单行

D. 发卡行、持卡人、特约商户、收单行、清算系统（如银联）

2. 以下不属于国际非贸易结算内容的有：（　　）。

A. 私人从海外向中国境内汇款

B. 中国支付从美国进口的苹果手机款项

C. 中国人从银行兑换外汇出境旅游

D. 合格的境外机构投资者投资中国A股市场

3. 以下属于国际非贸易结算的内容有：（　　）。

A. 将来各国汇入中国的冬奥会实况转播权费用

B. 中国向美国出口使用稀土材料的手机零件

C. 中国从英国进口石墨烯材料

D. 湖南向澳大利亚出口烟花爆竹

第十一章

互联网金融与结算

我的学生在课间的时候，用手机自拍了一张照片，然后下载了一个软件，从手机上可以看到他佩戴着各式各样眼镜的从北京潘家园眼镜城发来的图片。他不停地询问同学和老师，哪种款式的眼镜更适合他。一番讨论后，他选择了自己和大家都认为不错的样式和价格的眼镜，点击发送，北京潘家园眼镜城开始帮他定制，因为他近视眼的资料已经存入潘家园某公司的数据库中。第二天上课的时候，潘家园眼镜城通过顺丰快递送来了眼镜，只见我的学生验货后，用手机在支付宝上付了费。此事让我感到非常新鲜：购物竟如此方便，如此快捷，不仅是配眼镜，连支付都如此迅速轻松。移动互联网真好，足不出户，已经轻松完成了购物和支付。

本章要点

◇ 明确互联网金融的含义。
◇ 了解互联网金融的主要特征。
◇ 知晓互联网金融的主要风险。
◇ 重点了解互联网金融的模式。
◇ 重点理解第三方支付的原理和支付通道。

第一节　互联网金融的基本问题

1995 年 10 月 18 日，世界上诞生了第一家网络银行——美国安全第一网络银行（Security First Network Bank，SFNB），该银行完全在互联网上提供银行非现金服务，但此后网络银行并未如同人们预期的那样成为银行业的主流。2013 年，互联网金融浪潮席卷中国，互联网＋零售形成的电子商务和互联网＋金融形成的网络银行的模式在中国无论在规模上还是在创新实践上都大大超过了在美国的发展。电子商务和网络银行成为互联网＋在中国的两个典范。

一、互联网金融的含义

中国人民银行认为，**互联网金融**（Internet finance）是借助互联网和移动通信技术实现资金融通、支付结算和信息中介功能的新兴金融模式。

中国人民大学吴晓求教授认为，互联网金融是指具有互联网精神、以互联网为平台、以云数据整合为基础而构建的具有相应金融功能链的新金融业态，也称第三金融业态 。

总之，互联网金融是互联网精神与金融功能的融合。

互联网的英文为 Internet，始于 1969 年，源于美国军方的 ARPA（阿帕网，美国国防部研究计划署）。互联网最主要的精神是“开放、平等、协作、分享”。而金融的主要功能有：（1）信用中介。资本期限转换、数量转换、特征转换。（2）支付中介。货币的纵向支付和横向支付。（3）资源配置。资本从收益低的产业、地区向收益高的产业、地区流动。（4）货币创造。为全社会创造流动性，节约整个经济的交易成本。（5）价格发现。通过市场机制找到产品真正的价值。（6）风险分散。通过交易和经济主体的不同分散风险。因此，精神和功能的融合产生了，具备互联网精神的金融业态被统称为互联网金融 。

可以肯定的是，以互联网为代表的现代信息科技，特别是移动支付、云计算、社交网络和基于大数据的数据挖掘等技术，对人类金融模式产生了深远影响。

二、互联网金融的主要特征

一是以大数据、云计算、社交网络和搜索引擎为基础，挖掘客户信息并管理信用风险。

二是以点对点直接交易为基础进行金融资源配置，将资金和金融产品的供需信息在互联网上发布并匹配，供需双方可以直接联系和达成交易，交易环境更加透明，交易成本显著降低，金融服务边界进一步拓展。

三是通过互联网实现以第三方支付为基础的资金转移，第三方支付机构的作用日益突出。

三、互联网金融的积极作用

（1）有利于发展普惠金融，弥补**传统金融**（traditional finance）服务的不足。

（2）有利于发挥民间资本的作用，引导民间金融走向规范化。

（3）有利于满足电子商务需求，扩大社会消费。

（4）有利于降低成本，提升资金配置效率和金融服务质量。

（5）有利于促进金融产品创新，满足客户的多样化需求。

（6）有利于促进利率市场化，提高银行大众用户的利益。

四、互联网金融的主要风险

（1）信用风险，也称违约风险。如 P2P 网上借贷，在线上把钱借给陌生人的风险比在线下的风险更大。

（2）民事法律风险。如合同无效风险和超过法定利率上限而导致利率约定无效风险。

（3）监管风险。金融监管机构和其他政府机关依据金融监管或其他行政管理的法律法规、规章对互联网金融平台或相关方做出行政处罚。

（4）刑事法律风险。对互联网金融来说，刑事法律风险包括非法集资和非法经营。非法集资在《中华人民共和国刑法》中有三个罪名：一是非法吸收公众存款罪；二是集资诈骗罪；三是擅自发行股票、公司债券、企业债券罪。特别是互联网金融中的股权众筹产品需要予以关注。

五、互联网金融的主要模式

互联网金融的主要模式见图 11－1。

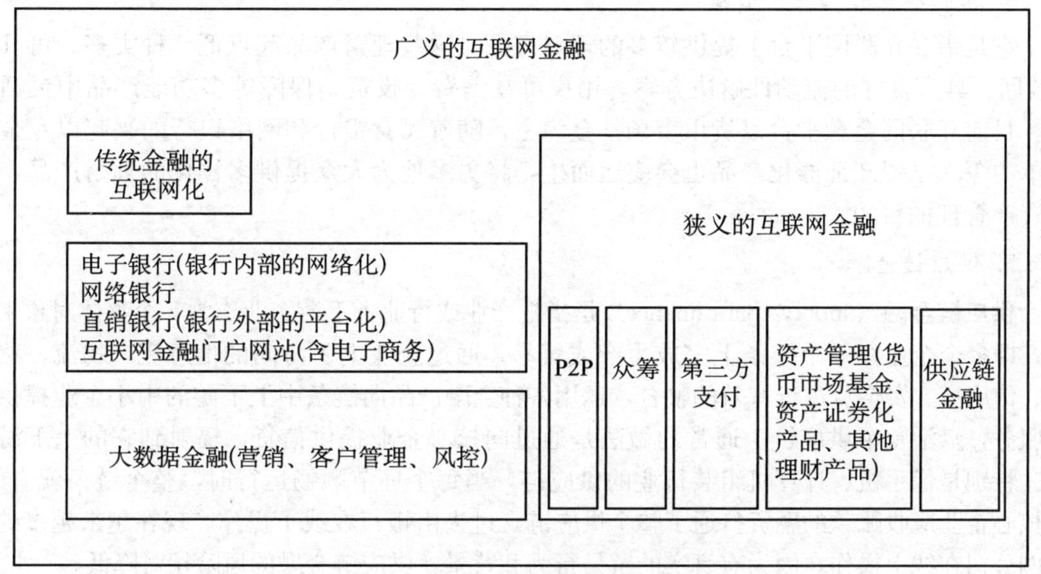

图 11－1　互联网金融模式图

广义的互联网金融模式包括了传统金融的互联网化和狭义的互联网金融。广义的互联网金融模式包括了 P2P、众筹、第三方支付、互联网平台的资产管理、供应链金融、大数据金融、传统金融的互联网化等。

1. P2P

P2P 是英文 peer-to-peer 或 person-to-person 的简写，是指点对点、个人对个人的信贷平台，也有对等的交易关系的含义。因此在网络上个人与机构之间的借贷不属于 P2P 模式。P2P 始于 2005 年的英国，2006 年在美国出现，中国最早的 P2P 是 2007 年由宜信公司开创的，宜信公司目前也是中国规模最大的 P2P 公司。

2. 众筹

众筹（crowd funding）的意思是大众筹资，是指通过互联网向特定或不特定的公众进行筹资的行为。特别是创意类项目的发起者通过在线平台向投资者筹集资金。众筹通常以股权、实物、作品、消费券、感谢等作为回报形式。众筹对“大众创业、万众创新”能起到孵化和促进的作用，对大众而言众筹是一种风险投资或天使投资。2012 年 4 月美国总统奥巴马签署的《2012 年促进创业企业融资法》（《JOBS 法案》）允许小企业在众筹融资平台上进行股权融资，因此也带动了全球互联网众筹的发展。在中国，众筹是不能触动非法集资红线的一种新的商业模式，其风险较多地集中在欺诈和非法集资上。

3. 第三方支付

第三方支付是指在商品和金融交易的双方之外，由第三方支付机构完成的资金监管、托管和资金划付行为。第三方支付是随着电子商务的发展而产生的一种金融业态，这里的第三方支付特指非银行机构借助通信、计算机和信息安全技术，采用与各大银行签约的方式，在用户与银行支付结算系统间建立连接的电子支付模式。

4. 互联网平台的资产管理

它是指在互联网平台上提供较多的理财产品，这些理财产品起点低、种类多、可 T+0 赎回、具有良好的流动性解决方案。用户可在消费、投资、保障等多功能产品中灵活转换。目前互联网金融平台以货币市场基金为主，随着民营银行和网络银行的兴起以及金融改革的深入，资产证券化产品也会应运而生，将更多地为大众提供多样化的理财产品，达到资产管理的目的。

5. 供应链金融

供应链金融（supply chain finance）是指把产业或行业上下游企业作为一个整体对象来对待，即多个企业在一个链条上完成生产或贸易，通过企业上下游间的信息流、物流、贸易流、信用流、资金流进行有效的整合，运用各种金融产品向链条中上下游的中小企业提供融资服务，盘活整个供应链。通常的做法是通过向核心企业提供信贷，辐射到它的上下游企业。特别是像手机、计算机组装行业的供应链，当每个环节顺畅运行时，整个链条就有效。对核心企业应收账款的融资打通了整个供应链，过去由银行在线下操作，现在越来越多的互联网公司在线上操作，因为有真实的贸易行为和背景，供应链金融的风险相对降低。

又比如，京东商城、苏宁的供应链金融模式是以电商作为核心企业，以未来收益的现金流作为担保，先获得银行授信，再为供货商提供贷款。

6. 大数据金融

大数据金融（big data finance）是指与金融大数据的收集、加工、分析、应用紧密联系的一种金融服务与应用模式。对通过网络记录的真实行为数据进行分析和研究，精准地进行战略规划、客户营销、经济趋势预测、消费倾向预测、信贷发放、风险控制、产品创新等一系列工作。

7. 传统金融的互联网化

传统金融的互联网化属于广义的金融，互联网金融的出现倒逼了传统金融的迅速变革，各家金融机构都加大了对互联网化的投入，形成了“水泥＋鼠标＋手指”银行。水泥银行指网点银行，鼠标银行指网上银行，手指银行指手机银行。三管齐下，传统金融在追赶互联网金融的变革中丰富了银行的金融产品和服务。

六、传统金融与互联网金融的区别

两者的具体区别见表 11－1 和图 11－2。

表 11－1　传统金融与互联网金融的区别

	传统金融	互联网金融
交易媒介	金融机构、网点	互联网平台连接金融机构
销售方式	线下销售为主	线上销售为主
风控方式	线下调查	大数据方法，辅以线下调查
协议签订	当面签订、纸质协议	远程签约、电子合同

传统金融		互联网金融
信息不对称	❑ 信息处理	数据丰富、完整、信息对称
困难/成本很高	❑ 风险评估	容易/成本低
通过银行与券商中介进行期限和数量的匹配	❑ 资金供求	完全可以自己解决
通过银行支付	❑ 支付	超级集中支付系统和个体移动支付的统一
间接交易	❑ 供求方	直接交易
需要涉及复杂风险和对冲风险	❑ 产品	简单化（风险对冲需求减少）
交易成本极高	❑ 成本	金融市场运行互联网化，交易成本较低

图 11－2　传统金融与互联网金融的区别

互联网金融对传统金融的冲击甚至颠覆是全方位的，主要体现在盈利模式、服务模式、目标客户、组织结构、管理模式、业务创新模式、产品推广模式和核心资源等几个方面。表 11－2 给出了互联网金融对传统金融的冲击。

表 11－2　互联网金融对传统金融的冲击

	传统金融模式	互联网金融模式
盈利模式	直接收费模式	免费模式
服务模式	渠道服务、销售服务	平台服务、定制服务、综合服务
目标客户	高端客户为主	碎片化客户、大众客户、长尾客户
组织结构	科层组织	扁平化、社区化、生态圈化
管理模式	泰勒式科学管理	宽松式创新管理
业务创新模式	销售产品创新	用户体验创新
产品推广模式	广告宣传为主	客户流量转化
核心资源	金融资源、渠道数量	数据信息

七、对互联网金融的监管

西方发达国家网络银行业务发展较早，对网络银行的风险监管已逐步探索出一整套较为成熟的经验和办法。比如美国基本形成对电子商务、互联网交易乃至电子银行监管的法律框架。

各个发达国家对网络银行的监管主要包括市场准入、业务扩展管制、日常检查和信息披露等。美国、德国监管当局一般都要求网络银行接受日常检查，检查内容包括资本充足率、流动性、交易系统的安全性、客户资料的保密与隐私权的保护、电子记录的准确性和完整性等。

2015 年 7 月 18 日，中国人民银行等十部委发布了《关于促进互联网金融健康发展的指导意见》。该指导意见指出要落实监管责任，明确风险底线，保护合法经营，坚决打击违法违规行为。其中，互联网支付业务由中国人民银行负责监管；股权众筹融资业务由证监会负责监管；互联网基金销售业务由证监会负责监管；互联网保险业务由中国保监会（现为“中国银保监会”）负责监管；互联网信托业务、互联网消费金融业务由中国银监会（现为“中国银保监会”）负责监管。

该指导意见坚持以市场为导向发展互联网金融，遵循服务好实体经济、服从宏观调控和维护金融稳定的总体目标，切实保障消费者的合法权益，维护公平竞争的市场秩序，在互联网行业管理，客户资金第三方存管制度，信息披露、风险提示和合格投资者制度，消费者权益保护，网络与信息安全，反洗钱和防范金融犯罪，加强互联网金融行业自律以及监管协调与数据统计监测等方面提出了具体要求。

八、对传统金融与互联网金融业态的判断

将来标准化、大众化、规模服务的产品会更多地由网上银行和互联网金融来完成，取代传统金融网点服务和人工服务。而个性化、差异化、面对面的金融服务则要通过高素质的、和颜悦色的、给人春风拂面般和蔼感觉的银行客户经理以及给人尊贵感的银行网点来完成。

将来笔数大、金额小、更平民、更大众、更通用的金融产品将更多地交给网上银行或互联网金融销售。而笔数少、金额大、有更高价值的投资产品即更精英化、顾问式、管家式的产品和服务将交给线下的银行客户经理来做，因此对银行的专业性要求将更高。

将来无论“淘宝淘金”还是“金融触电”，传统金融与互联网金融都是主流与分支的关系，是共存、竞争和互补的关系，而不是颠覆和替代的关系。当然，可喜的是互联网金融以它的快速、高效、低成本、全天候、碎片化、高信息化的金融模式，倒逼了传统金融的进一步变革。总之，互联网金融是对传统金融的重要补充。

第二节 互联网金融中的支付与结算实践

一、中国的支付生态圈

中国特定的国情决定了由第三方支付机构及其竞争者、合作者，以及商户、消费者/用户、政府、监管机构等利益相关者，构成了共生、互生的**支付生态圈**（payment eco-sphere）。在支付生态圈中，各机构各司其职、互利共存、资源共享、竞争合作，共同维

持这个支付商业系统的延续和发展。支付生态圈的成员除了商户、消费者/用户以外，还有传统支付公司、创新型支付公司、商业银行（以及证券等金融机构）、通信运营商、底层外包服务商、支付软硬件供应商、监管机构七大类（见图 11－3）。

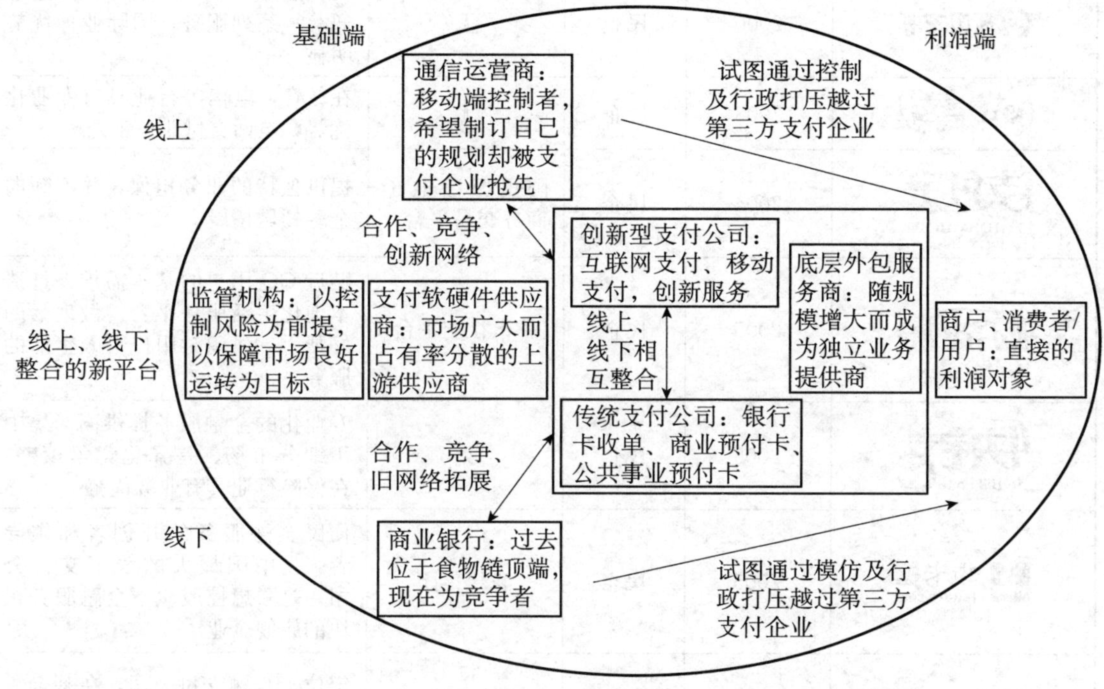

图 11－3 支付生态圈

资料来源：马梅，等．支付革命．北京：中信出版社，2014.

二、中国创新型第三方支付机构

创新型第三方支付机构是互联网、移动互联网发展大潮席卷支付领域而催生的新兴力量。创新型第三方支付机构主要从互联网支付业务（含线上收单业务）发展而来，其特点是基于互联网技术创新，运用电子化货币甚至虚拟货币，面向中小微客户以及个人客户端，服务于 C2C、B2C、B2B 交易或电子社交媒体、电子娱乐等支付需求。互联网支付的开放式网络环境，争夺网上客户的激烈的市场竞争，使创新型第三方支付机构成为支付领域中创新度最高的一员。

创新型第三方支付机构主要有三大类（见表 11－3）。

表 11－3 中国主要的创新型第三方支付机构

机构名称	成立时间（年份）	企业性质	平台/股东背景	定位及业务特点
UnionPay 银联 在线支付 Online Payment	1999	国企	无	银行卡网上交易转接清算平台，也是首个具有金融级预授权担保交易功能、全面支持所有类型银联卡的集成化、综合性网上支付平台

续表

机构名称	成立时间（年份）	企业性质	平台/股东背景	定位及业务特点
IPS 环迅支付	2000	民企	无	提供金融咨询、清结算、资金融通等一系列服务，国际业务优势明显
易宝支付 YEEPAY.COM	2003	民企	无	在教育、电信等行业具有专业化优势，电话支付业务领先
支付宝 Alipay.com	2004	民企	阿里巴巴电子商务交易平台	提供独特的业务担保，并不断向金融领域拓展
TENPAY.COM 财付通	2005	民企	腾讯社交平台	贴近 QQ 用户的基本需求，打造本地化生活服务平台。做生活的好帮手，强调对用户个人生活的服务
快钱 99Bill.com	2005	民企	无	专业化的金融服务提供商。集中于细分市场、差异化竞争策略，在保险行业具有业务优势
拉卡拉 lakala.com	2005	民企	联想集团	便民金融服务的开创者和领导者，是中国最大的线下支付公司，是联想控股旗下金融服务板块的旗舰企业
汇付天下	2006	民企	无	定位于金融支付公司，在基金零售领域和航空领域具有行业优势
钱袋宝 qiandai.com	2008	民企	无	为用户提供基于网络支付、手机支付等的第三方支付账户管理平台，用户在钱袋宝网站上可以对自己的账户进行管理
易极付	2011	民企	全球最大威客平台	独立的第三方支付平台，致力于提供“极易、极便捷”的互联网电子商务在线支持解决方案
乐富 lefu8.com	2011	民企	无	乐富网络旗下的综合电子支付平台，致力于为中国互联网提供“便捷、安全、快速、简单、快乐”的在线支付解决方案
腾讯微生活	2012	民企	腾讯社交平台	依托腾讯财付通开展微信支付

资料来源：马梅，等．支付革命．北京：中信出版社，2014.

第一类脱胎于成功的电子商务或电子社区、电子娱乐平台。例如产生于淘宝 C2C 交易的支付宝、产生于腾讯社交平台的财付通和腾讯微生活、服务于盛大网络游戏支付的盛付通，以及服务于全球最大威客网站的易极付等互联网第三方支付机构。

百度的百付宝、新浪的新浪支付也获得了第三方支付牌照。苏宁、京东等电商也在加紧布局第三方支付。例如京东商城收购了网银在线，以实现电商、物流公司、采购公司、商户、买家之间的现金流转。苏宁电器并购安徽华夏通，自行进行与11家银行网银和第三方支付机构网银的接口开发。

第二类独立于电子商务或其他电子平台，专注于行业细分领域的互联网支付，如汇付天下、快钱等互联网第三方支付机构。

第三类是移动电子商务的发展催生的北京拉卡拉、钱袋宝、乐富这类涌入移动支付市场的机构。

三、支付宝的贸易结算流程

使用支付宝担保交易的网络交易流程如下（见图11-4）：

（1）预备步骤：买家需要注册一个支付宝账户，并将自己在某银行账户中的钱充值到自己在支付宝的账户中（此步骤不一定在交易的时候进行，买家在任何时候都可以为自己在支付宝中的账户充值）。

（2）买家在网上订购商品。

（3）买家付款到支付宝担保账户：买家可以选择使用自己在支付宝账户中的余额支付货款，也可以选择使用自己在某银行的账户支付货款。利用支付宝支付方式，买家可以通过支付宝交易管理器查看账户和交易情况。

（4）支付宝确认收到货款后，通知卖家发货。

（5）卖家发货给买家。

（6）买家收到商品确认无误后，通知支付宝向卖家付款。如果货物有问题或未收到货物，可和卖家沟通，或向支付宝投诉，并可以申请退款（为保证交易的安全，支付宝有条件地履行付款义务）。

（7）支付宝将货款从担保账户转移到卖家在支付宝中的虚拟账户或卖家在某银行的真实账户。

（8）买家也可以将支付宝的虚拟账户中的钱转移到自己的银行账户中提现（此步骤不一定在交易阶段进行，买家、卖家在任何时候都可以将自己在支付宝账户中的钱提现）。

支付宝账户不仅提高了支付的便捷性和安全性，也极大地促进了电子商务和整个网络销售市场的发展。支付宝账户的基本功能有：一是集中收付功能；二是充值功能；三是担保功能。

四、快钱公司供应链融资平台支付结算流程

（1）下游经销商向IT制造核心企业赊销采购。

（2）IT制造核心企业向快钱供应链融资平台发出支付指令。

（3）快钱供应链融资平台将资产包发送给银行。

（4）银行将再保理融资款打给快钱供应链融资平台。

（5）快钱供应链融资平台将银行的再保理融资款打给IT制造核心企业。

（6）下游经销商将买方回款打给快钱供应链融资平台。

（7）快钱供应链融资平台向银行发出核销融资指令。

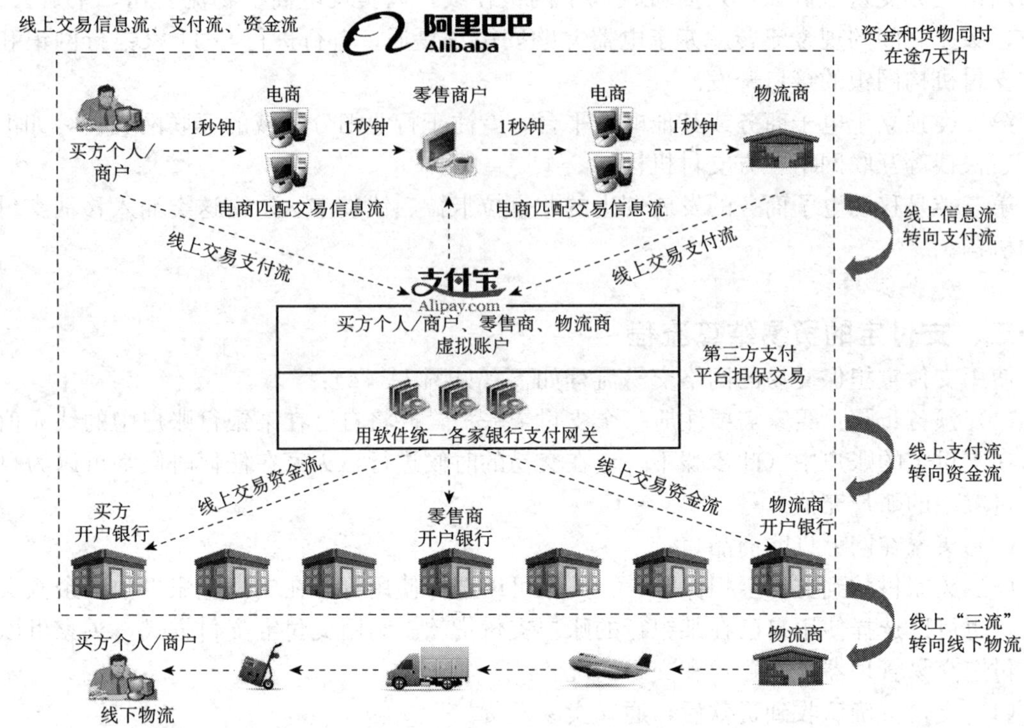

图 11-4 B2B/B2C 支付宝交易流程

资料来源：马梅，等．支付革命．北京：中信出版社，2014.

(8) 快钱供应链融资平台将融资款本息支付给银行。

(9) 快钱供应链融资平台将尾款支付给 IT 制造核心企业。

(10) 若有，IT 制造核心企业将卖方回购款支付给银行。

快钱公司开展的供应链融资业务模式的本质是基于 IT 供应链上发生的逐笔应收账款保理。快钱公司依托自建的供应链融资平台，审查整条 IT 供应链（见图 11-5）。基于对核心企业的信用实力以及供应链上下游信息的充分掌握，由快钱公司受让供应链成员企业间的采购、销售产生的应收账款，根据应收账款的质量和金额给予对应的融资金额，从而为供应链上的企业提供金融产品和服务。该业务模式有以下两大特点：

第一，自偿性的供应链结构设计。快钱的供应链融资服务将 IT 供应链视为一个整体，根据供应链上下游企业之间的交易关系和 IT 分销行业的特点设定融资方案。通过自偿性的结构化设计，利用风险分离技术，将资金投向对象与风险承担对象分离开来。这一服务创新性地实现了将资金有效注入供应链上下游企业，解决了供应链中资金分配不平衡的问题。在完成对企业融资的同时，还使供应链内各个节点的关系更加紧密，稳定了供应链。

第二，兼容性、扩展性、集成性好的信息技术平台。快钱线上供应链融资平台采用国际先进的应用服务器和数据库系统，具有五大特性。

一是强大的跨系统协作能力。该平台采用国际标准 Java2 平台企业版（J2EE）的整体技术架构，以开放的体系结构和标准化、模块化的方式来构建系统，具备很好的扩展性和兼容性。平台可实现与银行系统、企业系统的有效对接，实现多系统间的协作。

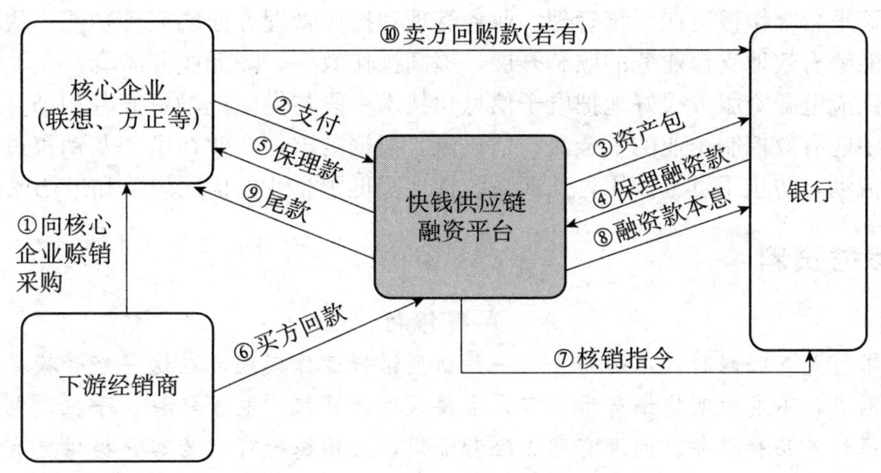

图 11-5 快钱供应链融资平台流程

资料来源：马梅，等．支付革命．北京：中信出版社，2014.

二是较强的业务支撑能力。该平台在系统管理、业务管理和操作管理方面的功能完整，能够有效支撑业务的顺利开展，提高操作效率，降低业务风险。平台采用模块化设计、参数化配置，业务品种配置灵活，可根据业务发展需要增加业务模块、扩展业务范围和功能。这有效支撑了业务创新和差异化市场营销。

三是灵活的报表管理能力。基于不同侧重点的业务数据统计要求，该平台开发了多种成熟的报表，以达到不需要人工统计就能对大量数据信息进行统计及分析、对整个平台业务进行管理和监督的目的。

四是完善的风险管理能力。在专业的额度控管方面实现了对交易和客户的有效额度控管的动态、关联管理。有关额度控管的专业数学模型也经过了实践检验，日趋成熟。在业务操作过程中，系统还通过纠错机制来有效控制操作风险。

五是较强的数字安全技术支撑能力。支付信息的传输采用了 128 位的安全套接层（SSL）加密算法，整套安全体系完成了支付卡行业安全标准委员会（PCI-SSC）的 PCI 数据安全标准 V1.2 的合规性评估，由美国甲骨文公司、VeriSign 数字安全公司和迈克菲网络安全公司提供即时、全面的安全服务，确保了交易资金往来的安全。

通过快钱供应链融资平台，IT 供应链上的上下游交易相关各方可登录平台提供的集成式管理界面，对涉及自身的应收账款转让、融资款发放、应收账款核销、尾款清分、账户管理、额度管控、账款催收等业务环节进行在线实时处理，并按照业务流程进行流转。平台还内嵌快钱支付清结算系统，为融资款发放、应收账款回款、尾款清分、融资款的闭环流动提供系统支持。

快钱供应链融资服务在 IT 分销行业的应用，突破了时间、空间界限，有针对性地解决了 IT 分销下游经销商小、急、频的融资需求，为不同层次和不同地区的企业提供了金融服务。快钱供应链融资服务更看重应收账款质量、买家信誉、货物质量等，而非卖家资质，真正做到了无抵押和坏账风险的完全转移。该平台简化了企业融资申请及审批环节，融资款项可随借随还，按实际使用时间计息，有效降低了企业的融资成本。

基于该平台合作银行在系统管理、业务管理和操作管理方面的完整功能，快钱供应链融资平台能够有效地支撑业务的顺利开展，提高操作效率，降低业务风险。

快钱供应链融资服务很好地把电子信息化技术手段与供应链融资服务相结合，在业务实施过程中能有效控制企业的资金流与信息流。根据需求，企业在生产及销售过程中的融资款封闭流动，防止了资金挪用，从而系统性地降低了企业的信用风险和道德风险。

参考资料

直销银行

直销银行是互联网时代应运而生的一种新型银行运作模式，在这一经营模式下，银行没有营业网点，不发放实体银行卡，客户主要通过计算机、电子邮件、手机、电话等远程渠道获取银行产品和服务。因没有网点经营费用，直销银行可以为客户提供更有竞争力的存贷款价格及更低的手续费率。降低运营成本、回馈客户是直销银行的核心价值。

直销银行诞生于20世纪90年代末北美及欧洲等经济发达地区，因其业务拓展不以实体网点和物理柜台为基础，具有机构少、人员精、成本低等显著特点，因此能够为顾客提供比传统银行更便捷、更优惠的金融服务。在20多年的发展过程中，直销银行经受了互联网泡沫、金融危机的历练，已发展为成熟的商业模式，成为金融市场重要的组成部分，在发达国家直销银行业的市场份额仍在不断扩大。

参考资料

网络银行（以阿里巴巴为例）

阿里巴巴组建的民营银行是纯粹的网络银行，它将对接阿里小贷和其他金融服务。网络银行主要借助互联网开展业务，借助各种平台和流量端口获得客户。它可以在任何时间、任何地点、以任何方式为客户提供服务，因此也被称为AAA（Anytime，Anywhere，Anyway）银行。

笔者认为阿里巴巴发展网络银行是有它的优势的。第一，与传统银行相比，阿里巴巴的海量网络客户是一座金矿。对阿里巴巴这样一个存在明显的网络效应的互联网商业模式来讲，网络效应的巨大威力使已经积聚了海量客户的互联网商业平台可以轻松地植入金融服务。

阿里巴巴的金融业务发展路径很清晰。它开始于最初的网络平台（阿里巴巴、淘宝、天猫）。由于电子商务业务需要便捷的网络支付工具来支持，阿里巴巴推出了支付宝。随着电子商务平台的扩大，自然又衍生出融资需求，从而产生了阿里小贷。由于支付宝中有大量闲置资金，于是阿里巴巴与天弘基金合作推出了余额宝。

从这个发展路径我们可以看出，阿里巴巴做纯网络银行的一个最大的优势就是阿里巴巴的各种网络平台上的巨大存量客户资源。阿里巴巴聪明地运用了这些既有资源，并加上适度的营销宣传吸引了更多的客户加入它庞大的网络中。所以，就像阿里小贷、支付宝、余额宝一样，网络银行对于阿里巴巴来说，也是水到渠成、顺理成章的一件事。

第二，海量网络客户使得阿里巴巴可以在很短的时间内向大量中小投资者或储户提供现有银行所不能提供的相关服务。互联网公司业务发展迅速，其重要特点是可以覆盖广大的受众人群，且每个人涉及的资金也不是很多。传统银行更注重服务少数个人（比如高净值储户）和少数企业（比如大规模、高收益的企业），却忽略了大量中小储户，尤其是小储户。而互联网金融能够快速覆盖很多人。

因此，如果网络银行能够提供良好的产品和服务，那么它可能会在很短的时间内发展到很大的规模。

第三，阿里巴巴的大数据使得它拥有大量消费者的信息。支付宝具有上亿条消费者信息，阿里巴巴可以通过这些信息掌握消费者的消费习惯。很多国外的研究发现，如果某类人群的消费是很有计划、不铺张浪费的，向这类人贷款实际上风险是很小的。

因此，要预测借款人的行为，预测借款人最后是否会违约，是否会破产，实际上看他平时的消费行为就可以了。而小微企业的行为则是由个人行为构成的。如果你能够掌握消费者的信息，当这个消费者成立了小微企业并需要贷款的时候，现在掌握的消费信息在预测企业违约可能性上也将会非常有价值。

第四，在美国，商业银行三分之二的贷款并不是对企业的贷款，而是对个人和家庭的贷款，其中最大的一方面就是住房抵押贷款，以及信用卡或者消费贷款。在这方面中国有很大的潜力。尤其像阿里巴巴和腾讯，它们掌握了大量个人消费信息，可以在这方面做得更好，这就是差异定位。现在的大银行在这方面做得还远远不够。

阿里巴巴的纯网络银行，迄今在国内外都没有先例。对于纯网络银行是否符合我国现有的国情，笔者认为有待商榷。金融是跨期价值交换，金融交易的成功需要交易双方的信任。金融的本质决定了银行不能没有网点，因为在出现问题、需要服务的时候，人们都想要去一个看得见、摸得着的网点获取服务。中国人如今普遍缺乏诚信，亲朋好友之间都不一定敢借钱。

网络银行的不足在于，人们不太愿意把辛辛苦苦赚来的钱投资给看不见、摸不着的网络银行。单纯的互联网界面虽然能带来便利，但无法增强信任感。虽然网络银行可以省去建立传统物理网点的成本，但没有物理网点可能意味着金融交易难以发生。

另外，网络银行令违约和欺诈的风险大大增加。互联网金融产品在普及面、广泛度方面发挥作用的同时，欺诈空间也增大了。在对大数据的运用上，还没有一个公司能用大数据为金融资产风险定价，最多只是做做精准营销。网络银行现在还不能做到不需要与客户见面，也不需要实地考察，更不需要抵押担保来为资产风险定价。

目前，纯网络银行模式在我国属于新兴事物，在法律监管方面还处于真空。笔者认为，发展网络银行的环境、机制尚未成熟。民营网络银行能否成功诞生、生存，且拭目以待。

注：本文作者朱蕾为美国哥伦比亚大学商学院博士，上海交通大学高级金融学院教授、波士顿大学管理学院教授，曾任波士顿著名咨询公司经理。

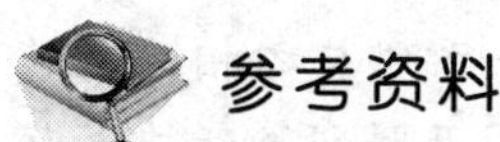

参考资料

中国网络银行发展模式

网络银行是技术引领创新、互联网思维传播发展的产物，也是互联网金融造成支付脱媒、融资脱媒、信息脱媒之后在更高层次回归银行业，因此不会复制实体银行“水泥＋鼠标”（设立营业网点，同时提供网银、电子渠道服务）的发展路径，而是一类拥有合法商业银行身份的互联网企业。2014 年，银监会（现为银保监会）批复深圳前海微众银行、温州民商银行、天津金城银行、浙江网商银行、上海华瑞银行进入筹建阶段。从目前已披露的信息及发起人股东的行业背景来看，深圳前海微众银行、浙江网商银行将会沿着互联网金融的道路，发展成为没有营业网点的网络银行。网络银行“轻资产、重服务”的发展模式所产生的鲶鱼效应、示范效应，将对中国银行业及其监管模式产生深远影响。

网络银行具有广阔的发展空间

1995 年 10 月 18 日，世界上诞生了第一家网络银行——美国安全第一网络银行（Security First Network Bank，SFNB），该银行完全在互联网上提供银行非现金服务，但此后网络银行并未如同人们预期的那样成为银行业的主流。2013 年，互联网金融浪潮席卷中国，说明互联网企业已成功探索到可持续发展的金融服务模式，网络银行作为互联网行业应用发展到一定阶段和规模的产物，并非“早产儿”。作为互联网原住民的“90 后”，平均网龄达 7.53 年，日均上网时长达 11.45 小时，已经进入社会，正源源不断地充实网络银行的用户队伍。2014 年 9 月 19 日，阿里巴巴集团登录美国股市，融资 250.2 亿美元，创造了全球史上最大规模的 IPO，成为中国互联网经济、互联网金融发展历程的里程碑。种种迹象表明，中国网络社会已经形成，互联网金融前景广阔。

为了规范网上支付业务，中国人民银行已把支付机构纳入监管范围，从 2011 年 5 月 18 日到 2014 年 7 月 15 日，合计颁发了 269 张支付业务许可证，支付机构获得了从事获批复业务的合法资质，互联网支付、理财、融资活动蓬勃发展。2013 年，我国互联网支付规模达到 5.37 万亿元。阿里小微金融服务集团在支付宝的基础上相继推出小贷、余额宝、招财宝、娱乐宝等系列产品，建立了全国性金融网络（包括 163 家中外资银行），形成了一个完整的银行业务和代理金融业务链条，占据了非金融支付约 50%的市场份额。与此同时，财付通也依靠其微信支付占据了非金融支付 20%以上的市场份额。可以说，脱胎于支付机构的两家网络银行，已实际拥有可持续发展的商业模式。

就银行业务本身而言，支付机构、网络银行并不会比实体银行做得更好，这也是国外网络银行发展不理想的重要原因之一。但在工业化与信息化融合发展、电子商务成为第三产业发展重点的大背景下，网络银行拥有雄厚的业务基础。中国的支付机构背靠成体系的电子商务企业，形成了“客户—服务—平台—合作伙伴”的生态圈，“网融结合”的运营模式大行其道，存贷汇业务成为嵌套在整个供应链中的不可替代的场景和操作。

网络银行的发展模式

网络银行、实体银行都高度依赖于网络设施，其差异并非使用网络设施的多与少，也并非依赖网络设施的深与浅。实体银行奉行外延扩张路径，以机构和资本规模带动业务规模，形象的描述就是“设网点、通汇路、拉存款、放贷款”，并建立一系列与之相适应的机构、员工、业务、风险管理体系。实体银行推出网上银行，旨在运用互联网等新技术改进现有产品和服务的提供手段与渠道。网络银行则是运用互联网思维“重新设计”适合于网民使用的产品与服务，所有的组成要素均围绕网络活动（即网络空间和物理空间的映射关系）来布局和运营。与实体银行相比，网络银行具有以下显著特点：

1. 轻资产运营布局

(1) 不设营业网点。除了少数办事机构、体验性网点之外，网络银行不以大楼、网点作为实力和信用的标志，不以客户经理作为联系客户的纽带，一步到位直接成为全国性银行，减少或向合作伙伴外包和“现场与实物”相关的现金、凭证、合同等服务，以视频交流取代面谈、面签、面查等环节。

(2) 重点发展中间业务。存款立行、早放贷早收益一向是实体银行倚重的法宝，全国性商业银行75%以上的利润来自利差收入。网络银行则实行服务立行，重视发展中间业务和小贷业务（“贷短，贷小，贷分散”），以同业存款“消耗”富余资金并换取合作伙伴提供各种服务。

(3) 线上开立电子账户。网络银行采用业内俗称为“弱实名制”的做法：用影像识别软件比对开户人上传的身份证影像和人脸影像、个人预留公安部照片三者的一致性；依托合作银行绑定银行卡（账户）并完成转账操作；记录客户终生不变的生物特征数据（包括人脸、虹膜、声纹、指纹、掌纹等）。

(4) 拥有强大的技术团队。技术能力和创新思维是网络银行的两大支柱，是其与传统银行业竞争的利器。如同科技企业一样，网络银行尤为重用技术人员，持续开展前沿技术研究，以技术能力支撑其运营能力和管理能力，而且将技术能力转化为可输出、可盈利的软件产品和技术服务。

2. 实施生态圈发展策略

(1) 建立垂直支付链。电商圈包括社交、娱乐、资讯、餐饮、旅游等各种业态（网民活动），网络银行抽取其中的支付、理财、融资需求及场景，并提供便利的技术实现手段，将电商圈积聚的流量（注册网民与业务规模）导向金融圈。反之，金融圈又为电商圈实现人与人、人与硬件、人与服务的连接和O2O（线下与线上）业务转化提供无缝连接的服务。2014 年 10 月 16 日，阿里巴巴集团宣布启动“千县万村”计划，将在3～5 年内投资100 亿元在全国建立 1 000 个县级运营中心和 10 万个村级服务站，由此将衍生出大量稳定的银行业务。

(2) 建立全国性金融网络。借助于支付宝、财付通等支付机构打下的基础，网络银行很快就可以建成全国性金融网络，向实体银行以及保险公司、证券公司、信托公司等推送交易，以从业者或代理人身份开展各种跨机构、跨行业的业务。更重要的是，网络银行很有机会发展成为一个支付清算组织，或聚集金融机构、非金融机构形成产融结合、协同创新的群众性组织。

(3) 构建互联网金融门户。互联网领域面向海量用户，特别是针对互联网“原住民”，马太效应十分明显，一般规律是每个细分市场中的前 3 家银行占有超过一半的市场份额、前 10 家银行占有 9 成以上的市场份额。网络银行抢占先机，将大量金融产品聚集在一起，有对比、有选择，“成行成市”效应将十分明显。

3. 立足需求端设计产品

(1) 业务门槛较低。网络银行利用技术投入具有边际成本递减的特点，降低业务门槛，扩大用户基础，做大交易规模，特别是可以吸引到"长尾"用户。更进一步，则是提供技术或设备支持，在网上为用户提供收付款、进销存管理、财务管理、信用贷款、移动办公的集成服务，从而深度"绑住"用户。

(2) 嵌入增值和定制服务。增值服务是网络银行重要的收入来源，它们以低价或免费的跨行还款、转账、缴费等基本服务为基础，做实用户流量，针对一些特殊场景提供增值服务。例如，针对分类客户群体提供定制服务，包括大额收付款、一对多批量付款、国外购物退税等；提供无抵押、短期、小额贷款，甚至开展具有创造货币性质的"白条"透支服务。

(3) 以手机钱包为服务手段。据统计，截至 2014 年 6 月，中国手机网民规模达到 5.27 亿人，手机上网比例为 83.4%，首次超越个人计算机的上网比例（80.9%），成为第一大上网终端。随着 4G 时代的到来，手机成为"网络银行—业务—客户"之间的载体，"手机银行"从立足客户数据向立足客户体验、客户服务转变。

4. 大数据的处理模型

(1) 开展精准营销。在互联网时代，数据已经成为银行的重要资产。基于云计算的大数据分析以及机器学习能力，是网络银行目前明显领先于实体银行的技术特点和商业优势。实体银行长于结构化数据的统计，建立涵盖客户、账户、产品、交易、管理数据的"银行业务数据管理体系"，用于银行业务管理。网络银行长于非结构化数据的关联分析，进一步补充建立"客户行为数据管理体系"，用于发掘客户需求、预测用户风险偏好，从而开展精准营销。

(2) 提高运营效率。大数据分析可以挖掘众多与用户信用相关的信息（例如，常去高档场所消费、拥有高级游戏装备的人群往往具有较强的经济实力，长期使用同一个 IP 地址或网购地址的人工作更稳定），而不是仅仅盯住已经发生的交易记录、违约率和违约损失率，从而规模化推行非现场身份验证、小额信贷快速审批、直通式交易处理，显著减少人工干预和事后稽核，并运用大数法则评估和控制潜在风险。其中，大数据分析对目前实体银行以信贷、授信还款记录为主的客户征信是一个重要补充，对首次申请信贷客户的征信将发挥重要作用。

(3) 提供云计算服务。网络银行将延续互联网企业的技术路线，采用个人计算机服务器的分布式技术架构，与实体银行采用高端服务器的集中式技术架构相比，成本更低，横向扩展性和容错性更好。支付宝在 2014 年"双十一"的交易峰值达到创纪录的 285 万笔/分钟，完全可向社会提供技术、数据服务。"网络银行卖技术"将改变银行业长期以来买技术的传统。

加强对网络银行的监管

1. 修订现有监管规则

网络银行是金融与科技融合、创新的产物，其物理布局、运营方式、风险表现、发展思路都和实体银行存在差异。现有的监管规则（包括《中华人民共和国商业银行法》以及各种业务管理规定、技术指引）以及监管模式，都需要按照"审慎研究、包容发展、保持平稳"的原则进行修订、调整，既为网络银行的创新留下空间，又在整体上保持银行体系的稳定发展。

2. 建立新型监管模式

面对金融互联网化的趋势，监管模式由机构监管向功能监管发展，由合规性监管向风险性监管发展，审慎性监管与行为监管相结合已成为共识。创新既意味着探索，也可能是监管套利，风险的未知性、复杂性、隐蔽性都有所增加，简单如转账快捷交易，复杂如股票高频交易，均需要进一步从操作层面建立监管方法论。一是明确风险兜底原则。为了防止网络银行开展发散式创新、脱离实体经济需求的创新并将创新风险转嫁给社会，有必要明确网络银行的风险管理主体，引导其开展与其风险管控能力相匹配的创新，从而保护金融消费者的权益。二是完善统计监测指标体系。资本充足率、拨备、杠杆率、流动性等传统监管指标仍然适用于网络银行。为满足风险评估与测算需要，必须补充“网络银行影响力与风险度量”指标，初步考虑的因素包括覆盖面（主要包括注册用户数、活跃用户数、联网机构数）、交易规模（主要包括交易金额/全国 GDP、交易金额/社会零售商品总额）、服务能力（主要包括笔均支付金额、笔均贷款金额等）、赔付规模（主要包括赔付笔数与金额、赔付原因、赔付率）等。

3. 统筹谋划银行卡市场的发展与监管

一是明确网络银行加入大额支付系统。目前，全体商业银行均加入了中国现代化支付系统（包括大额支付、小额支付、网上支付跨行清算、电子商业汇票、支票影像交换等系统）。网络银行至少应加入大额支付系统，从其在中国人民银行开立的清算账户中逐笔实时完成跨行大额支付、紧急小额支付的资金清算。这一安排有利于中国人民银行测算金融市场的流动性、畅通货币政策传导机制。二是监管重点定位为保护消费者权益。网络银行不可避免地会与中国人民银行清算总中心、中国银联、农信银资金清算中心、城商行汇票资金清算中心发生竞争。同时，大型商业银行可能以互联方式建立支付清算网络，市场主体也会与国际银行卡组织、境外汇款机构开展合作。中国人民银行只有立足于保护消费者权益的立场，明确风险底线的具体内容，才不会被所谓的“支付乱象”所迷惑。三是研究网络银行发卡的问题。近年来，中国人民银行大力推动银行磁条卡芯片化迁移工程，引导以芯片卡为基础的手机近场支付（NFC），突破技术壁垒，实现线上与线下支付工具的融合发展。今后，如果网络银行发行独立品牌或国外品牌的实体卡或虚拟卡（例如二维码银行卡），显然会引起银行卡市场的结构性变化。在一个多银行卡品牌的市场上，中国人民银行有必要将部分涉卡管理权限“还给”银行卡组织，由其加强对发卡行、收单机构的管理和约束。

结束语

与金融制度改革带来的创新不同，网络银行是技术引领的创新，是互联网行业基于网络思维从事业务、基于电子商务拓展空间、基于资本市场壮大实力，其发展可以概括为“依托新技术，铸造新平台，面向新生代，创造新模式”。互联网将与利率市场化、人民币国际化一样，深刻影响中国银行体系的发展路径，并正在引导和带动金融要素市场的网络化以及数据化。当前，各种创新此起彼伏，对创新风险的识别、监测、管控需要一个过程，监管部门应尽快建立有效的监管框架，为创新提供正向激励，推动网络银行围绕服务于实体经济、解决融资难融资贵问题开展创新，推动银行业加强技术储备持续创新，把握好创新风险和金融稳定的平衡，从而塑造一个充满活力的现代银行体系。

世纪之交，随着互联网在全球范围内的迅猛发展，电子商务风起云涌。银行作为电子贸易不可缺少的服务机构，担负着完成电子货币的支付和清算的重任。世界银行业正进入一个新的黄金发展期，网络银行正蓬勃发展。

建立在互联网基础上的网络银行，是以逼真的虚拟银行大楼、服务大厅、业务房间和走廊等三维立体空间概念设计而成的，使客户具有亲临现场的感觉，且服务质量极高。

目前，网络银行发展的模式有两种：一种是完全依赖于互联网发展起来的全新电子银行；另一种是在现有的传统银行基础上，运用公用互联网服务，开展传统银行业务交易处理服务，通过其发展家庭银行、企业银行等服务。

网络银行是对现有银行专用网的延伸和对银行传统业务方式的补充，银行只需增加路由器、服务器等软、硬件设备，不必另外投资租用通信线路，就能把自己的网络延伸到客户的办公室或家里，弥补传统银行业务中营业网点少和营业时间短的不足。

网络银行的实质是为各种通过互联网进行电子商务活动的客户提供电子结算手段。网络银行的特点是客户只要拥有账号和密码便能在世界各地与互联网连接，进入网络银行处理个人交易。在网络银行中，客户除了能办理储蓄、转账等简单业务和信用卡、证券交易、保险、付款申请等业务以外，还可以查询各种银行信息及根据实时数据进行现金分析和财政状况分析，而且在不受干扰的情况下，24 小时随时随地尽情浏览。

1995 年 10 月建立的美国安全第一网络银行是全球第一家无任何分支机构的网络银行，开业后短短几个月，就有近千万人次上网浏览，给金融界带来了极大的震撼。随后各地都纷纷在网上开设银行。1997 年年末中国香港的“浙江第一银行”正式推出较全面的国际互联网络服务系统，成为中国香港第一家推出网上服务的银行。

网络银行的最终目标在于推出全方位的金融服务，存、取、贷款以及汇兑、代收等服务都在互联网上实现，乃至实现与其他金融机构连接的虚拟银行。它使得客户可以不受银行营业地点的限制，从而形成一个融银行账户和银行自身于一体的全开放银行体系，促使社会向“无现金、无支票”方向发展。

对于“信用重于一切”的银行来说，网络银行的安全尤为重要。对于网络银行来说，信息安全涉及数据与存取控制、数据的加密传输、身份认证等关键技术。

网络银行的出现向传统银行发起了挑战，成为银行最便利的服务手段。网络银行无须“自助银行”及“无人银行”的固定场所，省掉了自动柜员机（ATM）等价格昂贵、维护频繁的银行设备，客户只需要输入用户名及密码便可进入系统。因此，未来有形银行的营业网点将大量减少，那种传统大银行引以为豪的星罗棋布、遍及全球的分支机构，恐怕只能成为“摆设”了。

知名的网络银行，国外有安全第一网络银行、美国银行等，国内有中国银行、招商银行和中国建设银行等。

注：本文作者为中国人民银行科技司司长王永红。

第三节　区块链技术开启智能结算新时代

一、区块链技术及其功能

互联网在完成了全球信息高速传输和低成本复制之后，科学家们接着思考的是互联网在完成了一场信息革命之后能否转移价值，完成信用革命。把信息互联网提升为价值互联网是区块链技术诞生的设想。另外，金融机构本质上是提供信息服务和信用服务的组织，价值的传递变得格外重要。比如：用货币实时支付、转移证券资产、进行遗产分配等对支付系统的信用等级及安全性要求非常高，并且需要得到交易各方的认可及接受，这是价值互联网的基本特征。2008 年 11 月 1 日，化名为中本聪的学者发表了题为《比特币：一种点对点的电子现金系统》的论文。2009 年 1 月 3 日，虚拟的电子货币比特币诞生并且第一次在没有人和机构的干预下完成了支付，科学家们开始关注虚拟货币比特币的底层技术"区块链"的功能。区块链技术可以在价值转移、资产转移、证券转移、财富转移中得到各方认可，不被人操纵，有信用保障 。而比特币本身由于不属于任何国家的主权货币，也不是由中央银行发行的，所以没有得到大部分中央银行的认可，比特币的设计者也没有想到日后比特币会大起大落，成为全球一项金融投机资产。投资和炒作比特币有一定的风险性，投资者应注意将比特币与其他投资产品区别开来。随着科技的发展，2015 年 5 月 20 日，纽约证券交易所宣布推出全球第一个由交易所计算并公布的比特币指数——纽约证券交易所比特币指数（NYSE Bitcoin Index）。2015 年 6 月 4 日，美国纽约州金融服务局发布了《数字货币公司监管框架》，这是全球第一个正式针对数字货币行业提出的明确监管法规。2016 年，包括微软、戴尔在内的超过 10 万个商家已经宣布接受比特币支付，全世界最大的比特币支付公司 BitPay 与最大的电子支付平台 PayPal 展开了正式合作，开启了互联网金融公司争先恐后探索区块链技术应用的进程。

在世界上，无论是什么形式的货币，其价值都不在于制作成本，也不在于它如何与其他货币兑换，而在于人们对它产生的信任。"钱"是人类历史上最有效的互信系统，科学家采用区块链技术是想创造一套新的数字化互信系统。交易双方可以互相不信任，但如果他们都信任区块链技术创造的账本或合约，就可以完成任何交易。这一次，人们信任的不再是任何个人、组织、清算机构，而是依靠密码学、数据存储学、数学组成的自动运行的一套系统。这套系统不需要人工来维护，交易成本低，在这套系统上，所有交易者都遵循固定的算法，允许所有人查看和参与验证，没有银行做中介和背书。可以说，区块链是一种技术解决方案，其最大的优势是解决了交易的信任问题，从而使两个陌生的人或机构之间建立起可靠、安全的交易方案。

区块链（blockchain）是一个去中心化的数据库，它通过密码学的方法把一串串数据连接起来，形成数据块，每一个数据块都是点对点的交易，用于验证信息和防伪，区块链实际上是可靠的数字信用凭证。

区块链的主要特点如下：

(一) 去中心化

区块链是一个分散集权的数据库，没有银行或审计部门做中心化的管理机构，也不需要专门存储交易数据的超级计算机或专门用来监管的网络维护，每个用户具有均等的权利和义务，每个用户既有可能是交易的参与者，又有可能是交易的监督者和管理者。

(二) 节省高额的交易成本

区块链技术有效减少了传统的中心化交易方式所产生的巨大花费，因为不需要用人工来维护系统，降低了系统运营的成本、风险、监管问题，提高了系统的效率，至少可以节约 25%的结算和清算成本。

(三) 开放性

区块链系统上的数据对全网所有的节点即用户开放，这意味着整个系统信息透明度极高，任何人都可以查询数据。当然，交易各方的私有信息可以通过公钥和私钥加密，拥有解密权和工具的用户才可以对信息解密，这样就能保护用户的隐私。

(四) 自治性

区块链建立在协商一致的规范和协议之上，即共识协议安排，经济活动的各参与方，比如买方、卖方、银行、物流公司、保险公司等把复杂的协议数据和合同信息等要素记录到数据库里，通过公开、透明的算法，自由安全地进行数据交换。对机器算法和运算能力的信任取代了对人和机构的信用检验，任何人为的干预对系统都没有用。它不依赖个人和组织进行管理，而是依靠计算机集群自主运营，系统内所有的节点共同监督、共同维护。

(五) 不可篡改性

一旦某个区块中的信息通过全网验证而被添加至区块链中，它就被永久地存储起来。中本聪创造了一个“工作量证明机制”，即对数据库的任何修改都必须至少控制全网 51%的节点（计算机）才可能有效。而修改全网 51%的计算机的可能性是极小的。这种分布式系统抗攻击的能力非常强。更重要的是，由于每个区块链严格按照时间顺序产生和串联，这种链条使交易容易追溯，其数据极为稳定和可靠。因为不能篡改，所以才具有真实性。

(六) 匿名性

区块链上节点之间的交换遵循的是计算机的固定算法，活动的有效性由程序自行按照规则运行，交易双方无须公开身份以取得对方的信任。虽然交易者的身份是匿名的，但交易本身永远不能隐藏，因为区块链有可追溯的优势。

(七) 分布式加密账本

区块链是一种记录电子信息的新机制，每一个节点的权利和义务是均等的，每个计算机记录的电子信息是全网广播或全网证实的，又不可篡改，因而信任度提高了，它可以让交易和支付同时完成，缩短了结算时间（见图 11-6）。

(八) 智能合约

智能合约（smart contract）是区块链的又一核心技术，最早是由密码学家尼克·萨博提出的。它是一套以数字形式定义的承诺，合约参与方可以在上面执行这些承诺。智能合约一旦启动，将会自动执行整个过程，即使是发起人也无力改变它。比如让智能合约执行

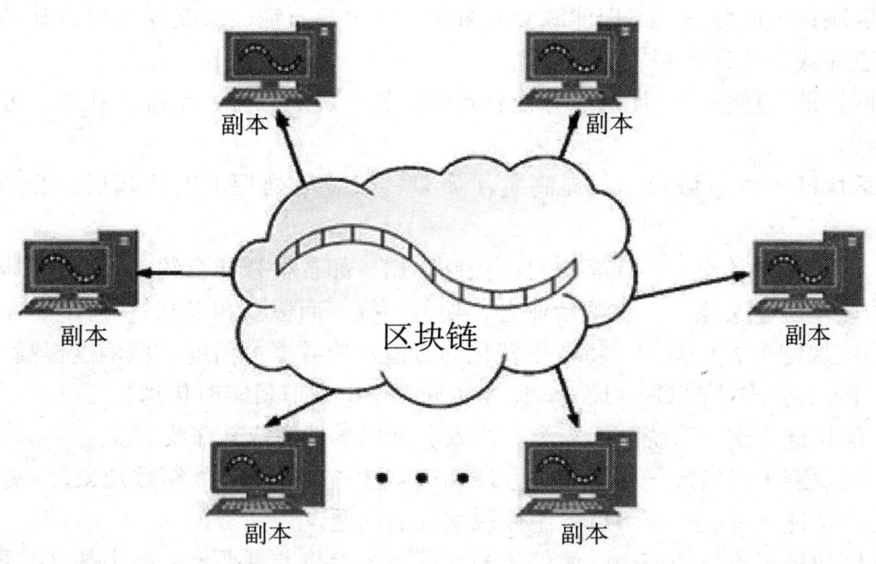

图 11-6　分布式加密账本

遗嘱、转账、捐款等任务。

(九) 通证

区块链还可以作为数字化的权利和权益凭证，这类凭证被称为**通证**（token)。通证有广义和狭义之分。狭义的通证包括身份证、房产证、信用卡、用户积分、股票、证券、资产凭证等。除了狭义的通证之外，广义的通证还包括加密的数字货币，如比特币、以太坊等。如果通证代表法定货币，要由国家授权。通证必须以数字形式存在，代表一种权利和固有的内在价值，是一种金融资产。通证具有真实性、难以篡改，由密码学保障其安全、可靠。通证可以在网络中流通，随时随地作为一种权益被验证，比如身份证、学历证明、票据、积分、信用评分等。

二、区块链的应用

区块链与物联网、大数据、人工智能等技术相互融合，将成为新一代信息基础设施，被称为超级互联网、全能网，而超级互联网与所有行业的融合，特别是农业、工业、制造业、贸易业、服务业等实体经济的融合，将产生巨大的活力，推动经济的进一步增长，满足人民更多的生活需求。

(1) 区块链＋商品的防伪识别——商品的真实性得到保证。

(2) 区块链＋物流——运输安全可靠。

(3) 区块链＋医疗——医疗数据信息共享，如电子病历。

(4) 区块链＋教育——实现教育资源共享，如学历认证、学习记录。

(5) 区块链＋农业——保证人们吃到放心食物，保证农产品的质量，防止土地污染，如给牲畜装上智能脚环。

(6) 区块链＋认证——对人对物，明确权属，提高效率，如应用于购买机票及车票和海关检查方面。

(7) 区块链+能源——实现能源交易革命，电力、石油、碳交易都可以让消费者和生产者点到点完成或共享。

(8) 区块链+慈善——让每一分爱心有的放矢，透明慈善、精准式扶贫、爱心捐赠公益没有损耗。

(9) 区块链+智慧城市——提高生活质量，如垃圾处理、生活起居、交通、水电智能化。

(10) 区块链+社交——让客户自己控制数据，如各种智能合约。

(11) 区块链+文化——重塑新业态，如著作权、商标权和专利权等。

(12) 区块链+大数据——将数据转化为价值，使数据可信度、精确度提高。

(13) 区块链+AI+5G+4K——比如实现全球电视节目实时传送。

(14) 区块链+支付系统——安全、高效、低成本地完成转账支付。

(15) 区块链+反腐败——提高公开性和透明性，有助于查处腐败现象。

(16) 区块链+税收——可以杜绝偷税漏税的问题。

(17) 区块链+市场经济——诚信机制保证市场参与者更平等、缩小贫富差距。

(18) 区块链+金融——借贷合约方便、快捷，还款记录清晰。

(19) 区块链+投票——更民主、更透明、更公平。

(20) 区块链+政策制定——更精准、更符合实际、更有效。

(21) 区块链+法律——更正义、更保护人类。

(22) 其他。

总之，信用革命是区块链技术的责任和使命。

参考资料

Ripple 跨境支付清算系统

Ripple（瑞波）是一个支持跨境服务器之间进行点对点价值传输的去中心化分布式开源软件，在区块链作为底层技术的基础上，Ripple 支付网络支持包括国际主流法币、虚拟货币甚至商户积分、电话分钟数等多品种有价物的跨境实时交易，不仅无须支付跨行异地及跨国支付手续费，还可实现秒级到账。图 11-7 给出了 Pipple 跨境支付模式。

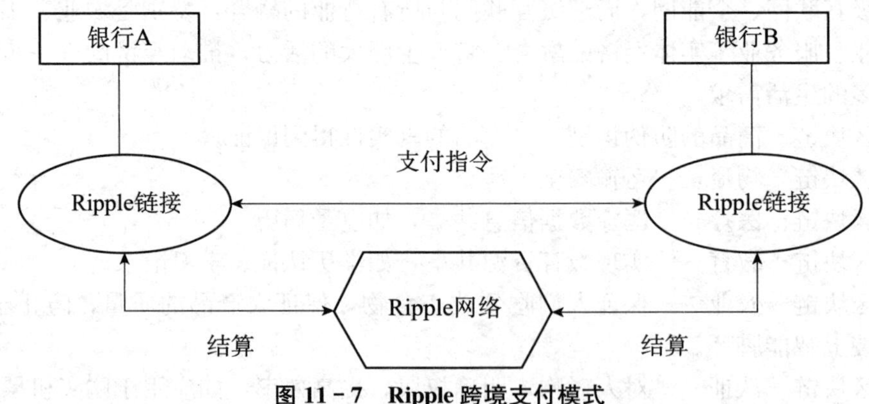

图 11-7　Ripple 跨境支付模式

Ripple 跨境支付清算网络的应用现状

目前，Ripple 提供服务的方式有两种：一种是直接向用户提供产品或服务；另一种是直接向以银行为主的金融机构提供汇款技术和底层协议。用户登入客户端进行跨境汇款时，在汇款栏中将有 SWIFT 和 Ripple 两个选项供选择。

Ripple. com 显示，截至 2019 年 1 月 8 日，Ripple 支付网络—— RippleNet 已在六大洲的 40 多个国家提供服务，全球 200 多家机构已成为其客户。其中，全球排名前 50 的银行中有 10 家在列。2018 年，近 100 家金融机构加入了 RippleNet，每周新签约用户有 2～3 个，全年增幅达 350%。其中，来自阿联酋和中东地区的用户增长最快。

在国外市场上，德国的 Fidor 于 2014 年 5 月成为全球首个加入 Ripple 网络的银行；桑坦德银行于 2016 年成为欧洲首家采用 Ripple 技术搭建跨境支付系统的银行（见表 11 - 4）；瑞穗金融集团在日本率先运用 Ripple 技术解决跨境支付清算中的成本高昂和结算延迟痛点；进入 2018 年以来，相继有美国运通公司、联昌国际集团、三菱 UFJ 金融集团等金融机构成为 Ripple 支付网络中的成员。

相比之下，由于面临严格的监管，Ripple 在开拓中国市场方面困难重重。直至 2018 年年初，Ripple 的客户名单中才纳入 1 位中国客户，即总部位于香港的独立第三方支付公司连连支付（LianLian Pay）。此前，Ripple 与锐波（北京）科技达成战略合作，由后者负责中国市场的开拓。目前，Ripple 在中国有四个网关，分别为 RippleChina、RippleCN、XRPChain、RippleFox，用户可通过上述网关进行货币兑换和钱包充值。

表 11 - 4 Ripple 支付网络应用实例

Ripple 客户	简介	目标	解决方案	效果
SBI Remit	日本汇款巨头	使生活在日本的 47 000名泰国人可快速寄钱回家	与泰国暹罗商业银行合作，共同使用 Ripple 的区块链解决方案 xCurrent 实现日本和泰国间的实时汇款	3 个月完成 Ripple 系统的搭建；2～5 秒内完成跨境汇款
InstaReM	新加坡国际货币兑换平台，在东南亚市场占据垄断地位	改善支付体验，快速增加全球支付服务的广度与深度，在新市场中脱颖而出	加入 RippleNet，为其客户及 RippleNet 上的其他成员实时处理跨境交易	在 8 周内接入 RippleNet，客户跨境支付费率降低 98%，成功开拓了拉丁美洲和亚洲市场
REMITR	面向全球的跨境支付平台，业务覆盖超过 150 个国家	需要一个与合作伙伴建立联系的更有效的方案	利用 RippleNet 实现对大量新的、值得信赖的合作伙伴访问的标准化	加入 RippleNet 后，REMITR 便与网络中的三个新的国家开展跨境资金收付业务，所用时间是传统方式下完成一个客户端集成所用时间的一半
桑坦德银行	母公司是欧元区市值最大的银行集团——西班牙银行集团	缩减跨境支付成本和交付时间	采用 Ripple 的分布式加密账本技术，研发出可以实时完成跨境支付的应用程序	国际汇款结算时长从过去的几天缩至一天以内，用户可查看收付人信息、外汇汇率、费用、预计到账时间，并可跟踪支付状态

资料来源：Ripple. com.

Ripple 支付网络的经济效应

现阶段，银行处理跨境支付业务的成本居高不下，主要包括国际汇兑成本、现金对冲成本、财资运作成本、流动性成本、支付操作成本，以及《巴塞尔协议Ⅲ》成本等 。以一家年跨境支付额达 120 亿美元、月均跨境支付业务处理笔数为 15.7 万笔、资本成本为 6%的银行为例，其跨境支付业务中的各成本占比如图 11－8 所示。

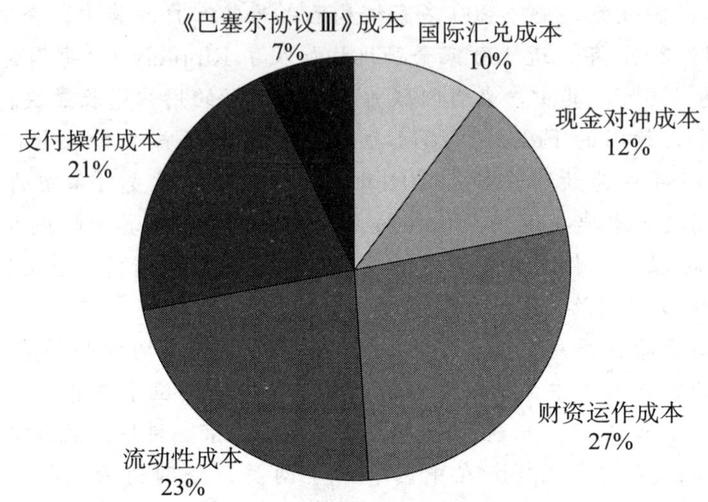

图 11－8　银行跨境支付业务成本构成

资料来源：Ripple. com.

表 11－5 对银行跨境支付业务成本做出了解释。

表 11－5　银行跨境支付业务成本

跨境支付成本类别	释义
国际汇兑成本	汇兑损益是在各种外币业务的会计处理过程中，因采用不同的汇率而产生的会计记账本位币金额的差异
现金对冲成本	对一篮子货币进行套期保值的成本
财资运作成本	维持账户所需最低限额资金的资本成本、跨账户现金管理成本，以及其他偶发的现金成本等
流动性成本	在途资金的机会成本
支付操作成本	需要人工干预的异常和错误处理成本
《巴塞尔协议Ⅲ》成本	机构持有低收益、高流动性资产的机会成本

（1）仅使用 RippleNet 的成本节约效应。

使用 RippleNet 和 XRP[①] 可以帮助银行降低甚至消除上述成本。为评估使用 XRP 作为桥梁资产所带来的成本节约效应，首先对使用 RippleNet 但不使用 XRP 的成本节约效应进行估算。以下数据估算模型来自 Ripple 官网报告。

仅使用 RippleNet 但不使用 XRP 所带来的成本节约效应如下（见图 11－9）：

①流动性成本降低 65%。使用 RippleNet 后，两天的资金在途成本可被消除，nostro

① XRP 是 Ripple 公司发行的虚拟货币，又称瑞波币或 Ripple 币。

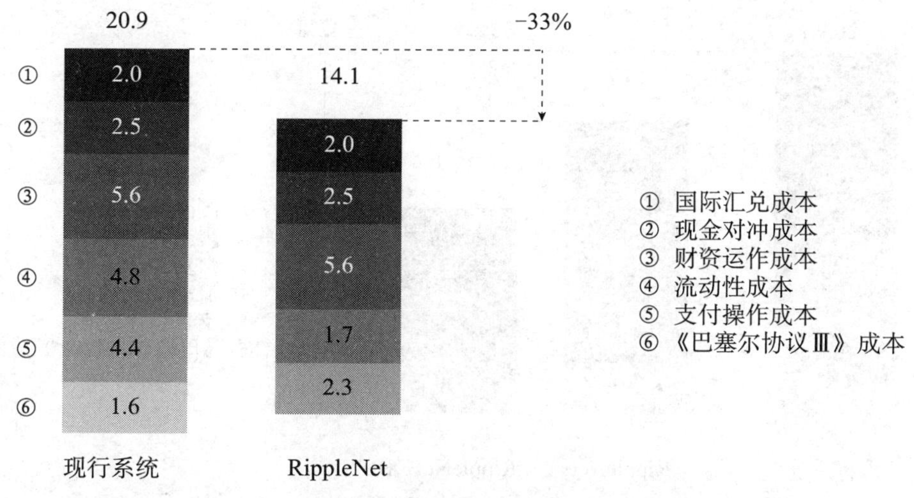

图 11-9 银行仅使用 RippleNet 的成本节约效应

账户一天的融资时间仍存在。总的来说，流动性成本可降低 65%。

②支付操作成本降低 48%。尽管本地支付成本不变，但与结算相关的异常处理和交易失败成本大幅降低，运营成本可降低 48%。

③《巴塞尔协议Ⅲ》成本降低 99%：由于资金在途时间被消除，银行不需要再持有收益极低、流动性极高的资产来满足监管要求，因此，《巴塞尔协议Ⅲ》成本可降低 99%。

据 Ripple 官方估算，一家每年处理跨境支付规模为 120 亿美元、平均交易规模为 630 014美元的银行，可以为部署 Ripple 网络付出的一次性成本保守估计为1 000万美元，投资回报期将小于 15 个月。Ripple 支付网络的部署成本将根据银行规模和基础设施的不同而不同。对于较大的银行来说，由于更大的跨境支付业务量以及更短的负债端资产积累周期，其投资回报期将与上述测算结果吻合。

（2）同时使用 RippleNet 和 XRP 的成本节约效应。

由于 XRP 作为一种新资产可能具有更高的波动率，因此货币对冲是造成短期成本上升的唯一原因。随着 XRP 的使用增加，这种波动率预计会下降。假设上述银行接入 RippleNet 后，其 50%的支付形式用 XRP 来代替，并对 XRP 本身进行托管，即在同时使用 RippleNet 和 XRP 时，上述银行的成本节约效应如图 11-10 所示。

①国际汇兑成本。随着 XRP 流动性的增加和利差的日益收窄，假设一家银行根据其资产负债表上的 XRP 建立自己的市场，模型中的净息差假设将保持不变。

②现金对冲成本。由于需要对冲一种新的、可能不稳定的资产，货币最初的套期保值成本可能更高。该模型假设现金对冲成本是目前流动性法定货币的 5 倍。随着 XRP 流动性的增加，对冲成本将随着时间的推移而提高，并非所有银行都希望对冲。

③财资运作成本减少 75%。由于使用 XRP 无须 nostro 账户的存在，银行将减少高达 75%的现金管理和账户维护成本。法定货币管理的操作成本也将随着货币托管数量的减少而减少，尽管 XRP 本身仍然需要一些开销。拥有更多 nostro 账户的银行将获得更多收益。

④流动性成本降低 98%。由于使用 XRP 不需要多个 nostro 账户，因此冗余的流动性成本被压缩到一个 XRP 账户中。相比仅使用 RippleNet，同时使用 RippleNet 和 XRP 可

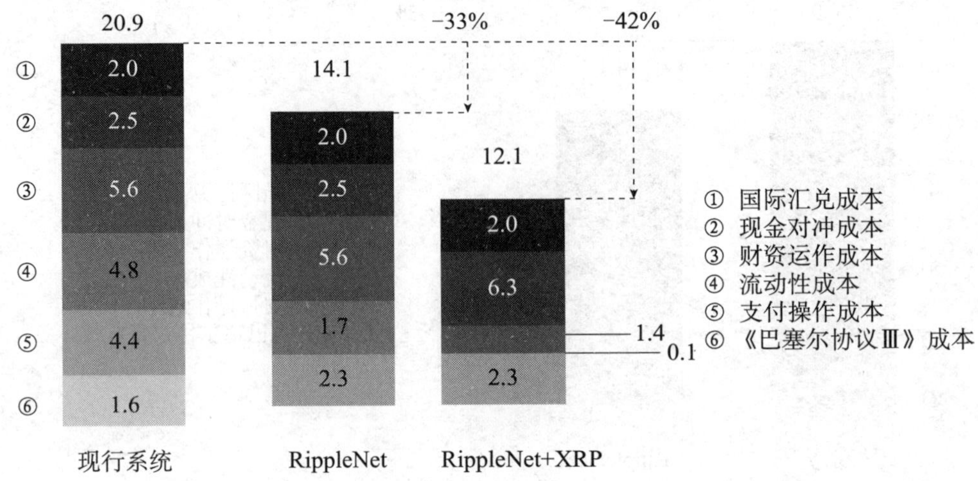

图 11-10 银行同时使用 RippleNet 和 XRP 的成本节约效应

为 nostro 账户节省最多一天的资金成本，流动性成本可被降低 98%。

⑤支付操作成本。与仅使用 RippleNet 相同，本地支付成本和结算以外的贸易失败相关成本仍然存在。

⑥《巴塞尔协议Ⅲ》成本。使用 RippleNet 时已经最小化了资金在途时间，因此，《巴塞尔协议Ⅲ》的成本不会随着 XRP 的使用而改变。

此外，这家年跨境支付业务规模为 120 亿美元、平均交易规模为 630 014 美元的银行，投资回报期将仅仅略高于 15 个月。

Ripple 报告称，上述模型包含了一个保守的对冲成本假设，该假设基于 XRP 具有较高的初始波动率。然而，机构持股和 XRP 的活跃交易可以大大降低 XRP 的波动率，显著降低对冲成本。在低波动率下，假设 XRP 的波动率与一篮子法币的波动率一样，跨境支付成本相比现有系统可额外降低 60%（见图 11-11），总成本可节约超过 330 亿美元。

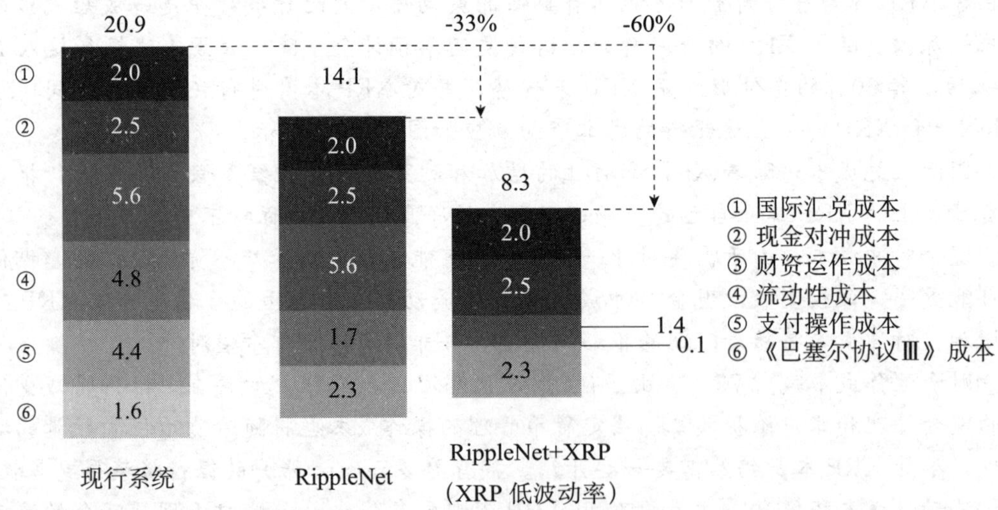

图 11-11 在 XRP 低波动率下，银行同时使用 RippleNet 和 XRP 的成本节约效应

Ripple支付网络的其他效应

相比现有的跨境支付系统如SWIFT系统，Ripple系统在准入门槛、支持货币的种类、支付效率、风险控制方面同样具有比较优势，将对现有的国际主流支付系统形成竞争与挑战，并存在一定的替代效应（见表11-6）。

一是准入门槛降低，金融服务的可得性提升。SWIFT系统向来只面向大中型金融机构（银行、资管公司、券商等）开放，且将用户按照会员（股东）、子会员、普通用户三个等级进行了划分，根据会员类别收取相应的入会费和年费。未能达到加入SWIFT系统条件的中小型金融机构，只能通过SWIFT系统的会员机构完成跨境支付汇款，这无疑导致了其交易成本的增加。相比之下，Ripple协议搭建于P2P全球网络之上，具有去中心化、开放、透明的特点。原则上，只要有网络，任何组织甚至个人都可通过Ripple系统的开放接口接入Ripple支付网络，进行点对点的价值传输，这极大地降低了跨境支付参与者的准入门槛，尤其对中小型金融机构而言，金融服务的可得性得到了大幅提升。

二是支持多种价值传输种类。SWIFT系统支持的价值传输种类较为有限且单一，目前只支持美元、人民币、英镑、欧元等主流的法币。Ripple系统借助于XRP和网关，不仅支持各国法定货币的跨境收付、外汇买卖、转账支付等，还支持处理比特币、以太坊等数字货币，以及商户积分等有价物的价值传输。以法币的实时兑换为例，用户可以按照实际需要，买入或持有一定数量的XRP来满足跨境支付所需的流动资金。届时，通过Ripple网络中的数字资产交换平台，便可以以XRP为流通媒介，完成不同法币之间的实时跨境收付。

三是支付效率得以提升。SWIFT系统的业务受理时间并非7×24小时，服务停歇期间的跨境转账需求就只能被延后处理。此外，SWIFT系统的跨境支付与结算过程是分开处理的。支付过程依赖于多个主体，非SWIFT系统会员还要依托代理行完成交易，并需在代理行的国际资金往来账户中存有一定的流动资金，避免流动性风险。相比之下，Ripple网络支付系统7×24小时运转，基于分布式架构处理业务，可实现点对点的跨境支付，可访问全球范围内的标准化机构网络，在几秒钟内便可完成一笔跨境支付。

四是显性风险降低，隐性风险增加。SWIFT系统作为一个中心化的系统，所承受的单点故障的潜在风险较大。在资金跨境交付过程中，为确保交易的安全性、完整性和不可抵赖性，用户必须登录SWIFT系统的安全客户端系统，历经多个安全及合规检测环节。即便如此，仍然存在影响报文有效性的各种风险。对比而言，Ripple网络采用的是分布式架构，即便某单点遭受攻击，仍有其他节点有备份数据可供使用。然而，Ripple系统虽然通过设置相关机制增强了系统显性层面的安全性，但由于系统没有交易额度和时间的限制，且其支持数字货币和法币的双向流通，使得交易的可追溯性和匿名性较差，存在一定的洗钱风险。

表11-6 Ripple系统与SWIFT系统的比较

	Ripple系统	SWIFT系统
记账机制	Ripple协议共识算法	集中批处理
架构	去中心化	中心化
处理速度	3～6秒	至少2个工作日
最高处理能力	8 600万笔/天	1 900万笔/天
交易成本	网关手续费、汇率差	银行手续费、汇率差、电讯费
交易币种	法币、虚拟货币	法币

Ripple 的基本运行机制

Ripple 系统主要由 Interledger 协议、分布式记账系统、做市商网络和基础货币（XRP）组成。与传统的中心化支付网络不同，Ripple 支付系统搭建于分布式节点之上，这些节点构成了 Ripple 公开数据库，遵守统一的“共识机制”修改总账，总账中记录着交易账号和相应余额，可供任何用户查询。

（1）Interledger 协议。

Ripple 旗下名为“Interledger”的网络金融传输协议，可充当银行等金融机构间不同记账系统的桥梁，基于该协议，银行便可继续使用原系统，无须再搭建统一的记账系统。

（2）分布式记账系统。

RippleNet 的底层逻辑是分布式记账，全网节点通过统一的共识机制完成交易的确认，全程无须金融机构的介入，可 7×24 小时无间隙运作，交易完成时间可缩至秒级。此外，Ripple 只需一个准备金账户，可减少资金占用。

（3）做市商网络。

在 RippleNet 中，设置有银行、货币兑换商等做市商角色，足够多的做市商不仅可保证系统有足够多的流动性，还能形成经充分竞争后的汇率水平，Ripple 网络可通过一定的算法找到最优汇率，同时还可降低交易成本，提高效率。而对于银行来说，其可自由选择相应的做市商参与跨境支付流程。

（4）基础货币（XRP）。

XRP 在 Ripple 系统中充当的是桥梁货币和安全卫士的角色，可与系统支持的所有货币进行兑换，主要用来为银行和支付提供商提供可靠的按需选项，为跨境支付提供流动资金。Ripple 官方数据显示，使用 XRP 最快可在 4 秒内完成结算，相比以太坊（ETH）的 2 分钟以上、比特币（BTC）的 1 小时以上，以及传统系统 3～5 天的延迟，效率优势比较明显。此外，XRP 每秒可处理1 500笔交易，7×24 小时运作，并且可以扩展处理与威士相同的吞吐量。XRP 充当安全卫士的作用体现在：每进行一笔交易需要消耗一定的 XRP，当有人企图制造大量垃圾交易来破坏系统稳定性时，攻击成本会显著上升并大于攻击收益。

图 11－12 给出了互联网金融的一个总的模式。

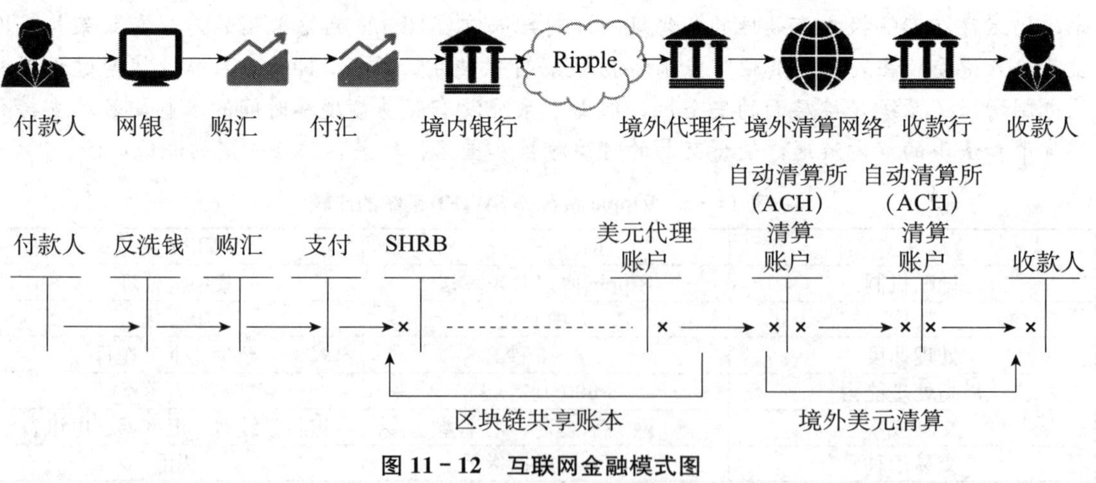

图 11－12　互联网金融模式图

本章小结

1. 本章阐述了互联网金融的含义，互联网金融诞生的背景，互联网金融最主要的特性和它在经济发展中的作用、风险及监管。

2. 本章的重点是互联网金融模式及其创新、互联网金融与传统金融的区别，在此基础上描述了互联网金融支付结算的流程模式。

3. 本章动态地反映了还在发展中的互联网金融和一些新的理念及概念。

4. 本章让我们认识到货币结算的互联网化、第三方化、线上线下化，带来了贸易、非贸易结算上投融资的突破，引发了互联网金融迅猛的发展。这种发展还没有停止，随着水泥银行（银行网点）＋鼠标银行（网上银行）＋手指银行（手机银行）的发展，货币结算和金融服务会变得更加快捷与方便，使更多的人享有金融服务及其带来的福利。

5. 区块链是一个去中心化的数据库，它通过密码学的方法把一串串信息连接起来，形成数据块，每一个数据块都是点对点的交易，不可篡改，可追溯，用于验证信息和防伪，区块链实际上是可靠的数字信用凭证。区块链是一种创造信用的机器，也是一种新的电子信息记录机制，是一个共享的分布式账本，是一种无中介的、去中心化的自行维护又自动运行的系统。互联网完成了信息革命，区块链将完成信用革命。

本章关键术语

互联网金融　传统金融　P2P　众筹　第三方支付　供应链金融
大数据金融　支付生态圈　区块链　智能合约　通证

本章思考题

1. 简述互联网金融的含义。
2. 简述互联网金融的特征和风险。
3. 互联网金融有哪些主要模式?
4. 什么是大数据金融?
5. 简述对互联网金融的监管。
6. 第三方支付机构的类型有哪些?
7. 如何正确看待传统金融与互联网金融?
8. 简述区块链的主要特点。

本章练习题

一、填空题

1. 互联网金融是______精神与______功能的融合。

2. 互联网最主要的精神是______、______、______和______。

3. 金融的主要功能有______、______、______、______、______和______。

4. 以互联网为代表的现代信息技术主要指______、______、______和______，它对现代经济产生了深远的影响。

5. 将来______、______、更平民、更大众、更通用的金融产品由网上银行或互联网金融操作。

6. 将来______、______、有更高价值的投资产品由线下的银行或金融机构操作。

7. 互联网金融具有快速、高效、______、______、______等高信息化特征。

8. 网络银行被称为3A银行，3A是指______、______、______。

9. 区块链将完成______革命。

10. 2008年11月1日，中本聪发表了题为______的论文。

二、选择题

1. 互联网金融中的P2P模式是指（　　）。

A. 个人对个人的信贷平台　　B. 公司对公司的信贷平台

C. 公司对个人的信贷平台　　D. 政府对企业的信贷平台

2. 对互联网金融“众筹”模式的正确表达是：（　　）。

A. 一种非法集资活动　　B. 一种风险投资活动

C. 一种大型企业的融资活动　　D. 一种网上的电子游戏

3. 中国互联网金融第三方支付结算特指（　　）。

A. 银行间货币结算平台　　B. 企业间货币直接结算平台

C. 银行与企业间货币结算平台　　D．非银行机构间货币结算平台

4. O2O是指（　　）。

A. 办公室到办公室　　B. 门到门

C. 线上与线下　　D. 开放与封闭

附录一

对 UCP600 相关条款的解释

自 2007 年 7 月 1 日起，国际商会第 600 号出版物《跟单信用证统一惯例》(UCP600) 开始生效，对跟单信用证项下若干名称和术语做了言简意赅的定义和解释，是全面理解跟单信用证惯例及跟单信用证业务的重要依据。

UCP600 共列举了 14 个定义，分别为通知行、开证申请人、银行工作日、受益人、相符交单（又译“相符提示”）、保兑、保兑行、信用证、承付、开证行、议付、指定银行、交单及交单人。

概括来看，14 个定义大致上可分两大类：

(1) UCP600 新设定的名称和术语。

(2) UCP500 中原有的名称和术语，但其内涵有新的解读，或侧重和强调某一方面。

择其要者，分述于下：

(1) UCP600 中一个新的提法是“complying presentation”（暂译：相符交单)。“presentation”一词应是“presentation of documents”，即“交单”的意思。至于“complying”一词，联系到我们在跟单信用证上经常碰到的“to comply with...”和“in compliance with...”这两个词组的应用，就容易把“complying presentation”理解为“在单证相符、单单相符的前提下交单”之意。也就是说，交到有关各方的货运单据必须是没有不符点的 (no discrepancies)。

按 UCP600，“相符交单”的定义还不仅是“单证一致、单单一致”的要求，因为该定义有如下一段文字表述：

Complying presentation means a presentation that is in accordance with the terms and conditions of the credit, the applicable provisions of these rules and international standard banking practice.

据此可知，“相符交单”不只限于“单证一致、单单一致”的“一个相符”，而必须是“三个相符”：既要符合信用证的条款，也要符合 UCP600 中的相关规定，还要符合国际银行业的规范标准。与UCP500中关于单证相符的规定相比，UCP600规定的范围更具体明确、更广泛。

据了解，国际商会下属的银行委员会（Banking Commission）在修订UCP500之际，曾就信用证项下单证不符的情况在全球做过一次调查，结果发现竟然有近70%的单据在第一次交单时因为有不符点而遭到拒付，情况之严重可见一斑。针对此情况，在贯彻执行UCP600的过程中，国际商会明确规定并要求有关各方，特别是银行一定要坚持"相符交单"，做到"三个符合"，这一点至关重要。

（2）UCP600定义中另一新设的重要术语是"to honour"。这个英语单词的词义有很多；用于商业、财贸及结算业务，是"到期要付款"之意：to honour：to accept and pay when due。也就是"承付"的意思。

在UCP600中"承付"是指：

①对即期付款信用证，应立即付款。

②对延期付款信用证，应做出延期付款的承诺，并在到期时付款。

③对承兑信用证，应承诺对受益人开立的远期汇票承兑，并在汇票到期日付款。

（3）信用证（credit）的定义。

从UCP600第3条看，信用证的定义有了较大的改动，更强调信用证的不可撤销性，删去了UCP500中关于信用证可分为"不可撤销信用证和可撤销信用证"的区别，今后就只有不可撤销信用证一种了。

对照UCP500的行文：

A credit may be either revocable or irrevocable. 这里讲的是两种都有，二者必居其一。

UCP500要求在信用证上明示：

The credit, therefore, should clearly indicate whether it is revocable or irrevocable. 即注明本证是可撤销的信用证还是不可撤销的信用证。

UCP600的行文十分明确：

A credit is irrevocable even if there is no indication to that effect.（见UCP600第3条的解释。）凡信用证一定是不可撤销的，即便证上没有"不可撤销"的明示，它也是不可撤销信用证。

这里要指明的是，2007年7月1日是一个重要的时间分界线。在这之前，按UCP500的规定执行；之后则按UCP600的规定执行。从理论上讲是这样，但从操作层面看，还会有一个过渡时期，应该是"旧证旧办、新证新办"，具有灵活变通的原则。

（4）议付（negotiation）与议付行（negotiating bank）。

关于这一条款的定义，UCP600有大段文字描述：

Negotiation means the purchase by the nominated bank of drafts drawn on a bank other than the nominated bank and/or documents under a complying presentation, by advancing or agreeing to advance funds to the beneficiary on or before the banking day on which reimbursement is due to the nominated bank.

此段文字的要点为：

①议付由指定银行做出，该指定银行就是议付行。

②该指定银行将汇票或跟单汇票或货运单据买下。当然，前提必须是“相符交单”。

③汇票的受票人（即付款人）必须是除指定银行以外的一家银行。

④议付行的议付方式有两种：一是预付；二是同意预付。

⑤议付行必须在偿付货款的银行工作日当天或之前向受益人预付款项或同意预付款项。

（5）通知行（advising bank）。

此条定义只有一点补充，就是：UCP600 引入了“第二通知行”（second advising bank）的提法。可参阅 UCP600 第 9 条 C 款的行文：

An advising bank may utilize the services of another bank (“second advising bank”) to advise the credit and any amendments to the beneficiary...

通知行可利用另一银行即第二通知行将信用证和修改内容通知受益人。如下图所示：

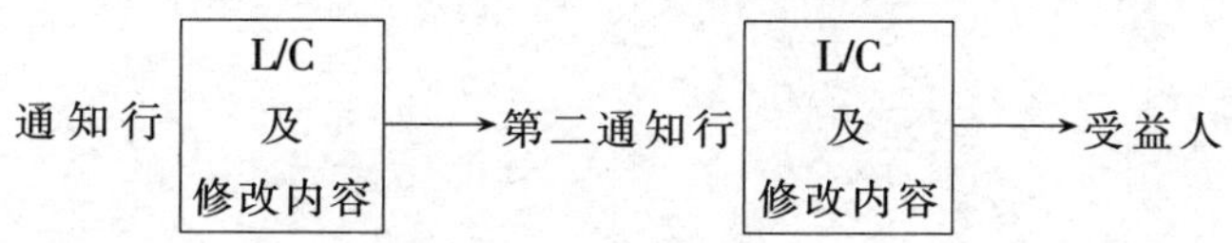

（6）保兑（confirmation）及保兑行（confirming bank）。

根据 UCP600 的规定，保兑是指信用证除了开证行的确定付款承诺外，再加上另一家银行（即保兑行）的确定付款承诺，系双重承诺。

这里所讲的付款承诺，就是“承付”或“议付”的含义。对即期付款信用证、延期付款信用证和承兑信用证是“承付”，对议付信用证是“议付”。

保兑行对信用证加具保兑，通常是经开证行授权或请求：

Confirmation means a definite undertaking of the confirming bank, in addition to that* of the issuing bank, to honour or negotiate a complying presentation.

Confirming bank means the bank that adds its confirmation to a credit upon the issuing bank's authorization or request.

关于保兑这一机制，UCP600 第 7 条“开证行的付款承诺”和第 8 条“保兑行的付款承诺”有具体的解释。

* that 指 definite undertaking。——编者注

附录二

国家外汇管理局关于进一步完善个人外汇管理有关问题的通知

国家外汇管理局各省、自治区、直辖市分局、外汇管理部，深圳、大连、青岛、厦门、宁波市分局，各中资外汇指定银行，中国银联股份有限公司：

为规范和便利银行及个人外汇业务操作，完善个人外汇交易主体分类监管，结合个人外汇业务监测系统上线运行，国家外汇管理局决定进一步完善个人外汇管理。现就有关问题通知如下：

一、自 2016 年 1 月 1 日起，个人外汇业务监测系统在全国上线运行，个人结售汇管理信息系统同时停止使用。具有结售汇业务经营资格的银行（以下简称银行），应通过个人外汇业务监测系统办理个人结汇、购汇等个人外汇业务，及时、准确、完整地报送相关业务数据信息。

二、个人在办理外汇业务时，应当遵守个人外汇管理有关规定，不得以分拆等方式规避额度及真实性管理。国家外汇管理局及其分支局（以下简称外汇局）对规避额度及真实性管理的个人实施“关注名单”管理。

（一）外汇局对出借本人额度协助他人规避额度及真实性管理的个人，通过银行以《个人外汇业务风险提示函》予以风险提示。若上述个人再次出现出借本人额度协助他人规避额度及真实性管理的行为，外汇局将其列入“关注名单”管理。

（二）外汇局对以借用他人额度等方式规避额度及真实性管理的个人，列入“关注名单”管理，并通过银行以《个人外汇业务“关注名单”告知书》予以告知。

（三）“关注名单”内个人的关注期限为列入“关注名单”的当年及之后连续 2 年。在关注期限内，“关注名单”内个人办理个人结售汇业务，应凭本人有效身份证件和有交易额的相关证明等材料在银行办理。银行应当按照真实性审核原则，严格审核相关证明材料。

三、银行应配合外汇局对规避额度及真实性管理的个人及相关机构的核查，并在个人外汇业务监测系统推送相关信息之日起的 20 天内，反馈个人结汇资金去向、购汇资金来源及外汇局要求的其他信息。

四、外汇局、银行应通过国家外汇管理局应用服务平台访问个人外汇业务监测系统，具体访问渠道为：

用户类型	网络连接方式	访问地址
外汇局	业务网	http://100.1.48.51：9101/asone/
银行	外部机构接入网	http://banksvc.safe（主登录入口）
		http://asone.safe：9101/asone/（备用登录入口）

外汇局、银行应配备必要的技术人员和业务操作人员，负责个人外汇业务监测系统的日常维护，确保个人外汇业务监测系统的正常运行。

五、在个人外汇业务监测系统出现全国性系统故障时，外汇局、银行应当按照《个人外汇业务监测系统应急预案》启动应急措施，保证个人外汇业务顺利、及时办理。

六、中国银联股份有限公司个人汇款业务项下的结售汇业务、个人本外币兑换特许机构（以下简称特许机构）等办理的个人本外币兑换业务，按照本通知规定执行，外汇管理另有明确规定的，从其规定。

七、本通知自 2016 年 1 月 1 日起施行。《国家外汇管理局综合司关于规范银行个人结售汇业务操作的通知》（汇综发〔2007〕90 号）、《国家外汇管理局综合司关于发布个人结售汇管理信息系统应急预案的通知》（汇综发〔2008〕49 号）、《国家外汇管理局关于印发〈电子银行个人结售汇业务管理暂行办法〉的通知》（汇发〔2011〕10 号）、《国家外汇管理局关于银行开办电子渠道个人结售汇业务试行个人分拆结售汇“关注名单”管理的通知》（汇发〔2011〕41 号）、《国家外汇管理局综合司关于规范电子银行个人结售汇业务接入审核工作的通知》（汇综发〔2013〕77 号）同时废止。之前规定与本通知内容不一致的，以本通知为准。

国家外汇管理局各分局、外汇管理部接到本通知后，应及时转发辖内中心支局（支局）、城市商业银行、农村商业银行、外资银行及特许机构；各中资外汇指定银行应及时转发所辖分支机构。执行中如遇问题，请及时向国家外汇管理局反馈。

特此通知。

国家外汇管理局

2015 年 12 月 25 日

参考文献

1. 陈国武．解读跟单信用证统一惯例（2007 年修订本）第 600 号出版物．天津：天津大学出版社，2007.
2. 冯勤，胡鸿．国际贸易结算实务与风险防范．太原：山西经济出版社，1996.
3. Gary Collyer，Ron Katz. ICC 银行委员会意见汇编（1995—2001）．北京：中国民主法制出版社，2003.
4. 跟单信用证统一惯例关于电子交单的附则．
5. 跟单信用证统一惯例（国际商会第 600 号出版物）．
6. 跟单信用证项下审核单据的国际标准银行实务（国际商会第 645 号出版物）．
7. 跟单信用证项下银行间偿付统一规则（国际商会第 525 号出版物）．
8. 关于 UCP500 等的意见汇编（国际商会第 632 号出版物）．
9. 国际备用信用证惯例（国际商会第 590 号出版物）．
10. 合约保函统一规则（国际商会第 325 号出版物）．
11. 见索即付保函统一规则（国际商会第 458 号出版物）．
12. 见索即付保函统一规则指南（国际商会第 510 号出版物）．
13. 蒋琴儿，秦定．国际结算：理论·实务·案例．北京：清华大学出版社，2007.
14. 金赛波．中国信用证法律和重要案例点评．北京：对外经济贸易大学出版社，2002.
15. 开立见索即付保函示范格式（国际商会第 503 号出版物）．
16. 李晓洁，等．国际贸易结算．上海：上海财经大学出版社，2003.
17. 李一平，等．跟单信用证项下出口审单实务．修订本．北京：中国商务出版社，2005.
18. 林孝成．国际结算实务．北京：高等教育出版社，2004.
19. 马梅，等．支付革命．北京：中信出版社，2014.

20. 庞红．国际贸易结算．北京：中国人民大学出版社，2007.
21. 启智．国际结算．北京：北京理工大学出版社，2006.
22. 史万钧．外汇业务案例选．上海：复旦大学出版社，1999.
23. 苏宗祥，景乃权，张林森．国际结算．北京：中国金融出版社，2004.
24. 托收统一规则（国际商会第 522 号出版物）.
25. 托收业务指南（国际商会第 561 号出版物）.
26. 王善论．国际贸易实务解惑 500 题．北京：对外经济贸易大学出版社，2007.
27. 吴晓求，等．互联网金融：逻辑与结构．北京：中国人民大学出版社，2015.
28. 中华人民共和国海商法.
29. 中华人民共和国票据法.
30. 庄乐梅．国际结算实务精要．北京：中国纺织出版社，2004.

教学支持说明

1. 教辅资源获取方式

为秉承中国人民大学出版社对教材类产品一贯的教学支持，我们将向采纳本书作为教材的教师免费提供丰富的教辅资源。您可直接到中国人民大学出版社官网的教师服务中心注册下载——http：//www.crup.com.cn/Teacher。

如遇到注册、搜索等技术问题，可咨询网页右下角在线QQ客服，周一到周五工作时间有专人负责处理。

注册成为我社教师会员后，您可长期根据您所属的课程类别申请纸质样书、电子样书和教辅资源，自行完成免费下载。您也可登录我社官网的“教师服务中心”，我们经常举办赠送纸质样书、赠送电子样书、线上直播、资源下载、全国各专业培训及会议信息共享等网上教材进校园活动，期待您的积极参与！

2. 赠送“经管之家”论坛币

经管之家（http：//www.jg.com.cn）于2003年成立，致力于推动经济学科的进步，传播优秀教育资源，做最好的经管教育。目前已经发展成国内最大的经济、管理、金融、统计类在线教育平台，也是国内最活跃和最具影响力的经济类网站。

为了更好地服务于教学一线的任课教师，凡使用中国人民大学出版社经济分社教材的教师，注册成为我社教师会员后，可填写以下信息调查表，发送电子邮件或者邮寄或者传真给我们，我们将会向您赠送经管之家论坛币200个。

教师信息表
姓名：
学校：
论坛ID：
教授课程：
使用教材：
论坛识别码：pinggu_com_1501511_8899768

3. 高校教师可加入下述学科教师QQ交流群，获取更多教学服务

经济类教师交流群：140105952

财政金融教师交流群：一群：182073309（已满），或二群：766895628

国际贸易教师交流群：162921240

税收教师交流群：119667851

4. 购书联系方式

网上书店咨询电话：010-82501766

邮购咨询电话：010-62515351

团购咨询电话：010-62513136

中国人民大学出版社经济分社

地址：北京市海淀区中关村大街甲59号文化大厦1506室　100872

电话：010-62513572　010-62515803

传真：010-62514775

E-mail：jjfs@crup.com.cn